汉语跨层结构词汇化模式和路径研究

刘红妮 著

学林出版社

本书为国家社科基金项目"汉语跨层结构的词汇化研究"（10CYY030）和"汉语跨层词汇化的再演变研究"（17BYY161）的部分成果，受到上海市重点学科（三期）"汉语言文字学"（S30402）的资助以及上海师范大学"比较语言学与汉语国际传播"创新团队的支持。

目　　录

绪论 ·· 1

第一章　从跨层结构到名词 ·· 14
　1.1　由"虚词＋实词"的跨层结构词汇化为名词 ······················· 14
　1.2　关于"以来"等"以 X"类名词 ·· 31

第二章　从跨层结构到动词 ·· 33
　2.1　由"实词＋实词"的跨层结构词汇化为动词 ······················· 33
　2.2　由"实词＋虚词"的跨层结构词汇化为动词 ······················· 42
　2.3　由"虚词＋实词"的跨层结构词汇化为动词 ······················· 73

第三章　从跨层结构到副词 ·· 87
　3.1　由"实词＋实词"的跨层结构词汇化为副词 ······················· 87
　3.2　由"实词＋虚词"的跨层结构词汇化为副词 ······················· 99
　3.3　由"虚词＋实词"的跨层结构词汇化为副词 ······················· 130
　3.4　由"虚词＋虚词"的跨层结构词汇化为副词 ······················· 146

第四章　从跨层结构到介词 ·· 177
　4.1　由"实词＋虚词"的跨层结构词汇化为介词 ······················· 177
　4.2　具有一定词汇化倾向的现象 ·· 192

第五章　从跨层结构到连词 ·· 196
　5.1　由"实词＋实词"的跨层结构词汇化为连词 ······················· 196
　5.2　由"实词＋虚词"的跨层结构词汇化为连词 ······················· 204
　5.3　由"虚词＋实词"的跨层结构词汇化为连词 ······················· 225

5.4　由"虚词＋虚词"的跨层结构词汇化为连词 ·················· 253

第六章　从跨层结构到助词 ·· 268
　　6.1　由"实词＋虚词"的跨层结构词汇化为助词 ·················· 268
　　6.2　由"虚词＋实词"的跨层结构词汇化为助词 ·················· 271
　　6.3　由"虚词＋虚词"的跨层结构词汇化为助词 ·················· 277

第七章　一些非典型的跨层结构词汇化演变 ························· 284
　　7.1　一类特殊的"实词＋虚词"结构的演变 ························· 284
　　7.2　一类特殊的"虚词＋虚词"结构的演变 ························· 297

第八章　结语 ··· 299

参考文献 ··· 304

后记 ·· 312

绪　　论

1　研究对象和意义

本书主要研究汉语跨层结构的词汇化演变模式和路径,研究跨层词汇化是怎样演变的。

"跨层结构"是指不在同一层次上的两个成分在发展过程中跨越原有的组合层次,彼此靠拢,逐渐凝固,形成跨层组合,最后组合成一个新的结构体(吴竞存、梁伯枢 1992:12,352)。跨层结构的词汇化是"由本不在同一个句法层次的两个相邻单位变为一个词的现象","是一种比较特殊的变化,即从一个非语言单位变为语言单位(词汇单位)的变化"(董秀芳 2011[2002]:3,265)。根据来源和本质的不同,汉语的词汇化可以分为两大类:一类是两个相邻的原组成成分之间原本就在同一句法层次,形成一定的句法结构关系,如并列、偏正、主谓、述宾、述补、连动、介宾等,由相应的短语演变为词,这种是一般的句法结构的短语词汇化,简称为短语词汇化。另一类却正好相反,是两个相邻的原组成成分原本并不在同一句法层次,并不形成直接的句法结构关系,但是却"脱离"和"跨越"了原有的组合层次,由非句法结构的相邻成分或词汇序列演变成词,这种是非句法结构的跨层词汇化,简称为跨层词汇化(刘红妮 2019b:1)。

研究汉语跨层词汇化演变路径的意义主要体现在以下几个方面:

演变的路径是研究汉语跨层词汇化演变及规律的三大重要问题之一。演变的路径是历史句法学的重要课题,是研究语言演变及规律要回答的重要问题之一。历史语言学家研究语言的演变及规律,要回答的问题有三:演变的动因(motivation),演变的机制(mechanism),演变的路径(path)。演变的动因是关注一个句法演变由什么触发的,演变的机制是关注一个句法演变如何实现的,而演变的路径是关注一个句法演变怎样演变的(沈家煊 2004,吴福祥 2013)。动因、机制、路径三位一体,密不可分,缺一不可,其中演变的路径是一个句法演变的基础。演变的模式(mode)和路径总是联系在一起的(吴福祥 2005)。词汇化及其跨层词汇化是语言演变的重要内容,也要回答演变的动因、机制和模式路径这三个问题。刘红妮(2019b)对跨层词汇化的性质、类别、范围、句法、语义、语音特点以及演变的动因和机制等方面已作了一些集中探讨。而已有研究中,迄今国内外尽管也积累了一些词汇化及跨层结构词汇化演变的事实,如 Brinton & Traugott(2005)、吴竞存等(1992)、董秀芳(2011[2002])、刘红妮(2009a,2019b)等,也出现了一大批丰硕的成果[1],但主要是一些零散的个案分析,缺乏系统的研究。目前亟须的是对跨层结构词汇化演变路径和模式的概括和探究。因此,为了深入探讨跨层词汇化这一语言演变现象及规律,非常有必要对其演变路径作系统性的研究。

系统研究汉语跨层词汇化的演变路径,有利于加深人们对汉语跨层词汇化特点和规律的认识。当前汉语跨层词汇化的研究虽然取得了一定的进展和成绩,但不可否认的是还有很多问题尚未得到充分的研究:汉语跨层词汇化演变的路径到底有多少种,具有哪些特点?导致这些演变路径的影响因素、动因和机制是什么?如果能对汉语跨层词汇化的演变路径尽可能系统、深入地分析和研究,尽可能全面地总结各种演变路径、方向和模式,明确其路径的种类、演变的数量以及演变来源和结果,揭示整个汉语跨层词汇化是怎样演变的,探索其演变路径和模式的特点、动因和机制,那么这无疑会加深人们对这一语言演变现象和规律的认识。

研究大量的汉语跨层词汇化的演变路径,有利于揭示汉语跨层词汇化演变的共性和个性特点等类型学特征。跨层词汇化现象在世界很多语言中都存在。汉语与印欧语等不同,在跨层词汇化演变路径模式及其动因机制等方面,既有共性特征,又有个性特点。通过深入研究汉语跨层词汇化路径和模式、动因和机制,总结出其演变特点等规律,进而与其他语言跨层词汇化演变的类型特征相比较,得出共性与个性特征。这样毫无疑问会加深对人类语言跨层词汇化演变规律的认识,为解释人类语言跨层词汇化演变的类型特征提供参考。

此外,研究汉语跨层词汇化演变的路径和模式也具有一定的实用意义。研究跨层词汇化形成的词语的演变来源、发展路径、演变结果、特点规律等,对于汉语相关词典的编纂、中文信息处理、对外汉语教学等都会有一定的参考价值。

---

[1] 具体成果参见绪论"国内外研究概况"部分以及正文各章探讨时的引用和参考文献。

2 国内外研究概况

跨层词汇化现象是跨语言存在的。从世界语言的事实来看,除了汉语之外,其他语言中也存在非句法结构的跨层词汇化现象。但是迄今国外和本课题直接相关的汉语跨层词汇化演变路径和模式的研究还较为少见。近年有一些学者关注到其他语言中的一些类似于汉语跨层词汇化的演变现象。主要有以下一些:

动词+连词→助动词。如句法序列(即:跨层结构)也可以被重新分析,在现代英语里"try and 动词"在某些语境中已经被重新分析为"助动词+动词",即"try+and"→助动词"try and"(Hopper 2002,Hopper & Traugott 2003:50)。

其实若从语言事实来看英语中这样的演变还有很多。

如 by means of 等一些复合介词,之前很多观点只从演变结果来看认为它们的形成是语法化,但现在如果从成词的过程来看,它们也属于跨层结构的词汇化,即:介词+名词+介词→复合介词。Hoffman(2005)对英语中的 30 个复合介词 PNP(prep.+n+prep.)结构的历时发展做了全面概览,分别是:by means of, by virtue of, by way of, in place of, in spite of, in respect of, in common with, in conjunction with, in favour of, in need of, in relation to, in search of, on behalf of, on top of, with regard to, with respect to, by reference to, in accordance with, in addition to, in charge of, in connection with, in contrast to, in excess of, in front of, in line with, in response to, in return for, in support of, in terms of, in view of。从复合介词的构成来看,其语法化过程似更宜看作词汇化过程。尽管 Hoffman(2005)未曾直接提及,并且认为其中的 in terms of 已达到语法化的高级阶段,即获得了作为语篇标记的语用特征。而一些语篇标记的形成本身就是词汇化的结果(林有苗 2008)。还有像 as long as, at the same time as, by the side of 等等的形成。类似的,还有 ahead of, back of 等等,只不过它们的成词是:名词+介词→复合介词。事实上正如 Lehmann(2002:15)所指出的:"像 as long as '只要'这样的词汇性短语在发生语法化之前肯定先发生词汇化(凝固化)。"

同样的,还有 be going to, dare to, be to, dare to, need to, ought to 等助动词的形成,其实也先是跨层词汇化的过程:(be)+动词+介词→助动词。如从目的性的 be going(to...)到助动词 be going to 的转变,原本的结构是[I am going [to marry Bill]]被重新划分为[I [am going to] marry Bill](Hopper &

Traugott 2003:3)。其中 to 原本和后面的 marry Bill 是直接成分,而和其前的 am going 没有直接句法结构关系,但重新分析后,发生非句法结构的词汇化后,形成一个新的助动词 be going to。再接着从 be going to 发生进一步发生省缩和紧缩的词汇化为 be gonna。

我们认为如果只从演变结果来看,这些复合介词、助动词等的形成可能认为只是语法化;但如果从成词的角度和过程来看,它们也应属于词汇化,并且是非句法结构的跨层词汇化。其中的介词"of,with,to…"等原本是和后面的名词性宾语是直接成分,而和前面的名词、动词等没有直接的句法关系,但是后来却和前面的非直接成分融合为一个单一的词,所以是跨层词汇化。

另外,跨语言中还有其他一些跨层词汇化的例子(彭睿 2011)。Krug(1998:288-302)和 Bybee(2002:124-129)讨论了欧洲语言及其他语言中存在的跨层紧缩(contraction)现象,归纳起来有如下三个类型:

人称代词+助动词。如英语助动词 am,have,has,will 和 had 往往跨越句法层次,与句子主语结合成组块,并且发生语音上的紧缩,如 I'm,I've,I'll,he's,he'll 和 he'd 等。

动词+介词。如非洲的南部 Lwo 语族中动词后的介词演变成动词后缀的现象;再如西班牙语 persaren(to think about),acabar de(to finish)和 comenzar a(to begin to)等都来源于动词和介词的结合。

介词+限定词。如西班牙语的"a(to,at)+el(the(阳性单数定冠词))＞al"和"de(of,from)+el＞del"等。这种现象在其他欧洲语言如法语、葡萄牙语、德语中也十分普遍。

彭睿(2011)指出以上情形中"动词+介词"的跨层结合最为常见,如汉语中的"至于、关于、终于"都属这一类。这种模式在英语中的能产性也很高,如 look after、deal with、come cross 和 stand by 等都已经凝固为词。

德语中的"介词+限定词"的紧缩现象也广受关注。如 Waldmüller(2008:4-55)以及 Kabak & Schiering(2006:83-96)分别注意到德语及其几个主要方言中"介词+限定词"的完整形式和紧缩形式在语义和语用上的差异性。Baronian(2006:27-42)介绍了加拿大魁北克法语中的"介词+冠词"的紧缩,主张这种紧缩形式是一种"混合性介词",具备有定性、数和性等特征;而且,魁北克法语中的大多数"介词+冠词"紧缩形式已经存在几个世纪,早已重新分析为一个语言单位,所以不是说话者在线生成的。

此外还存在其他跨层词汇化现象,如罗曼语族中普遍存在的复合连词。以西班牙语的复合连词为例,其来源是副词或介词与从句标记(subordinator)que 的结合,hasta que(until),sin que(without),aunque(although),porque (because)和 puesto que(since)。

国外对汉语跨层词汇化演变路径的研究,主要是一些零散的列举式的研究,如太田辰夫(2003[1958]:304)等,简略举例谈到"'因而'是'因此而'的意思,'此'省略掉了",注意到了"因"和"而"原本是不在同一句法层次上后来成为一个词的现象。

国内对汉语跨层词汇化演变路径的研究相对较多,但大都比较零散,迄今还未见到系统、具体的专门性论著。

清代以前,主要是一些相关的对虚词及其来源的零散探讨,还较少直接涉及跨层词汇化的现象。古汉语虚词的探讨从先秦就已经开始。经传诸子中保存了一些资料,汉代的注释和文字训诂著作中研讨虚词的资料相当不少。人们已经很重视虚实的分别,把虚词和实词对立,称作"辞"或者"词"(郭锡良 2003)。及至 11 世纪的宋代已有虚字之说。到了元代产生了我国第一部专门研究虚词的专著,就是卢以纬的《语助》。也正是在同时代"元朝的周伯琦在《六书证伪》中说:'大抵古人制字,皆从事物上起。今之虚字,皆古之实字'"(沈家煊 1994b)。至此汉语"实词虚化"的思想正式出现。

清代,有一些学者在探讨虚词来源和用法时,除了注意到实词虚化之外,还零星地涉及了一些跨层词汇化的问题。如袁仁林的《虚字说》是我国前语法学的一部卓越虚词专著,讲解了许多复音虚词和虚词语。袁氏解释虚字,往往与该字的实词义联系起来,这实际上是从来源上讨论虚字用法(解惠全 1988)。与此同时,《虚字说》也简略谈到"有所"的语言结构层次变化的认识:"若将上面'有'字作一断,下面'所忿憎'等三字作一联亦可;若以'有所'二字一联,'忿憎'等二字一联亦可'",其实明确指出了"所"例的改变分界可作如下分析:有|所忿憎→有所|忿憎(杨成虎 2000)。

及至马建忠(1898)《马氏文通》,它探讨了大量实词虚化的现象和一批句式的来源,其中个别现象与跨层词汇化相关。"《文通》在分析各类实字虚字时,总是要涉及相关的凝固短语、固定格式的意义和用法,为帮助理解,又常常追溯它们的来源。""如代字'何'的虚化与疑问式'如……何''若……何''奈……何'的产生"(刘永耕 2005),而再进一步,这些固定格式省缩凝固后,可词汇化为"如何、若何、奈何"(董秀芳 2011[2002]:40)。

20 世纪 50 年代,前辈学者认识到汉语史原本是两个词后来成为一个词的现象注意到了存在一些原本是两个词的非短语演变为词的语言事实。如王力(1958),除了明确提出"仂语的凝固化","仂语在发展过程中凝固起来,成为单词",汉语复音词的主要构成和来源之一是"仂语的凝固化"之外,还注意到了一些原本是两个词的非句法跨层结构凝固成一个词语的现象,尽管论述比较简略:"'所以'在今天是一个连词,但是,在上古时期,'所以'应该认为是两个词,'以'字有它表示工具语的本来意义","'然而'当'但是'讲,也是古代语法的残留。'然'是'如此'的意思,'而'字在最初的时候,既用于反接,又用于正接","'然则'当'那么'、'由此看来'讲。实际上,'然'是'如此','则'是'那么','然则'本来是两个词,即'既然如此,那么……就'的意思,后来由于它们常常结合在一起,就凝固起来,成为一个连词了。"

20世纪八九十年代,随着实词虚化和语法化研究的蓬勃展开,除了对单音虚词的演变和语法化进行深入研究外,学者们对双音虚词的产生和发展也日益关注,如段德森(1980)、解惠全(1987,1997)、王克仲(1994)、蓝鹰(1994)、陈宝勤(1994)、徐时仪(1998)等,其中有些研究对跨层词汇化的事实有所注意,在不同程度上提到这类现象,尽管所采用的术语不尽相同。不过相关研究大都比较零散、简略,也只涉及少数类型及例证。

特别要提到的是,20世纪90年代,出现了对跨层词汇化的事实进行的专章和专门研究。吴竞存、梁伯枢(1992:352-380)较早提出"跨层结构"这个概念,并且用专章形式对一些跨层现象进行了探讨,尽管它主要是从句法分析的角度进行观察和分析。专章对"有所""有点""及其"等等一些经历了跨层组合演变过程的双音词作了简要探讨。此外,还简要谈到了跨层结构的一些特点。

进入21世纪以来,真正使人们开始重视并重新认识跨层结构及其词汇化的当属董秀芳(2002:273-292)及其相关研究。董秀芳(2002)虽然重点探讨的是句法结构的短语词汇化,但同时单列了一章,专章探讨从跨层结构到双音词,把这类现象看作词汇化的一种类型。董秀芳(2002:273-292)对"否则""关于""何必"等跨层结构形成的不同类型的双音词举例进行了较为全面的描写和分析,此外,也简要谈到了跨层词汇化的一些特点。董秀芳(2011:159-170)修订版增加了"实则"和"在乎"等一些用例。董秀芳(2016[2004]:159-228)中也提到了一些如"若是"等跨层词汇化的现象。

近年来,随着对词汇化现象研究的深入,一方面,人们对跨层词汇化现象也提出一些新的认识和思考,比如对"跨层结构"术语方面,还有对相关的词汇化和语法化的关系界限与双音虚词的演变归属问题等方面的探讨等(具体参见刘红妮2019b)。另一方面,一些学者又注意到了更多的跨层词汇化的现象,如江蓝生(2004)、张谊生(2007)、陈昌来等(2010,2011)、彭睿(2007,2011)、施春宏等(2022)等相关研究。还有研究注意到了一些方言中的跨层词汇化现象以及一些有跨层词汇化倾向的现象。此外,还有多篇探讨跨层词汇化的现象的个案研究论文①。

近年来的研究除了上述零散个案研究之外,对跨层词汇化问题也有一些比较集中的探讨。如刘红妮(2009a)专门研究跨层结构词汇化问题的博士论文,具体探讨10多个类别,"加以""甚至""以便""按说"等30多个跨层词汇化的典型个案。刘红妮(2019b)专门研究跨层结构词汇化问题的专著,在词汇化和语法化理论背景的基础上,明确和界定了跨层词汇化的性质、类别和范围,重点探讨了跨层词汇化的句法特征、语义基础和语音变化等一系列特点,探索了跨层词汇化的演变动因、演变机制等规律。

3 已有研究的不足及新课题的提出

虽然跨层词汇化是近年来国内外研究的热点领域,对汉语跨层词汇化演变路径的相关研究也取得了一定的成就。但是,不得不承认目前也存在一些问题,最主要的是关于跨层词汇化演变路径的相关研究迄今还比较零散,仍主要集中在对一些跨层词汇化演变路径的个案分析,而较少从系统性、理论性方面进行比较深入的探讨。具体看来,我们认为当前跨层词汇化演变路径研究主要有以下三个方面的不足:

其一,对跨层词汇化演变路径的整体性和系统性的研究还需要进一步加强。迄今关于跨层词汇化演变路径的已有研究大多集中于一些个案的研究,大都比较零散,缺乏系统性。个案研究多,系统研究少。相关探讨中,整体性、全面性、系统性的研究成果还未见到,有待于进一步的拓展。汉语跨层词汇化演变路径的来源有哪些类别,演变结果有哪些,具体演变路径和模式又是怎样的,这些语言事实描写和刻画方面还有所欠缺。而如果要得出汉语跨层词汇化演变路径的特点和规律,那么势必要进行系统性的研究。

其二,在跨层词汇化演变路径研究的理论方面还需要进一步探索。目前对汉语跨层词汇化的演变路径的研究,个案分析和事实描写多,规律发掘和理论解

---

① 详见本书正文各章具体探讨时的引用文献。

释少。已有研究成果相对比较零散,缺乏系统性的理论探讨。迄今为止,关于整个跨层词汇化演变路径和模式的特点是什么,这些演变路径背后深层的动因和机制是什么,其中蕴涵着怎样的规律,这些理论问题有待于进一步的深化。目前相关理论系统构建方面还远远不够,亟须在大量语言事实的基础上,发现、归纳、总结出跨层词汇化演变路径、模式的特点和规律,动因及机制,形成一定的理论体系。

其三,在进行跨层词汇化演变路径研究的有效方法上还需要进一步拓展。目前就汉语跨层词汇化的总体研究而言,个案描写多,理论解释少。在运用事实和理论相结合,描写和解释相结合等方法方面还不够。已有的零散个案研究在宏观和微观研究的结合方面也有所不足,微观研究多,宏观研究少。对一些个案的研究存在着一定程度的不平衡性,比如对某一类或几类现象讨论比较集中,而对另一类现象有所忽略。因为大多是一些孤立的个案研究,所以有的也不太注重同一类个案和个案之间的联系性,以及与其他类别个案的差异性。有一些个案研究只是围绕某个跨层词汇化演变而研究,而较少关注与此演变相关的其他语言演变。这样不利于对跨层词汇化演变路径特点和规律的整体认识。只有将宏观和微观研究结合起来,不仅注重不同类别的跨层词汇化的演变路径,还注重它们的演变来源和演变结果的共性和个性,这样才能进一步深化对词汇化现象的认识。此外,在运用共时分析与历时考察相结合等研究方法方面,也有待拓展。

综上,这些都表明汉语跨层词汇化的演变路径还需要更为系统、深入的研究。

总之,综观已有研究概况,可以看出虽然汉语跨层结构的词汇化研究已经取得了一定的成就,但关于跨层词汇化演变路径和模式的研究还有所欠缺,不尽如人意。主要表现在:迄今对跨层词汇化演变路径的研究尽管也有一定数量的丰富成果,但大都比较零散,都还是只涉及单个或少数类型及例证,缺乏对所有演变路径和模式进行系统的研究,并且对跨层词汇化演变路径的研究,大都停留在对语言现象的观察和描写层面,没有从整体上对演变路径的特点以及动因机制做出合理分析和解释说明。故此,对跨层词汇化演变路径的系统研究是汉语跨层词汇化研究的当前主要课题之一。

4　研究目标与方法

本书的研究目标是系统考察汉语跨层词汇化的各种演变,归纳汉语跨层词汇化演变的路径和模式,并在此基础上发掘这些演变路径和模式的特点,深入研究其深层的动因和机制,加深人们对此类语言演变规律的认识,并且尝试概括出汉语跨层词汇化演变的类型特征,为解释人类语言跨层词汇化演变的类型特征提供参考,在相关问题上作出汉语自己的贡献。

为实现上述目标,本书主要采用了以下研究方法:

宏观和微观相结合。一方面,要全面、系统地了解汉语跨层词汇化是如何演变的,演变的路径怎样,就要对跨层词汇化形成的所有词语进行微观个案的探源溯流的研究。只有弄清楚每一个个案的具体演变路径,才能对整个跨层词汇化的演变路径和模式有清晰的了解。故此,对跨层词汇化的每一类、每一个个案的演变过程和路径进行具体考察,是跨层词汇化研究的重要方面,也是本书的重要内容之一。另一方面,在汉语跨层词汇化研究已积累了大量演变事实的基础上,我们可以从整体和宏观的角度,通过这些微观的跨层词汇化演变的个案来归纳和概括汉语跨层词汇化的演变路径和模式,发现整个跨层词汇化演变系统的整体演变路径的特点,并在此基础上探讨和解释汉语跨层词汇化演变的类型特征及其动因、机制。

事实和理论相结合。汉语跨层词汇化现象是一个相对封闭的范畴,为了对跨层词汇化的演变路径和模式有一个系统的了解,我们需要对这种演变现象进行比较全面、细致地描写,尽量发现、涵盖和穷尽所有能发现的类别,并对其中的每一类演变都尽可能穷尽性地探讨,对每类里面代表性的典型个案进行比较细致、翔实的考察,以期发现共性与个性,从而对整个跨层词汇化演变路径进行较为系统、全面的描写和刻画。同时,在细致描写语言事实的基础上,本书也注重进行理论探讨和解释,将描写和解释相结合,事实和理论相结合,继而发现特点,寻求规律。演变的路径、动因、机制都是历史语言学家要回答的重要问题,事实描写固然重要,规律总结和理论解释也必不可少,在描写基础上的合理解释更有助于对语言事实的深入理解。故此,本书也注重对跨层词汇化演变路径的特点作出较为深入的挖掘,对演变路径的特点背后深层的动因、机制予以深入探讨,在描写的基础上进行最大限度的合理的理论解释,以期揭示和发现一定的规律。

共时和历时相结合。共时与历时研究是相辅相成、相互关联的。汉语跨层词汇化的演变是一个动态的过程,要考察这种语言演变的演变路径和模式,历时的考察必不可少,细致地考察若干跨层结构形成的词语的演变来源、演变历程、演变结果以及演变动因、机制等是重中之重。同时,历时是共时的某种体现,共时是历时的某种积淀。汉语跨层词汇化形成的词语大多数在现代汉语中还在使用,这些词语在现代汉语共时平面的使用情况,既可以让我们了解其句法、语义和语用等特点,又可以在某种程度上为我们推测和追溯其历时来源和演变提供参考和线索。故此,要研究汉语跨层词汇化形成的词语的成词和演变历程,就有必要采用共时和历时相结合的方法。

5 关于本书的几点说明

因为语言演变本身的复杂性,所以系统探讨跨层结构词汇化的模式和路径是一项比较复杂的工作。为了更好地展开讨论,在具体探讨之前,有一些问题需要一一说明。

一是关于本书演变路径的分类标准和依据问题。一个完整的语言演变的路径包括演变来源、演变历程和演变结果三部分,其中演变来源和演变结果也可以说是来源与目标。对汉语跨层词汇化演变路径的研究,既可以从目标演变结果来分类探讨,如董秀芳(2011[2002])探讨了一些从跨层结构演变为副词、连词等的演变;也可以从演变来源来分类探讨,如刘红妮(2009a)探讨了从"动词+介词""动词+连词""连词+动词""副词+连词"的跨层结构演变为动词、副词、连词等的演变。刘红妮(2009a,2019b:92-97)认为跨层结构是虚实组块,从来源上也可以分为"实词+实词""实词+虚词""虚词+实词""虚词+虚词"四大类,其中最多的两种就是"实+虚"和"虚+实"跨层组合的词汇化,但是也有一些是"虚+虚"和"实+实"的组合。已有研究不管是按照来源还是目标来分类都各有特色,具有启发。

但是,相同的演变结果可能有不同的来源,而相同的演变来源也可能有不同的演变结果,所以如果仍只是单纯按照演变结果或演变结果来分类探讨的话,可能还不能完全对整个跨层词汇化演变路径进行概括。所以在充分吸收已有研究和成果的基础上,本书有机结合演变来源和演变结果两个方面来探讨汉语跨层词汇化的演变路径,既注重来源,也注重目标。而语言演变是复杂的,具有同一演变结果的演变来源往往种类繁多,所以我们将演变来源又概括为"实词+实词""实词+虚词""虚词+实词""虚词+虚词"四大类,每一大类下又有若干小类,比如"实词+虚词"下又分为"动词+介词""动词+连词"等等小类。同时,根据演变结果又依次分为演变为名词、动词、副词、介词、连词、助词等。这样,从来源到目标一清二楚、一目了然。

二是关于本书词性判定的依据和标准。跨层词汇化的演变路径无论是从演变来源和结果来看,都要牵涉到汉语的词类划分。汉语的词类问题比较复杂,关于汉语的词类划分,不同的语法体系和不同的学者有不同的划分标准和分类(参见郭锐 2018[2002])。在此,我们依据《现代汉语词典》(第 7 版)词类标注,把词分为 12 大类:名词、动词、形容词、数词、量词、代词、副词、介词、连词、助词、叹词、拟声词。各词类的附类也基本依据《现代汉语词典》(第 7 版)和学界通行的说法。章节分类只到大类,在探讨时会根据需要具体到各词类的典型的、常用的附类。关于助词,20 世纪 50 年代制定《暂拟汉语教学语法系统》时,张志公等人在综合各家观点的基础上提出了语气助词、结构助词、时态助词三分的助词词类系统,语气助词包含在助词里面。从 20 世纪 60 年代初开始,有人开始倾向于将语气助词从助词中分离出来,另立一类语气词(张谊生 2002:3)。本文采用传统的分类,将语气助词归为助词一类,而不单列出来称为语气词。

关于汉语词类的虚实问题,各家标准也不尽相同,其中有些观点认为副词、代词是半实半虚词。在此我们依据一般通行的观点,除了特殊的叹词和拟声词外,认为汉语的词类中,实词包括:名词、动词、形容词、数词、量词、代词;虚词包括:副词、介词、连词、助词(刘红妮 2019b:92 – 93)。

对于一些有争议的词性判定问题,各家工具书有不同的归属,一般情况下我们主要以《现代汉语词典》(第 7 版)词性划分为依据。有一些特殊情况,比如一些词性判定不同的,或者某个词是否成词和收录与否的,我们也会根据语言实际使用情况,适当采用其他观点,比如"甚至"我们采用《现代汉语八百词》(1999)的观点,认为它不仅仅是连词,还有副词用法。但所有特殊情况在具体探讨时我们都会有所附注说明。

三是本书所探讨的跨层词汇化的范围。跨层词汇化产生的词在现代汉语和古代汉语中都有,我们主要以仍在现代汉语中使用的词为主,主要以《现代汉语词典》(第 7 版)收录的为主,有些地方也会联系古代汉语中的一些跨层成词现象,但会附注予以说明。本书所讨论的跨层词汇化现象主要是现代汉语普通话为主,偶尔也会涉及一些方言中的相关现象。同时,词汇化是一个动态的演变过程,语言中还存在一些虽然没被《现代汉语词典》(第 7 版)等工具书收录,但具有一定跨层词汇化倾向的词,我们也适时关注,但也会予以说明。有一些结构省缩形成的跨层结构词汇化我们也有所探讨。

另外,对词汇化与语法化的关系、界限以及汉语双音虚词的演变归属问题,学界有一些不同的观点,在此我们依据刘红妮(2019b:25 – 39)的观点,兹不赘述。此外,跨层词汇化的研究中有一些结构存在争议,主要有两类:一是是否包含一些特殊的现象,比如修辞中产生的截割词、简称/缩略词,词组的跨层组合等。二是一些容易引起争议的结构,比如"时间副词+动词","否定副词+动词","名词+及物动词","X是""X然"类,"副词+副词","有助词参与构成的一些现象","连用语气词的现象"等是否属于跨层,这涉及跨层词汇化的范围。此外,判断是否跨层也和不同的语法体系有关。此外,关于"副词+副词"的连用以及"连词+连词"的连用不包括同义并列式的短语形式。刘红妮(2019b:57-64)对跨层结构词汇化的范围和上述有争议的现象逐一进行了阐述和探讨,具体可以参看。在此就不再专门赘述。为避免争议,本书对跨层词汇化的范围采取刘红妮(2019b:57-64)的观点。另外,关于"动词/副词+助词"一类非典型的结构,我们认为它们是特殊的一类跨层结构词汇化,所以专章进行了探讨。

此外,跨层词汇化中产生的大多数是双音词,如"的话""极其"等都是由两个非直接成分一次跨层词汇化演变形成的,形成一次直接路径,这不存在什么问题。但是也有少数一些三音词,比较复杂。对于这些三音词,能判定是直接跨层形成的,如"之所以"是"之+所以"跨层形成的,"无怪乎"是"无怪+乎"跨层形成的,还有"何苦来"(何苦+来)"于是乎"(于是+乎)等,在已有研究的基础上,本书都进行了探讨,参见具体章节和个案。另外有一些三音词,如"不至于""不下于""乃至于""以至于"等,来源比较复杂,存在多种分析的可能,如"不至于"是"不至+于"还是"不+至于","乃至于"可以是"乃+至于"或"乃至+于"。还有它们可能不是一次跨层结构词汇化形成的,而是二次路径再演变形成的,是跨层词汇化之后再演变的产物。所以本次没有对这些现象进行探讨,会在本人跨层词汇化的后续再演变研究中予以探讨。

四是采取最小路径原则,区分跨层词汇化与成词之后的再演变。本书所指的跨层词汇化的演变,是指从非直接成分的跨层结构通过词汇化形成的直接演变,而不包括跨层成词后的后续其他再演变。语言演变是复杂的,有些跨层结构词汇化为单词后,演变就到了终点,例如"以便"由"连词+动词"跨层词汇化为连词,"极其"由"动词+指代词"跨层词汇化为副词,它们的语法意义和功能基本不变,演变进程便不再继续,都没有发生其他进一步的再演变。而有些跨层结构词汇化为独立的词后,还会接着发生语法化、语用化等演变,我们认为后者属于跨层词汇化的再演变。例如"至于"从"动词+介词"的跨层结构词汇化为动词后,又发生语法化,变为介词,即:动词+介词→动词→介词,"然后"从"代词+副词"的跨层结构先词汇化为连词,而后又语用化为话语标记,即:代词+副词→连词→话语标记。在汉语跨层词汇化研究中区分跨层词汇化与词汇化之后的再演变是非常有必要的。汉语双音虚词的演变有各种不同的复杂情况,应分阶段予以细化(刘红妮 2019b:39)。本书采取最小路径原则,重点探讨跨层词汇化的演变阶段,如对"至于"主要探讨"动词+介词→动词"这一阶段演变,不重点探讨其"动词→介词"这一再演变阶段,对"然后"主要探讨"代词+副词→连词"这一阶段演变,不重点探讨其"连词→话语标记"这一再演变阶段。总之,本书对跨层词汇化的后续再演变会简单提及但不作为重点,之后会专书另行具体探讨。

第一章　从跨层结构到名词

在汉语的词汇化演变中,由跨层结构词汇化为虚词的较多,但是也有一部分跨层结构词汇化为实词。由跨层结构词汇化而来的实词主要是名词和动词两类。本章主要探讨从跨层结构到名词的演变。在所有"实词＋实词""实词＋虚词""虚词＋实词""虚词＋虚词"这四类可能的跨层组合中,由跨层结构变为名词的主要是"虚词＋实词"跨层结构的词汇化,具体又可以分为几种类型。本章探讨这些不同类型的跨层结构词汇化为名词的演变路径及特点。

1.1　由"虚词＋实词"的跨层结构词汇化为名词

1.1.1　助词＋名词→名词

1.1.1.1　"之后"

"之后"是现代汉语中的一个名词,《现代汉语词典》(第 7 版)将其归为名词的次类方位词①。

名词"之后"是"助词＋名词"的跨层结构词汇化的结果②(刘红妮 2009a,2013)。本节主要探讨"之后"从"结构助词＋名词"跨层词汇化为名词的演变路径。

《说文•之部》:"之,出也。"《尔雅•释诂》:"之,往也。"《小尔雅•广诂》:"之,适也。"本义为动词,表示"出、往、到"。"之"的虚词用法是假借义,"之"是一个很古老也很复杂的文言和书面语的虚词,可作代词、连词和助词。连词的用法

---

① 学界对方位词的语法范畴和词类地位意见不一(参见吴之瀚(即吕叔湘)1965,方经民 2004 等),另外大多数研究认为"之后/前"是名词的次类方位词,也有研究认为是名词的次类时间词(如邵霭吉 2009)。在此我们依据《现代汉语词典》(第 7 版)认为"之后""之前"是方位词,隶属于名词。
② 学界对古代汉语中虚词"之"的词性有不同看法,除了一般认为的助词(如《现代汉语词典》第 7 版、《现代汉语八百词》1999、《古代汉语虚词词典》1999)以外,还有介词(如马建忠《马氏文通》1983[1898]、王力版《古代汉语》1999),连词(如杨树达《词诠》1965[1928]、郭锡良版《古代汉语》1999),关系词(如张世禄《古代汉语》1987)等观点。在此我们采取助词说,认为"之"是助词次类里的结构助词。

先秦后就几乎湮灭不见,代词和助词的用法还一直沿用在现代汉语中。现代汉语书面语中也保留了结构助词"之"的一些用法。

《说文》:"后,继体君也。"本指君王、君王之妻等。表示后来的"后"其实是另一个"後",《说文通训定声》:"后,假借为後。"现代汉语合并为一个"后"。《说文》:"後,迟也。"本义是动词,指走在后面,后引申通常用作表方位,表"位置在后,与'前'相对"。如《论语·子罕》:"瞻之在前,忽焉在后"。再由此引申表时间,表"时间较晚,与'先'相对"。如《诗经·邶风》:"我躬不阅,遑恤我后?"另还可指后代、子孙。如《诗经·大雅》:"无忝皇祖,式救尔后。"

"之+后"连用在先秦就已出现。"之+后"连用可分为三种情况,与成词的"之后"有关的是第三种。

第一种"之+后"中名词"后"表示后代、子孙义。这种与成词的方位词"之后"无关。例如:

(1) 燕君子哙,邵公奭之后也,地方数千里,持戟数十万。(《韩非子·说疑》)

第二种"之+后"中"后"和后面的成分形成直接的偏正组合"后世",这种也与成词的"之后"也无关。例如:

(2) 今夫有命者言曰:我非作之后世也,自昔三代有若言以传流矣,今故先生对之?(《墨子·非命中》)

第三种才与成词的"之后"有关。"之+后"中"之"是结构助词,用法大致与现代汉语的"的"字相同,"后"是单独的方位名词。助词"之"连接定语X和中心语"后"最初连用所在结构为"X+之+后"。"之"既不前附,又不后附,表示"X的后面","之"和"后"并不在同一个句法层面上。按X性质的不同以及"之后"所在的句法环境的不同,又可分为以下几种情况:

其一是"X之后"中X为名词性成分NP,表示在某个处所或时间的后面,例如:

(3) 大军之后,必有凶年。(《老子·道经》)

(4) 三日(月)之后,皆以其所有易其所无。(《管子·轻重己》)

其二是"X之后"中X为谓词性成分VP,表示在某个时间的后面,这个占了多数。例如:

(5) 夫未立有罪,即位之后,宿罪而诛,齐胡之所以灭也。(《韩非子·难四》)

(6) 吾得仲父已难矣,得仲父之后,何为不易乎哉?(《韩非子·难二》)

其三是"自 X 之后"形式,X 为谓词性成分 VP 或者指代上文 VP 的指示代词"是/此",表示在某个时间的后面。例如:

(7) 吾未得见之时,我欲得宋,自我得见之后,予我宋而不义,我不为。(《墨子·鲁问》)

(8) 昭侯闻堂谿公之言,自此之后,欲发天下之大事,未尝不独寝,恐梦言而使人知其谋也。(《韩非子·外储说右上》)

先秦这种"之+后"连用的这三种用法特点,为跨层成词后的名词"之后"用法打下基础。

从东汉开始,除了"自……之后"外,还出现了"从……之后",如:

(9) 从见教于师之后,不敢犯非历邪,愉愉日向为善,无有恶意,不逆师心,是为上善弟子也。(汉《太平经》)

中古魏晋南北朝时期,"X+之+后"的用法基本沿袭上古,《世说新语》中有 4 例,例如:

(10) 乱离之后,百姓凋弊。(南朝宋·刘义庆《世说新语·方正》)

(11) 支道林丧法虔之后,精神霣丧,风味转坠。(南朝宋·刘义庆《世说新语·伤逝》)

中古时期"X+之+后"的频率有所下降,这与汉语史上助词"之"的衰落是分不开的。作为助词的"之"在上古十分常用,但是至中古魏晋南北朝时期,助词"之"在口语中明显衰落(朱冠明 2015)。助词"之"的衰落,一方面体现在"主+之+谓"结构中的助词"之"大幅脱落,"主+之+谓"结构已不具能产性,基本已经从口语消失(魏培泉 2003),另一方面,用在修饰语与中心语之间的"之"也明显衰退,无论修饰语是谓词性的还是体词性的,它与中心语之间不用"之"的现象都十分常见(石毓智、李讷 1998)。中古之后,随着新结构助词"的(底)"在唐代的兴起,"之"的功能逐渐被"底(的)"替代,助词"之"便基本从口语中淡出,一直到现代汉语,只是仍在书面语中有所保留。

"有些功能词在某种句法结构中消失了,也即某种句法结构不再需要某个功能词了,这种情况会引发一些与该功能词相关的句法结构的词汇化"(董秀芳 2009)。双音化是导致跨层词汇化的语音方面最主要的诱因之一,双音化大多在句法语义弱化后诱发跨层词汇化(刘红妮 2019b:169)。正因如此,随着助词"之"语法功能的衰落,再加上汉语双音化的因素,唐代开始,"X+之+后"开始发生重新分析,逐渐由"X+之+后"变为"X+之后"。助词"之"跨层后附于方位名词"后",层次发生变化,逐渐凝固一个新的双音名词"之后"。

唐代"X+之后"的使用频率又开始逐渐上升了,例如:

(12) 汝母平生在日,广造诸罪,命终之后,遂堕地狱。(《敦煌变文集》)

(13) 如来灭度之后,众圣潜形于像法中。(《敦煌变文集》)

(14) 朕自别卿之后,恋念不离心怀。(《敦煌变文集》)

宋代《朱子语类》中有184例"X+之后",例如:

(15) 穷理盖是合下工夫,恕则在穷理之后。(宋《朱子语类》卷18)

(16) 若以可改而未改,则三年之后,四年改之,其意如何。(宋《朱子语类》卷22)

(17) 武王自伐纣归来,建国分土,散财发粟之后,便只垂拱了。(宋《朱子语类》卷25)

还出现了"以前"和"之后"对举的用例,例如:

(18) 但未死以前,则神为主;已死之后,则鬼为主。(宋《朱子语类》卷3)

元代,《全相平话五种》中有"X+之后"22例,《元刊杂剧三十种》中有11例,例如:

(19) 怎知世变推迁,春秋五伯之后,又有战国七雄,天下龙争虎战,干戈涂炭,未肯休歇。(元《全相平话五种·秦并六国平话》)

(20) 百年之后还埋葬,坟穴内尽按阴阳。(元《元刊杂剧三十种·散家财天赐老生儿》)

元代出现了"自从……之后",例如:

(21) 自从与刘文叔酌别之后,今经十年光景。(元《元刊杂剧三十种·严子陵垂钓七里滩》)

明代的《三言二拍》中共有330例"X+之后",例如:

(22) 过门之后,两个颇说得着。(明《警世通言》卷38)

(23) 做了夫妻之后,时常与素梅说着那事,两个还是打喋的。(明《二刻拍案惊奇》卷9)

(24) 自从那年老哥还银之后,我就悟了这道理。(明《醒世恒言》卷18)

清代,"X+之后"的使用频率依旧比较高,《儒林外史》中有49例,《红楼梦》中有61例,《儿女英雄传》中有53例,例如:

(25) 画到三个月之后,那荷花精神、颜色无一不像,只多着一张纸,就像是湖里长的,又像才从湖里摘下来贴在纸上的。(清《儒林外史》第1回)

(26) 单表宝玉自贾政起身之后,每日在国中任意纵性游荡,真把光阴虚度,岁月空添。(清《红楼梦》第37回)

(27) 这不过等完事之后，给他说个门户相对的婆家，选个才貌相当的女婿，便是他的安身立命了。(清《儿女英雄传》第 16 回)

但是，直到清代，名词"之后"前面还必须出现 X，具有一定的依附性，不能脱离 X 而单独存在。

值得注意的是，清代中后期出现了"这之后"的用法，用"这"代替前面所说的表达事件的小句 X，这是以前所没有过的。例如：

(28) 你二位较量起来，这桩事是你的一番心，你自然该先通个诚告个祭，这之后才是我们。(清《儿女英雄传》第 24 回)

(29) 邓九公并说要请老爷去登泰山望东海，这之后还要带老爷到一个地方去见一个人。(清《儿女英雄传》第 40 回)

这是一个大的改变。在此之前，"之后"的前面一般总有名词性短语、谓词性短语或小句等成分，形成"X 之后"的形式，其中尤以谓词性成分和小句最为常见，表示一个完整的事件。"这之后"是将上文中已经出现的信息、事件 X，用指代词"这"来替代，上面两例中 X 指代的前面的小句，连接更加连贯，具有一定的篇章衔接作用。下面两例中"这之后"，"这"替代的是上文的句子。例(30)还是在两个语段之中，例如：

(30) 再加一个工程出来，府里要费，道里要费，到了院费，更是个大宗。这之后，委员勘工要费，收工要费，以至将来的科费、部费，层层面面，那里不要若干的钱？(清《儿女英雄传》第 2 回)

(31) 妇人道："你不知道，我们这庙里爷儿五六个呢。……末后，大师傅翻箱倒笼找出小拇指头儿壮的一支真金镯子来，想着要给他带在手上呢，他伸手喀嚓的一下子，把人家的脖子抓个长血直直流的！你瞧他歹毒不歹毒！"那女子问道："这之后便怎么样呢？"(清《儿女英雄传》第 7 回)

这些说明与之前的"X 之后"相比，"这之后"的自由度更高一些，已经可以逐渐从上下文中脱离出来。从回指的角度看，"这之后"形成代词回指，这是回指的一种常见形式。因为代词"这"所回指的事件在上文中已经出现过了，是已知信息，所以发展到后来"这之后"的"这"便也可不出现，变成回指最常见的形式：零形回指，这也就形成了单独使用的具有一定篇章衔接和连贯作用的"之后"。从"这之后"到"之后"，语义并不受影响，人们一看到"之后"就知道是指前面的事件以后，只是在形式上更加简洁。

在此之后，民国即出现了位于句首的单独的"之后"。例如：

(32) 之后，他便将笔递给宾从们，请他们来续下文。(民国《古今情海》

12卷)

(33)之后,虽然常常眷念王氏,但也不敢贸然前去。(民国《古今情海》16卷)

及至现代汉语中,位于句首单独使用的"之后"就非常广泛和普遍了。在北大CCL语料库中单独使用次数有4000多例。这说明"之后"的词汇化已经非常成熟,自由度越来越高,词汇化程度也非常之高,例如:

(34)之后,他还告诉了我一些关于这座古旧的城的新鲜故事。(叶紫《南行杂记》)

(35)之后一切归于宁静。(池莉《你以为你是谁》)

(36)之后,我就翻窗户跳出去了。(王朔《动物凶猛》)

从先秦"之+后"的跨层连用,一直发展到现代汉语中"之后"的独立使用,现代汉语中"之后"在共时平面用法也反映了历时的演变痕迹,具有多样性。主要有以下几种用法:

A类"之后"指处所,前面要有其他成分X,"X之后"表示某个处所的后面,可以用"后面"来替换。例如:

(37)大厅之后,还有饭厅,再后面就是厨房、下房。(欧阳山《苦斗》)

B类"之后"指时间,前面要有其他成分X,"X之后"表示某个时间的后面,可以用"以后"来替换。例如:

(38)一个星期之后,康伟业意外地收到了段莉娜的来信。(池莉《来来往往》)

(39)提倡干部革命化、年轻化、知识化、专业化之后,人们普遍认为他是个不学无术的无能的好人。(王蒙《名医梁有志传奇》)

(40)自从有了电视机之后,晚上才一块儿聚在客厅里看看电视。(梁晓声《冉之父》)

C类"之后"单独使用,一般用在句子开头,表示在上文所说的事情以后,可以用"此后"来替换。这类"之后"后面一般是一个小句形式,可用逗号","隔开,例如:

(41)之后,她对我仍是一如既往,倒是我自己惭愧了,不肯再与她见面。(王朔《过把瘾就死》)

(42)他们也都看表,之后一齐看我朋友。(梁晓声《冉之父》)

(43)我们都能开诚布公,坦诚相见,之后,把这次谈话忘了,不要再对任何人提起,因为我不愿意伤害任何人。(池莉《你以为你是谁》)

另外,"之后"发展出一些新用法。可称之为 D 类"之后"。新用法一是有的可以几个"之后"连用,有的"之后"后面还可以加上"啊、哇"等语气词,有点类似于"然后",例如:

(44) 单位,原来是这样儿,我是在这个王府井儿,之后是在这个朝阳门大街,之后这个合营以后调到这个南城,就是广渠门,之后又调到这个安定门外,这么个。(桑凌志《北京话口语》)

新用法二是"之后"还发展出作定语的用法,形成"之后的 X"结构。例如:

(45) 之后的日子里,他的身影经常出现在田间地头,出现在农民身边。(《人民日报》1995 年)

(46) 其次,洗发按摩头部的时间不应少于十分钟,之后的冲洗不少于五分钟。(子柔《时光向左女人向右》)

总之,"之后"最初是一个"助词+名词"的跨层结构,在"X+之+后"结构中,X 是定语,方位名词"后"是中心语,"之"是助词,用在定语和中心语之间,组成偏正短语,表示一般的修饰关系。"之"与"后"不在同一个句法层次上,是一个跨层组合,经过词汇化后变为一个方位名词"之后",少指处所,多指时间。它经历了如下跨层演变的过程:X+之+后→X+之后。并且"之后"成词后,功能和用法发生进一步扩展,前面的成分 X 可以不出现而"之后"独立使用,指在上文所说的事情以后,句法形式上从粘着变得自由:X+之后→之后。另外,名词"之后"的功能也有所扩展,如有的类似于"然后",有的可以用作定语,形成"之后的 X"结构。

1.1.1.2 "之前"

"之前"也是现代汉语中的一个名词,《现代汉语词典》(第 7 版)对"之前"的词性和解释与"之后"基本类似。

但是,"之后"和"之前"在使用频率、单独使用等方面还是有所不同。我们对 CCL 语料库中"之后""之前"的使用作了一个粗略、笼统的统计,"之后"和"之前"在古代(包括非词连用)、现代以及单独使用次数的比例分别为:17319∶4965,93579∶40621,4207∶460。可见,"之后"在使用频率、词汇化程度和自由度等方面要高一些。

"之前"和"之后"一样,原先都是跨层结构,都经历了跨层组合过程(吴竞存等 1992:377)。"之前"的演变来源、历程、路径、结果及其动因等都与"之后"相似,所以本节对"之前"的演变路径简要探讨。

"之+前"的连用在先秦也已出现,它原本也是"结构助词+名词"的跨层结构,所形成的结构为:"X+之+前"。其中,"之"都是结构助词,表"的"之义,连接修饰语 X 和中心语"前",介于两个成分之间,不前附也不后附,"前"是方位词。"之"和"前"不在同一句法层次。X 最初为名词性成分 NP,整个"X+之+前"表示"X 的面面",表示处所。

不过,和"之后"不同的是,先秦时"X+之+后"就开始以指时间为主了,而"X+之+前"先秦时大多数是表处所,例如:

(1) 既退荆师于鄢,将谷,范文子立于戎马之前。(《国语·晋语》)
(2) 君子审后王之道,而论於百王之前,若端拜而议。(《荀子·不苟》)

不过也有一些表时间的用例,例如:

(3) 拆之征足以知多寡,怒之前不及其众。(《韩非子·八经》)
(4) 今乃欲审尧、舜之道於三千岁之前,意者其不可必乎?(《韩非子·显学》)

汉代和六朝的用例中"X+之+前"表处所和表时间并行,例如:

(5) 千岁之前,万世之后,无以异也。(汉《论衡·实知》)
(6) 泻熟乳著盆中,未滤之前,乳皮凝厚,亦悉掠取。(北魏《齐民要术》卷6)

与"之后"类似,同样是因为六朝时汉语史上助词"之"的衰落,中古六朝以后,"X+之+前"在结构上逐渐被重新分析为"X+之前",跨层结构"之+前"从而词汇化为方位词"之前",附着于表示处所特别是时间的词语之后,表示某个处所的前面尤其是某个时间以前。即:X+之+前→X+之前。

"之前"成词后,在近代汉语中使用频率也逐渐增高起来,经常用在"X之前"中,表示某个处所的前面,例如:

(7) 香云忽起,盘旋于塔庙之前。(五代《祖堂集》卷17)
(8) 女乐既归,三日不朝,夫子自可明言于君相之前,讨个分晓然后去,亦未晚。(宋《朱子语类》卷47)
(9) 青衣请宋江入帘内,跪在香案之前。(明《水浒传》第88回)
(10) 子春连忙走近老君神像之前,定睛细看,果然与老者全无分别。(明《醒世恒言》卷37)
(11) 心内愈思愈闷,因在贾母之前,不敢形于色,只得仍勉强往下看去。(清《红楼梦》第22回)

另外,"X之前"指时间的现象也越来越多。"之前"用在"X之前"中,表示在某个时间的前面,例如:

(12) 孟夏之后,仲秋之前,平居流水,可以泛舟。(唐《大唐西域记》卷8)

(13) 未妊之前,其父见白虹入室,又母梦中见僧同床而寝,觉闻香气芬馥。(五代《祖堂集》卷17)

(14) 喜怒哀乐未发之前,形体亦有运动,耳目亦有视听,此是心已发,抑未发?(宋《朱子语类》卷5)

(15) 太公未亡之前,小官人所借这些债主,齐来取索。(明《醒世恒言》卷17)

(16) 他未回家之前,那恩赏的旗匾银两早已领到。(清《儿女英雄传》第36回)

(17) 他这懒懒的也不止今日了,这有一月之前便是这样。(清《红楼梦》第72回)

现代汉语中,"之前"前面的成分X还可以不出现,"之前"单独用在句子开头,表示在上文所说的事情以前,"之前"已经完全词汇化。例如:

(18) 之前他们同天津市大学生们进行了文化体育交流。(《人民日报》1996年)

(19) 他们这才开始真正的男女情爱,之前,只是两个孩子的要好。(王安忆《逃之夭夭》)

现代汉语中"之前"也发展出作定语的用法,形成"之前的X"结构,CCL语料库中有24例。例如:

(20) 在他谈到他的成功经验时,他说道,之前的种种遭遇,其实是生活在让他懂得如何在"绝望中寻找希望"。(成杰《史玉柱传奇》)

1.1.1.3 其他有词汇化倾向的"之X"类名词

除了"之后、之前"外,现代汉语中还有一批"之X"类词(吴竞存等1992:377,刘红妮2009a,刘云2010),当然演变的来源和结果不一。《现代汉语词典》(第7版)中单独列为词条的有:之后、之前、之所以[①];《现代汉语八百词》(1999)单独列为词条(处理为方位词)的有:之后、之间、之内、之前、之上、之外、之下、之中",并且在结构助词"之"字条中专门指出"只用'之'不用'的'的格式"的有:"……之一,之二……;……[分]之……;动+……之+所+动;……之于(=对于)……、……之所以……;之流,之类;……之多、……之久、……之极、……之至;非常之……"。《现代汉语八百词》认为它们是"格式",即类似于固定搭配。其中有一部分格式后来逐渐词汇化成词,如"之所以"(吴竞存等1992:377,肖奚强、王灿龙2006)。上述这些"之X"可以分为以下几类:

---

① "之所以"在《现代汉语词典》(第5版)及以前还未收录,后来的版本才收录。

"结构助词'之'+方位名词"→方位名词:"之后、之间、之内、之前、之上、之外、之下、之中";

"结构助词'之'+'所_{宾语代词}以_{介词}'"→连词:"之所以";

正在凝固中的具有词汇化倾向的"之X"类词:之一①、之极、之类、之流、之于、之至②;

跨层组合:"之多、之久、非常之";

跨层格式:"……之一,之二……、……[分]之……、动+……之+所+动"。

总之,"之后"并不是唯一现象,"之+X"词大多数是非句法结构的跨层词汇化形成的。对这一类特殊的"之+X"形成的"之X"类词的词汇化逐个进行考察,发现其中的共性和个性,揭示个中规律,将是非常有意义的(刘红妮2009a)。

在"之X"类词中,最多的一类就是由"之+方位词"形成的"之后"类,它们的共同点都是结构助词"之"+方位词构成,原先都是非句法结构的跨层组合,后来都词汇化为名词。

关于带"之"的双音节方位成分,自丁声树等(1961)、吕叔湘(1965)等之后,有很多研究,但关于其词类地位及范围数量意见多样,如《现代汉语词典》(第7版)中收录的有:"之后、之前",《现代汉语八百词》(1999)在正文前面的"现代汉语语法要点里""方位词"部分列举了:"之"+上(下,前,后,内,中,外,东,南,西,北),但在正文中把"之后、之间、之内、之前、之上、之外、之下、之中"单独列为词条,此外还有其他一些数量不一的研究(储泽祥1997,张谊生2000b,方经民2004,邵霭吉2009,齐沪扬2014等)。总体而言,除了《现代汉语词典》(第7版)收录的"之后""之前"这2个词为大家所公认外,《现代汉语八百词》(1999)所收录的"之后"等8个方位词也得到一定的认可。

如果以《现代汉语八百词》(1999)收录的这8个词为标准,那"之间、之内、之上、之外、之下、之中"等原本也是和"之后、之前"一样,是"助词'之'+方位词"

---

① "之一"是"结构助词'之'+数词"→名词。《现代汉语频率词典》(1986)列入了"之一";《现代汉语规范词典》(第3版)收录了"之一",将其归为名词,指许多同类事物中的一个。

② "之极、之类、之流、之于、之至"这些,按《现代汉语八百词》(1999)其中的"之"都是结构助词,那么"之极、之类、之流"就是"结构助词'之'+名词"跨层形成的名词,"之于"是"结构助词'之'+介词"跨层形成的介词(张谊生2019)。"之至"是"结构助词'之'+名词"跨层形成的,那么上述这些词就是跨层结构的词汇化。《现代汉语规范词典》(第3版)收录"之极、之类、之流",并将它们归为名词。另外,有些研究可能对"之类""之流""之极、之至(致)"等词中的"之"的词性有不同的观点,如认为是指示代词或动词等。在此,我们采取《现代汉语八百词》(1999)的观点,仍将这里的"之"处理为助词,认为这些"之X"类词也是跨层结构词汇化形成的。

的跨层结构,后来词汇化为方位词。它们的演变过程和路径也基本与"之后、之前"相似,以"之间"为例,起初结构为"X+之+间","X"是修饰语,"间"是中心语,"之"是介接修饰语和中心语的助词,助词"之"和名词"间"不在同一句法层次上,后来因为汉语史上"之"的用法的衰落,加上汉语双音化,"之"跨层后附,"之"和"间"发生跨层词汇化,重新分析为单一的方位词"之间":"X+之间"。其他的"之内"等也是同样。那么"助词'之'+方位词"→方位词"这一类跨层演变所形成的双音方位名词还包括"之间、之内、之上、之外、之下、之中"等。

但是,"之间、之内、之上、之外、之下、之中"等又不能完全和"之后、之前"相提并论。按照词汇化程度来看,"之后""之前"在《现代汉语词典》和《现代汉语八百词》中都有收录,且在很多情况下可以脱离前面的成分 X 而单独使用,最为成熟。而其余的"之间"等大多数情况下前面还有成分 X,"X 之间"等这一类的用法占了绝大多数,而脱离 X 单独使用的"之间"等都比较少,词汇化程度等级要低一些。

在 CCL 语料库中,"之间""之外"前面没有修饰成分 X,单独使用的在 10 例以上,相对较多。"之间"55 例,"之外"14 例。并且"之间"和"之外"除了可以单独使用,还可以作定语,这说明它们已被看作一个整体。"之间"单独使用的,例如:

(1) 自解放以来,两人就在一起搭伙计,之间有许多矛盾。(刘震云《故乡天下黄花》)

(2) 这是在人多的地方捉迷藏,之间要有默契,特别的了解,才可一捉一藏地周旋。(王安忆《长恨歌》)

(3) 他们都不是诗情画意的人,之间的关系也过了空谈的阶段,倒有几分过日子的意思了。(王安忆《逃之夭夭》)

"之外"单独使用的,例如:

(4)《回忆》在写法上有很大的特色。譬如说开头抄引了这么一封旧信,之外就只有三言两语,交待一下来踪去迹,而并不拍手称叹,画蛇添足。(《读书》67 期)

(5) 外语,首先是背单词,之外,应当上个补习班,多作些"篇子"(老师出的题)。(网络语料)

(6) 除了《对话尼克松》还没看到,之外的片子都看了。(网络语料)

"之下""之中""之上""之内"单独使用的更少,都在 5 例以下,并且没有发现用作单独用作定语的用例。"之下"单独使用的,例如:

(7) 在介绍各种学科时,每科分列项目,之下再分列条目。(《读书》19 期)

(8)"新青年"三个字,开始用美术字,之下,还印有一行法文"La Jeunesse"。(《读书》23期)

"之中"单独使用的,例如:

(9)根据现能看到的资料中说,是由于王力于当年8月7日对外事口造反派作了一个著名的"八七讲话",之中,观点极左得很。(网络语料)

"之上"单独使用的有2例,例如:

(10)烟波尽处,则是瓦灰的一线,之上就是白朗朗、翠微微的长天了。(《人民日报》1998年)

"之内"单独使用的有2例,例如:

(11)密林之间,白雪之中有学舍,之内有哲学,哲学之难,令人惊叹。(陶晶孙《冬》)

总之,在某种程度上可以说"之后"等都已由"助词'之'+方位词"的跨层结构词汇化为方位词,但按词汇化等级程度来看,可以呈现出如下这样一个序列(>表示高于):

之后、之前>之间、之外>之下、之中、之上、之内

"之后、之前",尤其是"之后"是这一类词的代表,是词汇化程度最高的,这也是我们重点以"之后"为代表重点探讨这一类的跨层词汇化演变路径的原因。而"之间、之外"词汇化程度次之,而"之下、之中、之上、之内"词汇化程度要再次之。

另外,"之"类词中,除了上述"助词'之'+方位词→方位词"的"之后"等词,还有其他一些具有词汇化倾向的现象。

其中,"之一"的词汇化倾向比较明显,《现代汉语频率词典》(1986)和《现代汉语规范词典》(第3版)(2004)都有收录。"之一"原本是"结构助词+数词"的跨层结构,与"之后"等的演变类似,有跨层词汇化为名词的可能,由"X+之+一"重新分析为"X+之一"。并且现代汉语中有一些"之一"已经完全可以脱离前面的X而单独使用,语义比较凝固,CCL语料库中有8例,例如:

(12)不过藏书也有许多难处,之一就是藏书要与书主人争夺居住面积。(《读书》106期)

(13)电讯称,宇航员在太空回眸地球,隐约可辨的人工杰作,只有两处,之一,便是中国的长城。(《人民日报》1995年)

(14)我想在这清闲中开始我所欲做的工作。之一,这种工作是我所预计或为旅行前所积欠下来的。(孙福熙《乡思》)

另外,"之一"前面还可以加上由数词和量词"个"组成的数量短语,CCL 语料库中有 3 例,例如:

(15) 在轻工和纺织这两个行业,在 1991 年以前,占租赁业务总额的三个之一强,近年来这两个行业受冲击最大。(《报刊精选》1994 年)

(16) 心肺移植,至今生存下来的仅 50 人,而西尔维亚则是存活最长的几个之一。(陈慧珍《换了心肺　改了性情》)

总之,"之一"具有从跨层结构词汇化为单一名词的可能,词汇化倾向相对明显。

另外,"之最"也有词汇化倾向,它原本是"结构助词+名词"的跨层结构,凝固后"之最"前面可以用数量短语修饰(刘云 2010),北大语料库中"之最"前有量词"个"修饰的例子有 23 例,例如:

(17) 二环路工程在石家庄市历史上创下了几个之最:规模最大、耗资最多、占地最多。(《人民日报》1996 年)

(18) 这种创造了一届世锦赛夺取金牌数和破世界纪录数两个之最的辉煌,标志着世界游泳运动在迈进新世纪之后,已经进入了"索普时代"。(新华社新闻报道 2001 年)

可见,"之最"也有从跨层结构词汇化为单一名词的倾向性。

最后,还有"之极、之际、之首、之类、之流①"和"之初""之余"等也具有一定的成为名词的词汇化倾向。它们本来也是"助词+名词"的跨层结构,形成"X 之极/余"结构,X 是定语,名词"极/余"等是中心语,"之"是结构助词。"之""极/余"不在同一句法层次。随着古汉语中"之"的衰落,"极、际、首、类、流""余、初"等在现代汉语中基本不能单说单用,只能作为构词语素,在汉语双音化的促动下,两个都弱化的单音成分长期连用,就容易凝固成词。另外,在语言中有一定的使用频率,也使得它们容易凝固。我们对它们在 CCL 语料库中的使用情况做了一个笼统的调查:古代(包括连用):之余(1700)、之初(3920)、之际(6377)、之首(1912);现代:之余(3765)、之初(4512)、之际(15406)、之首(3836)。

但是"之极/余"这些形式前面一般还得出现 X,基本不能脱离 X 独立使用。所以,它们的词汇化程度要比"之一"低一些。CCL 现代汉语语料库中,只有"之余"有 1 例单用的例子,且是网络语料,例如:

---

① 《现代汉语规范词典》(第 3 版)收录了"之后、之极、之际、之间、之类、之流、之内、之前、之上、之首、之所以、之外、之下、之一、之中",这里面除了"之所以"是连词外,其余皆标注为名词,其中"之极、之际、之首、之类、之流"等为普通名词。

(19) 我们是不是与孩子交流的太少了,只知道让他们写没完没了的作业,之余,还要孩子参加奥数班、作文班、英语班等等。(网络语料)

其他的"之初、之际、之首"等都暂时没有发现单用的例子,都还只是"X之初"等形式。

1.1.1.4 需要注意的问题

要特别指出的是,并不是所有的"之＋单音的X"都有词汇化为"之类"类名词的可能或倾向。需要注意的是不宜将"之X"类的词汇化扩大化,认为所有的双音的"之X"类形式都有词汇化的倾向。

我们认为能不能独立使用,"之"与其后的X组合是不是固定的,不必有与之相应的并列项出现,是鉴定"之X"类是否词汇化的标准。

比如使用频率高的"之X"并不一定就词汇化成词。使用频率只是一个可能而非绝对的成词因素,是否成词不能光看使用频率。现代汉语中助词"之"用在"定语＋之＋中心语"结构中,构成的偏正短语有很多形式,如"生命之光、赤子之心、大方之家、栋梁之材、乔迁之喜、世界民族之林、爱之梦、大桥之宏伟"等(邵蔼吉2009),其中的"之心、之材""之喜、之多、之久"等也是如此,不管使用频率如何,如"之心"在CCL语料库中笼统的连用情况是古代14590次,现代4578次,但它们都仍只是跨层组合,并没有发生词汇化,"之"都是用在定语与中心语的助词。

另外,骈合结构的"之X"不是跨层,也不一定能词汇化成词。吴竞存、梁伯枢(1994:376-377)曾谈到跨层与骈合的不同,骈合是省略成分的联合结构,有给人以改变性质跨层后附的感觉,例如:

(1) 遇到的问题之多,之复杂,都使大家感到吃惊。

其中的"之复杂"是"(问题)之复杂"的省略,是骈合结构。"之"与其后成分"复杂"形式相连出现完全是随机的,"之"后的组成成分是不固定的,"'之'后可随不同的场合而出现无穷的不同成分,如:之大,之难处理……"。而"之后""之前"不同,跨层组合的成分是固定的,相邻成分连用而凝固形成的。也就是说"之复杂""之多"等和"之后""之前"不同。"之多"类、"之X"类仍只是一种临时组合,并不像"之后""之前"一样已发生词汇化。

1.1.2 连词＋名词→名词

由跨层结构词汇化而来的名词还有"而今",它是由"连词＋名词"演变为名词的,确切地说是"连词＋时间名词→时间名词"。

《现代汉语词典》(第7版):【而今】:名 如今。

而"如今"在《现代汉语词典》(第7版)的解释:【如今】:名 时间词。现在:事到～,只好不了了之|～再用老眼光看问题可不行了。

可见,"而今"也是一个时间名词。本书依据《现代汉语词典》(第7版)的词性标注,将"而今"归为名词,认为它和"如今"一样是名词里的时间名词小类。

"连词'而'+时间名词'今'"的连用最初经常用在"NP_1VP_1+而+今 VP_2"结构中。其中"而"原本是一个连词,连接两个谓词性成分"NP_1VP_1"和"今 VP_2",表示一种语义上的转折关系。从上下文意看,"而"用于逆接,连接的两个小句语义相对或相反,含有转折的意思。比如下面例(1)的 NP_1 是名词性时间成分"他日",例(2)(3)的 NP_1 是表示"以往、从前"义的时间名词"向""曩"等,"今"是一个时间名词,表示"如今、现在"义,和"向""曩"等对举,是其后动词性成分 VP_2 的主语。整个"NP_1VP_1+而+今 VP_2"表示"以往怎么样,但如今怎么样"。例如:

(1) 县贲父曰:"他日不败绩,而今败绩,是无勇也。"(《礼记·檀弓上》)

(2) 向也不怒而今也怒,向也虚而今也实。(《庄子·山木》)(董秀芳 2011 例)

(3) 人之所知者浅,而物变无穷,曩不知而今知之,非知益多也,问学之所加也。(《淮南子·泰族》)(董秀芳 2011 例)

有时候,在"NP_1VP_1,而+今 VP_2"结构中,前一小句在形式上也可以不出现时间词与后一小句的时间名词"今"对举的时间性名词成分,如下面两例中的 NP_1 分别是"心""楚",但上下句在语义上仍暗含着一种过去和如今不同情况的对比,例如:

(4) 心欲富贵全寿,而今贫贱死夭,是不能至于其所欲至也。(《韩非子·解老》)

(5) 楚疑于秦之未必救己也,而今三国之辞去,则楚之应之也必劝,是楚与三国谋出秦兵矣。(《战国策·秦策》)

(6) 超诘鞬支曰:"汝虽匈奴侍子,而今秉国之权。都护自来,王不以时迎,皆汝罪也。"(《后汉书·班超传》)

连词"而"在先秦时原本是十分常用的功能词,但是在中古急剧衰落,使用频率降低、功能改变,并最终在口语中消失,是汉语语法史上的一个重要现象(梅广 2003,魏培泉 2003)。"而"的衰落势必也带来它的连词的语法功能和连接意义的弱化,再加上汉语双音化的作用,连词"而"和时间词"今"就有了融合的可能。此外,"连词'而'+时间名词'今'"又位于谓词性成分前主语的句法位置,这样,

"而+今 VP"重新分析为"而今 VP","而"和"今"就发生了跨层词汇化,从跨层结构变成一个时间名词"而今",意思相当于"如今,现在"。词汇化后的"而今"的语义主要是时间词"今"的语义,"而"表连接的意义弱化甚至消失了。例如:

(7)向前不信别离苦,而今自到别离处。(唐·张安世《苦别》)(董秀芳 2011 例)

此例中的"而今"和"向前"对举,都是时间名词作主语。

词汇化之后,时间名词"而今"的独立性进一步增强,逐渐脱离了"X 而今 Y"的源结构,前面可以不出现其他谓词性成分 X,直接用在前一小句句首,例如:

(8)而今何事最相宜?宜醉宜游宜睡。(宋·辛弃疾《西江月·示儿曹以家事付之》)

还可以用在单句句中主语后谓语前的位置作状语,例如:

(9)我们而今且派两人跟定了范老爷。(清《儒林外史》第 3 回)

这些都是时间名词的典型用法。

后来,"而今"在句法功能上有一定的扩展,可以用在"而今的 Y"结构作定语,例如:

(10)而今的世界,有甚么正经?有了钱,百事可做,岂不闻崔烈五百万买了个司徒么?(明《初刻拍案惊奇》卷 22)

(11)房氏道:"当先在刘家,而今的丈夫叫做辛德。"(明《二刻拍案惊奇》卷 13)

(12)这相国、督学、太史、通政以及太守、司马、明府,都是而今的现任老爷们的称呼。(清《儒林外史》21 回)

(13)而今的人,可谓江河日下。(清《儒林外史》26 回)

现代汉语中"而今"可以作主语、宾语、定语,和时间名词"如今"的用法相似,例如:

(14)为了开发利用它的资源,而今死海旁边出现了一些工厂。(刘兵《死海不死》)

(15)直到而今,许多中国古代的风俗、习惯、语言、服装,在朝鲜还看得见。(杨朔《三千里江山》)

(16)我一辈子没娶过老婆,年轻时候也混账过两天,别说而今的时兴青年了!(路遥《人生》)

(17)这个世界上离海洋最远的城市,而今已拥有 142 万人口。(《人民日报》1993 年)

此外,"而今"还可以独立使用,单独用在句子开头,形成"而今,……",例如:

(18)而今,姨妈把最疼爱的表弟也送到部队。(《人民日报》1993 年)

1.1.3 介词+动词→名词

名词"由来"是由"介词+动词"跨层词汇化形成的(梁银峰2009,陈昌来等2010)。不过,"由来"的演变比较复杂,据陈昌来等(2010),"由来"的演变路径为:由……来(动词性短语)→所由来(名词性结构)→由来(时间名词)。本节论述主要依据陈昌来(2010)等。

"由来"词汇化的起点是上古汉语中的"由X来"短语。例如:

(1) 善不由外来兮,名不可以虚作。(《楚辞·九章》)

"由……来"的指称形式是"所由来","由……来"通过有标记名词化和宾语提取而生成的"所由来"。例如:

(2) 孔某穷于蔡、陈之间,藜羹不糁。十日,子路为享豚,孔某不问肉之所由来而食。(《墨子·非儒下》)

(3) 余至大行礼官,观三代损益,乃知缘人情而制礼,依人性而作仪,其所由来尚矣。(《史记·礼书》)

两汉以前,用来表达时间久远意义的主谓结构都是"所由来+AP"的形式。在双音化的趋势推动下,同时随着"所"的名词化功能逐渐衰退,到了魏晋南北朝时期,开始出现"由来+AP|NP"的形式,"所"字可以脱落。例如:

(4) 今强敌未殄,海内未乂,三军有无已之役,江境有不释之备,征赋调数,由来积纪……(《三国志·吴志·骆统传》)

(5) 世间浅近者众,而深远者少,少不胜众,由来久矣。(晋·葛洪《抱朴子·明本》)

"由来"成词后,最初是个普通名词,主要充当主语,例如:

(6) 王敦无君,由来实久,元恶之甚,古今无二。(《晋书·周顗传》)

后来由抽象的时间上的起点或笼统的过去的时间演变成了此前、当初等意义,功能上也可以作定语了。例如:

(7) 夫褒赏必于有功,刑罚审于有罪,此古今之所同,由来之常式。(《魏书·高宗纪》)

之后一度用作时间词(时间名词),开始大量用作状语,例如:

(8) 王大将军于众坐中曰:"诸周由来未有作三公者。"(南朝宋·刘义庆《世说新语·尤悔》)

(9) 多言复多语,由来久相误。(五代《祖堂集》卷3)

魏晋南北朝直到隋唐时期,"由来"是个非常典型的时间词(时间名词)。它可以表达时点,相当于"当初、原来";也可以表达时段,相当于"此前、历来、向来"。

到了现代汉语中"由来"的用法变得单一且不常用,《现代汉语词典》(第7版)标注"由来"为名词,有两个义项,一是从发生到现在的一段时间,如"由来已久",一是事物发生的原因、来源,如"查清这次火警的由来"。第一个义项常用于"由来已久"结构,类似固定短语,第二个义项实际上也不常用。从功能上看,现代汉语中,"由来"不再作状语和定语,只能作主语或宾语。在意义上"由来"意义的演变基于两个"起点":A.空间上的起点(转指)→来源、起因;B.时间上的起点(转指)→过去的时间→当初、此前→历来、向来。

另外,汉语史上还有一个时间名词"从来",它也经历了和"由来"相似的演变(陈昌来、张长永 2011)。"从来"原本是"从 X 来"结构,介词"从"和动词"来"不在同一句法层次,后来经历了介词宾语 X 的省缩以及"所从来"名词化和指称化的阶段,由动词性短语演变为名词性短语,后来词汇化为时间名词。具体演变路径为:动词性偏正短语(从……来)→名词性短语(所从来)→名词(从来)→时间词(从来)(→时间副词"从来")。只不过"从来"的时间名词用法只是在历史上短暂出现过一个阶段,很快地就由时间名词演变为时间副词"从来"。现代汉语中"从来"主要是时间副词的用法,而时间名词的用法已经不用了。

和"从来"演变类似的还有"自来"。

1.2 关于"以来"等"以 X"类名词

汉语中还有"以来、以往、以还、以降""以远、以近"以及"以上、以下、以内、以外"等词,它们都是名词,并且绝大多数都是方位名词。

探寻这一类"以 X"名词的来源,它们似应都是连词"以"与相应的动词/形容词/名词跨层词汇化形成的。其中"以来、以往、以还、以降"是"连词+动词→名词","以远、以近"是"连词+动词→名词","以上、以下、以内、以外"是"连词+名词→名词"。尽管演变来源从表面上看有所不同,是"连词+动词/形容词/名词",但是这几类是有共性的,其中的"来、往、还、降""远、近"与"上、下、内、外"等都隐含着方向、时间,所以最后词汇化的结果都是与方向有关的方位名词,主要表方位和时间。

"以 X"类名词中,原本的连词"以"用在上、下、来、往、难、北等词前,表示范围、时间等。"'以'字司'上''下''往''来'与方向等字,皆以为推及之词""诸引

'以'字后缀以'往''来''上''下''南''北'诸字者,皆以推言其人、其地、其时也。"(《马氏文通》1983[1898]:267)

此类"以 X"类名词形成的较早,大多在上古就已出现,词汇化的轨迹不是特别明显。兹举其中几例。例如:

(1) 中人以上,可以语上也;中人以下,不可以语上也。(《论语·雍也》)

(2) 自今日以往,既盟之后,行者无保其力,居者无惧其罪。(《左传·僖公二十八年》)

(3) 自有生民以来,未有孔子也。(《孟子·公孙丑上》)

第二章 从跨层结构到动词

　　由跨层结构词汇化为动词的演变相对较多,种类也较为丰富。在所有"实词＋实词""实词＋虚词""虚词＋实词""虚词＋虚词"这四类可能的跨层组合中,演变为动词的主要包括"实词＋实词""实词＋虚词""虚词＋实词"这三类跨层组合的词汇化,每一大类里又有来源不同的各种类型。本章依次探讨这三大类跨层结构词汇化为动词的演变路径。

2.1 由"实词＋实词"的跨层结构词汇化为动词

2.1.1 动词＋动词→动词

2.1.1.1 "听说"

现代汉语里"听说"是一个动词,例如:

(1) 听说国家派了科技扶贫团来,这样就好,搞科技就要搞教育。(刘醒龙《凤凰琴》)

　　动词"听说"原本是"听人说",后来"人"省缩,本不在同一句法层次的"听"和"说"就发生跨层词汇化演变(刘红妮 2009a)。

　　《说文》:"听,聆也。"动词,指用耳朵接受声音。《说文》:"说,说释也。从言、兑,一曰谈说",段注:"说释即悦怿。说释者开解之意故为喜悦。释,解也。"

　　先秦"听说"中的"说"并不是"说话"意思的"说(shuō)",主要是指"说服、劝说别人听从"的"说(shuì)"。上古"说"很少作"说话"讲,而是有很多特定的含义(汪维辉 2003)。例如:

(2) 今人主听说,不应之以度而说其辩;不度以功,誉其行而不入关。(《韩非子·外储说左上》)

　　这种动宾短语的"听说(shuì)"和今天的动词"听说"没有关系。上古以后这种用法也慢慢地衰亡了。

　　中古"说"有了重要的发展:由"解说、谈论"义扩大为一般意义的说,用法扩展,可用于多种场合,说一件事,转述某人的话或一个故事一般也用"说",但使用频率还不如"云"等。近代"说"是表示说话义的最常用的词之一,成为言说义类词的核心(汪维辉 2003)。

中古"听说"连用,"说"是一般意义的"说"(shuō)了。"听说"连用有多种用法,有的是动词"听"和"说"并列的短语"听说",例如:

(3) 阿逸多,汝且观是劝于一人令往听法,功德如此。何况一心听说读诵,而于大众为人分别,如说修行。(六朝《妙法莲华经》卷6)

有的"听说"是"听特定的某个人说",如下例的"听说"是"听宝藏佛说"。例如:

(4) 汝今可往见宝藏佛,恭敬供养礼拜围绕,听说三昧陀罗尼门无畏法门如是等经,并见大悲菩萨摩诃萨。(六朝《悲华经》卷7)

有的"听说"指的是"听我说"。例如:

(5) 亦勿为说,若人不信,毁谤此经,则断一切,世间佛种。或复颦蹙,而怀疑惑,汝当听说,此人罪报,若佛在世,若灭度后。(六朝《妙法莲华经》卷2)

在唐代,这种"听我说"之义的"听说"用得普遍起来,例如:

(6) 汝等听说,令汝等于自身中见自性有三身佛。(唐《六祖坛经·忏悔品》)

(7) 茶乃出来言曰:"诸人莫闹,听说些些。百草之首,万木之花,贵之取蕊,重之摘芽,呼之茗草,号之作茶。……"(《敦煌变文集》)

例(6)"汝等听说"意思是"你们听我说"。例(7)中"诸人莫闹,听说些些"意思是"你们不要闹了,听我来说吧"。

宋代的用例,例如:

(8) 送殡之人且听说,君看陌上桃花红,尽是离人眼中血。(宋《古尊宿语录》卷21)

明代及以后,主要是"看官听说,……",多用于白话小说中,基本成固定范式。

(9) 看官听说,这人你道是谁?(明《金瓶梅》①第2回)

这种特殊意义的"听我说"之义的"听说"也和现代汉语的动词"听说"无关。

上古和中古这些特殊意义的"听说"都和现代汉语中的动词"听说"无关,那么现代汉语的"听说"的来源是什么呢?通过对历时语料的考察,我们认为它来自"听人说"的省缩。动词"听"和"说"不在同一句法层次上,当兼语结构中的"人"省缩后,就变成"听说"。即:听人说→听(人)说→听说。

唐宋时期出现了用在句中的"听人说",例如:

---

① 本书语料标注来源于《金瓶梅》的,均为《金瓶梅》(崇祯本)。以下不一一指出。

(10) 予为儿时,常听人说陆畅初娶童溪女,每旦群婢捧匜以银杏盛藻豆,陆不识,辄沃水服之。(唐·段成式《酉阳杂俎·贬误》)

(11) 过雪溪前第一湾,面前境界尽宽闲。犹听人说我知县,谁识身知前住山。(宋·陈著《嵊县解印回家东郭道中》)

(12) 争奈天颠地倒。好光阴都惊散了。更听人说,七七年时、多多烦恼。(宋·陈著《烛影摇红·寿内子》)

这种"听人说"一直延续到明清时期,例如:

(13) 常听人说金蛇是金,白鼠是银,却没有神道变鼠的话。(明《警世通言》卷25)

(14) 在下乃浙江人氏,游至此处访友,听人说宋家堡有一位庄主,仗义疏财,好结交天下英雄,我特来拜访。(清《彭公案》第61回)

(15) 听人说她已改嫁别处去了,若要派人去,岂不是白跑一趟。(清《小五义》第74回)

这些例子中的"听人说"都可以用"听说"来替换而意思不变。

在"听人说"结构中,当语言使用者或因为消息来源宽泛,或认为没有必要指出某个具体的消息来源,或因为委婉隐含的心理不愿指明,而重在告诉人们一个新的信息,重在消息的内容本身时,泛化的消息来源"人"就不用说出,"听人说"省缩后也就演变为"听说"。当然一开始还只是连用,后来在长期的连用中,逐渐跨层成词。

唐代,在"听人说"出现的同时,出现了与"听人说"同义的"听说",有的还能补出"听人说"的某人,例如:

(16) (志远和上)粗陈南岳大师生日本之事,大众欢喜不少。远座主听说南岳大师生日本弘法之事极喜。(唐《入唐求法巡礼行记》卷2)

(17) 同于佛会之中,听说报恩经典。(《敦煌变文集》)

从上下文得知,例(16)的说话人是志远和上,例(17)中的说话人是佛教高僧。

宋代,"听说"的使用更加普遍起来。例如:

(18) 涂巷中小儿薄劣,其家所厌苦,辄与钱,令聚坐听说古话。(宋《东坡志林》卷1)

(19) 死后是非谁管得,满村听说蔡中郎。(宋·陆游《小舟游近村舍舟步归》)

如果说以前的"听说"还可以补出说话人和听话人,那么发展到后来"听说"则不太能补出说话人,而是泛指"听人说"。"听说"在长期的连用中已经渐趋凝固,跨层词汇化为一个新的动词,表示"听人说"。例如:

(20) 宋子京知定州,日作十首《听说中山好》,其一云:"听说中山好,韩家阅古堂,画图新将相,刻石好文章。"(宋·陈鹄《耆旧续闻》卷3)

(21) 听说古时月,皎洁胜今时。(宋·汪莘《水调歌头》)

(22) 听说衲僧牧护,任运逍遥无住。一条百衲瓶盂,便是生涯调度。(宋《景德传灯录》卷30)

到了明代,"听说"的用法已经和现代汉语的动词用法相差无几,可以确定已经成词。主要有下面几种用法:一种是用在句中作谓语的"听说"。有的"听说"带名词性宾语,有的带谓词性宾语或小句。例如:

(23) 吴君听说此事,到吃了一大惊,遂与彭君急忙下了山头。(明《警世通言》卷40)

(24) 三巧儿听说丈夫把她休了,一言不发,啼哭起来。(明《喻世明言》卷1)

一种是用在句中的动词"听说","听说"的宾语承前省略了,例如:

(25) 那几个伴当一片声道:"朝奉叫我们来坐在这里,等兑还了银子方去。"陈秀才听说,满面羞惭,敢怒而不敢言。(明《初刻拍案惊奇》卷15)

(26) 吕布从后拍马赶来,将戟于操盔上一击,问曰:"曹操何在?"操反指曰:"前面骑黄马者他。"吕布听说,弃了曹操,纵马向前追赶。(明《三国演义》12回)

一种是用于句首的"听说",例如:

(27) 听说世上男贪女爱,谓之风情。(明《二刻拍案惊奇》卷14)

(28) 听说你家中将你嫁人,在于今晚,以此仗剑而来,欲剿那些败坏纲常之辈。(明《醒世恒言》卷5)

到了清代,"听说"的这三种用法都已经成熟,句首的"听说"使用也非常广泛了,例如:

(29) 我听说还有雅座儿,好极了,就忙忙的叫人提掇着衣裳帽子,零零星星连酒带菜都搬到雅座儿去。(清《儿女英雄传》第32回)

(30) 贾珍听说,喜之不尽,即命人抬来。(清《红楼梦》第13回)

(31) 听说老婆回去被王二结结实实的打了一顿。(清《老残游记》第19回)

另外,还出现了将"听说"后面的小句主语前移话题化的例子,例如:

(32) 这里的狗,听说曾经捉了送到浦东去,谁知他遇了渡江的船,仍旧渡了过来。(清《二十年目睹之怪现状》第62回)

综上,"听说"连用早期主要是一些特殊意义的用法,如"听说(shuì)"和"听我说"之义的"听说",这些和现代汉语的动词"听说"无关。现代汉语的动词"听说"来自"听人说"的省缩,即:听人说→听(人)说→听说。唐代出现"听人说",与此同时也出现了省缩后连用的"听说",自此之后原本不在同一句法结构层次的跨层结构"听说"在长期连用中逐渐凝固,最终词汇化为单一的动词。

2.1.1.2 "看似"

"看似"也是"实词+实词"跨层词汇化形成的(刘红妮 2019b)。它原本是"动词+动词"的跨层组合,形成"看+似 X"结构,表示"看起来像 X"的意思。"似"和其后的宾语 X 形成直接的句法结构,"看"和"似"不在同一句法层次内。起初动词"似"的宾语以名词性 NP 或名词化的成分为多,例如:

(1) 就溪洗浊,转更分明,向日看似金色,手触之如金声。(宋《太平广记》卷 66)

(2) 正在澄波看似有,及乎动著又如无。(五代《祖堂集》卷 9)

(3) 内按天、地、人三才,中分三气,内藏红砂三斗——看似红砂,着身利刃,上不知天,下不知地,中不知人。(明《封神演义》第 44 回)

后来"似"的宾语越来越多地扩展为谓词性成分 VP,形成"看+似 VP"结构,原本的动词"看"语义和句法功能虚化,不再是视觉动词"看"的本义,发生去范畴化,原本的动词"似"同样也发生去范畴化,两个弱化的"看"和"似"句法合并,再重新分析为"看似+VP"。"看"和"似"发生跨层词汇化,形成一个单一的动词"看似",表示"看上去好像,(但其实不然)","看似"后面往往有表示逆转的"却、可是、其实"等词语搭配,例如:

(4) 这两事虽然看似寻常,却与大局很有关系。(清《孽海花》第 6 回)

(5) 他那区区一泡尿,看似毫无力量,可是一触鬼身,已如火滚油烫,万难忍受得住。(清《八仙得道》第 80 回)

(6) 这驾云之法,看似没甚高低,其实大有出入。(清《八仙得道》第 16 回)

《现代汉语词典》(第 7 版)收录了动词"看似",解释是:"从表面看着好像","看"和"似"的语义都很完整。

2.1.1.3 "截至"

"截至"是汉语里的一个动词(《现代汉语词典》第 7 版),它是"动词'截'+动词'至'"跨层结构词汇化形成的。

宋代"截+至"连用出现,但据笔者所及,只发现 1 例,例如:

(1) 今来访闻诸县于前数弊,邑邑有之,人户不胜其苦,为保长者,尤所不堪,甚至保正副本非催科之人,亦勒令代纳,违法害民,莫此为甚。仰诸县截至日下,并行革去。(宋《西山政训》)

例(1)中动词"截"在句中做谓语,时间词"日下"是动词"至"的宾语,动宾短语"至日下"作"截"的补语,"截"和"至"不在同一句法层次上。

清代"截至"的用例增多,起初经常用"截至 X 止",与宋代时间词"日下"不同的是,其中 X 多为具体的时间词,例如:

(2) 徐曰:"请问各国共索赔款若干?"毕曰:"赔款截至西七月初一止,计银四万五千万两。"(清《西巡回銮始末》卷 4)

(3) 或每年将借补者酌补六七成,序补者酌补三四成,截至同治二十七年止。(清·王之春《椒生随笔》卷 2)

(4) 截至光绪十四年十二月止,续又采访得未经旌之贞孝节烈妇女毕邵氏等共二千一十六口。(清·吴庆坻《蕉廊脞录》卷 1)

"截至 X 止"也可说成"截至 X 为止",例如:

(5) 又以上各数,系截至西三月底止,自此以后,每月加费约一千三百余万两。倘删除零数,则截至西七月一号为止,当约合四万万五万万两左右之数。(清《西巡回銮始末》卷 4)

后来,"截至"更多的是"截至 X",但 X 仍多为具体的时间词,例如:

(6) 该部以七月初一日为始,陆续注册填卷,截至二十七日查数具奏。(清《绮楼重梦》20 回)

民国的用例,例如:

(7) 计截至光绪十一年,正应缅甸入贡之期。(赵尔巽《清史稿·缅甸》)

随着"截至 X"的高频使用,两个单音词"截"和"至"开始逐渐跨层凝固,词汇化为双音动词"截至"。"截+至 X"重新分析为"截至+X"。

现代汉语中动词"截至"大多用在书面语中,"截至"后大多是表具体时间的名词性成分。例如:

(8) 截至 2 月 16 日,全段已取得安全生产连续 2767 天的最好成绩。(《人民日报》1993 年)

同时"截至"后还出现了一些表时间的动词性成分,例如:

(9) 截至发稿,一鹜母亲所在单位——中国政法大学国际经济法系已收到捐款。(《人民日报》1993 年)

此外,"截至目前"作为固定搭配,使用频率也较高,例如:

(10) 截至目前,全省已有 20 多个省直部门取消不合理收费项目 200 多个。(《人民日报》1993 年)

2.1.1.4　有词汇化倾向的"改为""用来"等

汉语中还有一些具有词汇化倾向的"动词+动词"的跨层结构词汇化为动词

的现象,如"改为""用来"等。

"改为""用来"等则是由于前一个动词的宾语省缩或话题化前移而逐渐凝固的。"改为"(吴竞存等 1992:366),一般在"改为 X"结构中,原先的层次为:"改+为 X",动词"为"指"变成、成为;充当、作为、算作"等意思时,必带宾语(《现代汉语八百词》1999),"为"与后面的宾语 X 形成直接的句法结构关系,而"改"与"为"不存在直接的句法语义关系。当动词"为"的宾语省缩后,"改"和"为"相邻,长期连用,逐渐凝固,层次重新分析为:"改为+X","为"前附。如:改迪化市为乌鲁木齐市→(把)迪化市改为乌鲁木齐市。"称为""选为"等"V 为"也是如此。类似的还有"变为"等,也有词汇化为动词的倾向。

"用来"也有凝固的倾向①(刘丹青 2002,储泽祥等 2005)。它原本是"用 X 来",动词"用"和后面的宾语形成直接的句法结构关系,动词"用"和"来"不在同一句法层次上。后来因为 X 话题化前移,本不在同一句法结构内的"用"和"来"变得相邻,逐渐跨层凝固为"用来",并且具有凝固的新的语义:表示人或事物的功用。例如(《现代汉语八百词》1999):"煤可以用来作化学工业的原料"。再例如(刘丹青 2002):"我们用汽车来接送客人→汽车我们用[]来接送客人"。明代出现的较早的用例,例如(储泽祥等 2005):

(1) 十一娘道:"公言差矣!吾术岂可用来伤物命以充口腹乎?不唯神理不容,也如此小用不得。"(明《初刻拍案惊奇》卷 4)

(2) 后来张良募来击秦皇,梁王遣来刺袁盎,公孙述使来杀来、岑,李师道用来杀武元衡,皆此术也。(明《初刻拍案惊奇》卷 4)

2.1.2 疑问代词+动词→动词

由"疑问代词+动词"的跨层结构演变为动词的主要是"何止"②。

"何"与"止"最初连用时,主要形成"何+止 X"结构,"何"是句子层面的疑问词,"止"是动词,它与其后的宾语 X 形成直接的句法结构,而"何"与"止"不在同一句法单元内。"何+止 X"意思是"哪里止 X?","何"表示反问,例如:

(1) 凡动土入地,不过三尺,提其上,何止以三尺为法?(汉《太平经》卷 45)

---

① 关于"用来"中"用"和"来"的词性,有各种不同的说法(参见储泽祥等 2005),在此我们按照《现代汉语词典》(第 7 版)、《现代汉语八百词》(1999)等,认为"用"和"来"都是动词。

② 代词(包括人称、指示、疑问代词)不是从句法特征分出来的类,是从意义的角度分出来的。学界对代词的词性有不同看法,有的认为它是实词,有的认为它是虚词,还有的认为是半实半虚词或半实词。本书采取一般通行的实词的观点。余下各章同。

唐宋时期，"何止"连用的频率有所上升，疑问词"何"表示反问的意味越来越淡，"何止X"用反问的语气表示"不止X"，否定的意味越来越强，例如：

（2）始皇游幸四方，属车八十一乘，二汉以降，至于有隋，或东封告成，或观省风俗，百辟悉至，群司毕从，不下十余万人，何止千乘万骑！（唐《通典·礼十四》）

（3）若已私未克，则被粗底夹和在，何止二三？（宋《朱子语类》卷118）

（4）所谓"共君一夜话，胜读十年书"。若说到透彻处，何止十年之功也！（宋《朱子语类》卷117）

"何"作为疑问词的功能越来越弱化，这样的话，"何＋止X"逐渐发生重新分析，变为"何止＋X"。"何＋止"也逐渐跨层凝固为一个单一的动词"何止"，表示"不止"，后面的X主要是一些表示数目或范围的名词性短语。

也有一些X是动词性短语，例如：

（5）杨氏不放心之说无甚差，但稍宽尔。其他皆解得，何止不放心而已。（宋《朱子语类》卷30）

当"何止"不仅可以表示否定，而且可以用在递进关系的句子中"何止＋X，Y"，表明"何止"的词汇化也逐渐成熟，例如：

（6）如三品之说，便分将来，何止三品？虽千百可也。（宋《朱子语类》卷4）

（7）"所谓'二本'是如何？"曰："'爱无差等'，何止二本？盖千万本也。"（宋《朱子语类》卷55）

（8）"吾儒与释氏，其差只在秒忽之间。"某谓何止秒忽？直是从源头便不同！（宋《朱子语类》卷101）

宋代"何止"的这几种用法一直延续到明代。"何止X"，X为名词性成分NP，例如：

（9）那街上人吵吵闹闹，何止三五百，共扛到馆门首。（明《西游记》第68回）

"何止X"，X为谓词性成分VP，例如：

（10）那日观看的人，何止挨山塞海！（明《初刻拍案惊奇》卷17）

（11）外公是此间富员外，这城中极兴的客店，多是他家的房子，何止有十来处，进益甚广。（明《二刻拍案惊奇》卷17）

"何止X，Y"，例如：

（12）侍郎道："此皆陛下中兴之化所致，应与表扬。"孝宗道："何止表扬，其人堪为国家所用。今在何处？"（明《二刻拍案惊奇》卷15）

清代的例子，例如：

(13) 这时候何止一千个牛,一万个猪,粮食更无其数。(清《儒林外史》第 24 回)

现代汉语中,"何止"依旧沿用,例如:

(14) 回想起来,拿鞋底,甚而拿生命,为我们磨平道路的人,何止千千万万?(杨朔《百花山》)

《现代汉语词典》(第 7 版)收录了"何止",将其归为动词,并且只举了后面跟名词性短语的例子。但是除了"何止 NP"的动词用法外,从"何止 VP""何止 X,Y"等用法来看,我们认为"何止"也有向副词发展的倾向。

2.1.3 动词+代词→动词

由"动词+代词→动词"的主要有"奈何""如何"以及"无所"等。

动词"奈何"原本是"动词+代词"的跨层结构,是"奈 X 何"省缩 X 后词汇化形成的。董秀芳(2011:40)指出义为"怎么样、怎么办"的"奈何"可能是从义为"对……怎么样、拿……怎么办"的"奈……何"的句法格式中衍生出来的,例如:

(1) 韩魏能奈我何?(《韩非子·难三》)

(2) 孝公问公孙鞅曰:"法令以当时立之者,明旦欲使天下之吏民皆明知而用之,如一而无私,奈何?"(《商君书·定分》)

"如何"也是同样。董秀芳(2011:40)认为表示"怎么办"的"如何"有可能来源于"如……何"这一格式,后者义为"拿……怎么办"。例如:

(3) 析薪如之何?匪斧不克。(《诗·齐风·南山》)

(4) 伐柯如何,匪斧不克。(《诗·豳风·伐柯》)

此外,现代汉语中有一个"无所",它原本是"无+所 VP"的结构,后来重新分析为"无所+VP"。"无所"尽管尚未被《现代汉语词典》(第 7 版)收录,但也有跨层词汇化的倾向(王灿龙 2014,刘红妮 2019b:121-126)。不过"无所"的词汇化程度要比"有所"低一些,"有所"已近乎副词,而"无所"则还是动词①。

---

① "无所"和"有所"相比,"有所"更为典型,有更强的词汇化倾向。关于动词前"所"的词性以及"无+所"的成分组成,具体参看本书第 3 章"从跨层结构到副词"3.1.5"有所"相关的内容。我们认为"所"是代词,"无+所"是"动词+代词"的跨层结构。此外,关于"无所"的词性,《现代汉语词典》第 7 版没有收录"无所",《现代汉语规范词典》第 3 版(2014)收录了"无所",其认为是动词。尽管"有所"和"无所"都有"动词+代词"跨层词汇化的倾向,但"有所"的词汇化程度更高,相当于一个对肯定进行弱化处理的修饰性成分,是准程度修饰语,而"无所"没有发展演变出"有所"那样的修饰性功能(王灿龙 2014),"有所"已从黏宾动词向副词化演变。"X 所"中"有所"的词汇化程度最高,而"无所 X"的习语化倾向最为明显(张谊生 2014),故此我们认为"无所"是黏宾动词,而"有所"已由动词发展为副词,从而将"无所"归入动词,而将"有所"归入副词。

"无所"原本是"动词'无'+关系代词'所'"的跨层组合,形成"无所VP"结构,意思是"没有VP的东西、事情、人……",层次为:无+所VP,先秦时期已有连用,例如:

(5) 入于其宫,不见其妻,凶,无所归也。(《左传·襄公二十五年》)
(6) 四境盈垒,道馑相望,盗贼司目,民无所放。(《国语·楚语下》)

先秦时"无+所VP"中还出现了一些VP是双音动词的用例。例如:

(7) 蔿焉倾覆,无所控告。(《左传·襄公八年》)
(8) 孤以下密迩于天子,无所逃罪,讯让日至。(《国语·吴语》)

和"有所"类似,正因为"所"作为上古能产的关系代词在中古东汉以后就逐渐衰亡消失(魏培泉2003),句法功能消失导致相应的语义弱化,再加上语音的促动,"无+所VP"就易于被重新分析为"无所+VP",这种变化在宋代就已显现,例如:

(9) 若气不结聚时,理亦无所附着。(宋《朱子语类》卷1)
(10) 致知,是吾心无所不知。(宋《朱子语类》卷15)

现代汉语中"所"的指代语义不明或无所指,"所VP"不能单说单用,语音停顿在"无所"之后而不是在"无"和"所"之间,"无所"已经有比较凝固的新的语义"没有什么",可以看作跨层组合词汇化的双音动词。只不过,与"有所"相比,"无所"没有发展出弱化肯定的用法,没有发展演变出"有所"那样修饰性的功能(王灿龙2014),仍是动词,例如:

(11) 进门的时候我还抱着一打营养面包,对灾难无所察觉。(苏童《井中男孩》)

2.2 由"实词+虚词"的跨层结构词汇化为动词

2.2.1 动词+介词→动词

2.2.1.1 动词+介词"于"→动词

介词"于"来源于"去到"义的动词"于"。先秦时,介词"于"在书写上有几种变体,"於"即是其一。"于"和"於"的古音并不完全相同,二者的区别是时间的先后,而不是语法作用的不同。战国以后,"於"最终取代了"于"(郭锡良1997)[①]。

汉语史上有一些单音动词和介词"于"可以跨层词汇化形成一个新的双音动词。

2.2.1.1.1 "等于""属于""在于"等"X于"类动词

先看"等于"。"等于"原本是"动词+介词"的跨层结构,介词"于"后的宾语

[①] 本书在探讨演变来源中有介词"于"的个案时,均不再区分"于"和"於"。

是名词性 NP,整个介宾短语作动词"等"的补语,形成"等+于 NP"结构,例如:

(1) 弟子记之,夫政之不平而吏苛,乃等于虎狼矣。(汉·刘向《新序·杂事二》)
(2) 伏惟陛下,出震等于勋华,鸣谦同于旦奭。(南朝陈·徐陵《劝进梁元帝表》)
(3) 今虽同人主,复那得等于圣治!(南朝宋·刘义庆《世说新语·方正第五》)

上述各例的"等+于 NP"是"等同于 NP"的意思。例(2)、例(3)的"等"和"同"对举,"等于"都是"动+介"的跨层结构。

汉代以后介词"于"开始衰亡,逐渐被"在"等多个介词所取代,唐宋以后"于"只是作为古语的残留保存在书面语中(郭锡良 1997);另外,汉语历史上介词结构发生了一个从动词后到动词前的演变过程(张赪 2002,董秀芳 2009),现代汉语口语中介词结构后置作补语的 V+P+N 结构已趋于消失,现代汉语中只保留了古汉语的 P+N+V 式(太田辰夫 2003[1958]:235,吴竞存等 1992:179 - 180)。此外,"等同"义的"等"本身动作性也较弱,再加之双音化等因素诱发动介组合的重新分析,介词"于"弱化、前附,"等+于"在"等+于 NP"构式中被重新分析为"等于+NP",单音节的"等"和"于"跨层词汇化为一个双音节的动词"等于",多表示前后两种情况相等或差不多等同。例如:

(4) 显宗卒,显宗子伯华又幼,子熙爱友等于同生,长犹共居,车马资财,随其费用,未尝见于言色。(《北史·韩子熙传》)
(5) 臣闻食者生民之大本,为政之首务也,饥馑之世,珠玉金银等于粪土,惟谷之为贵,不可一日无也。(宋·司马光《劝农札子》)
(6) 他名柏横,家资等于府库,靠着父亲得势。(清《海国春秋》第 12 回)

"等于"成为动词后,其后宾语还可由名词性成分 NP 扩展为谓词性成分 VP,例如:

(7) 苟不能辨其志之所向,才之所能,虽培养勤切,等于无士。(清《海国春秋》第 9 回)

现代汉语中,"等于"还可用于指前后数量相等,例如:

(8) 五加三等于八。

再看"属于"。"属于"原本是"动+介"的跨层结构,"属"是动词,"归属、隶属、从属"之义,"于"是介词,和名词性成分 NP 组成介宾短语作动词"属"的补语。例如:

(9) 蛮夷属于楚者,吴尽取之,是以始大,通吴于上国。(《左传·成公七年》)
(10) 命属于食,治属于事。(《管子·枢言》)
(11) 山川之神足以纲纪天下,其守为神,社稷为公侯,皆属于王者。(《史

记·孔子世家》)

汉代以后介词"于"开始衰亡,"隶属"义的"属"本身动作性也不强,因此经常连用的动词"属"和介词"于"这两个单音节词就逐渐丧失其间的边界,重新分析而演变成一个双音动词"属于",表示"归某一方面或为某方所有":"V+[P+NP]→[V+P]+NP",所在结构也由述补变为述宾。例如:

(12) 如是多般,尽属于水。(《敦煌变文集》)

(13) 应知所有珍财尽属于汝。由汝受用。(宋《景德传灯录》卷5)

(14) 南渡,二广之盐皆属于漕司,量诸州岁用而给之盐。(《宋史·食货志下》)

明清以后"属于"后面的论元成分可以是比较复杂的名词性短语NP。例如:

(15) 他日中原社稷,亦属于陛下所统,以享唐虞无穷之乐。(明《水浒传》第116回)

(16) 在孔门叫做微言,大概全属于升平世、太平世的宪法。(清《孽海花》第34回)

现代汉语中,"属于"后大多是名词性宾语,"属于NP"例如:

(17) 勇气属于青年,而智慧往往属于长辈。(老舍《蜕》)

另外,还扩展为"属于VP",例如:

(18) 七情之中,"怒忧思悲恐惊"六情属性刺激,只有"喜"属于良性刺激。(程凯《餐桌上的养生》)

又如"在于"。"在于"原本是两个词,"在"是动词,"于"是介词,与其后的名词性成分共同构成介宾语短作"在"的补语,形成"在+于NP"结构,例如:

(19) 鹤鸣于九皋,声闻于天。鱼在于渚,或潜在渊。(《诗·小雅·鹤鸣》)

(20) 敬慎威仪,维民之则。其在于今,与迷乱于政。(《诗·大雅·抑》)

上述两例中"在+于渚""在+于今"分别表示在"渚""今"这些具体的处所或时间。

更多的时候,"于"后面的宾语NP不是具体的处所或时间,而是普通名词,"在+于NP"表示一种抽象的存在。整个句子"NP_1在+于NP_2"由表示NP_1的位置、时间在NP_2,引申指NP_1的本质在NP_2。例如:

(21) 三军之心,在此车也。其耳目在于旗鼓。(《国语·晋语五》)

(22) 故大人之务,将在于众贤而已。(《墨子·尚贤上》)

当介词"于"后面的宾语扩展为谓词性VP时,"在+于VP"更是表示一种抽象行为或状态的存在,指出事物的关键或本质所在。例如:

(23) 故为兵之事,在于顺详敌之意。(《孙子·九地》)

(24) 何谓解之？在于心安。(《管子·内业》)

(25) 安危在是非,不在于强弱。存亡在虚实,不在于众寡。(《韩非子·安危》)

(26) 安民之本,在于择交。(《史记·苏秦列传》)

(27) 欲民务农,在于贵粟;贵粟之道,在于使民以粟为赏罚。(汉·晁错《论贵粟疏》)

随着汉代以后介词"于"开始衰亡,及至唐宋以后"于"只作为古语的残留保存在书面语中,"于"的语法功能弱化。表抽象"存在"义的动词"在"也不是典型的动作动词。功能弱化的"于"逐渐前附抽象义的"在",动词"在"和介词"于"跨层黏合,跨层词汇化为一个独立的动词"在于"。"[在[于 NP/VP]]"重新分析为"[在于[NP/VP]]",从动补变为动宾结构。下面的例子中,"在于"已经是一个动词了,表示事物的本质或关键所在。例如:

(28) 盖儒者所争,尤在于名实。(宋·王安石《答司马谏议书》)

(29) 今人之病,正在于静坐读书时二者工夫不一,所以差。(宋《朱子语类》卷 12)

(30) 圣人固不会错断了事。只是它所以无讼者,却不在于善听讼,在于意诚、心正,自然有以熏炙渐染,大服民志,故自无讼之可听耳。(宋《朱子语类》卷 16)

"在于"成词之后,当动词后面的宾语为人称代词,且语义上是主语的施事或决定主语的决策者等时,"NP₁ 在于 NP₂"又由"NP₁ 的本质在 NP₂"引申为"NP₁ 决定于 NP₂"。"在于"的语义从"事物的本质所在"演变为"决定于、取决于"。例如:

(31) 八戒道:"不用商量！他又不是我的生身父母,干与不干,都在于我。"(明《西游记》第 23 回)

(32) 元帅不可轻出,三军司命全在于你。(清《说唐全传》第 80 回)

此外,和"等于、属于、在于"等类似的"X 于"类动词,仅在《现代汉语词典》(第 7 版)收录的就有:

碍于、安于、便于、濒于、长于、出于、处于、等于、富于、甘于、敢于、工于、惯于、归于、急于、见于、居于、苦于、乐于、利于、流于、忙于、难于动①、迫于、期于、善于、擅

---

① 《现代汉语词典》(第 7 版)认为"难于"是动词(还有"难以"),《现代汉语八百词》(1999)认为"难于"同"难以",而标注"难以"为副词。我们认为"难于"有动词和副词两种词性。这里指的是动词"难于动"。具体见后文对"难于"的探讨。

于、摄于、适于、属于、位于、限于、陷于、易于、勇于、寓于、在于、忠于、至于_动①。

它们的演变路径大体相似,都是"动词+介词"重新分析跨层词汇化形成的:[V+[P+N]]→[[V+P]+N]。其中的动词大都是弱动作性的抽象义动词,并且在现代汉语中大多不能单说单用,随着汉语史上介词"于"的衰落弱化,介词结构的前移和双音化等因素,使得原本分立的动词和介词跨层词汇化为一个独立的双音动词。

2.2.1.1.2 "至于_动"②

现代汉语中"至于"具有动词和介词两种用法(《现代汉语词典》第 7 版,《现代汉语八百词》1999)。用作动词时,表示达到某种程度,例如:

(1) 他说了要来的,也许晚一些,不至于不来吧?(《现代汉语词典》第 7 版)

用作介词时,表示另提一事,例如:

(2) 这两年来,村里新盖的房子就有几百间,至于村民添置的电器,就不可胜数了。(《现代汉语词典》第 7 版)

历时上"至于"原本是动词"至"和介词"于"的跨层组合,它先是跨层词汇化为动词,而后语法化为介词。"至于"的演变路径为:"动词+介词"→(跨层词汇化)动词→(语法化)介词。本节着重探讨由跨层词汇化而来的动词"至于"的演变。

"至于"原本是"动词+介词"的跨层组合(解惠全 1997:205,董秀芳 2011[2002]:269),"至"原是一个动词,《说文解字》:"至,鸟飞从高下至地也",《字林》和《广韵》都解释为"至,到也",本义为"到";"于"是一个介词,引进地点宾语,与地点名词组成一个介宾短语作"至"的补语,形成"至+于 NP"结构,层次为"[至[于 NP]]",表示到达具体的某个处所,"至"和"于"不在同一个句法层次,例如:

(3) 夫子至於是邦也,必闻其政。(《论语·学而》)

(4) 大叔又收贰以为己邑,至于廪延。(《左传·隐公元年》)

(5) 赤章曼枝因断毂而驱,至於齐七月,而仇由亡矣。(《韩非子·说林下》)

"至"和"于"组成的"至+于 NP"中,介词"于"还经常从空间扩展为引进时间

---

① 《现代汉语词典》(第 7 版)认为"至于"有动词和介词两种词性。这里指的是动词"至于_动"。

② 学界对"至于"的词性有不同的观点,如张斌(2001)《现代汉语虚词词典》认为"至于"是连词。侯学超(1998)《现代汉语虚词词典》认为"至于"是副词和连词等等。在此我们依据《现代汉语词典》(第 7 版)和《现代汉语八百词》(1999)的词性判定,认为"至于"是动词和介词。本节着重探讨动词"至于_动"。其中"至于_动"是"动词+介词"跨层结构直接词汇化形成的,而"至于_介"则是"至于_动"词汇化之后语法化形成的,属于跨层词汇化之后的再演变,我们将在后续再演变研究中具体探讨。

宾语,"至于"表示到达某一时点。从表示具体位移意义的到达隐喻引申为表示具体时间的到达。从空间到时间,这是一种认知上的隐喻。例如:

(6) 至于玄月,王召范蠡而问焉。(《国语·越语下》)

(7) 由孔子而来,至于今百有余岁。(《孟子·尽心下》)

随着"至+于 NP"中 NP 扩展为指人或指物名词,"至于"还可进一步隐喻引申为某种范围的到达,例如:

(8) 自上观之,至於子胥、比干,皆不足贵也。(《庄子·盗跖》)

(9) 君臣上下,贵贱长幼,至于庶人,莫不以是未隆正。(《荀子·王霸》)

(10) 今之孝者,是谓能养。至於犬马,皆能有养;不敬,何以别乎?(《论语·为政》)

汉代以后,随着介词"在"等的虚化完成,介词"于"开始衰落(郭锡良 1997),"于"后的宾语由具体的处所、时间、范围等名词 NP 扩展为谓词性 VP,"至+于 NP"扩展成"至+于 VP",表示"到……的程度或地步"。"至+于 VP"结构进一步隐喻引申指达到 VP 所代表的某种行为或状态的程度或地步。例如:

(11) 说者皆曰魏以不用信陵君,故国削弱至于亡。(《史记·魏世家》)

上述例子中"至"和"于"的词性还未完全消失。"至于 VP"既可以分析为"至+于 VP",也可以分析为"至于+VP"。

随着"至于 VP"越来越多的使用,介词"于"的功能原本是介引名词性成分,当其宾语扩展为谓词性成分,从具体的处所、时间、范围进一步隐喻引申为抽象的程度或地步时,并且 VP 从单音节扩展为双音节成分以及多音节以上的小句,独立性越来越强,再加上"于"的衰落,这些都导致"于"的语法功能弱化,"至于 VP"中经常连用的"至"和"于"开始发生跨层词汇化,变为一个动词,表示达到某种程度或地步。"至+于 VP"重新分析为"至于+VP"。汉代以后,"至于(於)"发生了词汇化,变为一个动词(董秀芳 2011[2002]:269)。例如:

(12) 下罢极,则以仁义怨望於上,上下交争怨而相篡弑,至於灭宗,皆以此类也。(《史记·秦本纪》)

(13) 然夫子相背,兄弟相慢,至于骨肉相残,上下相杀。(汉·桓宽《盐铁论·周秦》)

(14) 及刻者为之,则无教化,去仁爱,专任刑法而欲以致治,至于残害至亲,伤恩薄厚。(《汉书·艺文志》)

(15) 自孝文不豫,勰常居中,亲侍医药,夙夜不离左右,至於衣不解带,乱首垢面。(《北史·魏彭城王勰传》)

2.2.1.2 动词+介词"乎"→动词

《说文》:"乎,语之余也。"段注:"意不尽,故言乎以永之。""乎"的语义词用法是它的本义。"乎"还可以用作介词、助词等。"乎"作介词,与一般介词不同。"乎"和它的宾语所组成的介宾结构在句中只能置于动词或形容词之后,用作补语。现代汉语中"乎"的介词等用法已基本消失。(《古代汉语虚词词典》1999)。

介词"乎"基本相当于介词"于","乎"是先秦典籍中的介词"于"在书写上的几种变体之一,二者作用上没什么区别,只不过"乎"的数量要少得多(郭锡良1997),故此,和动词和介词"于"跨层词汇化为动词类似,历时上有一些单音动词和其后的介词"乎"也可以发生跨层词汇化演变为新的"X乎"动词,《现代汉语词典》(第7版)收录的有:

出乎、关乎、合乎、类乎、近乎、在乎

这类"X乎"类动词,它们原本是两个词,形成"动词+介词"的跨层结构,后来变成一个动词,经历了词汇化的过程,即:动词X+介词"乎"→动词"X乎"。

2.2.1.2.1 "出乎"

"出乎"在先秦连用时,"出"是动词,"乎"是"介词","乎"和宾语组成介宾短语"乎O"作动词"出"的宾语,层次为:[出[乎O]],"出"和"乎"不在同一句法结构内,例如:

(1) 言出乎身,加乎民;行发乎迩,见乎远。(《易·系辞上》)

(2) 祸福生乎道法,而不出乎爱恶;荣辱之责在乎己,而不在乎人。(《韩非子·大体》)

上述例子中的"出+乎"和"加乎""生乎""在乎"等都是"动词+介词"的跨层组合。

汉代以后介词"于"在口语中开始衰亡(郭锡良1997),也是由于介词"乎"的衰落,"出乎NP"开始发生重新分析,层次变为:[出乎[O]],大约在宋代,"出+乎"逐渐凝固,变为一个单独的动词"出乎",意思是"出于"。"出"与"乎"中间不能加入别的成分,已经凝固为一个单一的动词"出乎"。例如:

(3) 大抵此图布置皆出乎自然,不应无说,当更共思之。(宋《朱子语类》卷65)

(4) 须是平时精考后躬行之,使凡一言一行皆出乎此理,则这边自重。(宋《朱子语类》卷113)

(5) 盖人君之号令,当出乎人君之中心,由中而外,由近而远,虽至幽至远之处,无不被而及之。(宋《朱子语类》卷15)

明代,一方面"出乎"可以带名词性宾语,例如:

(6) 金井关原是他守,必熟知地势,吾故问他求计,彼献此计,出乎本心,使他人如何进关,惟文宝可成此功。(明《五代秘史》第53回)

(7) 伏自大王御极以来,灾星历变于天下,妖气屡出乎宫中,正大王忧国爱民之秋,防心宅志之日。(明《周朝秘史》第2回)

另一方面,宾语位置上的成分还由具体到抽象,还可由谓词性成分充任,例如:

(8) 除了此奴,更无影响,小的也是出乎无奈,不是故意。(明《警世通言》卷15)

(9) 此非我儿以盛衰改节,皆因出乎不得已,何得为耻!(明《西游记》第8回)

不过,"出乎"与"合乎"等不同的是,约在宋代,"出乎"在"出于"的意义基础上,又衍生出一种新的用法和语义,表示"超出"之义。例如:

(10) 杨氏第三说亦曰:"出乎中则过,未至则不及,故惟中为至。"(宋《朱子语类》卷33)

(11) 但只要自家常醒得他做主宰,出乎万物之上,物来便应。(宋《朱子语类》卷15)

例(10)中"出乎中则过"意思是"超出中则过";例(11)中"出乎万物之上"意思是"超出万物之上"。

清代,这种表示"超出"义的动词"出乎"开始用得普遍起来,例如:

(12) 不想姑娘闹了个皮子,蔫蔫儿的受了。自己倒出乎意外,一时抓不着话岔儿。(清《儿女英雄传》第25回)

(13) 文魁喜欢的心花俱开,出乎意料之外,极力的将文炜誉扬贤孝,正大不欺。(清《绿野仙踪》第17回)

此外,表示"超出"义的动词"出乎"还可以搭配"之外"使用,形成"出乎……之外"结构。"超出……之外"也就是"超出……"之义。所以语言中经常出现"出乎……"和"出乎……之外"两种说法。例如:

(14) 她还不太清楚自己要怎么样,她只是发现,万美辰出乎意料的率真已经把她吸引。(铁凝《大浴女》)

(15) 于是大家也会意似的一阵轰(现应为"哄")笑,挽回了那个出乎意料之外的僵局。(茅盾《子夜》)

现代汉语中,"超出"义的"出乎"后还可以加上体标记"了",例如:

(16) 黄兴安这样热情,大大出乎了范英明预料,刘东旭也颇感意外。(柳建伟《突出重围》)

2.2.1.2.2 "关乎"

现代汉语的动词"关乎",原本是"动词+介词"的跨层结构,"关"是动词,"乎"是介词,相当于"到",与其后宾语是直接成分,句法层次为:[关[乎 O]],意思是"关系到 O"。例如:

(1) 二君者驱於声词,眩乎辩说,不试於屯伯,不关乎州部,故有失政亡国之患。(《韩非子·问田》)

(2) 是何也? 其法通乎人情,关乎治理也。(《韩非子·制分》)

汉代以后介词"于"开始衰亡,唐宋以后"于"只是作为古语的残留保存在书面语中(郭锡良 1997),随着介词"乎"在口语中的逐渐衰落,"乎"渐趋前附,与文白演变下不太能单说的"关"跨层组合,"关+乎"逐渐词汇化为一个动词"关乎",结构层次重新分析为:[关乎[O]],意思是"关系到 O,涉及 O"。"关"和"乎"之间也不能插入别的成分,体标记"着""了"等加在"关乎"之后,这表明"关乎"已经凝固为一个词。清代动词"关乎"的用例多了起来。例如:

(3) 这桩事我总合他不大相近,这大约也关乎性情。(清《儿女英雄传》第 34 回)

(4) 自己未曾知得清楚的,怎么好胡说,何况这个关乎闺女名节的呢。(清《二十年目睹之怪现状》第 60 回)

"关乎"后可以带形容词等谓词性宾语,例如:

(5) 这宗东西比这个又关乎要紧了。(清《儿女英雄传》第 32 回)

后来,"关乎"后还可以加上体标记"着""了"等形成"关乎着""关乎了"等形式,"关乎"已经确定成词无疑,例如:

(6) 还有一句话嘱咐你,这项银子可关乎着老爷的大事。(清《儿女英雄传》第 3 回)

(7) 别的都是小事,这里头关乎着霍士端呢。(清《儿女英雄传》第 31 回)

(8) 若照着马伯乐的性格,凡事若一关乎了他,那就很严重的。(萧红《马伯乐》)

2.2.1.2.3 "合乎"

"合乎"原本也是"动词+介词"的跨层组合,介词"乎"相当于"于",例如:

(1) 故古之命多不通乎今之言者,今之法多不合乎古之法者。(《吕氏春秋·察今》)

(2) 同乎流俗,合乎污世。(《孟子·尽心下》)

例中"合乎"和"通乎""同乎"对举,都是"动词+介词"的组合。

汉代以后介词"于"在口语中逐渐衰亡（郭锡良 1997），和"近乎""关乎"的词汇化一样，"乎"跨层前附，与"合"变为一个动词"合乎"，意为"符合；合于"，主要是"合"的语素义。"合"与"乎"中间也不能加入别的成分，已经凝固为一个单一的动词"合乎"。例如：

（3）中庸天下之正理，德合乎中庸，可谓至矣。（宋《朱子语类》卷33）

（4）汝心合乎天理，我当为你力保前程。（明《包公案》第1回）

（5）家严平生未做过错事，惟有这一场事，做得太不合乎情理。（清《三侠剑》第6回）

现代汉语中，"合乎"主要用于书面语中，例如：

（6）从经济体制转换的角度看，这一分配格局变化的总趋势是合乎规律的，但对在分配格局变化中出现的分配秩序混乱现象必须给以足够的重视。（《人民日报》1993年）

2.2.1.2.4 "类乎"

和其他"X乎"类动词一样，"类乎"原本也是"动词+介词"的跨层结构。

"类"有动词的用法，意思是"相似；像"，例如：

（1）于是始作八卦，以通神明之德，以类万物之情。（《易·系辞下》）

动词"类"和介词"乎"的连用大约出现在汉代，介词"乎"及宾语组成介宾短语做谓语"类"的补语，"类"和"乎"不在同一句法层次。"类+乎O"意思是"类同O，像O"例如：

（2）牲欲茧栗，味尚清玄。器成匏勺，贵诚因质。天地神所统，故类乎上帝，于六宗，望秩山川，班于群臣，皇天后土，随土所在，而事焉。（《后汉书·祭祀上》）

（3）原丁鸿之心，主于忠爱乎？何其终悟而从义也！异夫数子类乎徇名者焉。（《后汉书·桓荣丁鸿列传》）

"类乎"和"同乎"可以对举使用，例如：

（4）乃吟曰："悬之于壁，有类乎兜鍪；戴之于头，又同乎席帽。"（宋《太平广记》卷261）

后来，同样的，因为介词"乎"的衰落，还有动词"类"不再能单说单用，在双音化的促动下，"类"和"乎"逐渐跨层词汇化为一个动词"类乎"，表示"好像；近于"之义。例如：

（5）大踏步儿在先急行，那神情大有类乎英俊的男儿，绝不像闺阁气派，心中又着实有些怕她。（清《八仙得道》第13回）

(6) 但据现在一万八千余字的《春秋》看来,都是些会盟征伐的记载,看不出一些道理,类乎如今的《京报汇编》。(清《孽海花》第 13 回)

"类乎"和动词"似乎"相近,经常对举使用,例如:

(7) 今日清早往西关口外,正要寻找承寿寺,走到柳林,就见韩七扛着一件巨物,又类乎包袱,又似乎铺盖卷,恰在清早,猜他是偷盗来的。(清《续儿女英雄传》第 17 回)

(8) 方一合眼,觉着迷迷离离,似乎要睡,类乎醒着,仿佛是到了家中的样式,见了兄弟。(清《康熙侠义传》第 135 回)

"类乎"成词后,还可形成"类乎……一般"的搭配格式,例如:

(9) 种种撩拨之谈,大有类乎明知故犯,好似约好伴侣,专程来开他的玩笑一般。(清《八仙得道》第 75 回)

"类乎"在现代汉语中也有一些例子,主要用在书面语中,例如:

(10) 政府说"上了课才给钱",他才略恨他们的类乎用果子耍猴子。(鲁迅《呐喊·端午节》)

2.2.1.2.5 "近乎"

现代汉语的动词"近乎(hū)"①,原本是"动词+介词"的组合,"近"是动词,意思是"接近","乎"是介词,相当于"于",与其后的宾语成分共同构成介宾语短作动词"近"的补语。

介词"于"是"去到"义的动词虚化而成的,在甲骨文中先用来介绍行为的处所,再扩展为介绍行为的时间和动作涉及的对象;到西周金文中,介词"于"所带的词语再次发生了扩展,可以不是表示具体事物或特点的名词,而是表示抽象事物的名词或形容词,可以说是表示行为处所的扩展;先秦典籍中介词"于"在书写上有几种变体,"乎"即是其中之一,春秋战国时期的介词"于"(包括它的各种写法)在语法方面又有了一些变化,其中一点就是介词"于"的后面是不再是只带体词性结构,也能带谓词性结构(郭锡良 1997)。介词"乎"所带的宾语特点和它的本体"于"一脉相承。介词"乎"是介词"于"书写上的一种变体,它的宾语 O 既可以是体词性成分,也可以是谓词性成分,并且大多数不是表示具体事物或特点的名词,而是表示抽象事物的名词或形容词或动词等谓词性成分。例如:

(1) 是故至孝近乎王,至弟近乎霸。(《礼记·祭义》)

---

① 现代汉语方言中还有另一个"近乎(hu)",是形容词,指关系亲密。在民国时已有用例,例如:"别套近乎,谁是你的师弟!"(民国《雍正剑侠图》),这种"近乎(hu)"与本节讨论的动词"近乎"无关。

(2) 子曰:"好学近乎知,力行近乎仁,知耻近乎勇。"(《礼记·祭义》)
(3) 恶乎近? 近乎围也。(《公羊传·桓公十年》)

上述例子中的"近"和"乎"不是一对直接成分,跨层组合表示"接近于"的意思。介词"乎"的宾语"王、霸、知、仁、勇、围"等大多是表示抽象事物的名词,或者形容词、动词等谓词性成分。"近+乎"所在的句法结构层次为:[近[乎O]],"近乎O"在语义上较少表示接近于某个具体的处所或事物,而较多表示接近于某种抽象的事物或状态、行为。

汉代以后介词"于"开始衰亡,逐渐被"在"等多个介词所取代,唐宋以后"于"只是作为古语的残留保存在书面语中(郭锡良 1997),再加上汉语双音化的作用,两个单音成分"近"和"乎"就逐渐靠拢,这样,[近[乎O]]发生重新分析,变为:[近乎[O]]。两个单音词"近"和"乎"逐渐凝固为一个双音动词"近乎"。语义上"近乎"语义凝固,意思是"接近于某种事物"。"近乎"的词汇化演变大致起始于宋代,到清代动词用法逐渐成熟。

词汇化后"近乎"的宾语可以是名词性成分。例如:

(4) 乡人皆喜,筑庙祭之,谓之"胫庙"。班固此论,亦近乎"胫庙"也。(宋·沈括《梦溪笔谈·乐律一》)

(5) 那胜奎听了,也近乎人情。(清《彭公案》83回)

(6) 大约骚人咏士,以此花之色红晕若施脂,轻弱似扶病,大近乎闺阁风度,所以以"女儿"命名。(清《红楼梦》17回)

此外,"近乎"还可以带谓词性成分,主要是指接近于某种动作或状态。例如:

(7) 人未能至乎无心也,则凭物之无心者而言之。如灼龟、墨瓦,皆取其无理,则不随彼理而震,此近乎无心也。(宋·沈括《梦溪笔谈·象数二》)

(8) 洪武,孔克表、王僎以翰林修撰兼编修;天顺,孔公恂以詹事府少詹事兼谕德。近乎叠床架屋矣。(明·王世贞《皇明异典述》卷2)

(9) 且慢,这句话近乎荒唐。(清《二十年目睹之怪现状》第21回)

现代汉语中,动词"近乎"的宾语仍既可以是名词性成分,也可以是谓词性成分,"接近于某种事物或动作、状态"之义,例如:

(10) 瑞宣满脸的忧郁,看她还弄那些近乎儿戏的东西。(老舍《四世同堂》)

(11) 俞振飞回忆起童年生活,脸上浮现出一片近乎天真的笑容。(《读书》24期)

2.2.1.2.6 "在乎"

董秀芳(2011:279)对"在乎"的词汇化进行了探讨。"在乎"原本是两个分立的词,"在"是动词,"乎"是介词,与其后的名词性成分共同构成介宾语短作"在"的补语,"在"除了指示具体的处所位置外,大多数还表示一种抽象的存在。"在"和"乎"二者不构成一对直接成分,是"在于"之义,所在的句子的结构是:[NP$_1$[在[乎 NP$_2$]]],表示的是 NP$_1$ 的位置在 NP$_2$,引申指 NP$_1$ 的实质在 NP$_2$。例如:

(1) 郑,同姓之国也,在乎冀州。(《穀梁传·桓公五年》)

(2) 五里者,种之美者也。苟为不熟,不如荑稗。夫仁亦在乎熟之而已矣。(《孟子·告子上》)

(3) 战胜在乎立威,立威在乎戮力,戮力在乎正罚。(《尉缭子·兵教上》)

后来,"在乎"成为一个动词,前面的主语 NP$_1$ 指人的注意力、思想、意念等精神因素,"在乎"就发展为"在意、介意"之义,由跨层结构词汇化为一个新的动词,所在结构重新分析为:[NP$_1$[在乎[NP$_2$]]],例如:

(4) 金朝奉大喜道:"但得退婚,免得在下受累,那在乎这几十两银子。"(明《初刻拍案惊奇》卷10)

导致"X乎"类动词演变的成因,主要有以下几个因素(刘红妮 2021):一是介词"乎"的衰落。汉代以后介词"于"开始衰亡,唐宋以后"于"只是作为古语的残留保存在书面语中(郭锡良 1997)。介词"乎"是"于"的变体形式,也自然而然地随之衰落。二是动词 X 自身的语义弱化。"X+乎"中作为 X 的"近、关、合、出、在"等动词本身不是典型的动作动词,动作性不强,动词语义较弱。三还和介词结构的前移有关。汉语历史上介词结构发生了一个从动词后到动词前的演变过程(张赪 2002),而介词结构的前移也会导致动介二字组合的词汇化倾向(董秀芳 2009)。现代汉语口语中介词结构后置作补语的"V+P+N"结构已趋于消失,只保留了古汉语的"P+N+V"式(太田辰夫 1958:235,吴竞存等 1992:179-180)。四是双音化的作用。

2.2.1.3 动词+介词"以"→动词

介词"以"由动词语法化而来。"以"字在甲骨文中是一个动词,本义是"提携、携带",西周以后是一个非常活跃的虚词,先由动词虚化成介词,再由介词虚化成连词,或构成固定结构,再凝固成词,转化成构词语素。中古以后"以"逐渐衰落,被新的介词所取代,但是仍作为古语成分保留至今(郭锡良 1998)。

历时上有一些单音动词和其后的介词"以"也可以发生跨层词汇化演变为新的动词。

2.2.1.3.1 "加以_动"①

现代汉语的动词"加以"是"动词＋介词"跨层结构词汇化而来的典型代表之一。

刘红妮(2011)具体探讨了"加以"动词和连词的词汇化演变，认为连词"加以_连"和形式动词"加以_动"用法之间并没有先后的承继发展关系，而是在不同的结构中经由不同的途径，且是在动词"加"不同的语素义的基础上分演化而成的，是一种"多元词汇化"(polylexicalization)。本节具体探讨"加以"是怎么词汇化为一个特殊的形式动词的。此外，"加以"还有一种表"加上"义的一般动词的用法，我们也会附在后面一并探讨。

已有研究中，关于形式动词"加以"在现代汉语共时平面的研究有不少成果，如王阳畛(1959)、龚千炎(1961)、朱德熙(1961，1985)、刁晏斌(2004)等。但从历时角度探讨"加以"的形式动词的形成则较少关注，迄今只有龚千炎(1961)、刁晏斌(2004)等略有论述，但没有具体探讨"加以"形式动词演变的历程及其机制。本节主要在刘红妮(2011)基础上对"加以"的词汇化进行探讨。

首先看"加"和"以"的词义引申发展路径。《说文》："加，语相增加也。"本义为"诬枉"。后引申为动词，指把一物放在另一物的上面。例如：

(1) 夫加之以衡轭。(《庄子·马蹄》)

和"加以"有关的主要是动词"加"引申指"加上"和"施及、施加"义这两个义项。表"加上"义的"加"，例如：

(2) 疾，君视之，东首，加朝服，拖绅。(《论语·乡党》)

表"加上"义的"加"，例如：

(3) 夫子加齐之卿相。(《孟子·公孙长》)

《说文》："以，用也"。"以"字在甲骨文中就是一个动词，西周以后是一个非常活跃的虚词，先由动词虚化成介词，再由介词虚化成连词，或构成固定结构，再凝固成词，转化成构词语素。中古以后"以"逐渐衰落，但是仍作为古语成分保留至今(郭锡良 1998)。"以"用作介词，较多表示"用、凭借、按照"等。例如：

(4) 百工为方以矩，为圆以规，直以绳，正以县。(《墨子·法仪》)

历史上"加"原本是动词，"以"原本是介词。动词"加"的宾语最初可由名词

---

① 关于"加以"的词性，主要有两种观点，一种认为是动词中的形式动词(《现代汉语八百词》1999)，一种认为有动词(形式动词)和连词两种词性(《现代汉语词典》第7版)。我们认为"加以"既有动词用法，又有连词用法。本章主要探讨动词"加以_动"的词汇化，而将"加以_连"连词用法的产生放到在"从跨层结构到连词"一章具体探讨。

充当,后来因为在前面已经出现过,所以常用"之"来指代,形成"加＋之＋以＋O"形式,例如(龚千炎1961):

(5) 子路率尔而对曰:"千乘之国,摄乎大国之间,加之以师旅,因之以饥馑。"(《论语·先进》)

(6) 王曰:"……诸侯其畏我乎?"对曰:"畏君王哉!是四国者,专足畏也,又加之以楚,敢不畏君王哉?"(《左传·昭公十二年》)

(7) 夫马,陆居则食草饮水,喜则交颈相靡,怒则分背相踶。马知已此矣。夫加之以衡扼,齐之以月题……(《庄子·马蹄》)

而"加之以O"中"之"所指代的名词,总是在前面已经出现过,故易从形式上的宾语发展为意念上的宾语,从而在形式上变得可有可无甚至无法补出,"加(之)以"省缩"之"就形成"加以"。

"加以"在先秦时就出现多种连用,其中与动词"加以"有关的"加"为动词,作句子的主要谓词,但为"施及、施加"之义,往往是指把某种行为(施恩或施刑等)施加于某人身上;"以"是表对象的介词。形成"NP$_1$加以NP$_2$"结构。例如:

(8) 故国有德义未明于朝者,则不可加以尊位;功力未见于国者,则不可授以重禄;临事不信于民者,则不可使任大官。(《管子·立政》)

例(8)中"加以尊位"是指授予尊位,"加"与"授"对举。

当"加"表"施及"义时,"加＋以"在C类"NP$_1$加以NP$_2$"结构中演变为一般动词"加以",继而在"NP$_1$加以VP"结构中演变为形式动词"加以"。其间经历了两个阶段。

第一个阶段是从"加＋以"到表"施及"义的一般动词"加以"。六朝时期"加"语素义为"施及"义的"动＋介"的"加＋以"使用频率逐渐上升。例如:

(9) 陛下圣德高明,躬率众贤,海内宾服,惠及殊俗。以肺附之故,赦臣芳罪,加以仁恩,封为代王,使备北藩。(《后汉书·卢芳传》)

(10) 昔周公怀圣人之德,有致太平之功,然后王曰叔父,加以锡币。(《后汉书·宋意传》)

最初"加以"后面的名词性成分"仁恩、锡币"都和帝赏臣子的施恩等行为有关。

随着中古以后"以"逐渐衰落(郭锡良1998),这种"加＋以"后来就跨层词汇化为一般的及物动词"加以",后面名词性宾语,相当于动词"施及、施加"的意思。例如:

(11) 彼土无铁,朱宽还至南海郡,留仇中男夫壮者,多加以铁钳锁,恐其道

逃叛。(唐·张鹭《朝野佥载》卷6)

(12) 无此事,岂可遽然加以此罪!(宋《朱子语类》卷56)

(13) 是当加以严刑,用惩将来!(明《周朝秘史》第3回)

只不过发展到现代汉语已经很少见到了,例如:

(14) 普通人对于下过狱的人们,往往轻描淡写的加以徽号曰"土匪",而土匪们对于下过狱的人们,谥以嘉名曰"好汉"。(老舍《老张的哲学》)

第二阶段是在表"施及"义的一般动词"加以"的基础上形成形式动词"加以"。一般动词"加以"后面带的是名词性宾语,形成"加以 NP"结构。但当其宾语扩展为谓词性成分,形成"加以 VP"时,"加以"就发生了重新分析,形成形式动词"加以",表示如何对待或处理前面所提到的事物。例如:

(15) 陛下既已得之自然,犹宜加以勉励,法太宗之隆德,戒成、哀之不终。(《后汉书·马廖传》)

(16) 是时,大司农刘据以职事被谴,召诣尚书,传呼促步,又加以捶扑。(《后汉书·左雄传》)

(17) 两掾所署,事入诺出,若有奸欺,终不加以鞭杖,宜各尽心,无为众先。(《三国志·吴志·黄盖传》)

(18) 一岁课试,差其品第,加以位赏。(《三国志·吴志·孙休传》)

唐至明代的用例:

(19) 开府参军多是衣冠士族,伏连加以捶挞,逼遣筑墙。(《北齐书·厍狄伏连传》)

(20) 正如恶骏马之奔蹶,而求一善马骑之;至其驽钝不前,则又不免加以鞭策。(宋《朱子语类》卷127)

(21) 淤泥青莲,亦愿加以拂拭。但贫士所不能,不敢妄想。(明《二刻拍案惊奇》卷7)

清代形式动词"加以"的用例多了起来。例如:

(22) 所以据愚见看来,对于刘永福,我们不必给他捧场,也不忍加以攻击,我们认他是个有志未成的老将罢了!(清《孽海花》第33回)

及至现代汉语,"加以"作为形式动词的用法则超过了连词的用法。例如:

(23) 凡事他都细细的看,而后加以判断,慢慢的他变成了北平通。(老舍《四世同堂》)

从"动词+介词"的跨层结构"加+以"词汇化为表"施及、施加"义的一般动词"加以",最主要的原因是"加之以"中"之"的脱落以及介词"以"在中古以后的逐渐衰落。而从表"施及、施加"义的一般动词再到形式动词"加以"的演变,主要与"加以 NP"到"加以 VP"的扩展有关,而之所以能发生这种扩展,则主要和汉语动名互转的无标记性有关(关于动转名的无标记性参见王冬梅2001,沈家煊2009,董秀芳2008b)。当"以"的介词由名词性成分扩展为谓词性成分时,"以"就失去了典型介词的特征,发生去范畴化,那么经由介词并入操作,后并入表示"施加"意义的动词"加",从另一个角度来讲,也极易前附于动词"加",二者黏合凝固为一个独立的词。此外,还和韵律和高频使用有关。成词之初"加以"与其后的谓词性成分 VP 构成的几乎都是四字形式,汉语两音节形成一个标准韵律词,四字形式在韵律上最容易被切分为二二形式,原本高频使用的"3+1"的跨层结构,就易于被重新切分为"2+2"的形式。

此外,另一方面,当"加"表"加上"义时,"加+以"在"NP_1/VP_1 加以 NP_2"结构中演变为表"加上"义的一般动词;在"VP_1,加以 NP/VP_2,VP_3"结构中演变为连词"加以"。西汉时,"加以"基本上还是表加上义的"加"参与构成的"动词+介词"的"加+以",介词后还是名词性成分。例如:

(24)荤粥氏虐老兽心,侵犯寇盗,加以奸巧边萌。(《史记·三王世家》)

(25)以其直及日所宿,加以日时,用命其国也。(《史记·天官书》)

汉代及其以后,动词"加"后可以直接跟宾语,而不用介词"以"介引。例如:

(26)夏,遂还泰山,修五年之礼如前,而加禅祠石闾。(《史记·封禅书》)

可见"加+以"中介词"以"的语义及其功能非常弱,可有可无,这使其发生演变并逐渐词汇化为表"加上"义动词"加以"。

这种表示"加上"的一般动词"加以",后加名词性宾语。例如:

(27)取羊肝水浸,加以椒酱食之,即能餐矣。(宋《太平广记》卷126)

(28)太极本无极,自宋周子加以一圈,其后迂儒铸太极图,其式如圈,人遂云:今乃知太极之为物,匾而中空。(明·沈德符《野获编补遗》卷3)

(29)此酒乃以百花之蕊,万木之汁,加以麟髓凤乳酿成,因名为"万艳同杯"。(清《红楼梦》第5回)

和"加以"相近的是比较白话的"加上"一词。例如:

(30)他拿着笔一一的加以题目,那条关于中央公园的事,他加上一个:……(老舍《老张的哲学》)

2.2.1.3.2 "给以""予以""致以"

"给以""予以""致以"也是动词和介词的组合逐渐凝固词汇化而变为复合双音词的。其中原先的动词"给""予""致"也和"加以"中的"加"是一般动词,不同的是演变的结果方面,"加以"一样是形式动词,而"给以"等仍是一般动词。"加以"还有连词用法,而"给以"等只有动词用法。另外,在词汇化程度等级方面,"加以"要比"给以"等更高一些,《现代汉语词典》(第 7 版)给"加以"注音"jiāyǐ","加以"作为一个词内部结合更为紧密更为凝固,中间已不能插入源结构中的宾语,而为"给以"注音为"gěi//yǐ"等,作离合词处理,除了"给以"后仍必须出现源跨层结构"给+O_1+以+O_2"中的宾语 O_2 之外,中间仍可以插入宾语 O_1。

"给以""予以""致以"三者之间也有一定的不同。这三者之中,除了"给以"是离合词外,"予以""致以"中间不能插入别的成分,除了和凝固程度有关,这可能也和"给"至今还能单说单用,而"予"和"致"在现代汉语中不能单说单用有关。此外,它们三者的词汇化来源相同,但具体的词汇化过程也还是有一些不同的。

先看"给以"(吴竞存等 1992:358)。历史上"给"原本是动词,"以"原本是介词,两者常形成"给+O_1+以+O_2"形式,例如:

(1) 预备给鲁镇的人们以无限的幸福。(鲁迅《祝福》)

"给"后的宾语 O_1 常常也可以不出现或无法出现,宾语 O_1 省缩后形成"给+以+O_2"继而发生跨层词汇化。例如:

(2) 给以很高的评价。(自拟)

再看"予以"。"予"作为"给与"义动词,出现得要比"给"早。起初"予"是动词,"以"是介词,也是形成"予+O_1+以+O_2"结构,"予"后带指人的动词宾语 O_1,"以"后带介词宾语 O_2。例如:

(3) 毋予人以壤,毋授人以财。(《管子·山至数》)

后来动词宾语 O_1 如果在上文出现过,就可以用"之"替代,例如:

(4) 欲知轻重而无以,予之以权衡则喜;欲知远近而不能,教之以金目则快射。(《淮南子·泰族》)

后来,"予"后的宾语 O_1 常常也可以省缩不出现,成为零形式,就形成"予+以+O_2",例如:

(5) 客有言之楚王者,往见楚王。楚王甚悦之,予以节,使于秦。(《淮南子·道应》)

上例中的"予以节"即"予之(客)以节"。

与"给以"不同的是,"予+以+O_2"中"以"的介词宾语 O_2 还可以从名词性扩展为谓词性成分,"予+以+VP"在长期的连用中,"予"和"以"逐渐凝固,重新分析为一个单一的动词"予以",表示"给以"之义。例如:

(6) 仙家妙用,毕竟不同,此辈贪淫之徒,原该予以重惩,要是不然,世上既没王法,又无天道,真将不成世界了。(清《八仙得道》第 24 回)

(7) 割让台湾一事,在威毅伯为全局安危策万全,忍痛承诺,国人自应予以谅解。(清《孽海花》第 32 回)

此外,"致以"也是"动词+介词"跨层结构词汇化而来。"致+以"中,"致"是动词,表"表达"之义,例如:

(8) 哭往哭来,反从事乎衣食之财,佴乎祭祀,以致孝于亲。(《墨子·节葬下》)

表"表达"义的动词"致"在古代可以单说单用,可以带宾语,形成"致+O_1+以+O_2"结构,在汉语从古到今的演变中,"致"不但不能单说单用了,而且及物性降低,不再能作及物动词带宾语,宾语 O_1 要用介词"向"介引组成介宾短语,用在动词"致"前作状语。这样,本不在同一句法层次的"致"和"以"就逐渐凝固,最终跨层词汇化为一个单一的动词"致以"。例如:

(9) 每到一处,他都与群众亲切交谈,征求群众的意见和要求,并向他们致以新春问候。(《人民日报》1995 年)

2.2.1.3.3 "得以"

动词"得以"是"动词+介词"的跨层结构词汇化而来的,确切地说是"助动词+介词"的跨层结构形成的。其中的助动词"得"来自动词,它原本是"获得、得到"义动词,后来演变为助动词,用在动词性成分前表示一种动作行为的可能性,表"能够"义(白晓红 1997)。助动词"得"在先秦时就有和介词"以"连用的情况,介词"以"和宾语组成介宾短语作"得"后动词的状语,即:"得+以 NVP",句法层次为"[得[[以 N]VP]]",这时候的"以"大多是带宾语的,例如:

(1) 明主之道,臣不得以行义成荣。(《韩非子·八经》)

例中"得"是助动词,用在另一动词性成分"成荣"之前,表"能够"义,介词"以"和宾语"行义"组成介宾短语作动词"成荣"的状语。助动词"得"并不跟后面的介词"以"发生直接的组合关系。

古汉语中主语和宾语等成分经常省略,后来,"得+以 NVP"结构中,介词"以"的宾语经常省略,就形成"得+以[ ]VP"结构,这样,助动词"得"和介词"以"就在线性序列上变得相邻。起初,介词"以"的宾语虽然不出现,但根据上下文语义仍可以补出宾语,介词"以"仍具有一定的语法功能和意义。例如:

(2) 夫耕之用力也劳,而民为之者,曰:可得以富也。(《韩非子·五蠹》)

例中"可得以富也"可以理解为"可得以之富也",介词"以"的宾语"之"还能补出。

后来,随着介词"以"的宾语这一直接成分总不出现,介词"以"无所介引,语法功能弱化,粘附性增强,就逐渐向原不在同一句法层次的相邻成分——前面的单音助动词"得"靠拢,二者逐渐跨层凝固为一个单一的动词"得以",表示"可以,能够"义。"得+以[ ]VP"重新分为"得以+VP"。这时,介词"以"的宾语已经不太能补出来了。例如:

(3) 今募天下入粟县官,得以拜爵,得以除罪。(汉·晁错《论贵粟疏》)

(4) 民之艰于稼穑,赖岁屡丰,得以足衣食而偿其力,吏亦得以无所事于勤而偷禄。(宋·曾巩《诸庙祈雨文》)

因为"得以"的语义原因,"得以"成词后,还常常用在使令句中,例如:

(5) 今特来见足下,要足下念平生之好,替我当官一说,申此冤恨,追出家财,付与吾子,使此子得以存活。(明《二刻拍案惊奇》卷13)

现代汉语中,动词"得以"仍然使用,例如:

(6) 你照常的洗澡,我借此得些国魂,他们得以开眼,面面有益的事,有益的事!(老舍《猫城记》)

反观另一个未能成词的"能以",起初连用时同样是"助动词+介词",助动词"能"最初也是来源于一般动词,但是没有最终发生跨层词汇化,这主要是在很多"能+以"连用的语料中,介词"以"的宾语形式上未脱落或语义上仍保留有关。"能"后面的"以"大多数是带宾语的,有的不带宾语,宾语省略,但大多也没有失去其介词的意义,后面的宾语仍能在语义上补出来。这样,"以"和宾语是直接的介宾句法结构关系,所以较难和本不在同一句法层次的"能"跨层成词。例如(白晓红 1997):

(7) 乾始能以美利利天下。(《易·乾》)

(8) 臣不能以喻臣之子,臣之子亦不能受之于臣。(《庄子·天道》)

例(7)是介词"以"后仍带宾语"美利"。例(8)虽然"以"后宾语是零形式,但是在语义上仍能补出来,"臣不能以喻臣之子"即"臣不能以(之)喻臣之子"。

2.2.1.3.4 "可以""足以"

动词"可以""足以"也是"助动词+介词"的跨层结构形成的,只不过其中原本的"可""足"是来自形容词的助动词(白晓红 1997)。

先看"可以"(吴竞存等 1992:375)。古汉语中的"可"为助动词,"以"为介词,"以"后的介词宾语经常省略,整个结构为:"可+以(之)VP",介词"以"与其后面的介词宾语是直接成分,"可"与"以"不在同一句法层次上,例如:

(1) 忠之属也,可以一战。(《左传·庄公十年》)

例(1)省略了介词宾语,"可以一战"相当于"可以(之)一战",意思是"可凭借这些打一仗"。

"可以"在《论语》中连用 32 次,应认为省略宾语的有 27 次(郭锡良 1998),"可以"经常连用,"以"后的宾语又大多省略,省略式用久之后,因介词"以"隐去了直接成分而无所依托,表介引的语法功能弱化,这样原不在同一层次的相连成分"可"和"以"就逐渐靠拢,跨层词汇化为助动词"可以","以"成为语素,"可以"的意义大致相当于"可",表示可能或能够,整个结构重新分析为"可以＋VP"。"可"和"以"跨层词汇化为双音助动词"可以"后,"可"和"以"之间不但在句法上边界消失,中间不可再分离,不能再插入"之",而且在语音上中间不能停顿。例如(白晓虹 1997,郭锡良 1998):

(2) 士不可以不弘毅,任重而道远。(《论语·泰伯》)

(3) 不仁者不可以久处约,不可以长处乐。(《论语·里仁》)

此外,关于"可以"的演变,还有其他一些成果,如刘利(2000：50)、李明(2017：40)等。

再看"足以"(白晓红 1997)。"足以"是助动词"足"和介词"以"跨层词汇化形成的。先秦"足以"没有"可以"常见,二者在《论语》和《孟子》中的出现比例分别为 4：32 和 35：78,但二者的共性是它们连用时介词"以"的宾语经常省略(何洪峰 2008)。与"可以"的形成相似,"以"后的介词宾语经常省略,整个结构为:"足＋以(之)VP",意思是"足够用它来 VP",例如:

(4) 齐之清济浊河,足以为限;长城巨防,足以为塞。(《韩非子·初见秦》)

例中的"足以为限""足以为塞"即"足以(之)为限""足以(之)为塞"。因介词"以"隐去了直接成分而独立性减弱,这样就逐渐与原本不在同一句法层次的"足"跨层成为一个双音动词"足以",表示"完全可以；够得上",整个结构变为:"足以＋VP"。例如(何洪峰 2008):

(5) 养生者,不足以当大事,惟送死可以当大事。(《孟子·离娄上》)

要提到的是,与"可以"不同的是,在先秦《论语》《左传》等一些典型文献中"足以"共出现 369 例,但基本都是"足以 VP",只出现 1 例"足以 NPVP"的例子(李明 2017：34),例如:

(6) 若夫贯日而治详,一日而曲列之,是所使夫百吏官人为也,不足以是伤游玩安燕之乐。(《荀子·王霸》)

另一个未能成词的"敢以",起初连用时同样是"助动词＋介词",助动词"敢"

最初也是来源于形容词,但是没有最终发生跨层词汇化,原因和上文的"能以"类似,主要和"敢+以"连用的语料中,介词"以"的宾语形式上未脱落或语义上仍保留有关。例如(白晓红 1997):

(7) 汝不知夫养虎者乎?不敢以生物与之,为其杀之之怒也。(《庄子·人间世》)

(8) 我闻有命,不敢以告人。(《庄子·天道》)

例(7)是介词"以"后仍带宾语"生物"。例(8)虽然"以"后宾语是零形式,但是在语义上仍能补出来,"不敢以告人"即"不敢以(之)告人"。

这样,"以"和它的宾语是直接的介宾句法结构关系,所以较难和本不在同一句法层次的"能"跨层成词。

2.2.1.4 动词+介词"自"→动词

现代汉语中的动词"来自",原本是"动+介"的跨层结构。在"来+自 NP"中,"来"是动词,"自"是介词,用在动词"来"后介引对象的来源出处,介词短语"自 NP"作动词"来"的补语。例如:

(1) 厥四月,哉生明,王来自商,至于丰。(《书·武成》)

介词"自"既可用在谓语动词前,也可用于动词后。随着汉语史上介词结构的前移,口语中"自"被"从"等替代使得"自"逐渐衰落,使得"来自"由于经常连用共现而具备了发生词汇化的可能,整个结构重新分析为"来自+NP"。动词"来"和介词"自"的边界弱化消失,从而跨层形成一个新的动词"来自",意思是"从某处或某方面来"(《现代汉语词典》第 7 版),例如:

(2) 来客道门子,来自嵩高岑。(唐·白居易《舟中李山人访宿》)

(3) 我来自朝廷,可西面受命。(宋《太平广记》卷 190)

(4) 陛下可知那怪来自何方?等老孙去与你一并擒来,剪除后患。(明《西游记》第 79 回)

(5) 夫联军虽号称正教之义军,然其中攻战合法,举动出众者,实来自异教之日本国也!(清《西巡回銮始末》卷 5)

(6) 北边的秃山挡不住来自塞外的狂风,北京的城墙,虽然那么坚厚,也挡不住它。(老舍《正红旗下》)

"来自"后面的宾语还可由名词性 NP 扩展为谓词性 VP,"来自+VP",例如:

(7) 她总给我若隐若现的感觉,原因来自她下视某点眼皮遮住了眼睛。(王

朔《玩的就是心跳》)

后来,"来自"后面还可以加上介词"于"形成"来自于",这说明"来自"已经完全词汇化,"自"原本的介词功用完全消失。例如:

(8) 我们通常说的中国画是指来自于文人画传统的水墨画。(《人民日报》1994 年)

与"来自"类似的,还有"出自",它在《现代汉语词典》(第 7 版)中已经收录。它原本也是"动词+介词"的跨层结构,例如:

(9) 伐木丁丁,鸟鸣嘤嘤。出自幽谷,迁于乔木。(《诗·小雅·伐木》)

(10) 至于三六杂言,则出自篇什;离合之发,则萌于图谶。(南朝梁·刘勰《文心雕龙·明诗》)

后来跨层词汇化为一个双音动词"出自",表示"出于"之义,主语和宾语都是具体的事物,例如:

(11) 青石出自蓝田山,兼车运载来长安。(唐·白居易《青石》)

(12) 元弘等出自京华,素未谙野战,彼众我寡,遂落奸虞。(《敦煌变文集》)

上两例"出自"后还有一个介词"于",表明"自"已不能作原本的介词理解,成为词内成分。例如:

(13) 楼下有井,井中无水,黑而且深,小虫后分胛之类,色黑而小。每晚晴,出自于隙中作团而上。遥看类烟,以手搅之,即蚊蚋耳。(宋《太平广记》卷 495)

"出自"的主语扩展为言语、引文、主张等抽象的事物,"出自"的语义进一步引申为"(作品、引文、典故或主张等)来源于"之义,例如:

(14) 只如和尚言,动与不动是何境界?出自何经?(五代《祖堂集》卷 17)

(15) 若使此语出自圣人之口,则解者必去上面说道理,以为朱鸟如何,海湄如何矣。(宋《朱子语类》卷 66)

后来"出自"的宾语还可以是形容词性成分,例如:

(16) 谁知卢楠出自勉强,见他辞了,即撇过一边,那肯又来相请。(明《醒世恒言》卷 29)

(17) 那王屠出自无心,那个去看他。(明《醒世恒言》卷 29)

现代汉语中"出自"主要是"(作品、引文、典故或主张等)来源于"之义。

2.2.1.5 "动词+介词'向'"→动词

有些单音动词还可以和介词"向"跨层词汇化为一个双音动词,比如"指向、导向、归向、偏向、倾向、趋向、投向"等动词①。

《现代汉语词典》(第7版)收录了上述动词。它们都是由"动词+介词"跨层词汇化形成的。其中的"向"原本都是介词,引进动作的方向、目标或对象。因为这些词的演变路径基本相同,本节主要以"指向"为代表来探讨这类"X向"动词的演变。

动词"指"和介词"向"的跨层连用大致出现在唐代,句法层次为"[指[向X]]"。其中介词"向"和宾语X组成介宾短语作动词"指"的补语,"指"和"向"不在同一句法层次。"向"的宾语为指人名词,例如:

(1) 冬儿指向贠贠说,一曲乾鸣两杖轻。(唐·张祜《邠娘羯鼓》)

宋代,介词"向"的宾语还可以是地名、代词,例如:

(2) 落路寻人借问,谢他指向深深谷。(宋·王质《青门引·寻梅》)

(3) 只令执长枪,上悬白旗,令见叶铁,即以白旗指向之。(宋《朱子语类》卷110)

明代,"指向X"后还可以出现动词"道",例如:

(4) 约行十余里,只见天色渐明,朱衣吏指向迪道:"日出之处,即君家也。"(明《喻世明言》卷32)

清代"指向"用得多起来了,"[指[向X]]"重新分析为"[指向[X]]","指向"也逐渐跨层词汇化为动词,表示"向某个方向指",例如:

(5) 刚迎接到二门外,只见文武两官已走入大门,守备看见如玉,指向众人道:"那就是温公子,拿了!"(清《绿野仙踪》第37回)

(6) 鼓音才歇,回顾庭前柳杏都已叶舒花放,天颜大喜,指向众嫔妃看了笑道:"此一事可不唤我作天工耶!"(清《隋唐演义》第86回)

随着"指向"的成词,"指向X"前还出现了"用手","指向"作为手部动作的动词更加成熟,例如:

---

① "向"除了有介词用法,还有名词用法。当"向"作名词时,"指向、导向、归向、偏向、倾向、趋向、投向"等为名词。《现代汉语词典》(第7版)除了没收录"归向"的名词用法外,其他"X向"类名词都有收录。"X向"类名词是"动词+名词"组成的状中式偏正短语词汇化形成的。例如名词"指向"意思是"所指的方向"。例如:按照箭头的指向前进。本节着重探讨跨层词汇化形成的"X向"类动词。

此外《现代汉语词典》(第7版)收录了"走向、流向"等的名词用法,却没收录其动词用法。其实"走向"等也和"指向"等一样有动词用法,它们也历经了或正在历经"动词+介词"的重新分析。此外,《现代汉语词典》(第7版)收录了"转向"的动词用法,但是"转变方向;比喻改变政治立场"之义,它是由"动词+名词"的动宾短语词汇化形成的。其实"转向"还有一种常见的动词用法,表示"向某个方向转"之义,它与"指向"等一样是由"动词+介词"形成的。

(7) 如玉用手指向西北道："那边山崖下有小石堂一间,可以移去暂停,再做理会。"(清《绿野仙踪》第 94 回)

清代动词"指向"的宾语 X 大多为具体的事物。现代汉语中 X 还可引申指抽象的事物,例如:

(8) 这种爱在复仇和反抗之火平息后才会出现,它指向全人类,指向未来。(《读书》105 期)

2.2.1.6 "动词＋介词'似'"→动词

动词"胜似"是动词"胜"和介词"似"跨层词汇化形成的。《说文》:"似,象也。""似"除了用作动词外,六朝以后还可假借为"与""於"等。其中"似"用作介词时,有一种用法是用在谓语后,介引比较的对象,义同"于",表示"比……"。例如:

(1) 岁晚客天涯,短发苍华,今年衰似去年些。(宋·刘克庄《浪淘沙令》之三)

大约在宋代,动词"胜"和介词"似"开始连用。"胜"为谓语,介词"似"及其后名词性宾语组成介宾短语作"胜"的补语,"胜"和"似"不在同一句法层次,例如:

(2) "贫而无怨",不及于"贫而乐"者,又胜似"无谄"者。(宋《朱子语类》卷 44)

例(2)中"胜似"与"不及于"相对,"似"是介词"于"的意思。

随着"似"作介词用法的衰落,以及双音化等的作用,单音的介词"似"前附于单音动词"胜",二者逐渐凝固为一个新的双音动词"胜似",意思为"胜过,超过"。"[胜[似 NP]]"也逐渐重新分析为"[胜似[NP]]"。例如:

(3) 观六爻,一爻胜似一爻,岂所据之位愈高,则所见愈大邪?(宋《朱子语类》卷 70)

(4) 幸而天假之年,许多道理在这里,今年颇觉胜似去年,去年胜似前年。(宋《朱子语类》卷 140)

(5) 看得隔一壁底,已自胜似初看隔一墙底了;然更看得又如隔一幅纸。(宋《朱子语类》卷 170)

明代"胜似 NP"依然使用,例如:

(6) 难道做强盗的媳妇,木匠的老婆,到胜似有名称人家不成?(明《醒世恒言》卷 20)

(7) 天上将不如老孙者多,胜似老孙者少。(明《西游记》第 51 回)

还出现了"胜似 NP 一般"结构,例如:

(8) 所以两下亲密,语语投机,胜似同胞一般。(明《二刻拍案惊奇》卷 16)

此外,"胜似 NP"还扩展为"胜似 VP"。介词的典型功能是介引名词性成分,可见这里的"似"已不能作介词分析,而成为词内成分。例如:

(9) 做官府家的陪嫁,胜似在我家十倍,我有什么不舍得。(明《醒世恒言》卷1)

(10) 但得老舅改过自新,以慰岳丈在天之灵,胜似报我也!(明《醒世恒言》卷17)

(11) 唐僧喜喜欢欢别了郡侯,在马上向行者道:"贤徒,这一场善果,真胜似比丘国搭救儿童,皆尔之功也。"(明《西游记》第88回)

自此,动词"胜似"一直沿用至今,例如:

(12) 自从你与那武天虬四人结拜,胜似同胞弟兄。(清《施公案》第73回)

(13) 你又无父母,何不仍在寡人宫中与孤掌管内务,岂不胜似奔走天涯海角么?(清《海公大红袍传》第45回)

(14) "不是亲人,胜似亲人",这是群众对朱文先夫妇的赞扬。(《人民日报》1996年)

2.2.1.7 正在词汇化中的"动词+介词→动词"

另外还有"动词+介词→动词"等一类正在经历跨层词汇化过程的现象,其中的介词可以是"在、到、给、往、向、于、自、以"等,组成的词有"V给""V为""V在""V到"等,具体有"送给""递给""分给""躺在""走到"等类词。在这类动词加介宾构成的结构中,动词和介词不在同一个层次上,但有词汇化的倾向,体标记"了"加在"分给"这些双音形式之后(吴竞存等 1992:365-366)。以"V给"为例。"V给"清代以前一般用"V与",最初的"V与NP"层次为"V+与NP",例如:

(1) 送一车枝与和公。(南朝宋·刘义庆《世说新语·俭啬》)

(2) 头一钟先递了与西门庆。(明《金瓶梅》第21回)

到清代时期,"给"出现,替代了原来的"与",有一部分"V给"已经发生重新分析,由"V+给NP"重新分析为"V给+NP",例如:

(3) 把这些东西都分给了众奶奶了。(清《红楼梦》第61回)

此外,吴竞存等(1992:178-185)指出"V+P+N"("P"指"在、到、给、往、向、于、自、以"等词)存在动补和述宾两种不同的分析:一种是"V+(P+N)",一种是"(V+P)+N"。并在此基础上指出,在现代汉语口语中,介词结构后置作补语的"V+P+N"结构已趋于消失,而只保留了古汉语的"P+N+V"式。现代汉语口语中看起来类似古汉语介词结构作补语的"V+P+N",其中的"P"已不是介词,它紧附于"V"之后,与"N"没有直接结构关系。即:"V+P+N"→"(V+

P)+N",介词"P"前附,转为构词成分。语音形式上语音停顿要在"P"之后,有的"P"还轻读。"站在""躺在""送到""生于""带给"等都有成词倾向。

董秀芳(2011[2002]:282)也谈到了"躺在""走到"等动介的重新分析,指出"躺在""走到"都有成词倾向。如果句子中有"了""着""过"等动词的体标记,那么这些体标记只能加在动介整体之后,而不能加在动词之后。另外,有些"动词+介词"的"V+至"也有一定的词汇化倾向。(罗耀华等 2017)

2.2.2 形容词+介词→动词

"形容词+介词"的跨层结构也可词汇化为动词,如"难于""易于""强如""强似"等。

2.2.2.1 "难于$_{动}$""易于$_{动}$"①

历时上"难于"有一种"形容词+介词"的跨层连用,其中"难"是谓语,介词"于"用于比较,引进比较的对象,组成介宾短语作"难"的补语,形成"难+于 O"结构,表示"比 O 难"之义。"难"和"于"不在同一句法层次。例如:

(1) 孙子曰:凡用兵之法,将受命于君,合军聚众,交和而舍,莫难于军争。军争之难者,以迂为直,以患为利。(《孙子·军争》)

随着"于"表比较的介词用法的衰落以及汉语的双音化,"难"和"于"开始跨层融合,词汇化为一个双音动词,例如:

(2) 蜀道之难,难于上青天。(唐·李白《蜀道难》)

"难于"有引进比喻对象的用法(《现代汉语八百词》1999),例如:

(3) 今年的考题难于往年。

"易于"和"难于"只是语义相反,而演变路径、动因类似,演变结果也相同。历时上"易于"也有一种"形容词+介词"的跨层连用,其中的介词"于"表比较,"难+于 O"是"比 O 容易"之义。例如:

---

① "难于""易于"在《现代汉语词典》(第 7 版)都标注为动词,释义分别为"不容易;不易于""容易"。《现代汉语八百词》(1999):"'难于'(见'难以')",而认为"难以"(难于)是副词。我们认为"难于"有动词和副词两种词性,如"难于上青天"("于"来自比较介词)中的"难于"可能看作动词好,而"难于启齿"(相当于"难启齿")中的"难于"可能看作副词好。"易于"也是同样,在"易于反掌"("于"还带有比较的意味)中是动词,而"易于失真"(相当于"易失真")中是副词。故此,我们认为"难于"有"难于$_{动}$"和"难于$_{副}$"两种用法。"易于"也是同样,有"易于$_{动}$"和"易于$_{副}$"两种用法。在本章我们只探讨"难于$_{动}$"和"易于$_{动}$"。对它们的副词用法则在第三章探讨。

此外,还有一个"难以",它也是"形容词+介词"的跨层结构词汇化形成的。《现代汉语词典》(第 7 版)认为是动词,而《现代汉语八百词》(1999)则认为它是副词。我们依据"难以"的使用情况,采取《现代汉语八百词》(1999)的观点,认为它是副词,故将其放在副词部分进行探讨。具体见第三章。

(4) 苟有所恶,易于投卵。(《晋书·石崇传》)

(5) 大王岂不知之今据将相之权,有过人之智,废则天兵不血刃,易于反掌。(唐·刘肃《大唐新语·著述》)

"难于上青天"和"易于反掌"的用法一直流传下来,在现代汉语中也有使用。

2.2.2.2 "强如"

"如"的虚词义是由实词义引申而来。《说文》:"如,从随也。"段注:"从随即随从义。……引申之,凡相似曰如,凡有所往曰如。""如"的虚词用法中有一种是用作介词,用在谓语后,介绍出比较对象,表示"于;比"之义。例如:

(1) 人之困穷,甚如饥寒,故贤主必怜人之困也,必哀人之穷也。(《吕氏春秋·爱士》)

形容词"强"和表比较的介词"如"的连用约在汉代出现,介词"如"与其后的宾语构成介宾结构,作谓语"强"的补语。句法层次为"[强[如 NP]]","强"和"如"不在同一句法层次内,例如:

(2) 故虽遭罹陵会,窃其权柄,勇如信布,强如梁、籍,成如王莽,然卒就鼎镬,伏斧锧,烹煮分裂。(汉·荀悦《汉纪·平帝纪》)

到了明代,"强如"的连用多了起来,例如:

(3) 吴宣教急拣时样济楚衣服,打扮得齐整,真个赛过潘安,强如宋玉,眼巴巴只等小童到来,即去行事。(明《二刻拍案惊奇》卷14)

例(3)"强如"和"赛过"对举,"强如"是"强过"之义。

"强如 NP"结构又如:

(4) 王爷看他所作文课,一篇强如一篇,心中甚喜,叫:"景隆,去应个儒士科举罢!"(明《警世通言》卷24)

(5) 犬子虽则不才,也强如那穷酸饿鬼。(明《初刻拍案惊奇》卷10)

(6) 待我今夜不死,明日我自与他理会,却强如你妇人家。(明《警世通言》卷13)

同时,"强如 NP"结构也扩展为"强如 VP"。在这种结构中,介词"如"的介引作用逐渐弱化,加上 VP 的独立性,以及韵律的影响,使得"[强[如 VP]]"重新分析为"[强如[VP]]","强"和"如"两个单音成分开始跨层词汇化为一个双音动词"强如",例如:

(7) 掠贩的劝慰道:"不必啼泣,还你此去丰衣足食,自在快活!强如在下家受那大老婆的气。"(明《醒世恒言》卷36)

(8) 我养汉养主子,强如你养奴才!(明《金瓶梅》第26回)

"强如 VP"前出现否定词"不",用于否定形式。可见"强如"已是一个单一的动词,例如:

(9) 你若依我说话,不强如杀害人性命?(明《喻世明言》卷 38)

(10) 你师徒们若肯回心转意,招赘在寒家,自自在在,享用荣华,却不强如往西劳碌?(明《西游记》第 23 回)

(11) 你在我左右,做个亲随,岂不强如做这贱役?(明《醒世恒言》卷 30)

此外,在没有成词的"强如 X"结构中,"如 X"已经是补语了,后面不能再出现一个补语成分。而已经成词的"强如 X"后还可出现补语,这也从侧面反映出"强如"已经完全词汇化了。例如:

(12) 他把你像珍玉一般看待,十分爱惜,吃自在食,著自在衣,纤手不动,呼奴使婢,也不枉了这一个花枝模样,强如守空房、做粗作、淘闲气万万倍了。(明《初刻拍案惊奇》卷 2)

(13) 桂姐的行头,就数一数二的,强如二条巷董官女儿数十倍。(明《金瓶梅》第 15 回)

清代的用例,例如:

(14) 他若帮衬我些须,强如坐一年馆。(清《儒林外史》第 44 回)

2.2.2.3 "强似"

历时上"似"作介词时,可表示比较,具体参见 2.2.1.6"胜似"。形容词"强"和"似"在宋代出现连用,并有较多使用,例如:

(1) 迁善者,但见是人做得一事强似我,心有所未安,即便迁之。(宋《朱子语类》卷 72)

(2) "进德"是自觉得意思,日强似一日,日振作似一日,不是外面事,只是自见得意思不同。(宋《朱子语类》卷 69)

例(1)(2)中的"强似"都是"形容词+介词"的跨层结构,形容词"强"作谓语,介词"似"及其后的名词性宾语组成介宾短语作"强"的补语,"强"和"似"不构成直接的句法结构关系。例(2)"日强似一日""日振作似一日"中"强似"和"振作似"相对,"强"和"振作"相对,表明"强"和"似"还只是两个分立单位的连用。

"强似"最初连用时,介词"似"的宾语多为名词性成分。"强+似 NP"表示"强于 NP","比 NP 强"之义,所以还前后句经常出现"不如""不及"等与之比较,例如:

(3) 如告子不如孟子,若只恁地说时,便人与我一般。我须道,告子强似孟子。(宋《朱子语类》卷 20)

(4) 使舜当武王时,毕竟更强似大武;使武王当舜时,必不及韶乐好。(宋《朱子语类》卷 25)

(5) 若是就他地位说时,理会得一件,便是一件,庶几渐渐长进,一日强似一日,一年强似一年。(宋《朱子语类》卷 32)

明代,一方面"强似 NP"仍然有使用,例如:

(6) 我才入朝来,见了一个绝妙的药引,强似那一千一百一十一个小儿之心。(明《西游记》第 78 回)

(7) 老孙画的这圈,强似那铜墙铁壁,凭他什么虎豹狼虫,妖魔鬼怪,俱莫敢近。(明《西游记》第 50 回)

另一方面,介词"似"的宾语由名词性扩展为谓词性成分,出现了大量的"强似 VP"结构,其使用远远超过"强似 NP",例如:

(8) 做人的妻,强似做人的妾。(明《喻世明言》卷 6)

(9) 浑家道:"若与了人家,倒也强似冻饿死了,只要那人养的活,便与他去罢。"(明《初刻拍案惊奇》卷 10)

(10) 种辑怒曰:"忠臣不怕死!吾等死作汉鬼,强似你阿附国贼!"(明《三国演义》第 20 回)

(11) 或者撞着上司可怜,有些别样处法,作成些道路,就强似在家里坐了。(明《二刻拍案惊奇》卷 26)

随着介词"似"后的宾语为 VP 的越来越多,"似"的介引功能逐渐弱化,逐渐就前附与"强"跨层词汇化为一个新的双音动词。"强+似 VP"重新分析为"强似+VP"。

"强似"前还可以加上否定副词"不",作为否定形式出现,例如:

(12) 李逵道:"这宋大哥便知我的鸟意,吃肉不强似吃鱼。"(明《水浒传》第 38 回)

(13) 明日烧个利市,把来做贩油的本钱,不强似赊别人的油卖?(明《喻世明言》卷 2)

(14) 那妇人道:"你师父忒弄精细,在我家招了女婿,却不强似做挂搭僧,往西跄路?"(明《西游记》第 23 回)

可见,明代"强似"已经是成熟的动词了。

2.2.2.4 具有词汇化倾向的"好似"①

此外,古汉语中与"强似"类似的还有一个"好似",它具有一定的词汇化倾向。我们所说的动词"好似"也和"强似"一样,是"形容词+介词"跨层词汇化形成的,意思是"胜过,好于"之义。

"好+似"原本是"比……好"之义,例如:

(1) 李小二道:"这个差使又好似天王堂。那里收草料时,有些常例钱钞。往常不使钱时,不能勾这差使。"(明《水浒传》第10回)

后来,介词"似"的宾语也扩展为谓词性成分,"似"功能弱化,与"好"逐渐凝固为一个双音动词,例如:

(2) 凭他怎么,毕竟还好似为娼。(明《初刻拍案惊奇》卷2)

清代的用例,例如:

(3) 凤姐、宝玉果一日好似一日,渐渐醒来,知道饿了。(清《红楼梦》第25回)

(4) 料想做官自然好似坐馆。(清《儒林外史》第48回)

2.2.3 动词+连词→动词

动词"赖以"原本是动词"赖"和连词"以"的连用。"赖"的宾语在前面已经出现,就用代词"之"来代替,而"之"经常省略,"赖"的宾语以零形式出现就形成"赖( )以VP",例如:

(1) 意此杨树,依我以生。未丁一纪,我赖以宁。(汉·孔臧《杨柳赋》)

上例中"我赖以宁"即"我赖之(杨树)以宁"。再例如:

(2) 鹭等秉节俭,罢力役,推贤进能,尽心王室,故天下赖以复安。(晋·袁宏《后汉安帝纪下》)

(3) 凡应罪戮,而为冲微所辨理,赖以济宥者,前后数十。(《三国志·魏志·曹冲传》)

介词"以"的宾语省略导致其介引功能弱化,"以"逐渐前附"赖",在"赖以VP"结构中二者重新分析为一个双音动词"赖以",表示"依靠某事物或条件得以(达到某种目的)"(《现代汉语词典》第7版)。例如:

(4) 明日,胡芦先生载五十缗至逆旅中,赖以救济。(宋《太平广记》卷118)

---

① 这个"好似"是"胜过,好于"之义,不是《现代汉语词典》(第7版)收录的动词"好似"。词典收录的"好似"是"好像"之义,它是"副词+动词"的状中式偏正短语词汇化形成的。

(5) 于是贼兵不敢停石鉴镇上,径望越州一路而去。临安赖以保全。(明《喻世明言》卷21)

(6) 既可赖以防身,还能替人治病,真是一举两得之法。(清《八仙得道》第71回)

2.3 由"虚词+实词"的跨层结构词汇化为动词

2.3.1 疑问副词+动词→动词

2.3.1.1 "岂敢"

"岂敢"是现代汉语的一个动词(《现代汉语词典》第7版),它是"疑问副词+动词"的跨层结构词汇化形成的①。

"岂+敢"最初连用时是"岂+敢 VP"结构,"岂"是整个句子层面的疑问副词,表示反问,"敢"是动词,在古代是一个谦词,表示冒昧之义,后面常跟谓词性成分 VP 作宾语,表示"怎么敢 VP,哪里敢 VP","岂"和"敢"不在同一句法层次上,例如:

(1) 将仲子兮,无逾我里,无折我树杞。岂敢爱之? 畏我父母。(《诗·郑风·将仲子》)

(2) 绵蛮黄鸟,止于丘隅。岂敢惮行? 畏不能趋。(《诗·小雅·绵蛮》)

(3) 闻二先君之出入此行也,将郑是训定,岂敢求罪于晋? 二三子无淹久! (《左传·宣公十二年》)

"岂+敢 VP"前还可以出现显性主语,例如:

(4) 人心之不同如其面焉,吾岂敢谓子面如吾面乎? 抑心所谓危,亦以告也。(《左传·襄公三十一年》)

(5) 寡君既共命焉,其老岂敢弃其国? (《左传·哀公七年》)

和"岂+敢 VP"相对的是"敢 VP",说明"岂"和"敢"不在同一句法结构内,例如:

(6) 今郑不率,寡君使群臣问诸郑,岂敢辱候人? 敢拜君命之辱。(《左传·宣公十二年》)

后来,"岂敢 VP"整个结构更多的是以反问的语气表示一种否定,"岂"表

---

① 这里的"岂",还有"何"等疑问词,表示的疑问语气是加在整个句子上的,我们认为它与后面的动词的连用是跨层。关于"疑问词+动词"是否是跨层结构请参见刘红妮(2019:60-61)。

反问的功能越来越弱化,同时,"敢"的宾语 VP 也越来越复杂,独立性增强。例如:

(7) 先生举国而委将军,将军为燕破齐,报先王之仇,天下莫不振动,寡人岂敢一日而忘将军之功哉!(《战国策·燕策》)

(8) 庄王曰:"善哉!愿相国与诸侯士大夫共定国是,寡人岂敢以褊国骄士民哉!"(汉·刘向《新序·杂事二》)

这样,"岂+敢 VP"开始发生重新分析,变为"岂敢+VP",主要表示委婉的否定"不敢 VP"。同时,两个原本独立的单音成分"岂"和"敢"就跨层成为动词"岂敢"。例如:

(9) 窃闻足下义甚高,故进百金者,将用为大人粗粝之费,得以交足下之骥,岂敢以有求望邪!(《史记·刺客列传》)

(10) 温曰:"矫虽不敏,才非昔人,明公以桓、文之姿,建匡立之功,岂敢辞命!"(南朝宋·刘义庆《世说新语·言语》)

(11) 秋蔬拥霜露,岂敢惜凋残。(唐·杜甫《废畦》)

现代的用例,例如:

(12) 谁都知道这是姜太公的声音,岂敢不听。(鲁迅《故事新编·采薇》)

因为动词"敢"是一个谦词,所以"岂敢"成词后,还在一定程度上保留了谦敬的意味。当"岂敢 VP"中宾语 VP 承前省略不出现时,动词"岂敢"可以单独使用,用作应对时表示谦虚的客套语。有的还带有显性主语,例如:

(13) 鸨儿见女儿如此做作,甚不过意。对秦重道:"小女平日惯了,他专会使性。今日他心中不知为什么有些不自在,却不干你事,休得见怪!"秦重道:"小可岂敢!"(明《醒世恒言》卷3)

大多数是主语和宾语都不出现,"岂敢"独用,表示谦敬客套,例如:

(14) 秀秀道:"比似只管等待,何不今夜我和你先做夫妻?不知你意下何如?"崔宁道:"岂敢。"(明《警世通言》卷8)

(15) 恰值士隐走来听见,笑道:"雨村兄真抱负不浅也!"雨村忙笑道:"岂敢。不过偶吟前人之句。"(清《红楼梦》第1回)

另外,"岂敢"还可以连用,"岂敢岂敢"也是表示客套,例如:

(16) 二上王惊得遍身流汗,下马拱立,道:"岂敢岂敢!"(明《英烈传》第24回)

(17) 贾琏笑道:"岂敢岂敢,多承多承。"(清《红楼梦》第16回)

用在答句中独用的"岂敢"和"岂敢岂敢",已经语用化为表示客套的凝固的应答语。

2.3.1.2 "岂可"

"岂可"是现代汉语的一个动词(《现代汉语词典》第 7 版),它也是"疑问副词+动词"的跨层结构词汇化形成。其中的"岂"原是用在整个句子层面的疑问副词,表示反问。"可"原是动词,和后面的谓词性宾语 VP 组成动宾结构。"岂"和"可"不在同一句法层次内,"岂+可 VP"表示"怎么可以 VP",例如:

(1) 大国不以礼命于诸侯,苟不以礼,岂可量也?(《左传·哀公七年)》

(2) 曲杖甚易也,而吏不能得,我令人求之,不移日而得之,岂可谓忠哉!(《韩非子·内储说上》)

同样,随着使用的高频,"岂+可 VP"整个句子主要表示一种否定,受所在句式义的影响,"岂"表示反问的功能和语义逐渐弱化,这样,就和动词"可"发生跨层组合,最终词汇化为一个动词,用反问的语气表示不可以,例如:

(3) 夫破人之与破于人也,臣人之与臣于人也,岂可同日而言之哉!(《战国策·赵策》)

(4) 宾客既散,方叹曰:"已无延陵之高,岂可有丧明之责!"(南朝宋·刘义庆《世说新语·雅量》)

(5) 识者同为一路行,岂可颠坠缘榛棘。(唐·天然《孤寂吟》)

"岂可"的形成和"岂敢"类似,只不过源结构中动词"可"不像"敢"在古代是谦词,所以它成词后没有独用表示谦敬客套的用法。

因为"岂"在古代是书面的文言虚词,所以"岂敢""岂可"等在现代汉语的使用频率较古代有所下降。"岂可"如今主要用在一些书面语中。例如:

(6) 生活、工作在城市的人们,岂可容得这种破坏社会公德、破坏城市文明建设的愚昧野蛮行为!(《人民日报》1998 年)

2.3.2 介词+动词→动词

2.3.2.1 "据说""据称""据云"

"介词'据'+动词"跨层结构词汇化为动词的主要是"据说"类词,包括被《现代汉语词典》(第 7 版)收录的"据说、据称、据闻、据悉"等,"据传、据云"未被收录,我们认为也属于"据说"类动词。它们的形成与表层结构省缩密切相关,都是经过省缩实词性介词宾语的途径而形成的(刘红妮 2009a)。

"据说"是现代汉语的一个常用动词,例如:

(1) 据说,若是请他们吃一顿饭,他们便可以玩这一招。(老舍《兔》)

"据说"是"据 X 说(,)……"省缩 X 后形成"介词+动词"的非句法跨层结构词汇化形成的(刘红妮 2009a)。

"据"原本是动词,《说文》:"据,持杖也。"段注:"谓依杖而持之也。"据马贝加(2002:262-264),"据"在先秦已有"倚恃、依靠"义。介词"据"萌芽于汉时期,至晋、南北朝时期已成型,唐代沿用之,表示"依据"。"说"《说文》:"说释也。从言、兑,一曰谈说。"段注:"说释即悦怿。说释者开解之意故为喜悦。释,解也。"据汪维辉(2003),至迟在 14 世纪初的元代,"说"成为言说义类词的核心,表现代汉语的"说"义,用于说一件事,转述某人的话。

介词"据"和动词"说"构成的"据 X 说"在宋代出现较多用例。一种是"据 X 说","据"是介词,"说"为名词,表言论、主张、学说等,这种介词和名词之间的语义联系紧密,和现代汉语的"据说"无关。例如:

(2) 然据史记之说,却是夫子恐其害己,故其去如此之速。(宋《朱子语类》卷 47)

(3) 据说,亦只是如此,思索亦只到此。(宋《朱子语类》卷 133)

还有一种"据"是介词,"说"为动词,但动词"说"后有简短的名词性宾语,"说"在句子中所充当的主要成分是谓语,"说"和其后宾语结合紧密,也难以和前面的成分"据"发生跨层演变,这种也不是"据说"的源结构,例如:

(4) 这个仁,是据发见说。(宋《朱子语类》卷 34)

(5) 若孟子便用着气力,依文按本,据事实说无限言语,方说得出。(宋《朱子语类》卷 19)

另一种较多的用例是"据 X 说,VP","据"是介词,其后宾语 X 是直接成分,X 往往是第三方消息来源,"据 X"介宾短语作动词"说"的状语,二者不在同一句法结构。并且"说"后带的引语宾语,一般是句法比较独立,语义比较完整的谓词性成分或小句形式。例如:

(6) 据本传说,迅尝注释六经,以为举世无可语者,故尽焚之。(宋《朱子语类》卷 51)

(7) 据本文说,只是崇高富贵不入其心,虽有天下而不与耳。(宋《朱子语类》卷 35)

(8) 据他说,"涂之人皆可为禹",便是性善了。(宋《朱子语类》卷 57)

明代,"据 X 说,VP"得到进一步的使用,例如:

(9) 据欧阳公《五代史叙》说,吴越亦曾称帝改元,至今杭州各寺院有天宝、宝大、宝正等年号,皆吴越所称也。(明《喻世明言》卷 21)

(10) 据土地说,他前年下降,到今二三年矣。(明《西游记》第 90 回)

清代,"据 X 说"更是得到了广泛的使用,如:

(11)据二爷说,原是不能再有的,全是湘妃,棕竹,麋鹿,玉竹,皆是古人写画真迹,回来告诉了老爷。(清《红楼梦》第 48 回)

(12)据老太太说,淘气也一样。(清《红楼梦》第 56 回)

(13)据部里说,只要银子赔完,工程报竣,还可以送部引见。(清《儿女英雄传》第 3 回)

"据 X 说……"中,动词"说"后面的引语内容是说话人表达的重点,也是听话人关注的焦点,如果不是刻意强调引语的消息来源,那么出于语言经济原则,X 就可以忽略、省缩,原本不相邻的介词"据"和动词"说"就变得临近,例如:

(14)离城有一个地方,名唤做钟离东乡,据说是当初钟离得道成仙的去处。(明《英烈传》第 4 回)

后来,随着"据说"的大量使用,两个分立的成分"据"和"说"就跨层成词,变为一个副词"据说",意思是"据别人说",可用在句子或小句句首。已和现代汉语用法无异。例如:

(15)据说这就叫做母珠。(清《红楼梦》第 92 回)

(16)据说这人天文地理无所不通,遁甲奇门无所不晓,以至医卜星相皆能。(清《儿女英雄传》第 40 回)

(17)这个人我也是一面之交,据说是个总兵,姓庄,号叫作人。(清《二十年目睹之怪现狀》第 76 回)

此外,除了"据说",汉语中还有"据称""据云"的表达,它们有词汇化的倾向。"据称"被《现代汉语规范词典》(2014)收录。例如:

(18)据称,这是中国首次举办这样高层次的经济论坛会议(《人民日报》1994 年)

(19)我还专程拜访了一位地方官,据云,广东从省到地市县,许多单位或行业的领导干部和科技人员是广西籍的。(《人民日报》1993 年)

"据称""据云"的意思和"据说"大致相同,成词路径和动因也基本类似(刘红妮 2009a)。

先看"据称"。《说文》:"称,铨也。"段玉裁注:"'称'各本作'衡',今正。禾部:'称,铨也。'与此为转注,乃全书之通例。称即今秤字。""称"原是指衡量物体轻重的器具,后引申为动词,表示测物之轻重。再后来引申指"称述、称说"之义,例如:

(20) 子曰:"有恶:恶称人之恶者,恶居下流而讪上者,恶勇而无礼者,恶果敢而窒者。"(《论语·阳货》)

唐代,出现了"据 X 称……"的格式,例如:

(21) 据中书门下状称……(引自马贝加 2002)

其中"据"是介词,"称"是动词,二者不在同一句法层次内,"据 X 称"的意思就是"根据某人所说","称"后是第三方的引语,例如:

(22) 据历官等称参校诸历,互有疏密,及称止依古法推步,不敢指定历准的参定者。(宋《宋朝事实·历象》)

(23) 又据威胜军司录王孝悌称,探知大宋人马特来本军收拿,以此走来。(金《大金吊伐录》卷2)

(24) 但此案现据失主黄三小称,伊夜过渡船,背负纹银七百两,过了对岸时已三更。(清《海公大红袍传》第48回)

"据 X 称……"后来省缩 X,形成"据称……",例如:

(25) 若说反叛,其情未的。据称拒捕,何曾见官兵杀伤?(明《喻世明言》卷39)

"据称"的跨层结构在高频使用下,跨层成为副词"据称",意思是"据别人说",例如:

(26) 据称伊与海瑞同乡,更兼同年,梓里之情,故多来往。(清《海公大红袍传》第25回)

(27) 臣思李沈氏乃一妇人,据称身负大冤,无门伸雪,故敢于吾主驾前求伸。(清《狄青演义》第41回)

再看"据云"。"云"在先秦时就经常用作言说义的动词,表"曰、说",例如:

(28) 子夏云何?(《论语·子张》)

"云"最常见的用法是直接带内容宾语。"云"后的引语通常是转引或重复已有的话(李佐丰 2004)。据汪维辉(2003),上古,在众多的言说类词"语、言、云、曰、谓、说、道"等中只有"云"后面跟(间接)引语并含有谈论、引述的意思。而"说"在上古很少作"说话"讲,而是有很多特定的含义;中古,在说一件事、转述某人的话或讲一个故事时一般也用"说",但"说"的使用频率还不如"云"等。"云"在用法上并无新的发展,主要还是直接跟引语,很可能已经基本上变成了书面语词;近代,"说"是表示说话义的最常用的词之一,唐代口语中,"云"和"曰"可能已被淘汰。至迟在 14 世纪初的元代,"说"在带引语的用法上已完全取代了"云"和"曰","说"成为言说义类词的核心。

唐代,出现了"据 X 云,VP",多用在书面语中,其中"据"是介词,X 是介词"据"的宾语,"云"是动词,二者不在同一层次上,例如(马贝加 2002):

(29) 据太宗实录云,罽宾国进拘物头花,香闻数里,疑此近是。(宋《太平广记》卷 237)

(30) 据郦元注水经云,姚墟东有漏泽。(宋《太平广记》卷 399)

宋代至清代的"据 X 云,VP",例如:

(31) 据礼云父在为母禫,止是主男子而言。(宋《朱子语类》卷 89)

(32) 据小说云,寒、夏、二杨皆有赐,不可考矣。(明《皇明异典述》卷 9)

(33) 据小女云,这山魈进了卧房,望着小女吹一口冷气,小女便昏迷不醒了。(清《七剑十三侠》135 回)

(34) 据医云,非静养数十日,不能痊愈。(清《续儿女英雄传》64 回)

何乐士等(1985:756)指出"云"是"对口耳相传的事情,只作客观的叙述,而不表示主观上的肯定与否"。那么消息的客观、真实性就很可靠、确切,所以有时候不需或不必强调谁说的或者哪本书说的 X,而只关注"云"后的引语内容本身,那么即"据 X 云,VP""中的 X 就可以省缩,就形成"据云,VP"。当然,"据 X 说/称,VP"之所以能省缩 X 成为"据说、据称"也是同样道理。这样,本不在同一句法结构的"据"和"云"就连用并逐渐跨层成词,例如:

(35) 据云葛氏肥白,颇有风致云。(清《清代野记·书杨乃武狱》)

(36) 下午,有人送西瓜百枚及王瓜等物前来,据云系皇太后所馈。(清《西巡回銮始末》卷 2)

"据说""据称"和"据云"在现代汉语的句法、语义和用法大致相同,但是因为历时上"说、称、云"的口语程度以及在"言说类"词语中的兴替和地位不同,所以在口语化程度和使用频率上,三者形成这样一个序列:"据说">"据称">"据云","据说"更口语化一些,而"据称"尤其是"据云"更书面化。使用频率上,"据说"最常用,其次是"据称","据云"则最后。

2.3.2.2 "据闻""据传"

"据闻"是现代汉语书面语里的一个动词,例如:

(1) 他创办了《苹果日报》,据闻他投资了 10 亿元港币。(江迅《九十年代香港报业生死战》)

"据闻"也是"介词+动词"的跨层结构词汇化形成的(刘红妮 2009a)。

起初,"据"和"闻"在同一句子中出现,其中"据"是介词,表按照、依据之意,

X 是介词宾语,"闻"是动词,《说文》:"闻,知闻也",表"听见、听到"之义。随着汉语文白的演变,动词"闻"不太能单说单用,所以"据+闻"的连用是在格式"据 X 所闻"中,例如:

(2) 程门诸公不能尽闻伊川之说,然却据它所闻各做工夫。(宋《朱子语类》卷 22)

(3) 和靖才力短,伊川就上成就它,它亦据其所闻而守之,便以为是。(宋《朱子语类》卷 101)

及至清代,出现了"据 X 所闻,VP"句式,"据 X 所闻"中的 X 都是说话人自己,后面的小句是听到的消息的具体内容,是句子的主要内容和语义表达重心所在。例如:

(4) 不不,据小弟所闻,尚有甚于奸者。(清《八仙得道》第 90 回)

"据 X 所闻,VP"中,"闻"的施事是说话人本人,就可以省去说话人的自称 X,介词"据"的功能就弱化,就形成"据+闻"这样的"介词+动词"的跨层结构,长期连用,就跨层词汇化为动词,表示"听说;据说"之义。一般用在句首,例如:

(5) 据闻夫人虽然已经得道受封,却还欠人家一段姻缘。(清《八仙得道》第 85 回)

(6) 据闻自狄元绍霸据小西天之后,便在弥陀峰下开了山路,可通出入,究不知门户藏在何处。(清《续济公传》第 165 回)

有时候,也用在后一分句的句首,例如:

(7) 现在的司香吏却生在河南李氏,据闻为老君祖师同族后人。(清《八仙得道》第 17 回)

有时,"据闻"后也可以加上逗号,用来停顿,例如:

(8) 据闻,这东西虽然小小动物,倒也颇通灵性,凡是虔心祀奉他的,也能显些报应给他们瞧。(清《八仙得道》第 8 回)

此外,汉语中还有一个"据传",《现代汉语词典》(第 7 版)没有收录,《现代汉语规范词典》(2014)收录为动词。例如:

(9) 据传,元军士兵随身携带品中必备一束草药。(《人民日报》1995 年)

它原本也是"介词+动词"的跨层结构,只不过其中的 X 指的是民间、消息人士等消息的来源。"据传"历时上的语料线索不太清晰。可能是文白演变"传"不能单用,往往和动词"说"并列(不是名词"传说"),形成"据 X 传说,VP"结构,例如:

(10) 此地国王,据古人传说乃颛顼之后。(清《镜花缘》第 22 回)

(11) 据海外传说:彼处白昼最热,每到日出,人伏水中;日暮热退,才敢出

水。(清《镜花缘》第 26 回)

(12) 据清宫人传说,这不是专图肉欲,乃是防备行刺、惩前毖后的缘故。(民国《清史演义》第 40 回)

(13) 据外间传说,扶苏已被二世设计杀害。(民国《秦朝野史》第 11 回)

上面例中"据 X 传说"中的 X 所指比较宽泛,并不专指或特指,在这样的情况下,X 就容易被省缩,尤其是当消息来源 X 不必、不便说出、不想强调或说不出消息的确切来源时,就可以省缩,形成"据传说,VP",例如:

(14) 这蔡天化也曾耳闻其名,未见其人。并据传说其人甚不安分,现在访拿在案,可有此事吗?(清《施公案》第 289 回)

宾语 X 的省缩使得"据+传"这一"动词+介词"在句法序列上相邻,同时也导致介词"据"的功能弱化。"据传说"省缩动词"说"就形成单一的新的副词"据传"。"据传,VP"例如:

(15) 据传,宋朝时,沿河堤上,设官守堤,堤坝如果决口,就处以死刑。(民国《古今情海》)

(16) 据传三角同盟的内容,是以孙中山先生为总统,段祺瑞为副总统,梁士诒为总理,段芝贵督直。(民国《民国演义》第 130 回)

(17) 据传,王羲之曾为戴老太题写扇子,老太太用那扇子卖了好多钱,于是,便不断地来找王羲之为她题扇。(民国《古今情海》卷 21)

2.3.2.3 "据悉"

"据悉"是现代汉语里的一个常用词,经常用在书面语体中,例如:

(1) 据悉,北京市的出租汽车上已开始张贴有"预祝北京申办 2000 年奥运会成功"的标志。(《人民日报》1993 年)

"据悉"是介词"据"和动词"悉"跨层词汇化而来。它最初是"据 X 悉",其中"据"是介词,表示凭借义,X 是"据"的宾语,表示消息的来源。"悉"是动词,是"知道"之义,介词"据"和宾语 X 直接组合为介词短语"据 X",用作动词"据"的状语。"据"和"悉"不是直接成分,整个句法结构层次原本是"据 X/悉"。因为"悉"是动词,所以其前还可以加上一些副词,最常见的是表已经的时间副词"已",构成"据 X 已悉"。是"根据 X 已经知道"的意思,大约在清代出现,例如:

(2) 据详已悉,仰该县即日开棺,详加检验。(清《施公案》第 244 回)

(3) 据禀已悉,即据朱壮士力保殷龙,实非本意,委系遭诬,姑从宽恕。(清《施公案》第 270 回)

(4) 据奏已悉,准将定亲王释放,但无人敢保。(清《海公大红袍全传》第 53 回)

"据 X 已悉"中副词状语"已"也可省略,形成"据 X 悉",对比下面两个例子,例如:

(5) 没有几天,即得批回,说是据奏已悉,此次战事,我军伤亡如是之众,朕亦不责。(清《大清三杰》第 43 回)

(6) 又过半月,曾国藩接到批折,说是据奏悉,业已命令候补四品京堂左宗棠,着即襄办曾国藩军务矣。(清《大清三杰》第 42 回)

在说出一条消息时,经常用"据 X 悉"开头引起下文,其中 X 可以是"奏、禀、详"等消息的来源,而"据 X 悉"后面才是消息的内容和语义重心,形成"据 X 悉,……"句式。又例如:

(7) 据有关资料悉,一般公路,每车道的日交通量若达 2000 车次,时速就可能降至 30 公里,甚或出现堵车现象。(《报刊精选》1994 年)

在"据 X 悉,……"中,如果信息的来源 X 不必或不想被说出,说话人重在表达消息本身的内容,那么 X 就不用说出在,在形式上发生省缩,"据 X 悉"省缩为"据悉",介词"据"介引宾语的语法作用就弱化;另外,随着汉语文白的演变,表示知道的"悉"不再能单说单用,使用也非常受限。再加上汉语双音化的影响,高频的使用,都促使连用的"据"和"悉"发生粘合、凝固,词汇化为一个新的双音副词"据悉",意思是"根据得到的消息知道",例如:

(8) 据悉,马里客人在华期间将访问北京、合肥、上海等地。(《人民日报》1994 年)

(9) 据悉,国家有关部门对此问题已引起关注,并将采取有关措施。(《市场报》1994 年)

2.3.2.4 "照办"等"照 X"类词

"照办"是现代汉语里的一个动词(《现代汉语词典》第 7 版),例如:

(1) 以上所言,一一照办!(老舍《神拳》)

(2) 我让他点着了烟从窗口递进来,他照办了。(王小波《黄金时代》)

动词"照办"是"介词+动词"的跨层结构词汇化而来。

介词"照"和动词"办"原本是用在"照 X 办"中,名词性成分 X 是介词"照"的宾语,"照 X"介宾短语用在谓语动词"办"前作状语,"照"和"办"不存在直接的句法结构关系。"照 X 办"表示"依照 X 办理",例如:

(3) 果然照这话办起来,自然要办个澈底澄清。(清《儿女英雄传》第 33 回)

(4) 你们果真照我这话办出个眉目来,现在的地是清了底了,出去的地是落了实了。(清《儿女英雄传》第 33 回)

(5) 我打听锦衣府赵堂官必要照御史参的办去,只怕大老爷和珍大爷吃不住。(清《红楼梦》第 106 回)

"照 X 办"中的 X 有时还可以是代词,例如:

(6) 就照这么办了!(清《儿女英雄传》第 20 回)

(7) 这件事照这么办,我心里也尽有,只我心里还有好些为难。(清《儿女英雄传》第 40 回)

当"照 X 办"中的介词宾语 X 因为话题化或在前文已经提到,那么 X 就不必说出,语用上往往省略,零形回指,形成"X,照(X)办"结构。"照(X)办"中的 X 承前省去,介词"照"无所依托,介引功能和语义就变得弱化,而后跨层和动词"办"词汇化,形成动词"照办",意思是"按照所说的或所要求的办理"。例如:

(8) 或者开个横单子下来,做晚的好去照办。(清《二十年目睹之怪现状》第 89 回)

(9) 后来安老爷便谨遵父命,一一的照办。(清《儿女英雄传》第 1 回)

(10) 老哥指教的极是,兄弟一准照办。(清《官场现形记》第 13 回)

有的"X,照(X)办"中第一个 X 和后面的"照(X)办"离得比较远,不在同一句中,要么不需明示,而从上下文文意可以得知。例如:

(11) 黄升答应了一声"是",就去照办。(清《老残游记》第 16 回)

现代汉语中动词"照办"也普遍使用,例如:

(12) 他或者是早就明白了我的心意,而不能不照办;他既是照我的意思办,那就不必再否认自己了。(老舍《阳光》)

例(12)前用"照办",后用"照 X 办",正好能对比说明问题。

除了"照办"外,"照搬、照抄、照登、照发"等"照 X"类动词的形成也是同样。它们都是在"X,照(X)办/搬/抄/登/发"结构中跨层词汇化的。其中的"照"原本都是独立的介词,表示"依照;按照",后来都演变为词内成分,表示"按原件或某种标准(做)"。这也从它们的释义中可以看出(《现代汉语词典》第 7 版):

照搬:照原样不动地搬用。

照抄:照原来的文字抄写或引用。

照登:文稿、信件等不加修改地刊载(笔者注:即"照原稿件刊载")。

照发:照这样发出[①]。

[①] 其中"照发"还有一种动词用法是"照常发给",这里的"照"是副词,相当于"照常"。这个意义的"照发"是状中式偏正短语词汇化形成的。

2.3.2.5 "与共"

现代汉语的动词"与共"原本是"介词＋动词"的跨层结构,"与"是介词"共"是动词,形成"与 X＋共 Y"结构,其中介词"与"与宾语 X 组成介宾短语,动词"共"与宾语 Y 直接组合,"与 X"与"共 Y"形成状中结构,"与"和"共"不在同一句法结构内。意思是"与……共……",例如:

(1) 齐朝驾则夕极于鲁国,不敢惮其患,而与晋共其忧。(《国语·鲁语下》)

(2) 不智,则不知民之极,无以铨度天下之众寡;不仁,则不能与三军共饥劳之殃;不勇,则不能断疑以发大计。(《国语·吴语》)

(3) 君若辱在寡君,寡君与其二三臣共听两君之所欲,成其可知也。(《左传·成公四年》)

如果介词"与"的宾语在前面已经出现,可以用代词"之"来替代回指,形成"与之＋共 Y",例如:

(4) 凡我父兄昆弟及国子姓,有乃助寡人谋而退吴者,吾与之共知越国之政。(《国语·越语上》)

此例中"与之共知越国之政"指"与助寡人谋而退吴者共知越国之政","与"的宾语"之"的所指"助寡人谋而退吴者"在前一分句中出现。

当介词"与"的宾语省略使用零形回指,是一个空范畴,宾语所指在前文中出现,就形成"与共 Y"结果,例如:

(5) 夫狄近晋而不通,愚陋而多怨,走之易达。不通可以窜恶,多怨可与共忧。今若休忧于狄,以观晋国,且以监诸侯之为,其无不成。(《国语·晋语二》)

此例中"可与共忧"实际相当于"可与之共忧","与"后的省略的宾语"狄"在上个分句出现。

(6) 孤极知燕小力少,不足以报。然得贤士与共国,以雪先王之耻,孤之愿也。(《战国策·燕策》)

此例中"然得贤士与共国"实际相当于"然得贤士与之共国","与"后的空范畴宾语与前文中的"孤"同指。

"与共 Y"中的 Y 出现不少双音形式,形成四字格形式,例如:

(7) 齐兵已去,魏失其与国,无与共击楚,乃夜遁。(《战国策·燕策》)

(8) 越王为人长颈鸟喙,可与共患难,不可与共容乐。(《史记·越王勾践世家》)

(9) 绍令崔巨业候视星日,财货赂遗,与共饮食,克期会合,攻钞郡县,此岂大臣所当宜为?(《三国志·魏志·公孙瓒传》)

唐宋时期的诗词,"与共"的连用中较多出现了动词"共"的宾语提前话题化的情况,形成"Y谁与共","与"的宾语"谁"提前在上文出现,"与共"连用出现在句尾,主要强调了Y,这对它的成词起到了一定的促进作用。例如:

(10) 鸳鸯瓦冷霜华重,翡翠衾寒谁与共?(唐·白居易《长恨歌》)
(11) 酒意诗情谁与共,泪融残粉花钿重。(宋·李清照《蝶恋花·离情》)
(12) 寻春误入桃源洞。草草幽欢聊与共。(宋·石孝友《木兰花》之二)

及至明代,一方面,介词"与"的宾语省缩,介引功能弱化;另一方面动词"共"的宾语因为强调而前提话题化,起到强调、凸显的作用,形成"Y与共"结构,两个独立的原本不在同一层次内的单音成分发生跨层组合,最终词汇化为一个新的双音动词"与共",意思是"共,与人一起,在一起"。"与"的意思没有了,主要是"共"的意思。例如:

(13) 伏念庆等生虽异日,死冀同时,期盟言之永固;安乐与共,颠沛相扶,思缔结以常新。(明《金瓶梅》第4回)

在"Y与共"中,这里的Y往往是双音形式,形成一种比较固定的四字格说法。有的Y是一个单独的形容词,往往是好或者不好的境况的两极,例如:

(14) 尔果同心协力,以救生民,他日功成,富贵与共。(明《英烈传》第16回)
(15) 而文襄张公,实惟有以辅之翼之,疏之附之,患难与共,而左右朝局也。(清《张文襄公事略》第15节)

有的Y是一个形容词性短语,往往是好和不好的境况的两极的并列,例如:

(16) 咱们大众一齐前往,作为接应,无事更好,有事咱们是休戚与共。(清《三侠剑》第5回)
(17) 自思身为人妻,祸福与共。(清《八仙得道》第70回)
(18) 世仆家奴,他还念主人养育之恩,存个富贵贫贱、甘苦与共之意。(清《绿野仙踪》第41回)

除了"与共"外,古代汉语中还有一个类似的"与同",最初也是介词"与"和动词"同"的跨层结构,"与之同"的意思,例如:

(19) 叔兮伯兮,靡所与同。(《诗·邶风·旄丘》)

郑玄笺:"卫之诸臣行如是,不与诸伯之臣同。"

因为介词"与"的宾语提前,为零形回指,功能弱化,就和动词"同"跨层词汇化形成新的动词"与同",意思是"同,与人一齐"。"与"的意思没有了,主要是"同"的意思,例如:

(20) 寡人带酒,与同二人欲要起身,被店主人家扯住。(元《遇上皇》第4折)

2.3.2.6 "以为"

动词"以为"也是跨层词汇化形成的(董秀芳 2011[2002]:278)。原本"以"是介词,"为"是动词,义为"作为","以"与其后的零形宾语共同充当动词"为"的状语,"以"和"为"不在同一个句法层次上,意思是"把……当作",例如:

(1) 人之无良,我以为兄。(《诗·鄘风·鹑之奔奔》)

例中"我以为兄"实际相当于"我以之为兄"。

后来"以为"词汇化为一个动词,义为"认为"。"以为"的词汇化发生在战国中期(姚振武 1997),《孟子》中"以为"应该拆开理解的有 36 次,"以"后都隐含着一个宾语,而不能拆开理解凝固成词的有 12 次,是"认为"的意思(郭锡良 1998),例如:

(2) 之则以为爱无差等。(《孟子·滕文公上》)

(3) 子以为有王者作,将比今之诸侯而诛之乎?(《孟子·万章下》)

第三章 从跨层结构到副词

汉语的词汇化中由跨层结构词汇化为虚词的占了很大比重,由跨层结构词汇化而来的虚词主要是副词、介词、连词、助词等,基本上形成各类虚词的都有。本章主要探讨从跨层结构到副词的演变。后面几章依次探讨从跨层结构到介词、连词和助词的演变。由跨层结构变为副词的比较多,在实词和虚词的四类跨层组合"实词+实词""实词+虚词""虚词+实词"和"虚词+虚词"中都存在一定数量的案例,并且每一大类下根据演变来源的不同又可细分为各个小类。下面各节分别探讨"实词+实词→副词""实词+虚词→副词""虚词+实词→副词""虚词+虚词→副词"的演变。

3.1 由"实词+实词"的跨层结构词汇化为副词

3.1.1 动词+量词→副词

3.1.1.1 "有点儿"①

"有点儿"是现代汉语中一个"表示程度不高;稍微"义的副词(《现代汉语词典》第7版)。历时上,它是由"动词+量词"的跨层结构词汇化为副词的。"有点"的演变路径大致如下:[有[一点 X]]→[有[(　)点 X]]→[[有点]X]。"有点~"是从"有一点~"省略数词"一"而形成的格式(吴竞存、梁伯枢 1992:356-358)。

动词"有"常和数量短语"一点 NP"构成"有一点 NP"形式。"有+一点 X"在唐宋时出现连用,其中"有"是动词,"点"是量词,和数词组合成"一点"数量短语作定语修饰中心语 X,"有"和"点"不在同一层次。最初 X 是名词性成分,因为"点"本义是小黑点,《说文》:"点,小黑也",所以"有一点 NP"中的 NP 多是颜色

---

① 从历时上看,吕叔湘等(1985:369)指出"点和些不同,从开始就常说一点,光说'点'是省一"。故此我们认为"有点"是"有一点"省缩"一"跨层词汇化形成的,而"有些"是"有+些"直接跨层形成的。

词,例如:

(1) 至舍,视其所画马本,脚有一点黑缺。(宋《太平广记》引)

(2) 君子譬如纯白底物事,虽有一点黑,是照管不到处。小人譬如纯黑底物事,虽有一点白处,却当不得白也。(宋《朱子语类》卷44)

后来,"有一点NP"的NP除了颜色词有关的名词之外,还扩展为普通名词,例如:

(3) 如一片止水,中间忽有一点动处,此最紧要着工夫处!(宋《朱子语类》卷62)

(4) 此是圣人因赞易而言一阳来复,于此见天地之心尤切,正是大黑暗中有一点明。(宋《朱子语类》卷71)

明代,"有一点NP"的NP扩展为普通名词的用例越来越多,例如:

(5) 你摸他摸,胸前还有一点热气没有?(明《西游记》第41回)

(6) 孽龙大惊,却待寻水而变,遍处无水,惟砚池中有一点余水未倾,遂从里面变化而去,竟不知其踪迹。(明《警世通言》40卷)

有的"有一点NP"中的NP还是抽象名词,例如:

(7) 我虽在欢喜之时,却有一点儿远虑,故此烦恼。(明《西游记》1回)

"点和些不同,从开始就常说一点,光说'点'是省一"(吕叔湘等1985:401),"一"作为数词经常省缩,如"吃(一)点东西""找(一)点资料""花(一)点时间","有一点NP"就省缩为"有点NP",例如:"有一点兴趣"→"有点兴趣"。正因如此,明代出现了"有一点NP"省缩数词"一"后的"有点NP"的结构,例如:

(8) 我还有点小事儿待做哩,改日扰茶罢。(明《醒世姻缘传》第67回)

(9) 果真如此,俺丈人合俺大舅子还有点人气儿;要是瞎话,也只好戴着鬼脸儿走罢了!(明《醒世姻缘传》第73回)

后来"有点NP"宾语由名词性成分扩展为谓词性成分,"有点NP"扩展为"有点VP"。这时候"有+点VP"有可能重新分析为"有点+VP"。历时上,这种变化也肇始于明代,只是明代这种"有点VP"还比较少,例如:

(10) 马元曰:"腹中有点痛疼。"(明《封神演义》第60回)

(11) 碧峰长老看见他说个飞锡乘杯,都是些实事,心上也有点儿生欢生喜,说道:"你也思慕着南国北溟么?"(明《三宝太监西洋记》第6回)

及至清代,"有点VP"使用明显多了起来,例如:

（12）你新奶奶好疼你。我不看你刚才还有点怕惧儿,不敢撒谎,我把你的腿不给你砸折了呢。(清《红楼梦》第 67 回)

（13）老爷此时倒有点儿听进去,不肯走了,点点头。(清《儿女英雄传》第 38 回)

（14）不然我也不知,因为这东西买得便宜,我也有点疑心,特为打听了来。(清《二十年目睹之怪现状》第 41 回)

当"有点 X"中的 X 为 VP 形成"有点 VP"时,"有"原有的动词性能,"点"原有的计量功能基本消失,"有点"正好又处于动词前状语的位置,动词"有"和量词"点"连用的跨层结构句法序列也就词汇化为副词。"有点"因为"有点"的源结构中"点"的本义"小黑点"有小之义,再加上省略的数词"一"表示小量,故此"有点"变为副词后主要表示程度低、稍微。现代汉语中例如:"有点不高兴""有点叫人摸不着头脑"等。

3.1.1.2 "有些"

程度副词"有些"也是"动词＋量词"的跨层结构词汇化形成的。"有些"的演变路径如下:[有[些 X]]→[[有些]X]。

与"有点"不同的是"有些"并没有经过"有一些"省缩数词"一"而形成。"点和些不同,从开始就常说一点,光说'点'是省一"(吕叔湘等 1985:401)。"些"和"点"不同,从开始并不是常说"一些",而是光说"些"及其变体。北大 CCL 古代汉语语料库里,"有些"连用较早见于唐代,而"有一些"连用则见于宋代;"有些"总共出现 8173 次(包括动词和量词的组合、代词、副词"有些"),而"有一些"仅有 254 次。此外,"有些"后来词汇化为表"稍微、略微"义的副词,而"有一些"则还是动词和量词的组合。

"些"是近代借来传写口语里的一个词,有多种书写字形,可能和古代的"少"有些关系。"些"在文献中有多种表达形式,但其主要形式是"些""些些""些子""些儿""些个"等几个(吕叔湘等 1985:366)。

"有＋些 X"及其变体"有＋些些 X""有＋些子 X"大致出现于唐代,其中"有"是动词,"点"是量词作定语修饰中心语 X,"有"和"些"不在同一层次。"有＋些 X"意思就是"有一些 X",表示数量不多。"有＋些 X"中的 X 起初大多是名词性成分,"有＋些 NP"例如:

（1）师示众曰,体得佛向上事,方有些子语话分。(唐《筠州洞山悟本禅师语录》)

（2）纵有些些理,无烦说短长。(唐·王梵志《尊人嗔约束》)

（3）此寺先来贫虚,都无一物。纵有些是菩萨相,身有白银相光,身长七尺,

发如涂漆,唇若点朱。(《敦煌变文集》)

宋代"有些 VP"使用明显多了起来,《朱子语类》中就有数百例。当 VP 是动词或形容词性成分时,原本修饰名词性成分的量词"些"原有的计量功能基本消失,"有+些 VP"就容易重新分析为"有些+VP",动词"有"和量词"些"连用的跨层结构也就词汇化为副词"有些",例如:

(4) 看来"不自私己"与"知同于人",亦有些相似。(宋《朱子语类》卷 29)

(5) "若"字只是外面做得来一似都善,其实中心有些不爱,此便是自欺。(宋《朱子语类》卷 36)

(6) 周宰才质甚敏,只有些粗疏,不肯去细密处求,说此便可见。(宋《朱子语类》卷 117)

同样,词汇化前的"些"可能和古代的"少"有关系,所以"有些"词汇化后成为"稍微、略微"义的表示程度低的程度副词。

明清及至现代,副词"有些"的使用更为普遍了,例如:

(7) 昨日有三四个做公的来邻舍街坊打听得紧,只怕要来村里缉捕恩人。倘或有些疏失,如之奈何?(明《水浒传》第 4 回)

(8) 贾母又与李宫裁并众姊妹说笑了一会,也觉有些困倦起来。(清《红楼梦》第 22 回)

3.1.1.3 "差点儿"

副词"差点儿"是"差一点儿"省缩数词"一"跨层形成的。

约在明末,动词"差"和数量短语"一点儿"词汇化为副词"差一点儿",表示某种事情接近实现或勉强实现。在《醒世姻缘传》中"差一点儿"共 13 例,其中没有出现"差一点儿 NP"的用例,"差一点儿 VP"1 例,"差一点儿没 VP"12 例。"差一点儿"中数量短语"一点"后面是谓词性成分 VP,使得"一点"原本的计数和计量的功能弱化,使得动词"差"和数量短语"一点儿"发生词汇化。例如:

(1) 那砍头的又怪铺腾酒气,差一点儿就鳖杀我了!(明《醒世姻缘传》第 4 回)

(2) 这是镰刀砍的,差一点没丧了命!(明《醒世姻缘传》第 75 回)

"差一点儿"和"差一点儿没"这两种用法一直延续到清代及现代。

"一"作为数词经常省缩,约在清代,"差一点儿"省缩数词"一"形成副词"差点儿"。同时,也有"差点儿 VP"和"差点儿没 VP"两种用法,例如:

(3) 没捉成妖,差点叫妖精把你吃了。(清《济公全传》第 147 回)

(4) 蒋爷一瞧,差点没吓掉了魂儿。(清《小五义》第 9 回)

3.1.2 动词＋代词→副词

程度副词"极其"是"动词＋代词"的跨层结构词汇化形成的。

关于"极其"的词汇化,学界已有一些探讨,如董秀芳(2011[2002]:276)、张谊生(2007)等。"极其"原是"动词＋代词"的"极＋其"结构,"极"是一个动词,义为"穷尽、竭尽","其"从功能上说是一个限定词(包括定指标记和代词所有格两种用法),从词性上来说是代词。"其"修饰后面的 NP,而动词"极"和"其 NP"构成动宾结构,"极"和"其"不在同一句法层次上,例如:

(1) 通其变,遂成天下之文;极其数,遂定天下之象。(《易·系辞上》)

(2) 袭王庭,穷极其地,追奔逐北,封狼居胥山,禅於姑衍,以临翰海,虏名王贵人以百数。(《汉书·匈奴传》)

"极"和"其"的跨层词汇化是在由体词化了的谓词性成分充当"其"的中心语的句法环境中发生的,即"极＋其 NP"扩展为"极＋其 VP"中,构式变化,是诱发词汇化的"临界环境"。例如:

(3) 及明皇幼冲,女主南面,始则于忠专恣,继以元叉权重,居官者肆其聚敛,乘势者极其陵暴,于是四海嚣然,已有群飞之渐。(《北史·尒朱天光传》)

跨层词汇化后,"极其"成为程度副词,结构也变为"极其＋VP",例如:

(4) 卓接视之,见其刀长尺余,七宝嵌饰,极其锋利,果宝刀也。(明《三国演义》第 3 回)

对于副词"极其"形成的时代,之前大致有两种观点(参见张谊生 2007)。一种是太田辰夫(2003[1987]:245)、唐贤清(2004:26)等认为"极其"形成于晚唐,例如:

(5) 使者晏子,极其丑陋,面目青黑。(《敦煌变文集》)

一种是罗竹风主编《汉语大词典》(1986)、杨荣祥(2005:135)等认为副词"极其"形成于宋代,例如:

(6) 人之才力虽极其大,终有限量。(宋·张栻《赠学士安国公敬简堂记》)

(7) 也是被他炼得气清,皮肤之内,肉骨皆已融化为气,其气又极其轻清,所以有"飞升脱化"之说。(宋《朱子语类》卷 63)

唐贤清(2004:26)、杨荣祥(2005:135)都认为"极其"是由动词"极"和代词"其"连用、虚化而成的。张谊生(2007)认为副词"极其"萌芽于南宋,形成于元明,成熟于清朝。到了元末明初,程度副词"极其"已经基本形成,例如:

(8) 玄德与关、张、赵云出马在门旗下,望见张武所骑之马,极其雄骏。(明

《三国演义》第34回）

此外,"极其"在跨层词汇化中,固然和"极其NP"到"极其VP"的扩展有关,但也和常项代词"其"的语义弱化直至消失有关(张谊生 2007)。"极其NP"很早在先秦时就扩展为"极其VP",例如:

(9) 夫千里之远,不足以举其大;千仞之高,不足以极其深。(《庄子·秋水》)

作为指示代词,如果"其"功能不发生变化,本来所指称的对象一直是明确的、单一的,那么"极＋其"就不可能发生词汇化,仍只是跨层连用,尽管和词汇化以后的句法环境都是"极其VP",但没有人会理解成"极其/VP"。只有"其"功能语义发生变化,所指对象逐渐远离、模糊乃至彻底消失,指称虚无化了,那么"极＋其"才可能走上跨层词汇化的已始和完成阶段。也可以说是"其"功能语义的变化诱发了副词"极其"的形成。例如:

(10) 光绪初年予留京过夏,有友人邀饮于肆,同座皆过夏者,藏阄行令,极其欢洽。(清《清代野记·诬妻得财》)

从另一个角度看,在历时发展中,"其"作为代词或定指标记的功能逐渐弱化衰落了,"其"在语义上也变得可有可无,"其"的衰落可能促使它和不在同一句法结构单元内的相邻成分发生跨层词汇化。加之双音化的影响,"其"跨越句法层次并入其前的"极",又因处于动词前状语位置,所以形成双音副词"极其"。

此外,"极其"跨层词汇化前后的语义变化也是和"极其VP"的构式义或框架义分不开的(彭睿 2011),从跨层结构的"极＋其""竭尽(某人/物的……)"的组块义,到"[极＋其]""把人/物的某特征扩大到极点"的框架义,再到"极其"的"非常、十分"程度副词义是一脉相承的。

3.1.3　代词＋代词→副词

现代汉语的副词"何其"原本是"疑问代词＋代词"的跨层组合"何＋其"。

《说文》:"何,儋也。"本义为"担负",《说文》徐铉注:"何,儋何,即负何也。借为'谁何'之'何'。"关于疑问词"何"的词性判定。有两种不同的观点:一种是单一词性代词说,如《现代汉语词典》(第7版)认为"何"只有一种词性,那就是疑问代词,认为用在动词前表示反问也是疑问代词的正常功能,如:"何济于事?"张斌主编《现代汉语虚词词典》(2001:234-235)也认为"何"只是疑问代词,表示反诘是疑问代词"何"的功能。另一种观点是代词兼副词说,如《古代汉语虚词词典》(1999:377)认为"何"可用作代词、副词,其中用在动词前表示反问的"何"是副词。我们采取代词说,认为用在动词前表示反问的"何"也是疑问代词①。

《说文》:"箕,所以簸者也。……其,籀文箕。"虚词"其"与本义无关,是假借字。古汉语中"其"经常用作代词,经常做定语,表示领属关系,通常表示第三人称,故有称之为人称代词(解惠全 1997),也有称之为领属代词,或领格代词(魏培泉 2003),定指标记,限定词(包括定指标记和代词所有格两种用法)(董秀芳 2011:216),还有认为是指示代词。我们认为"其"从功能上说是定指标记、限定词,从词性上来说是代词(刘红妮 2019b:126)。"何"是代词,表示疑问"为什么"。

"何+其"的连用先秦已有,例如:

(1) 夫子圣者与?何其多能也!(《论语·子罕》)

这里的"其"复指前文的"夫子",作用相当于"名词+之"。试与下例比较:

(2) 孔子游于匡……子路入见,曰:"何夫子之娱也!"(《庄子·秋水》)

在历时发展中,"其"作为代词或定指标记的功能逐渐弱化衰落了,"其"在语义上也变得可有可无,"其"的衰落促使它和不在同一句法结构单元内的相邻成分发生跨层词汇化。在双音化的影响下,弱化的"其"跨越句法层次并入其前的"何","何"原有的疑问功能基本消失,两个原本独立的词成为一个新的副词"何其",不再用于疑问,而是用感叹的形式表示程度深,表"多么,何等"之义,例如:

(3) 二三子何其戚也!(《左传·僖公十五年》)

(4) 悲夫!士何其易得而难用也!(《战国策·齐策》)

(5) 功成失所往,用舍何其贤!(唐·杜甫《义鹘行》)

(6) 一朝登临重太息,四时想象何其雄!(宋·郭祥正《金山行》)

3.1.4　代词+动词→副词

3.1.4.1　"何必"

董秀芳(2011[2002]:272-274)对"何必"的跨层词汇化作了探讨,本节主要在此基础上进行讨论。副词"何必"原本是"疑问代词+动词"的跨层结构,"何"

---

① 与"何"词性判定情况相同的还有一个"哪(那)",也有单一代词说和代词兼副词说,如《现代汉语词典》(第7版)认为"哪"是疑问代词一种词性,可表疑问虚指、任指或反问,表示反问也是疑问代词的功能。如"没有革命前辈的留学牺牲,哪有今天的幸福生活?"而《现代汉语八百词》(1999)则认为"哪"有代词和副词两种词性,认为"哪"作代词时有疑问或虚指、任指的功能;而用于反问,表示否定,用在动词前的"哪"是副词,等于"哪儿",如:"我不信,哪有这样的事?",我们同样采取代词说。

是疑问代词,义为"为什么";"必"是动词,义为"一定",与其宾语组成一对直接成分,最初宾语一般多是名词性成分 NP,形成"何＋必 NP","何"修饰"必 NP","何"与"必"不在同一个句法层次上。在"何＋必 NP"中"必"是句子的主要谓语动词,不能省掉,和名词性宾语 NP 联系紧密,在这样的构式中"何必"不易发生重新分析。例如:

(1) 年钧择贤,义钧则卜,古之道也。非适嗣,何必娣之子?(《左传·襄公三十一年》)

(2) 天下多美妇人,何必是?(《左传·成公二年》)

(3) 曾子问曰:"小功可以与于祭乎?"孔子曰:"何必小功耳!自斩衰以下与祭,礼也。"(《礼记·曾子问》)

后来动词"必"的宾语还扩展为动词性成分,形成"何＋必 VP",例如:

(4) 子路问孔子曰:"猪肩羊脾可以得兆,藋苇藁芼可以得数,何必以蓍龟?"(汉·王充《论衡·卜筮》)

(5) 都邑可优游,何必栖山原?(三国魏·嵇喜《答嵇康》)

当"何必"是跨层结构时,"何"表疑问的作用显著,"必"的"一定"义很明显。如"何必栖山原"是"为什么一定要是栖山原呢?"的意思。

当"何必"处于"何＋必 VP"结构中,"必"是动词,VP 也是动词性成分,二者形成动式,并且 VP 语义比"必"更为具体实在,所以"何＋必 VP"容易重新分析为"何必＋VP"。又因为正好出于谓语动词前的状语位置,所以"何必"发生了词汇化,变为一个"否定性疑问副词",用反问的语气来表示不必 VP,是一种委婉的规劝。例如:

(6) 昔人有容身避害,何必以言取怨?(《后汉书·乐恢传》)

(7) 若既知悔,后次改便了,何必常常悢地悔!(宋《朱子语类》卷 116)

3.1.4.2 "何须"

副词"何须"的形成与"何必"类似,是"疑问代词'何'＋动词'须'"的非句法结构跨层词汇化形成的(刘红妮 2009a)。

表示反问的疑问代词"何"在先秦已有用例,后一直沿用于文言中,例如:

(1) 以位,则子君也,我臣也,何敢与君友也?(《左传·襄公二十二年》)

"须"《说文》:"须,面毛也。"这个本义后来写作"鬚"。"须"后引申假借为"需要""必须"等义。与"何须"有关的"须"是表示"须要;需要"的动词"须"。

"须"当动词"须要;需要"讲时,是及物动词,后面有时跟名词性宾语,如:

(2) 化民须礼义,礼义须文章。(汉·王充《论衡·效力》)

后面也可以跟动词性宾语,如:

(3) 奉世上言"愿得其众,不须烦大将。"(《汉书·冯奉世传》)

"何须"最初连用是"何+须"的跨层结构,其中"何"是句子层面的疑问代词,修饰动词"须"及其宾语,表示反问。"须"是及物动词,表示"须要、需要"。最初连用在汉代。因为"须"是及物动词,所以"须"后有时跟名词性宾语,形成"何+须 NP"结构:

(4) 上曰:"此小事,何须关大将军。"(《汉书·元后传》)

(5) 从手风来,自足以寒厨中之物,何须蓳脯?(汉·王充《论衡·是应》)

"须"后也更多的是谓词性宾语,构成"何+须 VP","何"和"须"不在同一个句法层次上。例如:

(6) 于名多矣,何须问于子贡?(汉·王充《论衡·问孔》)

(7) 乐能乱阴阳,则亦能调阴阳也,王者何须修身正行,扩施善政?(汉·王充《论衡·感虚》)

从语义上来看,当"何须"是跨层结构时,"何须……"与"何必……"一样是诘问为什么在两种或两种以上的可选方案中,一定要选择某一种而不选择其他的(董秀芳 2011[2002]:273)。如例(9)"于名多矣",为什么要选择问子贡而不选择其他名士。

六朝时"何+须"大都是"何+须 VP",如:

(8) 汝等何须学此书为,汝等但应发阿耨多罗三藐三菩提心。(北魏《银色女经》1 卷)

(9) 人久以此许君,何须复尔?(南朝宋·刘义庆《世说新语·自新》)

因为形容词也可作谓语,所以还出现了"何+须 AP",如:

(10) 利剑不在掌,结友何须多?(三国魏·曹植《野田黄雀行》)

及至唐代,"何须"的使用频率大大增加,使用范围也明显扩大,在一些典型文献中都有用例。"何+须 VP"重新分析为"何须+VP","何+须"也凝固成词副词"何须",用反问的语气表示不须要。

"何须"在唐代一些文献中也有比较多的使用。《敦煌变文集》11 例,《祖堂集》5 例,《游仙窟》7 例,《全唐诗》157 例,王梵志诗 15 例,《大唐新语》7 例。例如:

(11) 贵贱都来同幻化,何须多要积珠金。(《敦煌变文集》)

(12) 既无人缚汝,即是解脱,何须更求解脱?(五代《祖堂集》卷2)

(13) 何须人哭我,终是一聚尘。(唐·王梵志《世间何物亲》)

"何须"的词汇化和"何须VP"中的变项VP的语义有关。当"何须"从一个跨层结构变为词后，与"何必"类似，"是以反问的方式表示不赞同某人的某种做法，这一做法可能并不是几种可选方案中的一种"（董秀芳2011［2002］:274）。如上面几例中，"何须＋VP"的VP从语义上看在说话人看来是不必要的。如例（15）在一般人看来在说话人看来是积极性的或中性的，但在说话人看来是消极性的或不必要的，因为"贵贱都来同幻化"，"多要积珠金"就是不必要的，也不存在与之相对而言的其他可选方案。"何须人器我"，也是同样，在说话人看来也是不必要的，因为"终是一聚尘"。"何须"表达的不是"为什么一定须要VP"，而主要是表示不赞同VP。

有的"何须VP"中VP的语义是消极性，例如：

（14）任他官府处理，死雀就上更弹，何须逐后骂詈。（《敦煌变文集》）

（15）五嫂向来戏语，少府何须漫怕！（唐·张鷟《游仙窟》）

（16）进退不由我，何须满忧惧。（唐·王梵志《差着即须行》）

（17）耶娘无偏颇，何须怨父母。（唐·王梵志《一种同翁儿》）

在上述几例中，"逐后骂詈""漫怕""满忧惧""怨父母"从语义上是消极性的，不是几种可选方案中的一种，"何须"也是在用反问的方式否定其后成分所表示的行为。同"何必"一样，"何须"表达的也是一种委婉的规劝。

自此之后，"何须VP"中的VP都是这两种情况：一种是VP字面意思就是消极性的，一种是VP字面意思是积极性或中性的，但在说话人看来仍是消极性的，或不必要的，"何须VP"都是说话人不赞同VP所代表的行为状态，委婉否定规劝对方。

另一方面，"何须"的词汇化还和常项动词"须"的非范畴化、语义弱化有关。"何须"的成词是建立在"何须VP"的基础上的。动词"须"后的宾语，随着语言的发展越来越倾向于带谓词性宾语，"何＋须＋VP"成为"何＋须"连用的最典型的句法环境。这样一来，形成连动式："何＋须（VP₁）＋VP（VP₂）"，这种结构不可能长期共存，势必要发生演变。动词"须"语义相对比较抽象，而"须"后的谓词性宾语往往是比较复杂的结构和表义独立的成分，这也进一步加剧了"须"和VP的分离。两个动词性成分连用，VP居后，正是句子的语义重心所在，相比来说，"须"的动词义就减弱了，也就发生了非范畴化，后面的VP不再是它的主要支配成分，而可能从宾语上升为句子的主要成分。而动词前正好是状语的位置，所以"须"就有可能要发生演变，前附于"何"，形成"何须＋VP"。

另外，"何须"的成词，也和常项之一疑问词"何"的功能弱化有关。"何"本身是一个文言、书面的疑问代词,既可表疑问、虚指、任指或反问,繁多的功能使单独的一个"何"在使用中有时就可能发生混淆,产生歧义。正因为"何"表义不太明确,后来就被其他形式所取代了。"何"作为虚词的用法逐渐衰落。因此,功能弱化的"何"与相邻的语义弱化的动词"须"的跨层组合就容易发生词汇化凝固成词。因为"何"本表示反问,成词后的"何须"依然表示反问,因为语用推理的作用,"何须"表示委婉否定的"不须"。

最后,还和文白演变和双音化有关。"何"本身是一个文言词,随着汉语文言被白话逐渐取代历程的推进,"何"也变得不再能单说单用,"须"也是一样,都只能作为构词语素存在,加之,"须"的非范畴化,这样,两个不能单说单用的成分,就很容易黏合在一起形成新词。"何"是一个单音的表疑问词,"须"是一个单音的动词,受汉语双音化的影响,"何"和"须"就演变为一个双音词了。

宋元明清的用例,例如:

(18) 他高者自高,低者自低,何须去比并。(宋《朱子语类》卷33)

(19) 据着他心平心善心宽泰,何须你烧香火醮钱财!(元《元刊杂剧三十种·小张屠焚儿救母杂剧》)

(20) 又不是你不老成花费了,何须如此烦恼?(明《初刻拍案惊奇》卷8)

(21) 好一似无瑕白玉遭泥陷,又何须王孙公子叹无缘?(清《红楼梦》第5回)

3.1.5 有词汇化倾向的一些现象

3.1.5.1 动词+代词→副词

由"动词+代词"的跨层结构词汇化为副词的主要是"有所",它原本是"有+所VP"的结构,后来重新分析为"有所+VP"[①]。

尽管"有所"迄今还没有被《现代汉语词典》(第7版)收录,但现代汉语中"有所VP"语音停顿由"有"后移至"所"后,"有所"构成一个音段;"有所"有固定的意义,指"有一定程度的",可以作为跨层组合的合成词处理(吴竞存等1992:355),

---

① 关于动词前"所"的词性,学界有不同的看法,主要有代词和助词两大观点。代词方面,如:辅助性代词(如郭锡良1999:330),指代词(如吴竞存等1992:354),无核关系代词(刘丹青2011);助词(如有的语法著作及《现代汉语词典》第7版等)。在"有所"相关的成果中(如吴竞存等1992:354,王灿龙2014,张谊生2014,刘红妮2019b:121-126),对"有+所VP"中的"有+所",也就对"动词+代词"和"动词+助词"两种观点。我们认为"所"字所代的是某种动作对象,位于动词性成分前,与其组成"所"字结构,使整个结构具有名词性,具有体词化功能;"有+所"是"动词+代词"的跨层结构。

因此,我们认为其已成词,具有强烈的词汇化为类似程度副词的倾向①。关于"有所"的形成和演变学界有一些详略不一的探讨(如吴竞存等 1992:354-356,王灿龙 2014,张谊生 2014,刘红妮 2019b:121-126 等)。

"有所"最初是"动词'有'+代词'所'"的跨层组合,关系代词"所"后是动词性成分 VP,形成"有所 VP"结构,层次为:有/所 VP,意思是"有 VP 的东西、事情、人……",其中"所 VP"充当动词"有"的宾语,"有"和"所"不在同一层次内,语音停顿在"有"和所之间。例如:

(1) 故人不独亲其亲,不独子其子,使老有所终,壮有所用,幼有所长,矜、寡、孤、独、废疾者皆有所养,男有分,女有归。(《礼记·坊记》)

(2) 物类之起,必有所始。(《荀子·劝学》)

上例中代词"所"使动词性成分体词化的功能非常明显,语音停顿都在"有"之后,层次为"有+所终""有+所用""有+所长""有+所养""有+所始"。

先秦时"有所 VP"结构中的动词大多是单音动词,只有极少数的 VP 是双音性动词或动词性短语。例如:

(3) 是以老而无妻子者,有所侍养,以终其寿;幼弱孤童之无父母者,有所放依,以长其身。(《墨子·兼爱下》)

"所"作为上古能产的代词在中古东汉以后就逐渐衰亡(魏培泉 2003),其指代功能也变得弱化,再加上汉语双音化的进程使得 VP 是双音性成分逐渐增多,"有/所 VP"就易于被重新分析为"有所/VP",至少从宋代起,"有所"的性质就逐渐发生变化,由两个单音的跨层结构逐渐向一个独立的双音词语演变发展。例如:

(4) 且如人学作文,须是与胜己者商量,然后有所发明。(宋《朱子语类》卷 21)

(5) 心有所主宰,则气之所向者无前,所谓气盖世之类是也。(宋《朱子语类》卷 52)

这里"所"作为关系代词的用法已经消失,"所"的指代语义弱化,"所 VP"不能单说单用,语音停顿在"有所"之后,"有所"已经有比较凝固的新的语义"有一定程度的"。现代汉语中"有所"类似于"有些""有点"这样的程度副词,例如:

(6) 爷爷有所觉察,好好地开导了一次爸爸,说明下放权力是大趋势。(王蒙《坚硬的稀粥》)

---

① 关于"有所"的词性,《现代汉语规范词典》(2014)收录了"有所",认为是动词;吴竞存等(1992)对其词性没有定性,但指出它有固定的意思"有一定程度的";王灿龙(2014)相当于一个对肯定进行弱化处理的修饰性成分,是准程度修饰语;张谊生(2014)认为"有所"正由黏宾动词向摹状化、副词化转化。我们认为"有所"是副词,类似于程度副词。

"所"关系代词功能的消失还体现在"有所 AP"的增长以及"有所 NP"的出现。"有所 AP"自先秦时就有出现,"有所短、有所矜"等,后来又出现双音形容词,如"臣子之心有所不安。(唐《通典》)",但数量较少,现代汉语中"有所 AP"有所增长。例如:

(7) 心情也有所开朗,有了闲情逸致,左右张望看看刚才都是谁跟自己胳膊打架。(王朔《看上去很美》)

晚清及现代汉语还出现了"有所 NP"。例如:

(8) 我的别号,已是过于奇怪,不过有所感触,借此自表;不料还有人用这个名字,我与他可谓不谋而合了。(清《二十年目睹之怪现状》第 1 回)

"有所 AP""有所 NP"都是"有所 VP"的扩展,"有所"仍是程度副词。

3.1.5.2 动词+动词→副词

在"实词+实词"跨层词汇化为动词的演变中,还有一种"动词+动词→副词"的词汇化倾向。"说是"和"想是"就是由此形成的。

"说是"是由言说动词"说"和判断动词"是"跨层词汇化形成的一个表达言者态度的复合副词,尽管词典目前还未收录,但具有一定的词汇化倾向。董秀芳(2004)在"是"参与组成的双音词中提到了"说是"("这些天都没见张三,说是他被公安局抓起来了"),将其归为副词。对"说是"的成词及相关话语功能不少学者都做过探讨(陈颖、陈一 2010,樊中元 2016,方梅 2018b 等)。副词"说是"原本是"X 说+是 Y",原本不在同一句法层次的"说 lv"和"是"长期连用,逐渐凝固,有了新的语义,具有一定的话语功能。

在汉语史上还有一个"想是",和"说是"的演变类似,只不过作为一个主观性标记词,"想是"在近代汉语中一度比较活跃,现代汉语中已濒于消亡(王灿龙 2009)。原本的"想"和"是"也是两个独立的动词,后来跨层凝固为一个双音成分,可以看作是一个"情态副词",表示言者的推测,与不带"是"的成分相比,"动词+是"的语力有所减弱(方梅 2018b),例如:

(1) 我也不吃潮烟,我就不会吃烟,我也没叫你装烟,想是你听错了。(清《儿女英雄传》第 4 回)

3.2 由"实词+虚词"的跨层结构词汇化为副词

3.2.1 名词+副词→副词

副词"势必"是"名词+副词"的跨层结构词汇化形成的(刘红妮 2009a)。

"势必"最初连用当在先秦,是"名+副"的连用,表示"(其)形势、趋势一定……"之义,形成"VP$_1$,其势//必VP$_2$"结构,例如:

(1) 今赵欲聚兵士,卒以秦为事,使人来借道,言欲伐秦,其势必先韩而后秦。(《韩非子·存韩》)

"势"字在《说文》新附字,在此是名词,表示"情势、形势、趋势"之义。"其势"中复指代词"其"复指其前整个小句,修饰"形势"之义的"势",构成定中式名词性成分,作主语。《说文·八部》:"必,分极也。"段玉裁注:"凡高处谓之极。立表为分判之准,故云分极。引申为词之必也。""在西周,'必'除用作动词外,《诗经》已见副词用例,春秋战国成为常用词。"(《古代汉语虚词词典》1999)。例(1)中"必"是副词,作状语,修饰其后的谓词性成分"先韩而后秦","必"用于谓语前表示对客观事实趋势的判断,表"必定、一定"。"势"与"必"不构成直接句法关系。

到了汉代,"势必"的出现明显增多,《史记》中有8例,7例是在"VP$_1$,其势//必VP$_2$"这种句法结构中,"其"仍复指其前小句,例如:

(2) 信闻天子以好出游,其势必无事而郊迎谒。(《史记·陈丞相世家》)

(3) 尚为人仁,呼必来。员为人刚戾忍诟,能成大事,彼见来之并禽,其势必不来。(《史记·伍子胥列传》)

(4) 今君乃亡赵走燕,燕畏赵,其势必不敢留君,而束君归赵矣。(《史记·廉颇蔺相如列传》)

有1例因为前后小句主语变化,不是同一主语,"势"前是名词性成分,"VP$_1$,NP势//必VP$_2$",例如:

(5) 王恢等兵三万,闻单于不与汉合,度往击辎重,必与单于精兵战,汉兵势必败,则以便宜罢兵,皆无功。(《史记·韩长孺列传》)

上述的"势必"仍只是"名词+副词"的跨层组合。

另一方面,出现了一个新的变化:"VP$_1$,其势必VP$_2$"结构中复指代词"其"脱落的现象。《战国策》中共有"势必"4例,其中2例"VP$_1$,其势必VP$_2$",例如:

(6) 夫欲玺者制地,而欲地者制玺,其势必无魏矣。(《战国策·魏策》)

(7) 以有尽之地,给无已之求,其势必无赵矣。(《战国策·赵策》)

2例"VP$_1$,势必VP$_2$",例如:

(8) 齐战胜楚,势必危宋;不胜,是以弱宋干强楚也。(《战国策·楚策》)

(9) 今韩之父兄得众者毋相,韩不能独立,势必不善楚。(《战国策·韩策》)

其他文献中"VP$_1$,势必VP$_2$"的用例,例如:

(10) 贼攻城不得,势必不能聚,所过乏食,以此招之则降,击之则灭。(汉·

荀悦《汉纪·平帝纪》)

(11) 其水门但用木与土耳,今据坚地作石堤,势必完安。(《汉书·沟洫志》)

"势必"正是在"VP$_1$,势必VP$_2$"句法环境构式中词汇化的。上述例句都可以看作是过渡中的例子。"势必"在形式与语义上似都可作两解,既可理解为"形势、趋势一定……",是对客观事实的陈述,"势"和"必"还是两个分立的成分,也可理解为说话人根据形势做出的主观推测,"势必"可理解为副词,"根据形势推测必然会怎样",具有一定的主观性。词汇化前主要侧重客观事实,词汇化后主要侧重主观推测。

"其"在形式上的脱落是"势必"成词的关键一步。因为"其"复指的是其前整个小句所表示的情况,而复指的内容又在前面出现过,它本身的复指属性决定了它的可有可无。语义上的弱化体现在语表上就是省略和脱落,使它不再是必有成分。因此,一旦"其"在形式上脱落,成为零形式,"VP$_1$,其势/必VP$_2$"变成"VP$_1$i,∅i势/必VP$_2$"时,"势"和"必"就开始走上跨层词汇化融合成词的道路。

"势必"的词汇化还与"势"的语义和所在句法位置有关。"势"本身的意思是表示"情势、形势、趋势",当语义比较虚的复指代词"其"未脱落时,"其势"在一起,"势"作为名词性中心语,语义相对还比较实在。而当"其"脱落后,在"VP$_1$,势必VP$_2$"中,VP$_1$小句本身就是某种"情势、形势、趋势"的具体表述,而后小句的"势"的语义也是"情势、形势、趋势",两者语义的重复、相合,VP$_1$语义较实,"势"表示泛指,语义较虚,在语义上变得可有可无。加上韵律的因素,单音的"势"逐渐与其后单音的"必"黏合在一起,它们又位于谓词性成分VP$_2$前面,这种句法位置恰好是状语的位置,"势必"就跨层词汇化为副词。即:"VP$_1$,其势//必VP$_2$"→"VP$_1$,势//必VP$_2$"→"VP$_1$,势必//VP$_2$"。词汇化后"势""必"的意义仍十分完整,感觉"'势必'入句后'必'的作用相对大一些"(解惠全,1997),则主要是由于"其"脱落后"势"在语义上类似于复指其前小句。

至中古魏晋时期,《三国志》中有8例"势必",4例"势必"独用,例如:

(12) 蜀虽狭弱,而备之谋欲以威武自强,势必用众以示其有余。(《三国志·魏志·刘晔传》)

(13) 夫废立大事,非常人所及。绍不达大体,恐惧故出奔,非有他志也。今购之急,势必为变。(《三国志·魏志·袁绍传》)

近代汉语时期副词的用例,"势必"大多也是用在"VP$_1$,势必VP$_2$"结构中,"势必"在后一小句句首,后面的VP$_2$多为谓词性成分,例如:

(14) 今却闲时不曾理会,一旦荒迷之际,欲旋讲究,势必难行。(宋《朱子语

类》卷84)

(15) 眼前境界不好,必是夏主簿要我做对证,势必要死。(明《二刻拍案惊奇卷》卷16)

(16) 倘或一日他知道了,岂有干休之理,势必有一场大闹,不知谁生谁死。(清《红楼梦》第65回)

还出现了有的"VP$_1$,势必VP$_2$"中,VP$_2$为主谓俱全的完整小句形式,例如:

(17) 你去了有我在,朋友们尚不介意;我去了留下你,势必有人在遍天下寻我。(清《绿野仙踪》第9回)

此外,也有少量的副词"势必"用在句子中主语后的,例如:

(18) 若我一旦东征,刘备势必求救于绍。(明《三国演义》第24回)

最后,关于"势必"与"是必"等的关系,我们赞成香坂顺一(1992:109-110)的观点,"事必"与"是必"及"试必"是同一来源,"势必"不是。"是""事"都属于止摄,据《中原音韵》都属于齐微韵,而"势"字属于蟹摄,属于支思韵,两者不能通用。

3.2.2 动词+副词→副词

汉语的副词"想必"是"动词+副词"跨层词汇化形成的,还有一个"谅必"也有词汇化的倾向(刘红妮2009a)。

3.2.2.1 "想必"

"想"在《说文·心部》解释为"冀思也,从心,相声。"段玉裁注:"凯思也。凯各本作冀,今正。凯思者,凯望之思也。""想"原本是动词,是"开动脑筋;思索"的意思,很容易引申为表示估计的"推测、认为"之义。这也是语言的一个共性现象。比如英语中的think,既可表示"思索"之义,也可引申表"认为"之义(刘月华1986,方梅2005等)。

"想必"最初连用约在汉魏六朝,形成"想+必VP",其中"想"是动词,"必"是副词,直接修饰其后的VP,"想"修饰整个"必VP"。"想"和"必"不在同一句法层次,例如:

(1) 正礼元子,致有志操,想必有以殊异。(《三国志·吴志·刘繇传》)

(2) 我自知怨负万民,忧不能食,须待孛到。孛素慈仁,忧念十方,知我国荒,想必来也。(三国《佛说孛经钞》)

(3) 更有千人,亦欲设供,足能办不,其藏监言。所典谷食,想必足矣。若欲设供,宜可时请。(北魏《贤愚经》卷5)

上述例中的"想必"中的"想"和"必"都还有各自独立的意思,表示"想来一定",句法结构应是[想[必 VP]]。"想"是动词,"必"是副词,作状语,"必 VP"构成谓词宾语一起作"想"的宾语。而如果凝固成词,"想必"则表示"偏于肯定的判断",偏于肯定只是表示有很大程度的可能性,这种可能性一定小于 100%,而未成词的"想必"则表"想来一定",完全表示肯定的判断,这种可能等于 100%。"词汇化指的是在特定的语言背景下,语言使用者用一种句法结构或构词作为一种新的实义形式,并且其形式和语义特征不能完全从结构的组成或构词类型派生、推导出来;经过一定时间的演变,已经词汇化的项目还可能进一步丧失内部的组构性,进一步词汇化。"(Brinton & Traugott 2005:95,144)。判断一个词语是否发生词汇化凝固成词,最重要的一点就是其形式和语义特征不能完全从结构的组成或构词类型派生、推导出来,也即不是语素——的简单相加,而是较高的融合性,整体之和大于部分。而上述用例显然没有达到这一点,故还未成词。例如(1)表示"正礼元子想来必定、一定与众不同",强调的是"必"的强判断"必定、一定",而不是"正礼元子想来很可能与众不同"。再如例(2)从上下文语境可知"孛向来仁慈",所以是"如果知道我国家荒乱,想来他一定会来。"而不是表示"孛很可能来"。"必定、一定"不等同于"很大可能"。

"想必"在唐代用例不多,大约至宋代,"想必"才渐趋凝固成词,表示"偏于肯定的推测","想必"后还可以加"是"。例如:

(4)河间献王得古礼五十六篇,想必有可观。但当时君臣间有所不晓,遂至无传。(宋《朱子语类》卷 85)

(5)仲舒如何说得到这里!想必是古来流传得此个文字如此。(宋《朱子语类》卷 87)

(6)后人只是想象说,正如矮人看戏一般,见前面人笑,他也笑。他虽眼不曾见,想必是好笑,便随他笑。(宋《朱子语类》卷 27)

从上下文可以看出例(4)、例(5)是朱熹推测宋代以前的情况,当时的情况他也不知道,用"想必"表示很可能,而不是一定。例(6)是说矮人看不见到底是否可笑,只是凭笑声推测、认为很可能可笑。"想必"已成词。

元代,"想必"更是成词无疑。例如:

(7)太子呵!想必那春申君抬举你。(元《元刊杂剧三十种·晋文公火烧介子推》)

之后,副词"想必"一直沿用,例如:

(8)想必无爷娘收管的外甥,原该住在娘舅家里,不出门的。(清《何典》第 5 回)

(9) 取款须至会计科,先前设在楼上,现想必照旧。(鲁迅《书信集·致曹靖华》)

那么,本来是表示"想来一定"的非句法结构的"想必"为什么会发生词汇化、凝固为断言性较弱的"偏于肯定的推测"的副词"想必"? 这主要是和动词"想"的非范畴化(decategorization)有关(关于非范畴化参见 Hopper & Thompson 1984,刘正光 2006:64)。非范畴化后的"想"有两种句法表现,一是独用,如"这早晚想是去了";再一种就是作为语素与其他语素构成合成词,如"想必"(香坂顺一 1992:125-126,方梅 2005)。"想"类实义动词的语义在很多语言中都容易由"思索、思考"义向表估计的"推测、认为"义引申,语义抽象和泛化就容易发生非范畴化,从而向表示猜测、不确定方向虚化。"想"和"必"在线性序列的高频连用,加之,范畴特征消失为"想"与其后的"必"结合构成新的副词打开方便之门,"想"和"必"因而凝固成词,"想"的动词范畴的一些句法/语义特征消失,失去了典型动词的动态特征,而只表示说话人的推测。

"想"作为语素形成"想必"后,"想"的推测义对表强断定的"必"也产生影响,弱化、消减了其确信语气,整个词语只表示一种"偏于肯定的判断"而非"肯定的判断"。

3.2.2.2 有词汇化倾向的"谅必"

"谅必"在《现代汉语词典》(第 7 版)中未被收录,但从现当代的用例看,其用法近似副词"想必",有一定的词汇化的倾向。例如:

(1) 她一个人谅必不会多耽搁,或许转一转就回家了。(杨绛《洗澡》)

"谅"的本义是"诚信;诚实",原本是形容词。《说文·言部》:"谅,信也。从言,京声。"段注:"方言。众信者曰谅。"后引申为动词,表"相信",再引申为表示猜测、估计的"料想"义,发生去范畴化,失去典型动词的部分特征,向表示猜测、不确定方向虚化。"谅"的这种用法最初独用约在东汉就已完成,例如:

(2) 诗之兴也,谅不于上皇之世。(汉·郑玄《诗谱序》)

"谅"虚化以后,我们可以发现,它的此种用法和表示推测的"想"的虚用法叠合。宋代出现了"谅必"连用的例子,是"料想一定"的意思,例如:

(3) 去岁因使者北还,尝得上状,谅必已呈高明,即辰伏惟台候嘉胜。(宋·契嵩《与瀛州李给事》)

明代"谅必"的用例就渐渐多起来了,"谅必"也跨层词汇化为一个副词,表示"偏于肯定的判断",例如:

(4) 方才令尊老先生亲在门外相迎,与我对坐了,讲这半日说话,你们谅必

都听见的。(明《喻世明言》卷10)

清代的用例,例如:

(5) 朝西二人都是公子模样,谅必是李氏兄弟。(清《七剑十三侠》第7回)

"谅必"成词后的语义、用法和"想必"非常一致,几乎都能互换。同样"谅"的表猜测的语素义也弱化、消减了原表确信的"必"的断然性,"谅必"也表"偏于肯定的判断"。

3.2.3 动词+介词→副词

3.2.3.1 "终于"

"终于"是现代汉语里一个常用的时间副词。关于"终于"的词汇化,董秀芳(2011[2002]:276-277)、刘红妮(2009a、2010)进行过一定探讨。

"终于"最初连用是"动+介"的跨层结构。"终"是动词,义为"终结",作全句的主要谓词。《说文》:"终,絿丝也。从糸,冬声。"《广韵》:"'终,极也,穷也,竟也。'其义皆当作'冬'。冬者,四时尽也,故其引申之义如此。""于"是介词,关于其起源和发展,学界有不同的看法,我们依据郭锡良(1997),认为介词"于"来源于"去到"义的动词"于",先秦时已出现介词"于",在书写上有几种变体。

"终于"最初连用在先秦,是"动+介"的非句法结构。"终于"所在的句法环境为"动+于NP","终"在句子中作主要谓词,表示"终结"之义,"于"和后面的名词性介词宾语组成介宾短语作"终"的补语,"终"和"于"不在同一个句法层次上。例如:

(1) 虽疏食菜羹,未尝不饱,盖不敢不饱也。然终于此而已矣。(《孟子·万章下》)

(2) 今王嗣厥德,罔不在初,立爱惟亲,立敬惟长,始于家邦,终于四海。(《尚书·伊训》)

汉代,介词"于"后面的宾语扩展为谓词性成分VP为动词性成分,形成"终+于VP","终于"就是在这种句法环境中逐渐词汇化成词的。例如:

(3) 且夫孝始于事亲,中于事君,终于立身。(《史记·司马迁传》)

(4) 见疑强大,怀不自安,事穷势迫,卒谋叛逆,终于灭亡。(《汉书·吴芮传》)

(5) 遂莫肯改寤,法则古人,而各行其私意,终于君臣乖离,上下交怨。(《汉书·五行志》)

上述几例似都可作两解:跨层结构的"动+介"的"终于"或副词"终于"。

又例如:

(6) 明帝既不能然,情系私爱,抚养婴孩,传以大器,托付不专,必参枝族,终于曹爽诛夷,齐王替位。(《三国志·魏志·曹奂传》)

宋代,"终于"基本确定成词。"终+于VP"重新分析为"终于+VP","终于"变为时间副词,作句子状语。事情从开始到终结要经过一个相对较长的时间段,所以"终于"语义上从"动+介"的"终结于……"到副词"表示经过种种变化或等待之后出现的情况"是很自然的。例如:

(7) 若差了路头底亦多端:有才出门便错了路底,有行过三两条路了方差底,有略差了便转底,有一向差了煞远,终于不转底。(宋《朱子语类》卷8)

(8) 乡间诸先生所以要教人就事上理会教着实,缘是向时诸公多是清谈,终于败事。(宋《朱子语类》卷123)

(9) 自家立着志向前做将去,鬼神也避道,岂可先自计较!先自怕却!如此终于无成。(宋《朱子语类》卷126)

例(7)、例(8)上下文前有"一向、向时"等时间词,"终于"无疑是表示"经过种种变化或等待之后出现的情况",如例(7)"便转底"与"终于不转底"对应,"终于"不论是从句法还是从语义上来说都已成词。例(9)虽没有明显的时间词,但"终于"表示的都是"经过种种变化或等待之后出现的情况"。

明、清白话小说中"终于"也有使用,例如:

(10) 况且不识这字,终于无用,要他则甚!(明《醒世恒言》卷6)

(11) 我本待不说,然而若是终于不说呢,实在对朋友不起,所以我只得直说了。(清《二十年目睹之怪现状》第70回)

(12) 那要人的女儿本是他的情人,靠着她探得敌军战略上的秘密,报告本国,因此转败为胜。后来终于秘密泄漏(露),男人被敌国斩杀,连情人都受了死刑。(清《孽海花》第28回)

"终于"的词汇化主要是"终于NP"到"终于VP"的扩展引起了介词"于"的介引功能弱化,失去了介词的典型特征,发生去范畴化。另外还与介词"于"的衰落有一定关系。汉代以后介词"于"开始衰亡,逐渐被"在"等多个介词所取代,唐宋以后"于"只是作为古语的残留保存在书面语中(郭锡良1997)。另一方面,"终于VP"中VP的语义比抽象的"终"更具体实在。范畴特征消失为"终"与其后的"于"结合构成新的副词打开方便之门,经过介词并入整合操作(汤廷池1991),"终"和"于"因而凝固成词(刘红妮2010b)。

最后,除了"终于"外,汉语中存在一批"X于"类词,它们几乎都是"动/形+

介"的跨层结构词汇化而来,形成的主要是动词,另外还有副词、介词、连词等。另外,"乎"有时通"于",所以"X乎"类词,如动词"近乎""关乎",副词"几乎"等也是如此形成的(刘红妮 2010b)。

3.2.3.2 "过于"

"过于"是现代汉语的一个副词,例如:

(1)祁老人颇想说出他对北平的信仰,而劝告钱先生不必过于忧虑。(老舍《四世同堂》)

副词"过于"最初是"动词+介词"的连用(刘红妮 2019b:250),"过"是动词"超过"之义,和介词"于"不在一个层次上,介词"于"后宾语是名词性成分NP,"过/于NP"表示"超过NP",例如:

(2)续之年八岁丧母,哀戚过于成人。(《宋书·周续之》)

后来介词"于"的宾语由名词性成分NP扩展为谓词性成分VP,变为:"过/于VP",介词"于"发生非范畴化,原本介引名词的功能弱化,再加上"于"的衰落,"过/于VP"重新分析为"过于/VP","过于"就演变为一个程度副词,例如:

(3)抑又蕃舶之征过于侵刻,遂不复至中华耶?(宋·沈作喆《寓简》卷10)

(4)但半山过于自信,反以忧国忧民爱国之实心,翻成毒民误国之大害。(明·李贽《与焦弱侯书》)

介词"于"后的宾语从NP到VP的扩展,诱发了"过于"的重新分析。因为"过"本是动词"超过"之义,所以"过于"词汇化后主要表示"程度或数量过分;太",词汇化前后的语义一脉相承。

3.2.3.3 "几乎"

"几乎"是汉语里一个常用副词,有两个常用义:"十分接近;差不多","表示某种事情接近发生(多用于说话人不希望的事情);差点儿"(《现代汉语词典》第7版),简单来说可表示"差不多"和"差点儿"两个意义,例如:

(1)我们的太太和先生的蜜月旅行,几乎延长到两年。(冰心《我们太太的客厅》)

(2)妇人几乎哭起来。(柔石《二月》)

例(1)表示"差不多",例(2)表示"差点儿"。

副词"几乎"是"动词+介词"跨层词汇化形成的(董秀芳 2011[2002]:271-272;杨荣祥 2002等),以往研究没有区分"几乎"的两个义项,本节作进一步探讨。

"几"《说文》:"几,微也。"本为形容词,后引申为动词"接近"义。"几+乎"在先秦出现连用,其中"几"是动词,义为"接近","乎"是介词,相当于"于",介词"乎"和它的名词性宾语构成介宾短语一起做动词"几"的补语,形成"几+乎NP"结构,"几"与"乎"不在同一个句法层次上。例如:

(3)《易》不可见,则乾坤或几乎息矣。(《易·系辞上》)

当介词"乎"后的宾语由名词性NP扩展为谓词性VP时,"几/乎VP"形成连动式,同样由于介词"乎"原本介引名词的功能弱化,再加上"乎"的衰落,"几/乎VP"重新分析为"几乎/VP",语义上从"接近于VP"变为"差不多VP"。"几乎"正好出于VP前状语的位置,所以也变为副词,表示"差不多"之义。从"几+乎"的组块义"接近于"到副词"几乎"的"差不多"词语义,二者之间的语义联系是很自然的、紧密的。例如:

(4)至于末年,天下无事,时和年丰,百姓乐业,谷帛殷阜,几乎家给人足矣。(《晋书·食货志》)

这是一个过渡中的例子,其中"几乎家给人足"既可理解为"接近于家给人足",也可理解为"差不多家给人足"(董秀芳2011[2002]:271-272)。

大约在宋代,副词"几乎"已经形成(杨荣祥2002),例如:

(5)某到此,见学者都无南轩乡来所说一字,几乎断绝了!(宋《朱子语类》卷20)

上例中的"几乎"是一个副词,句子的中心动词是"断绝","几乎"在句中是作状语。"几"不再作动词理解,"乎"也不能再作介词理解。

来自"接近于"义的"差不多"义的副词"几乎"的语义主要表述的是客观事实差不多VP,是已然事件。比如"几乎断绝"表示差不多断绝,前面有客观情况背景"学者都无南轩乡来所说一字",是此种情况差不多断绝的客观事实。

明代"几乎"语义上又从"差不多"引申发展为"差点儿",从客观发展到主观。"几乎VP"中的VP主要是说话人的一种主观表达,多是未然事件。某种事情VP接近发生,并且这种事情是说话人主观上不希望发生的,"几乎VP"语义上从"差不多VP"变为"差点儿VP"。有的还带有夸张的意味。例如:

(6)这里素梅在房中心头丕丕的跳,几乎把个胆吓破了。(明《二刻拍案惊奇》卷9)

例(6)中"把个胆吓破了"是素梅不希望发生的,带上了近乎夸张的意味。

主观化是"几乎"从"差不多"到"差点儿"语义变化的主要原因。

3.2.3.4 "似乎"

副词"似乎"也是"动词+介词"跨层词汇化形成的。"似"原本是动词,表示

"像、如同"义,"乎"是介词,和后面的宾语一起构成介宾短语作"似"的补语,句法层次为:"[似[乎 NP]]","似"和"乎"不在同一句法层次,意思是"如同于……"。例如:

(1) 子曰:"射有似乎君子。失诸正鹄,反求诸其身。"(《礼记·中庸》)

(2) 落落之玉,或乱乎石;碌碌之石,时似乎玉。(南朝梁·刘勰《文心雕龙·总术》)

介词本来就介引名词性宾语,在"似+乎 NP"中,"乎"的介词功能很强,并不会和"似"发生词汇化。后来,介词"乎"后的宾语扩展为谓词性 VP:"似+乎 VP",这时介词"乎"的介引功能发生弱化,再加上"乎"的衰落,VP 的独立性以及双音化的影响,"似+乎 VP"就有重新分析为"似乎+VP"的可能。下面就是一个过渡中的例子,其中"似乎和风吹林,偃草扇树。"既可理解为"如同于和风吹林,偃草扇树",也可理解为"仿佛、好像和风吹林,偃草扇树",例如:

(3) 玄熊对踞于山岳,飞燕相追而差池。举而察之,又似乎和风吹林,偃草扇树。(《晋书·索靖传》)

又因为"似乎 VP"中"似乎"正好处于谓词性成分前状语的位置,所以动词"似"和"乎"就跨层词汇化为一个副词,其语义从"如同于……"变为"仿佛、好像……"之义。宋代"似乎"就变为一个副词,在《朱子语类》中有 34 例,例如(杨荣祥 2002):

(4) 五峰之说虽多,然似乎责效太速,所以传言其急迫。(宋《朱子语类》卷 18)

(5) ……似乎大约是如此,亦不敢为断然之说。(宋《朱子语类》卷 80)

明清时期,副词"似乎"使用得更加普遍,例如:

(6) 一个个伸拳敛袖,各执兵器,似乎要与人打的一般。(明《西游记》第 40 回)

(7) 北面却又隔断一层,一个小门,似乎是个堆零星的地方,屋里也放着脸盆架等物。(清《儿女英雄传》第 5 回)

3.2.4　形容词+介词→副词

3.2.4.1　"难以"①

"难以"是现代汉语中一个比较常见的词语,例如:

---

① 《现代汉语词典》(第 7 版)标注"难以"是动词,《现代汉语八百词》(1999)认为"难以"(难于)是副词。在此我们以《现代汉语八百词》为准。

(1) 爸一直要她自重,可这下,再也难以挽回了。(老舍《鼓书艺人》)

目前学界对"难以"的词性大致有以下几种不同的看法:

一种是以《现代汉语词典》(第7版)为代表,认为"难以"是动词,和"难于"相同。马庆株(1988)在给能愿动词分类时,没有包括"难以",但将"难于"归入能愿动词的一个小类:估价动词。一种是以《现代汉语八百词》(1999)为代表,认为"难以"是副词:"难以,(难于),副词,不容易;不易于。"张谊生(2015a)也认为"难以"是副词,并进一步认为它是否定副词,是委婉式的不完全否定。一种是从历时角度认为"难以"是纯粹的助动词。太田辰夫(1958:191)对"难以"提出一种猜测,认为"'难以',意义大致和'难'相同,但是它是纯粹的助动词。这个'以'是后缀,可能是由'可以''足以'类推而来的。"他举的最早的例子是唐代《祖堂集》的例子,例如:

(2) 师平生苦节高行,难以喻言。(五代《祖堂集》卷14)

我们认为汉语史中的确存在一种平行虚化(洪波2000),但"难以"并不是直接由"可以""足以"类推的,而是有自身的发展演变历程。

"难以"原本是跨层结构,"难"和"以"原本不在同一句法层次,后来才跨层凝固成词(刘红妮2009a,张谊生2015a)。

《说文》:"鸂,鸟也,鸂或从隹。"段注:"鸂,今为難易字,而本义隐矣。難,今鸂字皆作此。"本义为鸟名,假借为难易的"难"。"难"在先秦起就可指"困难,不易",与"易"相对,例如:

(3) 为君难,为臣不易。(《论语·子路》)

"难"最常见的句法位置还有一种,还可以用在动词前,表示某种动作行为不容易实现,形成"难V"的结构形式,例如:

(4) 夫大国难测也,惧有伏焉。(《左传·庄公十年》)

这种动词前面的"难"的词性,《古代汉语虚词词典》(1999)认为是副词;《现代汉语词典》(第7版)将这种"难"标为形容词;《现代汉语八百词》(1999)标明是形容词,但"作用类似助动词"。太田辰夫(1958:191)认为这种"难"是形容词特殊用作助动词,"某些形容词常常作助动词用,但限于表示难易、适当不适当。(这种可以看作形容词的特殊用法,但是,不但有意义变化很大的,而且有不能作形容词用的纯粹的助动词)"。我们认为"难"是形容词,作用类似助动词。

至于"以",它的词义演变比较清楚,《说文》:"以,用也。"《说文》"以"在"已部",是假借字,原本为动词"用"的意思,由此引申为介词(郭锡良1998)。介词

"以"表示"用、凭借、按照"等,例如:

(5) 百工为方以矩,为圆以规,直以绳,正以县。(《墨子·法仪》)

故此,我们认为"难以"的来源是"形容词'难'+介词'以'"的跨层非句法结构,其中"难"是形容词,作用类似助动词,"以"是介词,"难"和"以"不在同一句法层次内。"难+以"的意思是"很难用它……"。

"难以"在先秦即已出现连用,一种是"难+以 O+VP"。介词"以"的宾语出现,例如:

(6) 君有攻伐之器,小国诸侯有守御之备,则难以速得志矣。(《国语·齐语》)

(7) 人不难以死免其君,我戮之,不祥,赦之,以劝事君者。(《左传·成公二年》)

第二种是"难+以+VP",介词"以"省略形成零形回指,例如:

(8) 司武而梏於朝,难以胜矣。(《左传·襄公六年》)

(9) 圣人之道,去智与巧,智巧不去,难以为常。(《韩非子·扬权》)

另有"难以 VP"和"可/易以 VP"等对举,表示相对或相反的语义关系。例如:

(10) 敌之如志,国之忧也,可以陵小,难以征国。(《国语·晋语一》)

(11) 绝迹易,无行地难。为人使易以伪,为天使难以伪。(《庄子·人间世》)

汉魏六朝时期,介词"以"的宾语不出现的"难以 VP"的使用频率占了绝大多数,例如:

(12) 陈平智有余,然难以独任。(《史记·吕太后本纪》)

(13) 段谷、侯和沮伤之气,难以敌堂堂之陈。(《三国志·魏志·钟会传》)

(14) 亡伯雅正,耻处乱朝,遂至仰药,恐难以相比!(南朝宋·刘义庆《世说新语·品藻》)

正是因为介词"以"的宾语或前移或隐没经常不出现,介词宾语零形回指(董秀芳1998),使得介词"以"无所依托,介词功能悬空(李宗江2003),功能弱化,逐渐靠近"难","难+以 VP"就重新分析为"难以+VP"。到了近代汉语,"难以"已经完全词汇化为一个单一的词"难以"。词汇化后的"难以"只能整体理解,不再是"很难用它……"的组合义,而有了新的独立语义"不容易、不易于"。例如:

(15) 师平生苦节高行,难以喻言。(五代《祖堂集》卷 14)

(16) 妻死再娶又得其亲,兄弟难以再换,父母如树根,子孙如树枝,何由而

佳。(《敦煌变文集》)

(17) 盖妇人首饰盛多,如"副笄六珈"之类,自难以俯伏地上。(宋《朱子语类》卷91)

明清及现代汉语时期"难以 VP"还可扩展为用作定语等修饰语成分,例如:

(18) 无奈我心里有难以告人的一段苦楚,纵让伯父母善体人情,一时也体不到此事。(清《儿女英雄传》第25回)

另外,近代汉语中还出现了"难以 AP"。"难以"除了修饰动词之外,还经常修饰一些形容词,形成"难以 AP",主要有"难以长久""难以持久""难以疏远"等,例如:

(19) 存亡继绝,列圣通规。臣恐事不师古,难以长久。(唐·吴兢《贞观政要·安边》)

(20) 主公若以妇人之仁,临事不决,恐此土难以长久。(明《三国演义》第65回)

(21) 林之孝道:"何尝不是,只是一时难以疏远……"(清《红楼梦》第72回)

因为"难以"经常用在"难以 VP"中,动词 VP 前的位置可以是动词、副词和助动词,所以学界对"难以"的词性才有不同的观点。但是通过对"难以"历时演变的具体考察,我们发现"难以"最初主要用在动词前,后来又扩展为用在形容词前,形成"难以 AP"。此外,"难以"单独不能被副词修饰,比如被否定,后不能加时态助词,不能带补语等;从意思看,难以操作＝难操作,难以长久＝难长久,"难"显然是修饰性的;另外"难以"也不能重叠,不能构成正反问。故此,我们赞同《现代汉语八百词》(1999)的观点,"难以"是副词①。

3.2.4.2 "难于_副"

《现代汉语词典》(第7版)认为"难于"是动词,《现代汉语八百词》(1999)认为"难于"是副词。我们认为"难于"有动词和副词两种词性,本节着重探讨副词"难于"②。

副词"难于"原本是"形容词＋介词"的连用,其中"难"是形容词,"于"是介词,"于"及其宾语组成介宾短语作谓语"难"的补语。这种"难＋于"大约在汉代

---

① "难以"跨层词汇化后并没有停止演变,而是到现代汉语形成"难以 VP"半凝固型四字习语构式,如"难以置信"和"难以启齿"。它的构式化是跨层词汇化之后的再演变,具体我们在后续研究中探讨。

② 《现代汉语词典》(第7版)标注"难于"是动词,"难以"是动词,"难于"。《现代汉语八百词》(1999)认为"难于"(见"难以"),而"难以"(难于)是副词。我们认为将"难以"看成副词好一些,具体见 3.2.4.5"难以"一节。而认为"难于"有动词和副词两种词性,"于"来,在"难于上青天"中可能看作动词好,具体见 2.2.2.1"难于_动"。而在"难于启齿"中可能看作副词好。

出现连用,介词"于"后的宾语可以是名词性成分"难+于NP",例如:

(1) 齐王太后病,召臣意入诊脉,曰:"风瘅客脬,难于大小溲,溺赤。"(《史记·扁鹊仓公列传》)

后来扩展为谓词性成分"难+于VP",例如:

(2) 今边郡困乏,父子共犬羊之裘,食草莱之实,常恐不能自存,难以动兵。(《汉书·魏相传》)

(3) 初,高祖迁洛,而在位旧贵,皆难于移徙,时欲和合众情,遂许冬则居南,夏便居北。(《魏书·元晖传》)

正是在例(2)、例(3)这样的"难于VP"中,介词"于"失去介引名词的典型功能,加上"于"的衰落,故而介词"于"向前附于"难","难于"容易发生重新分析,既可以分析为"难+于VP"的"难在VP"之义,也可以分析为"难于+VP"的"不容易、不易于VP"之义。"难于"也演变为副词。例如:

(4) 安禄山以讨君侧为名,归罪杨氏,表陈其恶,乃牒东京送表。议者以其辞不利杨氏,难于传送,又恐他日禄山见疵,及使大理主簿召皎送表至京。(唐·戴孚《广异记·召皎》)

(5) 宇自以擢第拜官,扬扬矜负,会话久之,日已晡矣。薛谓崔曰:"贫居不远,难于相逢,过所居宵话,可乎?"(宋《太平广记》卷17)

例(4)、例(5)里的"难于"就只能作副词一种理解。"难于传送""难于相逢"就是"不容易传送""不易于相逢"之义。

明清的用例,例如:

(6) 及捧茶,又见手白如玉,左有枝指,意欲问之,难于开口。(明《警世通言》26卷)

(7) 安老爷一愁姑娘难于说话,二愁姑娘夜长梦多。(清《儿女英雄传》第25回)

3.2.4.3 "易于_副"

汉语中还有一个和"难于"相反的"易于",我们认为它和"难于"一样也有动词和副词两种词性①。

"易于"原本也是"形容词+介词"的连用,其中"易"是形容词,"于"是介词。也是在"易+于VP"结构中发生重新分析的。例如:

---

① "易于"也是在《现代汉语词典》(第7版)标注为动词,我们认为它和"难于"一样有动词和副词两种词性,具体参见2.2.2.1。

(1) 况乎以汉地之广,陛下之德,处南面之尊,秉万乘之权,因天地之助,其于变世易俗,调和阴阳,陶冶万物,化正天下,易于决流抑队。(《汉书·贡禹传》)

(2) 欲其居近,易于往来,乃赐甲第于宫门南。(《魏书·卢鲁元传》)

"易于"跨层词汇化为副词后,主要用在动词性成分前表示"容易"之义,例如:

(3) 本处万山环列,易于哨聚。(明《水浒传》第91回)

(4) 绥州羌族强悍,易于骚动。(清《西夏书事》卷3)

副词"易于"也可修饰形容词性成分,例如:

(5) 不独世弟趁此青年可以应试,就是两位婚姻之事,故乡亲友也易于凑合。(清《镜花缘》第15回)

现代汉语中副词"易于"仍有使用,例如:

(6) 复述易于失真,还是将这粒子弹移置在下面罢。(鲁迅《三闲集·我的态度气量和年纪》)

3.2.4.4 "好在"

"好在"在现代汉语中是一个副词,"表示具有某种有利的条件或情况"(《现代汉语词典》第7版),语义上和"幸亏"有一定的相似,例如:

(1) 我有空再来,好在离这儿不远。

副词"好在"是由"形容词+介词"的跨层结构词汇化为副词①的(刘红妮2009a)。"好在"连用最初是用在"好+在NP"中,句法层次为:"[好[在NP]]","好"是形容词,"在"为介词,介宾短语"在NP"作"好"的补语。"好"和"在"不在同一句法层次。例如:

(2) 曰:"好僧堂。"对曰:"极好工夫。"曰:"好在甚处?"对曰:"一梁挂一柱。"(宋《禅林僧宝传》卷25)

(3) 如黄鲁直传,鲁直亦自有好处,亦不曾载得。文蔚问:"鲁直好在甚处?"曰:"他亦孝友。"(宋《朱子语类》卷130)

(4) "人有秉彝,本乎天性。"道理本自好在这里,却因杂得外面言语来诱化。(宋《朱子语类》卷41)

太田辰夫(1987:272)认为下面的例子,恐怕可以理解为和现代汉语已经相同,但在近古例子很少。例如:

---

① 《汉语大词典》指出近代汉语时期还有另外两种意义的"好在",一种是"安好。多用于问候"义,例如:好在王员外,平生记得不?(白居易《代人赠王员外》)。一种是"依旧,如故"义,例如:犹怜不负湖山处,好在平生旧钓矶。(陆游《湖上》)。这两种意义的"好在"与副词"好在"似乎无关。太田辰夫(1987:272)指出"好在"在唐代用于"健康、无恙"的意思。

(5) 好在书携一束,莫问家徒四壁,往日置锥无。(宋·辛弃疾《水调歌头》)

我们认为这例的"好在"还不是现代汉语副词的例子。唐宋诗词中有不少这样的"好在"的用例,但似乎都还是"安好"或"依旧"之义。

明清时期,"好在 NP"扩展为"好在 VP"。在这个连动式中,VP 具有一定的独立性,是语义表达的重心,"好//在 VP"结构逐渐重新分析为"好在//VP",句法层次变为:"[好在[VP]]","好在"正好位于 VP 前状语的位置,就变为一个副词,语义上从"好在……"变为"具有某种有利的条件或情况",从客观义变为主观义,从句子的主要谓语变为修饰的副词,从前景信息变为背景信息。例如:

(6) 两个秀才道:"那云南人姓个甚么?怎生模样?"童小五、顾阿都大家拍手笑道:"又来趄了!好在我每肝上的事,管他姓张姓李!那曾见他模样来?只是游伯伯如此说,故把来取笑。"(明《二刻拍案惊奇》卷4)

(7) 依谢三就要回头,是小的贪心过重,好在他们三个的贪心也不算轻,可就下来了。(清《儿女英雄传》第31回)

(8) 王柏臣无可说得,只好收拾收拾行李,预备交代起程。好在囊橐充盈,倒也无所顾恋。(清《官场现形记》第41回)

3.2.5　名词+连词→副词

副词"实则"来源于"名词+连词"跨层结构的词汇化(董秀芳 2011[2002]:277-278)。"实"原是名词,表示"实质","则"是连词,与其后 VP 共同构成对主语或话题"实"的说明,例如:

(1) 且夫宋,中国膏腴之地,邻民之所处也,与其得百里于燕,不如得十里于宋。伐之,名则义,实则利,王何为弗为?(《战国策·燕策》)

"实则"发生跨层词汇化的句法环境则是"VP_1,实则 VP_2"。VP_1 和 VP_2 在语义上具有一定的相对性,句法上有一定的独立性,"实"的语义不那么实在,"则"的连接功能也逐渐衰落,"实"和"则"两个单音的成分逐渐跨层凝固,在近代汉语晚期,"实则"变成了一个双音副词,义为"实际上",例如:

(2) 非是我选时日故生毒害心,实则要比高低试道他知未。(明《元曲选·桃花女破法嫁周公》)

3.2.6　动词+连词→副词

3.2.6.1 "反而"

现代汉语里的副词"反而"是"动词+连词"的跨层结构词汇化形成的(刘红

妮 2009a)。在"反+而"连用中,"反"是动词,表示"相反,反过来","而"是连词,表示转折,"但是、却"之义。

《说文》:"反,覆也。"本义是"翻转、颠倒"。由此引申为"(与之)相反"等义,还可通"返"。宋代之前"反而"的连用中,"反"大多是通"返"的动词,"而"是连词,表示顺承,这种跨层连用的"反而"与副词"反而"无关,例如:

(1) 鲁有恶者,其父出而见商咄,反而告其邻曰:"商咄不若吾子矣。"(《吕氏春秋·去尤》)

约在宋代,一方面,仍有上述"反而"连用。另一方面,出现了表示"相反、反过来"义的动词"反"与连词"而"连用的例子,"反而"表示"反过来却……",例如:

(2) "或说不改事父之道,又说不改父存所行之道,二说奚择?"先生反而问之:"欲从何说?"(宋《朱子语类》卷 22)

在这种"VP_1,反而 VP_2"中,很多情况下 VP_1 与 VP_2 之间存在一种相反相对的关系,例如:

(3) 大抵他只要拗:才见人说省察,他便反而言之,谓须是涵养;若有人向他说涵养,他又言须是省察以胜之。(宋《朱子语类》卷 124)

(4) 或言气禀昏弱,难于为学。曰:"谁道是公昏弱?但反而思之,便强便明,这气色打一转。日日做工夫,日日有长进。"(宋《朱子语类》121)

及至明代,"反而"用在"VP_1,反而 VP_2"中,VP_1 与 VP_2 之间越来越明显呈现出一种语义相反,或反预期的关系,例如:

(5) 盟罢,诸侯各辞而别,宋公不胜忿怒!谓群臣曰:"吾欲求荣,反而受辱,汝等何计为寡人出力,以消此恨?"(明《周朝秘史》第 42 回)

例(5)中的 VP_1"吾欲求荣"与 VP_2"受辱"是一种语义相反或反预期的关系:"本来想求荣,本来预期求荣,反过来却受辱",与说话人预期相反。因为"反而"前后 VP_1 与 VP_2 小句这种语义成分的关系,VP_1 与 VP_2 在句法上的独立性,以及双音化的影响,动词"反"的语义和连词"而"均趋弱化,"VP_1,[反]而[VP_2]"重新分析为"VP_1,[反而]VP_2","反而"由"动词+连词"的跨层结构词汇化为双音副词"反而",表示表示跟上文意思相反或出乎预料和常情,通过 VP_1 与 VP_2 焦点对比表示一种反预期。例(5)也可以分析为:"本来想求荣,本来预期求荣,反而却受辱"。语义上"反而"从"反过来却……"变为"表示上文意思相反或出乎预料和常情"也是一脉相承的。再例如:

(6) 浇乃大詈曰:"失节之妇,夫杀于贼,反而从贼,留尔何为?"(明《夏商野史》第 9 回)

(7) 今到此日久,不能拔得一城,倘河南诸郡及元帝遣兵来援,反而不美。(明《英烈传》第 64 回)

上例都可以作两可分析,如例(6)"失节之妇,夫杀于贼",预期理应反抗贼,不从贼,但是"反过来却从贼"/"反而从贼",与预期相反。

清代,"反而"已经完全词汇化为副词,"VP_1,反而 VP_2"中的"反而"只能作一种理解:表示跟上文意思相反或出乎预料和常情,例如:

(8) 那艇远望才只有寻常驮车那么大小,不道越划越近,艇身反而越小。(清《八仙得道》第 76 回)

(9) 你不明大人的厚意,反而仗着自己的性子暴躁起来。(清《施公案》第 369 回)

(10) 你妻妾苦苦相劝,实系一派良言,你不知羞愧,反而恼羞成怒,要去向他们相打。(清《七剑十三侠》第 118 回)

此外,副词"反而"越来越多地和"不但"等显性递进的标记搭配使用,形成"不但 VP_1,反而 VP_2",VP_1 与 VP_2 焦点对比更加显著,表示反预期的递进关系更为明显。副词"反而"的词汇化更趋成熟。例如:

(11) 哪知始皇不但没露惊怖之色,反而呵呵大笑,说出一句匪夷所思的话来。(清《八仙得道》第 36 回)

(12) 谁知这和尚十分猛勇,不但不能取胜,反而支持不来。(清《施公案》第 494 回)

此外,还和"虽然""却"等搭配,例如:

(13) 故此鹿在山里,虽然看见人,它却不伤害人,反而怕人,见着人它必跑。(清《三侠剑》第 27 回)

"反而"要求焦点域中的各元素之间有一种反对性的递进关系,反预期表现在按照常理应该实现的 P 却没有实现,倒是出乎意料地实现了与之相反的 R(即焦点代表的元素)(袁毓林 2008),这是和"反而"中的"反"原本是表示"相反、反过来"的语义来源直接相关的。

3.2.6.2 "继而"

现代汉语的"继而"是一个副词①。它是由"动词+连词"跨层词汇化演变而来的(刘红妮 2009a)。

---

① 关于"继而"词性判定主要有两种观点:《现代汉语词典》(第 7 版)认为是连词;《现代汉语虚词例释》(1982)、侯学超《现代汉语虚词词典》(1998)、张斌主编《现代汉语虚词词典》(2001)、张谊生(2000c:22)等认为是副词。我们认为"继而"是副词,故将其归入本章。

《说文·系部》:"继,续也。"本为动词,本义为"接续、承继",偏指时间上的相连。而"续"偏指空间上相连。"继"最初是指使连续不中断,后引申为"承接"义,还有"接着,跟着"义,例如:

(1) 泪尽而继之以血。(《韩非子·和氏》)

《说文·而部》:"而,须也。"本义为胡须。虚词"而"是假借字,经常用作连词,其中一种用法是可连接词、词组或分句,表示并列、转折或相承等关系。

"继而"在先秦出现连用,其中"继"是动词,表示"接着,跟着"之义,"而"是连词,连接动词"继"与另一个动词 VP,表示顺承关系,句法层次为:NP＋继＋而＋VP,二者不在同一句法层次。"继而"意思是"接着就……"。例如:

(2) 乃席宾南面东上,众宾之席继而西。(《仪礼·乡射礼》)

"继＋而＋VP"前面也可以不出现主语,直接用在句首。下例中"继而有师命"表示"接着就有战事"。例如:

(3) 于崇,吾得见王,退而有去志,不欲变,故不受也。继而有师命,不可以请。久于齐,非我志也。(《孟子·公孙丑下》)

汉代,动词和连词构成的跨层组合"继而"继续使用,例如:

(4) 镇守关中,足食成军,营都立宫,定制修文。平阳玄默,继而弗革。(《汉书·叙传下》)

例中"平阳玄默,继而弗革"是说"平阳开始沉默,接着就不再改革了",动词"继"前的主语"平阳"在上文出现而省略。

唐代"继而"的使用不是太多。例如:

(5) 樵以为当世在上位者,皆知求才为切。及其有之,知者何人哉?继而言之,使何易于不有得于生,必有得于死者,有史官在。(唐·孙樵《书何易于》)

(6) 余圜视大骇,《贾谊传》:天下圜视而起。然后知其术之工大矣。继而叹曰:彼将舍其手艺,专其心智,而能知体要者欤?(唐·柳宗元《梓人传》)

宋代,"继而"开始大量运用,"继而"完全词汇化为一个独立的副词。"继而"后面可以跟单独的动词,例如:

(7) 金人亦为蹙额,继而相贺,遂各命坐。(宋·丁特起《靖康纪闻》卷上)

(8) 尹云:"某明日亦上殿。"既不见报,次日又上殿。继而有旨,陈知建宁,魏公遂罢。(宋《朱子语类》卷131)

还可以跟动词短语和主谓俱全的小句,例如:

(9) 师云:"谨领圣旨。"乃辞下殿。继而遣中使。(宋《古尊宿语录》卷48)

(10) 及成公之世,悼公出来整顿一番,楚始退去;继而吴越又强入来争伯。

(宋《朱子语类》卷83)

"继而"的词汇化与"继"的去范畴化以及"而"的功能衰落有关。一方面，汉语发展中表承接功能的文言连词"而"渐趋衰落，失去原来的典型语法功能。另一方面，"继"的语义是抽象的"跟着、接着"，原本就不像典型动作动词那么实在。"继＋而＋VP"中，VP语义比"继"更加实在。随着汉语文白的演变"继"也不再能单说单用，功能和意义逐渐弱化，也失去原来所属的典型语法功能，发生去范畴化。这样，经常在一起连用的两个语义和功能都弱化的单音成分，在高频使用和双音化作用下，就可能发生音步重组，跨层凝固为双音词"继而"，"继＋而＋VP"就可能重新分析为"继而＋VP"。又因为动词性成分前一般来说是副词的典型位置，而充当状语——或者说进入状语的位置，无疑是虚化为副词的一条极为重要的途径(张谊生2000c)，"继而"就演变为一个副词，表示"接着；紧随在某一情况或动作之后"。

"继而"的词汇化还和深层结构简化有关，具体说是复杂谓语变成简单谓语(刘红妮2019b)。"所谓复杂谓语，对汉语来说，主要指连动、兼语这类包含多个谓语的情况，也可以包括动词支配动词性宾语的情况""所谓简单谓语，就是一个谓语动词之外没有其他动词形式"结构简化的一个具体情况就是"复杂谓语变成简单谓语"(刘丹青2008a)。未成词前，"继而VP"中"而"连接两个谓语动词"继"和VP，是连动式，构成复杂谓语。而当"继而"词汇化为一个独立的副词作状语，那么全句就只有一个谓语VP，变成简单谓语，复杂的句法结构也变得简单了。句法结构简化的动力也使"继而"粘合为一个词，成为一个显性的表顺承关系的标记词，所在分句由复杂谓语的单句变成简单小句所组成的分句。

明代，"继而"的用例，例如：

(11) 成化初元，李文达夺情，编修陈音贻书力劝其终丧，继而修撰罗伦遂露章攻之。(明·沈德符《野获编·翰林建言知名》)

(12) 三月，婺州苗军叛，杀守帅胡大海。继而处州苗军亦据城叛，平章邵荣皆击破诛之。(明《皇明本纪》)

(13) 始不介意，继而成精，降龙伏虎，自削死籍。(明《西游记》第6回)

清代，"继而"的出现更是进入鼎盛期，不但是使用数量、范围等有明显上升，而且"继而"与其他词语，尤其是和"始而"搭配使用的格式较多出现，例如：

(14) 众鬼听了，始而愤激，继而哄然赞成他的计划。(清《八仙得道》第78回)

(15) 始而洒盐飞絮，继而片片鹅毛，后来索性手掌大的一团团乱飘甜堕。(清《七剑十三侠》第23回)

3.2.7 形容词＋连词→副词

由"形容词＋连词"跨层词汇化而成的副词主要是"幸而"(刘红妮 2009a)。"幸而"多用于书面语,同"幸亏"(《现代汉语词典》第 7 版,《现代汉语八百词》1999)。

"幸而"在先秦就已出现连用,其中"幸"是形容词,作状语;"而"是连词,连接状语"幸"和"而"后面的动词性谓语,层次为:[幸]而[VP]。

《说文》:"幸,吉而免凶也。"本是形容词,指逢凶化吉,幸运。例如:

(1) 丘也幸,苟有过人必知之。(《论语·述而》)

后也可用作副词,指侥幸、幸亏、幸而,例如:

(2) 先生幸告之以便计,请奉教。(《史记·滑稽列传》)

在《左传》等二十多部先秦文献中,共发现"幸而"连用约 40 例,例如:

(3) 肸又无子,公室无度,幸而得死,岂其获祀。(《左传·昭公三年》)

(4) 幸而不亡,犹可说也;不幸而亡,君虽忧之,亦无及也。(《左传·昭公十八年》)

(5) 臣适不幸而有过,原君幸而告之。(《韩非子·外储说右上》)

上述"幸而"中的"幸"的语义很明显,尤其是"而"的连接作用显著。如例(4)和(5)"幸而 VP"与"不幸而 VP"对举,可看出"幸而"还未成词。

汉代,"幸而"继续沿用,不过在使用有一个很大的特点,就是多用于四字形式中,VP 多为双音词,形成"幸而 VP"的格式,比如《史记》中 8 例有 5 例是这样的。例如:

(6) 先生过小国,幸而举之,偏国寡臣幸甚。(《史记·扁鹊仓公列传》)

(7) 吾闻雒阳诸公在此间,多不听者。今子幸而听解,解奈何乃从他县夺人邑中贤大夫权乎!(《史记·游侠列传》)

还有少数一些 VP 为两个双音连用的四字形式,例如:

(8) 天下幸而安乐无事,蚡得为肺腑,所好音乐狗马田宅。(《史记·魏其武安侯列传》)

六朝时,"幸而"依旧是多用于四字形式中,例如:

(9) 不如率众而西,所在收兵,以攻长安,为董公报仇,幸而事济,奉国家以征天下,若不济,走未后也。(《三国志·魏志·贾诩传》)

(10) 谢公欲深箸恩信,自队主将帅以下,无不身造,厚相逊谢。及万事败,军中因欲除之。复云:"当为隐士。"故幸而得免。(南朝宋·刘义庆《世说新语·简傲》)

中古以降,连词"而"功能衰落,用在偏正结构里连接状语和谓语动词的连接功能也随之衰落。梅广(2003)和魏培泉(2003)都认为"而"的使用频率降低、功能改变并最终在口语中消失是汉语语法史上的一个重要现象(刘红妮2019b:129)。

正因如此,有些状语和谓语动词之间可以用"而"连接,也可以不用"而"连接。在《史记》中我们发现有这样的两例,例如:

(11) 常之母有鱼菽之祭,幸而来会饮。(《史记·田敬仲完世家》)

(12) 常之母有鱼菽之祭,幸来会饮。(《史记·齐太公世家》)

两个几乎一模一样的句子,一个用"幸而",一个用"幸",可见,当时"而"的连词作用已经非常弱化。

这时期较多地用在四字形式中以及"而"功能的衰落为"幸而"之后的跨层词汇化打下基础。

唐代,"幸而"后大多依然还只是简单的两个音节的动词,"幸而"仍和前代的用法类似。例如:

(13) 臣从陛下讨逆伐叛,虽凭威灵,幸而不死,然所存皆锋刃也。(唐·刘悚《隋唐佳话》卷中)

(14) 赖得陈平克(刻)木女谁(诳)他,幸而获勉(免)。(《敦煌变文集》)

及至宋代,"幸而"得到广泛和大量使用,并且"幸而"后的谓词性成分变得复杂起来,有词、短语和句子,并且经常用在前后有另一分句的句子中,其他分句往往是某种不利的情况。这样,随着"而"功能的衰落和"幸而VP"四字形式的用频增高,"幸而VP"也就逐渐发生重新分析,由"[幸]而[VP]"重新分析为"[幸而]VP","幸+而"真正词汇化为副词"幸而",表示"幸亏"之义,指由于偶然出现的有利条件而避免了某种不利的事情。"幸而"只能作整体理解,"而"的连词作用不再明显。在《朱子语类》中有22例"幸而",除了2例引古的未成词的"幸+而"之外,20例"幸而"均已成词,例如:

(15) 凡祭祀之类,尽令天祺代之,他居家服丧服。当时幸而有一天祺居官,故可为之。(宋《朱子语类》卷63)

(16) 若幸而得至江,则诸将尽扼江上,责我以擅弃归之罪,亦必尽杀我,决无可生之理。(宋《朱子语类》卷131)

(17) 谢安之待桓温,本无策。温之来,废了一君。幸而要讨九锡,要理资序,未至太甚,犹是半和秀才。(宋《朱子语类》卷136)

(18) 某当初讲学,也岂意到这里?幸而天假之年,许多道理在这里,今年颇

觉胜似去年,去年胜似前年。(宋《朱子语类》卷140)

明、清两代,副词"幸而"使用更为普遍,用法更加成熟,"幸而"后以跟复杂谓词和小句为常,例如:

(19) 幸而先年老叔在敝园暂居之时,寒家并不曾怠慢,不然今日亦无颜至此!(明《警世通言》卷25)

(20) 老孙被他捆打无数,幸而弄法走了。(明《西游记》第90回)

还有一些"幸而"用在主语后面,例如:

(21) 你今日幸而得空,做娘的留他在此伴你。(明《醒世恒言》卷3)

(22) 本县幸而躬逢目击,可不完成其美?(明《初刻拍案惊奇》卷24)

清代,副词"幸而"使用频率和范围更是有所上升,《红楼梦》39例,《儿女英雄传》32例,《二十年目睹之怪现状》15例,《官场现形记》7例,《绿野仙踪》2例,例如:

(23) 幸而是宝姑娘,那要是林姑娘,不知又闹到怎么样,哭的怎么样呢。(清《红楼梦》第32回)

(24) 幸而我们姑奶奶在这儿,叫人给他收拾好了,这才找了姥姥来。(清《儿女英雄传》第39回)

(25) 只见宝玉左边脸上烫了一溜燎泡出来,幸而眼睛竟没动。(清《红楼梦》第25回)

"幸而"用在主语后面,例如:

(26) 便算你幸而不曾遭那骡夫的暗算,依然脱不了强盗的明劫,还不是一样?(清《儿女英雄传》第8回)

(27) 这件事幸而碰到我,如果碰到别人,还要骂你撒赖呢!(清《二十年目睹之怪现状》第2回)

此外,除了副词"幸而"外,汉语中还有几个副词"幸亏""幸好"和"幸喜"都与"幸而"近义,一般都解释为"幸亏"。其中"幸而"是"形容词+连词"跨层词汇化形成的,"而"原先的连接作用在成词后非常弱,成词后整个词意思相当于"幸"。"幸亏""幸好""幸喜"都是并列结构词汇化形成的,在语义上比"幸而"要丰富一些。"亏、好、喜"的语素义之间也有细微的差别,这些就造成了"幸亏、幸好、幸喜"三者之间细微的差别。"幸亏"带有"多亏"义,"幸好"带有"好在"义,"幸喜"带有"欢喜"义。另外从使用场合来讲:"幸而"和"幸喜"带有文言和书面语色彩,而"幸亏"和"幸好"带有口语色彩。

3.2.8 代词+副词→副词

由"代词+副词"跨层词汇化为副词的主要是"否定代词+否定副词"构成的"莫不、无不、无非"一类①,以及"疑问代词+否定副词/时间副词/范围副词"构成的"何不,何曾、何尝,何啻""几曾"一类。对前一类刘红妮(2019b:115-120)探讨了否定代词"莫""无"的衰落与"莫不""无不"等的跨层词汇化。对后一类董秀芳(2011[2002]:220)有所涉及。此外还有具有词汇化倾向的"这就"(方梅2018a)。

3.2.8.1 "莫不""无不""无非"等

古代汉语有两类比较特殊的代词是现代汉语中所没有的,其中一类就是无定代词(传统上也称为无指代词),最典型的否定性的无指代词是"莫"(肯定性的无定代词是"或"),表示"没有谁,没有什么"。我们按照刘丹青(2011)称其为否定代词。

在否定词词库中,除了否定副词这一常见小词类以外,英语和古代汉语还都有否定代词。否定代词在词库中的存在,使得命题的否定不一定要在谓语层面实现,而可以在名词性论元中实现。英语中的 nobody, none, nothing 等都是全量否定代词,古代汉语相当于 nobody, nothing, none 等的否定代词是"莫""靡"等。不过,古代汉语的无指代词有用途限制,只出现在主语位置,无法像英语那样在宾语位置实现命题的否定(刘丹青 2011),另外,还有一个否定代词"无"(何乐士 2006:425)。总之,古汉语中否定代词"莫""靡"和"无"经常用在陈述句中作主语,指代人、事物或处所等,表示"没有谁,没有什么",并且经常与"不""非"连用。例如:

(1) 遂乘轻舟以浮于五湖,莫知其所终极。(《国语·越语下》)
(2) 今财亡民罢,莫不怨恨,臣不知其和也。(《国语·周语下》)
(3) 靡不有初,鲜克有终。(《诗·大雅·荡》)
(4) 今君当之,无不济矣。(《国语·晋语四》)

从上古到中古,"莫"等的否定代词用法大大衰亡直至消失(魏培泉 2003:100)。而在现代汉语普通话和方言中,否定词仅限于否定动词("没(有)")和否定副词("不""没(有)"等),否定词词库存中不存在否定代词。刘丹青(2011)指

---

① 这里的"莫不"是《现代汉语词典》(第7版)收录的义为"没有一个不"的副词。历时上还有另一个表示测度的疑问副词"莫不",它是由"疑问副词+否定副词"跨层词汇化形成的。例如:"哎,你个馋穷酸侥没意儿,卖弄你有家私,莫不我图谋你的东西来到此?"(元·王实甫《西厢记》第一本第二折)。

出相应意义只能在谓语平面用兼语这类复杂动词谓语的方式表达。例如：

（5）没有人知道他最终去了哪儿落脚。

（6）没有一件事没有开头，却很少能坚持做到结束。

表示古代汉语"没有谁，没有什么"意义的"莫"的词义不能单说，在现代汉语中只能用语素义（或词素义）的方式表达，存在于复合词中，如在"莫不""无不"等双音副词中。例如：

（7）铁路通车以后，各族人民莫不欢欣鼓舞。

（8）所到之处，无不受到热烈欢迎。

这里的"莫"和"无"的意思就是"没有谁，没有什么"的意思，和古代"莫"等的词义一样，只不过现代是保留在"莫不""无不"等词的语素义。

历时上，否定代词"莫"等的消失造成经常与它相邻的"不""非"等否定副词连用，形成"否定代词＋否定副词"的跨层结构，而后长期连用组块发生词汇化，形成"莫不""无不"等双音副词。

先看"莫不"，它在现代汉语中是副词，"没有一个不"的意思（《现代汉语词典》第7版），它是由跨层结构"否定性无定代词'莫'＋否定副词'不'"跨层结构词汇化形成的。"莫"是古代汉语特有的无定代词，是同"或"字相对的表否定的无定代词，相当于现代汉语的"没有谁""没有什么"，还可以表示处所或事物，常用作主语，例如：

（9）莫益之，或击之。（《易·系辞下》）

（10）过而能改，善莫大焉。（《左传·宣公二年》）

（11）杀臣，宋莫能守，乃可攻也。（《墨子·公输》）

在先秦古籍中，"莫"一般只用作无定代词，汉代以后才发展成表示禁止性的否定副词，和现代汉语的意思一致，表示"不要"的意思。先秦时出现了大量的"莫＋不"连用的现象，在"莫＋不＋VP"结构中"莫"是否定性无定代词，作主语；"不"是否定副词，作状语，修饰限定其后的动词性谓语。二者不在同一句法结构内，而只是线性相连的句法序列。例如：

（12）薄言震之，莫不震迭。（《诗·周颂·时迈》）

（13）至于夷王，王愆于厥身，诸侯莫不并走其望，以祈王身。（《左传·昭公二十六年》）

（14）今世俗之乱君，乡曲之儇子，莫不美丽姚冶，奇衣妇饰，血气态度拟于女子。（《荀子·非相》）

汉代"莫不"还是跨层组合"莫＋不"，例如：

(15) 今齐地方千里，百二十城，宫妇左右，莫不私王；朝廷之臣，莫不畏王；四境之内，莫不有求于王。(《战国策·齐策》)

(16) 天下莫不闻。(《史记·魏公子列传》)

及至魏晋南北朝中古时期，在先秦"NP 莫不 VP"结构高频连用的基础上，随着"莫"否定代词的用法衰落，加之"莫"前面又经常出现名词性成分，在汉语双音节逐渐成为基本的韵律单位之后，经常在一起出现的两个单音节词"莫""不"之间的关系逐渐发生改变，"NP 莫/不 VP"就逐渐被重新分析为"NP 莫不/＋VP"。因为正好主语 NP 和 VP 之间，这正是状语的位置，因此"莫＋不"就跨层词汇化凝固为一个独立的双音副词"莫不"。"莫不"词汇化后"莫"的语义没有像很多其他词一样发生弱化，而是仍然继承下来，只不过是以语素义的方式保留。跨层结构"莫＋不"的语义是"没有谁，没有什么不"，副词"莫不"的语义也基本一致"没有谁，没有什么不"。正因如此，"莫不"的词汇化从语义上很难判别。

"莫不"在中古及近代词汇化后经常出现在书面语中，例如：

(17) (潘岳)少时挟弹出洛阳道，妇人遇者，莫不连手共萦之。(南朝宋·刘义庆《世说新语·容止》)

(18) 水里芙蓉光照灼，见者莫不心惊愕。(《敦煌变文集》)

(19) 若异端邪说，释老之学，莫不自成一家，此最害义。(宋《朱子语类》卷29)

(20) 满船人莫不惊骇畏惧，王勃亦自骇然。(明《醒世恒言》卷40)

(21) 于是宁荣两处上下里外，莫不欣然踊跃，个个面上皆有得意之状，言笑鼎沸不绝。(清《红楼梦》第16回)

(22) 船场有个总管名叫江堵，家称万贯，有钱有势，船场渔户，莫不租用他的渔船，给他纳租上税。(曲波《林海雪原》)

再看"无不""无非"。表示"没有一个不；表示没有例外"的副词"无不"与"莫不"类似，原本也是"无指代词＋否定副词"的跨层组合，"无"作为动词、副词等较为常见，但"无"还有一种用作代词的用法，经常用在陈述句中作主语，指代人、事物或处所等，经常与"不""非"连用(何乐士 2006:425)。例如：

(23) 大夫闻之，无不耸惧。(《左传·成公十四年》)

(24) 寡君之疾久矣，上下神祇无不遍谕，而无除。(《国语·晋语八》)

(25) 是日见范雎，见者无不变色易容者。(《战国策·秦策三》)

"无＋不"跨层结构词汇化的过程和"莫不"很是类似：无＋不 VP→无不＋VP。主要动因也是因为中古时期否定代词"无"的用法衰落和双音化的影响。"无不"词汇化后也主要用于书面语中。例如：

(26) 虎承间攀栏而吼,其声震地,观者无不辟易颠仆,戎湛然不动,了无恐色。(南朝宋·刘义庆《世说新语·雅量》)

(27) 市人见者,无不悲叹称舜至孝。(《敦煌变文集》)

(28) 所以人物得之,无不有慈爱恻怛之心。(宋《朱子语类》卷53)

(29) 亲邻晓得的,无不议论岳父扳个强盗亲家,招个败子女婿。(明《醒世恒言》卷20)

(30) 后来报至中都,自天子以至百官,无不惊骇道奇。(清《红楼梦》第78回)

(31) 来自中国的客人,无不被介绍到这里采购一番。(《人民日报》1998年)

从"莫不"和"无不"的词汇化前后,我们可以看出其句法表层结构基本没有发生变化,而只是深层结构发生了重新分析:"NP 莫+不 VP"→"NP 莫不+VP","NP 无+不 VP"→"NP 无不+VP"。"莫"和"不","无"和"不"的语义都没有发生变化,都在起作用,只不过由成词前的词义降级为语素义。"莫不"和"无不"句法、语义等高度一致,基本上可以互换。

"无非"也和"莫不""无不"等一样是"否定性无定代词+否定副词"跨层结构词汇化形成的一类,词汇化后形成一个独立的虚词:副词。其中"无"也是否定代词,表示"没有谁,没有什么"。也正是因为三者具有相似的初始结构和语义,决定了它们具有比较相似的演变路径和演变结果,都跨层词汇化为表示"全都"的总括副词。但不同的是"非"是否定副词,不过不是表示"不",而是表示"不是"之意,"无+非"表示"没有一个不是"的意思。正因如此,它不像"莫不""无不"那样是在原始结构"NP 莫不 VP"结构中发生词汇化的,而最初是用在"NP_1 无非 NP_2"结构中,例如(金颖 2009):

(32) 耕稼陶渔以至为帝,无非取于人者。(《孟子·公孙丑上》)

而后"非"的宾语发生扩展,由名词性成分扩展为谓词性成分 VP,而后也才是在"NP 无非 VP"结构中发生重新分析,跨层词汇化为总括副词,例如:

(33) 圣人教人,都是教人实做,将实事教人。如格物、致知以至洒扫应对,无非就实地上拈出教人。(宋《朱子语类》卷27)

再进一步词汇化,演变为语气副词,语气副词的用法占了主体。例如:

(34) 自此柴进每日得近方腊,无非用些阿谀美言谄佞,以取其事。(明《水浒传》第116回)

正因如此,"无非"的词汇化要走得更远一些,语义上更易于从"没有一个不是"引申为表示总括的"皆、都、只"等,而后进一步演变,带上主观色彩,从总括副词演变为偏重主观性的语气副词,表示把事情往小里或轻里说的"不外乎"之义。

词汇化程度要更高,语义更加抽象。《现代汉语词典》(第7版)的释义:无非:副词,只;不外乎(多指把事情往小里或轻里说)。

最后再看未完成词汇化的跨层组合"莫非""靡不""靡非"。历时上与"莫不"相类似的还有一个跨层结构"莫非",不过没有成词。例如:故《诗》曰:"普天之下,莫非王土;率土之滨,莫非王臣。"(《左传·昭公七年》);太史公曰:张耳、陈馀,世传所称贤者;其宾客厮役,莫非天下俊桀,所居国无不取卿相者。(《史记·张耳陈馀列传》)。上古汉语中连用的"莫非"中"莫"均为否定性无定代词,相当于"没有谁/什么";"非"为否定副词,相当于"不是"。"莫非NP"的结构层次应分析为:[莫+(非+NP)],后来NP发生扩展也可以是VP,如:太子生时,一切宝藏皆悉发出,所有诸瑞莫非吉祥。以此义故,当名太子为萨婆悉达。(刘宋·求那跋陀罗译《过去现在因果经》卷1)。这种"莫非"之所以最终没有成词,究其原因可能和另一个同形的表示揣测的疑问副词"莫非"竞争有关,表示揣测的疑问副词"莫非"是由表示揣测的疑问副词"莫"而不是否定代词"莫",和否定副词"非"跨层词汇化形成,另外,还形成了一系列的表揣测的疑问副词"莫是""莫不""莫不是"等(叶建军2007)。可以说由疑问副词"莫"而来的揣测副词"莫非"的形成及占据主体对由否定代词"莫"而来的跨层组合"莫非"的词汇化起到了阻断作用。

此外,否定代词还有一个"靡",在历史上也有"靡不"和"靡非"等跨层组合形式,但一直没有成词,在《现代汉语词典》(第7版)中没有被收录。至于为什么不能成词,则可能和"靡不"和"靡非"使用频率有关。"靡不"使用频率要高一些,北大古代语料库中1700多例连用,和"莫不"等的用法类似,除了前面的例子外,再如:"惠于朋友,庶民小子。子孙绳绳,万民靡不承。(《诗经》)",而到现代汉语则只有连用20多例,并且多是仿古和引用的应用文和报刊书面语中,例如:"造西式楼房五十二间,平房十五间,其他图书标本,尤为学校所需,靡不周备。"至于"靡非",则用例更少,北大CCL语料库中古代用例仅13例,现代则1例也无。

3.2.8.2 "何不""何尝""何曾""何啻""几曾"

在这一类副词中,"何不"是"疑问代词+否定副词"词汇化形成的,"何曾、何尝"是"疑问代词+时间副词"词汇化形成的。"何啻"是"疑问代词+范围副词"词汇化形成的。疑问代词"何"既可以表示真性疑问,也可以表示反问,"何不"类词语都是"何"表反问,在反问句中词汇化的。

先看"何不"。董秀芳(2008a)探讨了"何不"的词汇化。"何不"最初是一个跨层组合,"何"与"不"并不在一个句法层次上。"何＋不 VP"层次为[何[不 VP]],"何"表示反问,意思为"为什么不 VP",隐含着应当 VP 这样的意思,是一种规约性隐含义(Traugott & Dasher 2002),例如:

(1) 今子有五石之瓠,何不虑以为大樽而浮乎江湖,而忧其瓠落无所容? 则夫子犹有蓬之心也夫!(《庄子·逍遥游》)

(2) 道则高矣,美矣,宜若登天然,似不可及也,何不使彼为可几及而日孳孳也?(《孟子·尽心上》)

(3) 人曰:"何不试之以足?"曰:"宁信度,无自信也。"(《韩非子·外储说左上》)

"何不"是在反诘句中发展为表示建议的副词。当反诘问的规约性隐含义"应该 VP"语义化之后,"何"与"不"就由两个独立的词词汇化为一个单一的副词,不再着重表反问,而是"用反问的语气表示应该或可以",主要表示建议。即说话人建议听话人去实施 VP 这一行为。例如:

(4) 越王问于大夫文种曰:"吾欲伐吴,可乎?"对曰:"可矣。吾赏厚而信,罚严而必。君欲知之,何不试焚宫室?"于是遂焚宫室,人莫救之。(《韩非子·内储说上》)

"何曾、何尝"是"疑问代词＋时间副词"词汇化的。"何曾"连用时"何＋曾 VP"层次为[何[曾 VP]],"何"与"曾"不在同一句法层次。"何"表反问,修饰整个句子。例如:

(5) 昔日游处,行则连舆,止则接席,何曾须臾相失?(三国魏·曹丕《与吴质书》)

"何"表反问,使得整个句子表示相反的语义。"何"是一个文言词,随着汉语的文白演变和双音化,"何"与"曾"不再能单说单用,单音的"何"与"曾"发生融合,跨层词汇化为一个单一的词,又因为用在 VP 前,正好是副词的位置,所以词汇化为副词,用反问的语气表示未曾。整个结构重新分析为[何曾[VP]]。例如:

(6) 谩说陶潜篱下醉,何曾得见此风流?(唐·王昌龄《九日登高》)

(7) 自古山林人,何曾识机巧?(宋·苏轼《和寄无选长官》)

"何尝"也是同样。"何＋尝 VP"连用的层次为[何[尝 VP]],"何"与"尝"不在同一句法层次。"何尝"亦作"何甞""何常"(《汉语大词典》1986)。"何尝"发生词汇化的句法环境和动因基本与上述"何曾"类似,后来也词汇化为副词,用反问的语气表示未曾或并非。整个结构重新分析为[何尝[VP]]。例如:

(8) 自古受命而王,王者之兴何尝不以卜筮决于天命哉!(《史记·日者列传》)

(9) 夫正位北辰,向明南面,所以运天枢,毓黎献者,何尝不经道纬德,以勒皇迹者哉?(南朝梁·刘勰《文心雕龙·封禅》)

在反问句中发生的这些语义变化都与反问句的否定和反诘语气有关(董秀芳2008a)。

"何尝"是"疑问代词+范围副词"词汇化形成的。"何"是一个文言疑问代词,"尝"也多用于文言中,是副词"但、仅、止"的意思。"何"和"尝"都是文言词,在它们的词汇化中,汉语文白的演变和双音化的作用更加明显。"何尝"亦作"何翅"。它也是在"何"表示反问,在反问句语境中词汇化为副词的,用反问的语气表示不止。整个结构的重新分析:[何[尝 VP]]→[何尝[VP]]。例如:

(10) 波浪因文起,尘埃为废侵。凭君更研究,何尝直千金!(唐·李山甫《古石砚》)

(11) 其氛焰所及,视乾隆时,何尝十倍!(清《圣武记》卷7)

此外,还有一个与"何曾"类似的书面语副词"几曾",用反问的语气表示"未曾"。"几"是表示疑问的代词,"曾"是副词,它们也是在反问句语境中跨层词汇化的。例如:

(12) 凤阁龙楼连霄汉,玉树琼枝作烟萝。几曾识干戈?(南唐·李煜《破阵子》)

(13) 夷甫诸人,神州沉陆,几曾回首。(宋·辛弃疾《水龙吟·寿韩南涧尚书》)

(14) 人多说人己物我,都是不曾理会。圣人又几曾须以己度人!(宋《朱子语类》卷27)

3.2.8.3　具有词汇化倾向的"这就"

方梅(2018a)指出北京话中指示词"这"有一种指当下时间的用法,它是从指称事物、指称命题,扩展为指更为抽象的概念内容——时间。这种指当下时间的指示代词"这"与副词"就"连用,二者本来处于不同的句法层级,"这就"的组合使得本来处于不同句法层级的两个独立的词打破句法层级,发生跨层词汇化,成为时间副词"这就","这就"表达将行义,意思是"即刻、马上""现在",说话人宣告自己的承诺,即刻去做某事。"这就"正经历一个表达近将来时的浮现过程,主要是搭配的固化、语境的固化和意义的固化促动的。这种演变始于清末民初,例如:

(1) 瞎王说:"外头有人请您说话哪。"小额知道事情不妥,可是久走外场的,事情到了脑袋上,可也说不上不算来。虽然这们(么)说,脸上颜色儿立刻转啦,说:"是啦,我这就出去。"(清《小额》)

现当代北京话中依然使用,例如:

(2) 大妈:二嘎,二春满世界找你,叫你上学,你怎么还不去呀? 二嘎:我这就去,等我先说完了! (老舍《龙须沟》)

3.3 由"虚词+实词"的跨层结构词汇化为副词

3.3.1 副词+代词→副词

3.3.1.1 "尤其"

关于"尤其",学者们做过一些详略不一的探讨(太田辰夫 1987:252,解惠全 1997:207,唐贤清 2004:35,杨荣祥 2005:134-136,张振羽 2009 等),"尤其"的"其"从现代汉语角度看是后缀,由代词虚化而成的,初始状态是"特别是他……"(解惠全 1997:207),从来源上看,"尤其"是"副词+指代词"跨层词汇化形成的。

《说文》:"尤,异也。"本义为特异,引申为"特别""尤其"义。"其"作为指代词,相当于"名词+之",经常用在名词前作定语。副词"尤"和指代词"其"出现连用约自南北朝,副词"尤"修饰名词性成分"其所 VP"或"其 VP 者",指代词"其"和所修饰的名词性成分"所 VP"或"VP 者"构成直接成分,例如(张振羽 2009):

(1) 降死之生,诚为轻法,然人情慎显而轻昧,忽远而惊近。是以盘盂有铭,韦弦作佩,况在小人,尤其所惑。或目所不睹,则忽而不戒;日陈于前,则惊心骇瞩。(《宋书•孔琳之传》)

上例中"其"的指代作用明显,"其"指代上文的"小人"。

后来"尤其所 VP/VP 者"中"所"或"者"脱落,成为"尤其 VP",当"其"后成分成为 VP 时,它作为定语的功能就弱化。"其"作为指代词的功能也逐渐衰落(刘红妮 2019b:126),又是语义上的羡余成分,语义功能都弱化。再加上"其"后 VP 在句法、语义上的独立性,"尤"在文白演变中不大能单说单用以及双音化等因素,"其"就前附于"尤","尤其"逐渐跨层凝固为一个副词,主要是"尤"的语义,例如(张振羽 2009):

(2) 武定二年四月丁巳,荧惑犯南宫上将;戊寅;又犯右执法。占曰"中坐成

刑,金火尤其甚"。(《魏书·天象志四》)

宋代及明清,副词"尤其"已经比较成熟,表示更近一步,例如:

(3) 此一段,尤其切要,学者所当深究。(宋《朱子语类》卷 18)

(4) 这人大是不同,不但无学博气,尤其无进士气。(清《儒林外史》第 36 回)

3.3.1.2 "更其"

"更其"也是"副词+指代词"跨层词汇化形成的。它的词汇化路径与"尤其"类似。

《说文》:"更,改也。"本义为"更改""改变"。后分平、去两个读音。平声的"更"一般都用为实词,去声的"更"都用为虚词,虚词义由实词义引申而来。从来源上看,"更其"的"更"是去声的用为虚词的"更"。

宋代之前"更其"连用时,大多是平声的"更","更其"意思是"更改他的……",这与副词"更其"无关。宋代出现了零星的去声副词"更"和指代词"其"跨层连用的现象,例如:

(1) 其东榻之长,即大明山神也,体貌魁梧,气岸高迈。其西榻之首,即黄泽之神也,其状疏而瘦,其音清而朗。更其次者,云是漳河之伯。(宋《太平广记》卷 158)

这里的"更其次者"层次应为"更[其次者]","更"是副词,"其"是指代词,指代前文的黄泽之神,"其"作定语修饰"次者","更"和"其"不在同一句法层次。"更其"意思是"更是他……",这里"其"的指代作用还很明显。

明代也有少量的"更其"连用的例子,例如:

(2) 然犹闻有逃兵扣粮而以领粮脱逃报者,又有勤兵远屯而兵士不沾半粒者,而更其大者,九边塘报偏裨上之幕府而十隐其一二矣。(明《明熹宗实录》卷 62)

后来"更其 VP 者"中"者"脱落,成为"更其 VP",例如:

(3) 今人所见,皆其次品,式样虽一,而墨质不佳。又如二十八宿元墨,更其下矣。(明·高濂《遵生八笺·燕闲清赏笺中》)

随着汉语发展中"其"作为领属代词的功能逐渐衰落,"其"的指代已经模糊,逐渐前附于"更","更其"有跨层凝固的倾向。"更其 VP"既可以分析为"更[其 VP]",也可以"更其[VP]"。

清代,"更其 VP"已经完全重新分析,只能作"更其+VP"一种理解,"更其"已经完全词汇化为程度副词,义为"更加",主要是副词"更"的语义,"其"的指代作用已经基本不见,例如:

(4) 姑媳的感情既恶,那夹在当中的儿子自然更其为难。(清《八仙得道》

第 18 回）

(5) 兄弟在省里的时候,常常听见中丞说起,浙东的吏治,比起那浙西来更其不如。(清《官场现形记》第 13 回)

现代汉语里,"更其"主要用在书面语中,例如:

(6) 这时我们都有了不足之感,而我的更其浓厚。(朱自清《桨声灯影里的秦淮河》)

3.3.2　副词＋动词→副词[①]

3.3.2.1 "岂非"

《说文》:"岂,还师振旅乐也。"经传字作"恺",今字"凯"。虚词"岂"的来源有不同说法,《说文》段注:"岂本重难之词,故引伸以为疑词。……后人文字言岂者,若今俚语之难道。""岂"用作副词,先秦已有先例,后主要沿用于文言中。例如:

(1) 子不我思,岂无他人?（《诗·郑风·褰裳》)

副词"岂非"原本是"副词＋动词"的跨层结构,"岂"是表示反问的副词,相当于"哪、难道、怎么",修饰整个句子;"非"是动词,和后面的名词性宾语是直接成分。"岂"和"非"不在同一句法层次,"岂＋非 NP"例如:

(2) 周子曰:"孤始愿不及此,虽及此,岂非天乎!"（《左传·成公十八年》)

后来动词"非"的宾语还扩展为谓词性成分,"岂＋非 VP"例如:

(3) 非弗思也,祭祀必祝之,祝曰:"必勿使反。"岂非计久长,有子孙相继为王也哉?（《战国策·赵策》)

(4) 易鼎足象三公,岂非公卿奉职得理乎!（汉《东观汉记·明帝纪》)

"岂非 NP/VP"的意思是"难道不是 NP/VP?"

"岂"是一个文言副词,随着汉语文白的演变以及双音化的影响,经常连用的两个单音成分"岂"和"非"开始逐渐凝固,跨层词汇化为一个双音副词"岂非",用反问的语气表示"难道不是","岂"和"非"的语义都很完整。例如:

(5) 三七是十,唤作二十一,岂非弄贫道?（五代《祖堂集》卷 3)

当"岂非"后面还可以出现动词"是"时,可以说"岂非"已经确乎成词了,例如:

[①] 这种"副词＋动词"不同于一般的状中关系的短语"副词＋动词",而主要是指加在整个句子上表示反问的疑问副词(如"岂"等反诘副词)与其后句中谓语动词的连用,这是一种跨层连用(参见董秀芳 2011[2002],刘红妮 2009a、2019)。

(6) 此二君者,岂非是仁者之功耶!(宋《朱子语类》卷 44)

(7) 晚间与人干那话,声响外闻,早来不见有人,岂非是鬼?(明《二刻拍案惊奇》卷 28)

副词"岂非"可修饰名词性或谓词性成分,例如:

(8) 得有今日,岂非恩人?(明《二刻拍案惊奇》卷 15)

(9) 玉格却教他一意用功,勉图上进。岂非我家不幸中之一大幸乎?(清《儿女英雄传》第 33 回)

"岂非"还可修饰谓词性成分,例如:

(10) 他剪发寄我,诗里道要挽住我的心,岂非有意?(明《二刻拍案惊奇》卷 14)

(11) 安老爷只摇着头道:"愚哉!愚哉!这样弄法,岂非误会吾夫子'攻乎异端,斯害也已'两句话的本旨了!"(清《儿女英雄传》第 40 回)

3.3.2.2 岂止

"岂止"原本也是表反问的副词"岂"和动词"止"的跨层组合,"岂"是修饰全句的句子副词,动词"止"和宾语是直接成分,"岂"和"止"不在同一句法层次内。"岂止 NP"表示反问的"何止 NP",例如:

(1) 且汉文和亲,岂止彭阳之寇;武帝修约,不废马邑之谋。(《宋书·谢庆传》)

(2) 岂止吾一身,举家同燕息。(唐·白居易《自余杭归宿淮口作》)

"止"的宾语还可以扩展为谓词性成分 VP,形成"岂止 VP",例如:

(3) 岂止十年老,曾与众苦并。(唐·白居易《题旧写真图》)

(4) 荐诸太庙比郜鼎,光价岂止百倍过!(唐·韩愈《石鼓歌》)

同样因为"岂"是一个文言副词,随着汉语文白的演变以及双音化的影响,"岂"的语法功能逐渐衰落,唐宋时期,经常连用的两个单音成分"岂"和"止"开始逐渐凝固,跨层词汇化为一个双音副词"岂止",用反问的语气表示"不止",从表反问到表否定。基本义重在通过反问表达对方涉及的量和面不止。进一步引申,可以表示不认可的各种主观情态。例如:

(5) 若说道不可改,虽终身守之可也,岂止三年乎!(宋《朱子语类》卷 22)

(6) 若如此,岂止全军,虽进而救郑可也。(宋《朱子语类》卷 83)

(7) 盖人心不全是人欲,若全是人欲,则直是丧乱,岂止危而已哉!(宋《朱子语类》卷 118)

副词"岂止"还常用于应答句中,"岂止 X"格式的表达功效,取决于使用的语

境和交际双方的身份,例如:

(8) 张大搞一个鬼道:"依文先生手势,敢像要一万哩!"主人呵呵大笑道:"这是不要卖,哄我而已。此等宝物,岂止此价从钱!"(明《初刻拍案惊奇》卷1)

(9) 部郎道:"小厮姓郑,名兴儿,就是此间收的,未上一年,老实勤谨,颇称得用,他如何能使家下不宁?"尚宝道:"此小厮相能妨主,若留过一年之外,便要损人口,岂止不宁而已!"(明《初刻拍案惊奇》卷21)

清代,副词"岂止"用法更加成熟,经常和其他关联词搭配,例如:

(10) 钱兄弟,你看老爹这个体统,岂止像知府告老回家,就是尚书、侍郎回来,也不过像老爹这个排场罢了!(清《儒林外史》第24回)

(11) 我岂止认得他,他还要算我个知己恩人哩!(清《儿女英雄传》第15回)

3.3.2.3 可不是①

《说文》:"可,肯也。"段注:"可、肯双声。"本义是"肯",可用作助动词、副词。"可"字在东汉前后就已用作疑问副词,表示反问,相当于"岂""难道"(江蓝生2000)。

"可不是"是用在全句表示反问的疑问副词"可"和动词性成分"不是"跨层词汇化形成的(刘红妮2013)。

副词"可不是"原本是表反问的疑问副词"可"和动词性成分"不是"的跨层组合"可[不是NP]",相当于"岂不是NP""难道不是NP",表示反问,例如:

(1) 太后又曰:"余庆可不是魁首?"有功又对曰:"毗冲败日,并合伏诛。今赦后事彰,只是支党。"(唐《通典·刑法七》)

后来还扩展为"可不是VP",相当于"岂不是VP",表示反问,例如:

(2) 问:"只如目前虚空,可不是境,岂无指境见心乎?"(唐《黄檗山断际禅师传心法要》)

(3) 目前无法意在目前,不是目前法非耳目之所到,可不是奇特,还梦见么?(宋《古尊宿语录》卷28)

明代的"可不是"连用的现象增多,一方面"可不是"仍是用于话轮中的发话或叙述文本,语义上仍表示反问"岂不是",例如:

(4) 龙香道:"既如此,那人怎肯放下?定然想杀了,极不也害个风癫,可不是我们的阴鹭?还须今夜再走一遭的是。"(明《二刻拍案惊奇》卷9)

---

① "可不是"和下节的"莫不是"都是表示反问的疑问副词+动词性短语成分"不是"跨层词汇化形成的,在此一并归入"副词+动词"。

跨层连用的"可不是……",还可以用"是……"或"不是……"来回答,例如:

(5) 小娟只道他要出门,便道:"好不远的途程!你如此病体,怎好去得?可不是痴话么?"盼奴道:"不是痴话,相会只在霎时间了。"(明《初刻拍案惊奇》卷25)

(6) 三藏闻言道:"这猴儿凡事便要自专,倘或那妖精神通广大,你拿他不住,可不是我出家人打诳语么?"行者笑道:"师父莫怪,等我再问了看。"(明《西游记》第67回)

另一方面,明清时期有一些"可不是"在话轮中使用的位置场合发生了根本性变化,由话轮中的发话或叙述文本变成了应答语,并且多用于引述回应,宾语NP都是在上文出现过的已知信息,形成"NP,可不是NP/VP"。刚开始"可不是NP"在话轮中用于发话或叙述文本时,仍是"岂不是"之义,例如:

(7) 麻中桂道:"莫不是丁爷丁奶奶么?"老婆说:"可不是他!可是谁来!"(明《醒世姻缘传》第27回)

(8) 十三妹出了一回神,问着张老道:"我方才在马圈里看见一辆席棚儿车,想来就是他娘儿两个坐的,一定是你老人家赶了来的呀?"张老道"可不是我,还有谁呢?"(清《儿女英雄传》第1回)

后来,"可不是NP"扩展为"可不是VP"形成"VP,可不是VP"。例如:

(9) 陈公道:"他就是这们说么?他说他汉子没天理,负我的恩么?"看门的道:"可不是他说的怎么?"(明《醒世姻缘传》第70回)

(10) 宝玉道:"怪道前儿初三四儿,我在沈世兄家赴席不见你呢。我要问,不知怎么就忘了。单你去了,还是老世伯也去了?"紫英道"可不是家父去,我没法儿,去罢了。……"(清《红楼梦》第26回)

当"可不是"用于对发话人的应答时,因为应答的内容总是在上文中已经出现,是已知信息,因而宾语在形式上就变得可有可无,"可不是VP"省缩整个宾语VP部分省缩为"可不是",长期连用,再加上"可"用作疑问副词表示反问的语法功能衰落,"可"和"不是"就跨层词汇化为一个三音副词"可不是",作应答语,表示附和、赞同对方的话,不再表示反问。例如:

(11) 姑子说:"你今年五十七岁。小员外三岁哩。四月二十辰时是你生日。"狄婆子说:"可不是怎么!你怎么就都晓得?"(明《醒世姻缘传》第40回)

(12) 十三妹纳了半天的闷儿,忽然明白了,说:"我的姑奶奶!你不是要撒尿哇?"张金凤听了这句,才说道:"可不是!只是此刻怎得那里有个净桶才好?"(清《儿女英雄传》第9回)

"可不是"不再是表示反问的"岂不是",而是表示肯定的应答,附和对方的话,有了新的独立语义。

副词"可不是"还有一些变体形式,如"可不是吗""可不是么""可不是呢",这里的"吗、么、呢"表确信、感叹等,而不是表示反问,也可从侧面证明"可不是"已成词。例如:

(13) 老残道:"你别打嘴。这样像是受了官刑的病,若不早治,要成残废的。"魏老叹口气道:"可不是呢。请先生照症施治,如果好了,自当重谢。"(清《老残游记》第19回)

"可不是"的形成主要是动词宾语省缩造成的。"可不是"的演变路径为:可不是NP? →可不是VP? →"VP""可不是VP,……"→"VP""可不是,……"。

副词"可不是"词汇化后,还进一步省缩动词"是"演变为另一个双音副词"可不"(刘红妮2013),例如:

(14) 巧夏经平笑着说:"吓得够呛吧?""可不,我和老师都狠狠吓唬了他一通,几天缓不过劲儿来。"(王朔《我是你爸爸》)

3.3.2.4 莫不是

"莫不是"是表揣测、测度的疑问副词"莫"和动词性成分"不是"的跨层组合词汇化形成的。

《说文》:"莫,日且冥也。"即"暮"的本字。虚词"莫"是假借字。"莫"至迟在唐代已可用作测度疑问副词(江蓝生1987,刘坚等1992:261)在此基础上,唐代,出现了"莫"和"不是"的连用,刚开始是"莫不是NP",句法层次为"[莫[不是NP]]"例如:

(1) 法胜余法,谓上人之所游(护)。还有甚人? 莫不是诸方菩萨各门舍利弗等游此会中。(《敦煌变文集》)

(2) 索朕拜舞者,是何人也? 朕在长安之日,只是受人拜舞,不惯拜人。殿上索朕拜舞者,应莫不是人? 朕是大唐天子,阎罗王是鬼团头,因何索朕拜舞? (唐《唐太宗入冥记》)

后来,"莫不是NP"扩展为"莫不是VP",因为VP的独立性,加之"莫"语法功能众多,表揣测的这一语法功能逐渐衰落,"莫"和"不是"逐渐跨层为一个新的三音疑问副词,表揣测或反问,近似于"莫非",例如:

(3) 问:"扬子'避碍通诸理'之说是否?"曰:"大概也似,只是言语有病。"问:"莫不是'避'字有病否?"曰:"然。少间处事不看道理当如何,便先有个依违闪避之心矣。"(宋《朱子语类》卷137)

(4) 此所谓大丈夫之事业也。不见道:"大丈夫秉慧剑,般若锋兮金刚焰。

非但能摧外道心,早曾落却天魔胆。"莫不是了见本来面目证得清净法眼,故得称为大丈夫也。(宋《古尊宿语录》卷 29)

宋代以后的例子,例如:

(5) 莫不是张珙曾声扬?莫不是别人曾闲谍?(金《西厢记诸宫调》卷 4)

(6) 王甲夫妻猜道:"莫不是客人跌下床来?然是人跌,没有得这样响声。"(明《二刻拍案惊奇》卷 36)

(7) 看这光景,莫不是就要做官?(清《儒林外史》第 1 回)

3.3.3 介词+名词→副词①

由"介词+名词"跨层词汇化为副词的主要是"从中",表示"在其间;在其中"之义(《现代汉语词典》第 7 版)。"从中"的形成和语用省略有直接的关系。副词"从中"是在"X,从(X)中 VP"的句法环境中,因为前文已出现过 X,所以当后面再提到时语用上就需要省略,"从 X 中"也就凝缩为"从中"(刘红妮 2009a)。

刘丹青(2002)指出现代汉语前置词、后置词总体上都不允许介词悬空,但有三组介词短语允许悬空,它们都是框式介词短语,即"用……来、用……以、从……中"。其中"中"来自方位词,多少还有点语义作用。例如:

(1) a. 我们用汽车来接送客人。

　　b. 汽车我们用[　]来接送客人。

(2) a. 我们用这笔贷款以帮助该县开办铜矿。

　　b. 这笔贷款我们用[　]以帮助该县开办铜矿。

(3) a. 广大干部都要从这个案件中吸取教训。

　　b. 这个案件广大干部都要从[　]中吸取教训。(电视节目)

历时研究中,储泽祥等(2005)认为"用来"的固化是源格式"施事+用+X+来+VP"中 X 被凸显或话题化后,格式变化为"X+施事+用+来+VP","用+来"邻接在一起,长期频繁使用以后,逐渐凝固成一个整体,形成"X+施事+用来+VP"。"用来"作用和意义也趋向专门化,表示功用义,是一种固化。我们认为与"用来"相类似的还有一个"拿来","用以"也是如此。"从中"的词汇化与"用来"等类似。只是"用来"等未被《现代汉语词典》(第 7 版)收录,而"从中"已被明

---

① "从中"不是介宾短语"从中"直接词汇化形成的,是在"X,从(X)中 VP"中跨层词汇化形成的。历时上与副词"从中"有关的"从""中"是"从(其)中",二者不在同一句法层次。

确收为副词,"在其间;在其中"之义。

《说文》:"从,随行也。"原为动词,表"追随"义,后来此义的"从"与其他动词连用,就逐渐虚化为介词。《说文》:"中,内也。"段玉裁注:"中者,别于外之辞也;别于偏之辞也;亦合宜之辞也。"本为方位名词,其意义具有多义性。

"从"和"中"的连用出现得很早,历时上"从中"连用具有多义性,我们需要先厘清并排除与后来副词"从中"无关的多种连用。

先秦时出现的两种连用与副词"从中"无关。一种"从中"为"动词+方位名词"的动宾组合,"从"为表"追随"义的动词,"中"为方为名词,例如:

(4) 其在辟也,吾从中也。(《国语·晋语四》)

一种"从中"为"介词+名词"的介宾组合,"从"为介词,介进与动作行为有关的地点。"中"为名词性成分,指宫(城)中、国中等地点。例如:

(5) 明年,公有病,常之巫从中出曰:"公将以某日薨。"(《吕氏春秋·知接》)

西汉时"从中"仍为"介词+名词"的介宾组合,"中"还可指里面,与"外"相对,例如:

(6) 宦者贾举遮公从官而入,闭门,崔杼之徒持兵从中起。(《史记·齐太公世家》)

东汉时期,佛教传入中原,介宾短语"从中"的"中"还指内心,例如:

(7) 思从中出,发愤念之为报。(汉《太平经》卷110)

六朝时,曹操有一首著名的《短歌行》,里面有一句"忧从中来",例如:

(8) 明明如月,何时可掇?忧从中来,不可断绝。(三国魏·曹操《短歌行》)

这里的"从中"仍是介宾短语"从内心、心中"的意思。后来这种用法一直仿用,有"忧/怒/悲/喜从中来"。

宋代,"从中"还有一种"从中间"的意思,是介宾短语作状语,"从"作介词和"中"作方位词的功用非常明显。这和成为副词的"从中"并不一样。例如:

(9) 条理脉络如一把草,从中缚之,上截为始条理,下截为终条理。(宋《朱子语类》卷58)

明清也出现了与副词"从中"无关的另一种用法,"从中"可以作名词性的"其中""当中"讲,并不是副词"从中",例如:

(10) 列公有所不知,这从中有个原故。(清《儿女英雄传》第2回)

那么,副词"从中"来自何处?副词"从中"词汇化的起点要追溯到中古,六朝时出现一种"从中"的连用是在"X,从(X)中 VP"句法环境中,因为前文已出现过X,所以当后面再提到时语用上就需要省略,这样原本不在同一层次的介词"从"

和"中"就开始变得相邻,例如(括号中为笔者所加):
(11) a 我此箧者,能出一切衣服、饮食、床褥、卧具资生之物,尽从中出。(六朝《百喻经》卷2)
　　 b 我此箧者,能出一切衣服、饮食、床褥、卧具资生之物,尽从(箧)中出。
(12) a 毗舍箧者,喻於众魔,及以外道;布施如箧,人天五道资用之具,皆从中出。(六朝《百喻经》卷2)
　　 b 毗舍箧者,喻於众魔,及以外道;布施如箧,人天五道资用之具,皆从(毗舍箧)中出。

唐代这种用法更多了,有的是用在佛经中,例如:
(13) 当依如是法;我亦从(如是法)中证,非唯观世音。(唐《大佛顶首楞严经》卷6)
(14) 诃般若波罗蜜,最尊、最上、弟一、无住、无去、无来,三世诸佛从(诃般若波罗蜜,最尊、最上、弟一、无住、无去、无来)中出,将大知惠到彼岸,打破五阴烦恼尘营,最尊、最上、弟一。(唐《六祖坛经·般若品第二》)
(15) 无法、无住、无来往,是定惠等,不染一切法,三世诸佛从(无法、无住、无来往,是定惠等)中出,变三毒为戒定惠。(唐《六祖坛经·般若品第二》)

还有的是非佛经文献中,例如:
(16) 山外接远天,天际复有云。白雁从(云)中来,飞鸣苦难闻。(唐·李白《学古思边》)
(17) 断崖如削瓜,岚光破崖绿。天河从(断崖)中来,白云涨川谷。(唐·李白《题舒州司空山瀑布》)

上述几例省略的"从"后的宾语是前面提到的名词性成分,还可以明显地补出来。

当介词"从"后省缩的是谓词性成分,已不大能补出,只能用"其"来指代,例如:
(18) 外事牵我形,外物诱我情。李君别来久,褊吝从(其)中生。(唐·白居易《寄李十一建》)
(19) 今旦一尊酒,欢畅何怡怡。此乐从(其)中来,他人安得知。(唐·白居易《对酒示行简》)

唐代也出现了"X,从X(其)中VP"中的例子,"其"指代前面提到的X,例如:
(20) 龙门山,其东则在今秦州龙门县北,其西则在今同州韩城县北,而河从

其中下流。(《汉书》卷62 唐·颜师古注)

例中"从其中"指的是"从龙门山中"。

宋代"X,从()中 VP"的"从中"中间已不大能补出其中的 X,形成"X,从中VP",后面的动词 VP 不再是单音的趋向动词,而发展为双音动词或动词短语,例如:

(21) 多闻,已闻得好话了,故从中又拣择。(宋《朱子语类》卷34)

(22) 我亦从中获灵悟。(宋《古尊宿语录》卷45)

(23) 赵岩等从中日夜毁之,乃罢彦章,以凝为招讨使。(《新五代史·王彦章》)

这样一来,"从中"之间的内部关系更加密切,日趋凝固,"从(X"其")中"也就凝缩为"从中",它又一直位于动词性谓语前状语的位置,所以词汇化为一个新的副词,表示"在其间,在其中"。"从"和"中"已不大能单独理解,而是倾向于整个作为一个整体理解。

到了明代,"从中"使用频率明显上升,例如:

(24) 他已得了朱常钱财,若尸首烂坏了,好从中作弊,要出脱朱常,反坐赵完。(明《醒世恒言》卷34)

(25) 飞英皇恐谢罪,单公怒气不息,老夫人从中劝解,遂引去李英于自己房中,要将改嫁。(明《喻世明言》卷17)

及至清代,副词"从中"的用例更是屡见不鲜,例如:

(26) 这都是天地的厚德,父母的慈恩,岳父、岳母的默佑,也亏你妹子从中周旋。(清《儿女英雄传》第28回)

(27) 他倒正想借个题目招募新勇,从中沾些光呢。(清《二十年目睹之怪现状》第27回)

3.3.4 介词+动词→副词

"介词+动词"跨层结构词汇化为副词的主要是"按说""从来"类词,它们的形成与表层结构省缩密切相关,都是经过省缩实词性介词宾语的途径而形成的。

3.3.4.1 "按说""照说""论说"

"按说""照说"都是介词与动词的跨层结构词汇化形成的(刘红妮 2009a、2014a)。副词"按说"原本是"按 X 说",其中"按"是表示按照、根据的介词,X 是"按"的宾语,"说"是表示言说义的动词,介宾短语"按 X"用在动词"说"前作状语,表示"说"动作进行时的条件或依据,"按"和"说"不在同一句法层次。

与副词"按说"有关的往往是后有谓词性成分的"按 X 说,VP"形式。如果是单纯的"按 X 说",虽然"按"是介词,但动词"说"在句子中作主要成分,是句子的谓语中心,不易与别的成分发生跨层词汇化。例如:

（1）献茶已毕,包兴便将路过太岁庄,将马遗失,本庄勒按不还的话说了一遍。（清《七侠五义》第 59 回）

只有在"按 X 说,VP"时,才能省缩 X 从而形成"按说"。这是因为 VP 是整个句子的形式和语义重心,动词"说"才有可能发生去范畴化,失去动词的典型特征,不再作句子的主要谓词成分,也才有可能和其他成分诸如"按"黏合形成新的词汇形式"按说"。

与后来副词"按说"有关的"按 X 说,VP"出现在宋代,X 是实在的信息依据。例如:

（2）仪礼:"日用丁巳。"按注家说,则当作"丁、已",盖十干中柔日也。（宋《朱子语类》卷 85）

清代侧重于陈述客观事实的"按 X 说,VP"依然使用,例如:

（3）要按路程单上说,眼前是望儿山,过去就是天汉山,再往前就是青牛溪。（清《彭公案》第 192 回）

（4）不因这番,按俗语说,便叫作"卖盆的自寻的",掉句文,便叫作"痴鼠拖姜,春蚕自缚"!（清《儿女英雄传》第 22 回）

（5）这里就有个千总衙门,按规矩说,有二百官兵,现在也就有七八十名不能足数。（清《彭公案》第 161 回）

随着"按 X 说,VP"格式使用的增多,清代格式中出现了一个新的变化,X 由有定的普通名词扩展为泛指带有一般普遍性的常理和情理的名词"理",即"按理说,VP"格式。其中的"理",主要指说话人根据现实世界里都普遍认可的、具有自身体验的不言自明的"事理、常理、道理、情理"等。例如:

（6）按理说没有上不去的山。（清《三侠剑》第 6 回）

（7）按理说闵老寨主是年迈之人,决不能叫老寨主去打这样有去无还的官司。（清《三侠剑》第 4 回）

"按理说,VP"则侧重于言者的主观推论表示说话人根据某种事理作出通常应有的论断。按理说应该怎样事实也如此,事实和常理、情理一致。

更进一步,客观现实中,"按理说"应该怎样,但是事实往往会与此相反,事实和常理相反相逆,这就出现了"按理说,VP,-VP"格式,其中"-VP"表示"非VP"。这样的句式往往隐含着转折,或者说语义的逆转。这直接促使了"按理说"的固化和习语化。例如:

(8) 出家人按理说不能出山问世,兹因胜施主所邀,实出于不得已耳。(清《三侠剑》第 3 回)

例中按道理、按常理、按情理说"不能出山问世",但事实恰恰相反是"出山问世了"。再例如:

(9) 那姑娘娇滴滴声音说道"公子我乃是邓天魁的妹妹。按理说奴家可不应该告诉无奈你不是外人。奴家小字儿叫芸娘。"(清《康熙侠义传》第 158 回)

例(9)"按理说,奴家可不应该告诉",实际上却因"无奈你不是外人"告诉了。

有时"-VP"还可以是反问句的形式表示相反的语义。例如:

(10) 按理说宋知县知道儿子的长相,应当让他回避,怎么反而派他来不是太愚蠢了吗?(清《泣红亭》第 5 回)

(11) 按理说叔嫂不同坐,又岂可做此淫污狗贱、败名失节之事?(清《聚仙亭》第 3 回)

发展到后来,这种表示逆转语义的"按理说, VP, -VP"句式在"按理说"所引导的句式中占了上风。在民国的《雍正剑侠图》一书中,"按理说"有 37 例,其中绝大多数基本都是表示逆转语义的"按理说 VP, -VP"句式。例如:

(12) 哈哈,二寨主骨朵瘟疫锤可真不错呀。按理说应先抹点儿解药,不过一进铁善寺我就得到了解药早给抹好了。(民国《雍正剑侠图》第 31 回)

(13) 按理说,偌大年纪,走路费力,可他现在跑得不慢!(民国《雍正剑侠图》第 19 回)

久而久之,在"按理说, VP, -VP"这样的句法环境中,"按理说"就发生凝固化、习语化,成为一个固化习语:一是所在的句式表示一种逆转而非正态的语义;二是说话人根据某种事理常理作出的通常应有的一种论断,是一种主观的判断、推理和看法带有言者的"主观性"。"固定化,格式化,这种话语模式作为一种固定框架在人们脑中打上了深深的烙印,形成了一种思维定式,当人们出于语言交际的经济原则、效率原则而省略其中部分内容时由于原框架的隐形作用,人们仍能正确理解形式变化了的句义。"(江蓝生 2007)由于原框架的隐形作用,"按理说"省缩"理"为"按说","按说"也带上了原框架所具有的主观性色彩。例如:

(14) 前者由藏珍坞逃走,各奔他乡,他来到秦魁这里,自称混天老祖在这里避难。(他)按说就应该改过自新,他还是恶习不改,也是该当遭报。(清《济公全传》第 240 回)

"按说"与"按理说"在表达语义的逆转和主观的意图方面并无二致。"按理说"与"按说"是同义形式,属于传信范畴(董秀芳 2003)。

在"按说VP，-VP"构式中，语义焦点在"按说"的后面内容"-VP"。随着使用频率的增高，"按说"由一个短语词经过不断演化，最终词汇化为一个评注性副词。例如：

（15）众位既来约我，按说我不当辞却，无奈现在我母亲病着，我所以不能从命，众位请罢。(清《济公全传》第60回)

（16）按说到了高亲贵友家，没吃饭也得说吃啦，蒋五爷饿了三天啦，大丈夫饥饿难挨遂答道："还没有吃呢。"(清《三侠剑》第3回)

（17）按说见面，当是一喜，此时倒是悲喜交加。(清《小五义》第117回)

到了现代汉语，"按说"的副词用法已经发展成熟，相当一部分"按说"后还可加停顿标记"，"，例如：

（18）按说，这个心眼不甚好可是我这是卖着命我并不会骑马呀！(老舍《我这一辈子》)

此外，随着主观性的不断增强，"按说"还逐渐发生了元语化，从副词进一步发展为话语标记，形成一些变体形式。例如：

（19）按说嘛，一个人有权表示自己的情感但作为一个领导过多沉溺于个人感情中，实在是有点危险。(王朔《痴人》)

副词"按说"形成的前提是X的泛化：从有定的特指的普通名词泛化为无定的概括笼统的"理"；必要的句法环境则是"按理说，VP，-VP"。随着"按理说，VP，-VP"格式的高频使用，"按理说"进一步凝固化和习语化形成固化习语，表示语义逆转和言者主观意图。因为作为泛化的"理"根据人们日常生活经验和语言经验是不言自明的交际双方关注的是"-VP"的内容，所以在语言经济原则下"按理说"发生结构简化，省缩实词性介词宾语"理"成为固化缩略形式"按说"，再由一个短语词或语法词经过不断演化最终虚化成了一个词汇词、评注性副词。"按说"演变最主要的动因是语用因素，主要涉及语言的经济性所诱发的成分序列本身的表层结构简化，另外还有韵律和双音化的影响；演变的机制则主要有"按理说"的凝固化和习语化以及实词性介词宾语的省缩。

与"按说"相关的还有一个"照说"。"照说"有固化形式"照说"和副词"照说"。固化的"照说"，原本是"介词＋动词"的形式，"照"是表示按照、依据义的介词，"说"是表示言说义的动词，是在"(X)，照(X)说"中形成的。例如：

（20）南星虽没笑话可说，可也没反对，因为他有个好主意：等大家说完，他再照说一遍，也就行了。(老舍《小坡的生日》)

（21）河南妈把刚才发生的事照说一遍，气得老头指着老伴训开了。(浩然

《新媳妇》)

(22) 我想就算我拒绝,你也会照说不误。(于晴《红苹果之恋》)

副词"照说"和副词"按说"的形成相似。也是经由省缩形成的,是"照X(理)说"省缩X"理"形成的。例如:

(23) 照理说,他俩这等婚姻,真可算得天缘巧合。(清《八仙得道》第51回)

(24) 照说是很有条理,只怕事实上做不到。(民国《留东外史续集》第21回)

(25) 照说她该心满意足了,该愉快欢乐了,但是她没有那样的感觉。(张清渝《跨越大海的爱》)

此外,还有一个义为"按情理说"的副词"论说",词汇化的过程与"按说"类似。原本是"论理说","论"是介词,"说"是动词,例如:

(26) 论理说,我不该在这山上拿你,我又是绿林之人,但无奈你做事太狠毒。(清《彭公案》第58回)

后来"论理说"省缩其中的"理",成为副词"论说",例如:

(27) 论说销器伏埋,我无一不懂,可他的销器,实比我高明。(清《彭公案》第210回)

3.3.4.2 "自来""从来"

现代汉语中的时间副词"自来、从来"原本是时间短语"自/从 X(以/已)来",其中"自"是介词,"来"是动词,随着 X 的省缩而词汇化。

据冯春田(2005),在先秦汉语里,跟"从来"表示相关时间范畴的短语是"自 X 以(已)来",例如:

(1) 楚自克庸以来,其君无日不讨国人而训之。(《左传·宣公十二年》)

有时也"以"也作"已","自 X 已来"例如:

(2) 自昔诸人没已来,常恐微言将绝,今复闻斯言于君矣。(南朝宋·刘义庆《世说新语·赏誉》)

出现在介词"自"语法位置上的又可以是介词"由","以"可以是"而",例如:

(3) 由周以来,七百有余岁矣。(汉·王充《论衡·刺孟》)

大约自东汉时期开始,"自/由 X 以(已)/而来"式短语的介词就可以用"从"了,"从 X(以/已)来"是时间副词"从来"的直接来源。例如:

(4) 从女娲以来久矣。(汉·王充《论衡·谈天》)

如果这类短语里时间起点并不需要特别指明,而只表示或强调从过去到当时一向如此,X 就可以不出现,由于 X 的省略,介词"自""从"就失去了它原本具有的组合功能,而连词"以(已)"也随之失去作用,那么就形成了"从来"这一时间

副词。时间副词"从来"的形成,大约始于晋南北朝之际,到唐五代时期用例增多。例如:

(5) 昔苏峻事,公于白石祠中许赛车下牛,从来未解,为此鬼所考,不可救也。(南朝宋·刘义庆《世说新语·伤逝》)

(6) 心头托手细参详,世事从来不久长。(《敦煌变文集》)

同样"自来"也是"自 X(以/已)来"省缩 X 形成的,但宋以前用例较少,宋元以后用例渐多,例如:

(7) 益戒及馆伴梁颖皆言:"鸿和尔大山自来系北朝地土。"(宋·沈括《乙卯入国奏请》)

(8) 使左副元帅志宁移牒宋枢密使张浚,其略曰:"可还所侵本朝内地,各守自来画定疆界,凡事一依皇统以来旧约,帅府亦当解严。"(《金史·仆散忠义传》)

(9) 我自来不信这些算命打卦圆梦相面的事。(清《儿女英雄传》第 22 回)

此外,梁银峰(2009)、匡鹏飞(2010)、陈昌来等(2011)还认为"从来"的形成中间有一个"所从来"到"从来"的演变过程。大致过程例如:

(10) 及元狩元年,博望侯张骞使大夏来,言居大夏时见蜀布、邛竹杖,使问所从来,曰:"从东南身毒国,可数千里,得蜀贾人市。"(《史记·西南夷列传》)

(11) 立嗣必子,所从来远矣。(《史记·孝文本纪》)

(12) 既自闇浊,又从来久远,所载卜占事,虽不识本卦,据拾残余,十得二焉。(《三国志·魏志·管辂传》)

陈昌来等(2010)认为"从来"词汇化的起点是上古汉语中的"从……来"短语,即"从 X 来"。例如:

(13) 公从外来而有不乐之色,何也?(《韩非子·十过》)

"从……来"通过特定的句法操作提取宾语和有标记名词化而形成指称形式"所从来",例如:

(14) 寇所从来,若昵道、侯近,若城场,皆为崖楼,立竹箭天中。(《墨子·号令》)

(15) 有司皆曰:"民不能自治,故为法以禁之。相坐坐收,所以累其心,使重犯法,所从来远矣。如故便。"(《史记·孝文本纪》)

而后名词性短语"所从来"演变为名词"从来"和时间词"从来",例如:

(16) 盖盗憎其主,从来旧矣。(《后汉书·第五钟离宋寒列传》)

最后演变为时间副词"从来",例如:

(17) 主人从来发心,长设齐饭供养师僧,不限多少。(唐《入唐求法巡礼行

记》卷2)

现代汉语中"从来"时间名词的用法已经消失,主要用作时间副词。

3.3.5 有词汇化倾向的现象

汉语里还有一个"好个"有词汇化倾向,《汉语大词典》收录了"好个",指出它表示赞叹的语气,相当于"好一个"。江蓝生、曹广顺(1997:155)在《唐五代语言词典》中将"好个"释为:"很,甚。感叹之辞。个,词缀。"它的演变路径是"副词+量词→副词"。

"好个NP"原本是"好+个NP","好"是副词,"很、甚"之义,表示赞叹,"个"是量词,修饰名词性成分NP。因为汉语双音化的原因,单音的"好"和"个"逐渐跨层凝固,自成一个音段,重新分析为"好个+NP"。例如:

(1) 十三郎仪表堂堂,好个军将,何须以科第为资!(五代·王定保《唐摭言·海叙不遇》)

(2) 好个经纪,汝便杀一只鸡,讨好酒来,更吃两三杯。(宋·洪迈《夷坚辛志·胡廿四父子》)

(3) 欲说还休,欲说还休,却道"天凉好个秋!"(宋·辛弃疾《丑奴儿·书博山道中壁》)

吴竞存等(1992:369-370)探讨了"喝个痛快""打个落花流水"之类的"V个VP",认为"个"计量功能逐渐消失,"个"改变词性,从量词变为助词,跨层前附趋势十分明显。同时"个"计量功能并未完全消失,"V"与"个"结合并不紧密,"喝个痛快"仍可扩展为"喝了个痛快""喝了他个痛快""喝了一个痛快""喝了他一个痛快"。

可见"好个NP"与"喝个VP"既有相同,也有不同。

3.4 由"虚词+虚词"的跨层结构词汇化为副词

3.4.1 副词+副词→副词[①]

3.4.1.1 "好不"

现代汉语的"好不"是一个副词,用在某些双音形容词前面表示程度深,类似

[①] 关于此类"副词+副词"是否是跨层结构,和语法体系对副词的规定有关,具体参看刘红妮(2019:62-63)。我们认为它属于跨层结构。

于"多么",它原本是"程度副词+否定副词"的跨层结构(袁宾1984),其中"好"表程度,"不"否定其后的形容词,句法层次为"[好[不 VP]]",整个格式表示否定,例如:

(1)者汉大痴,好不自知,恰见宽纵,苟徒过时。(《敦煌变文集》)

例中"好不自知"表示"很不自知"的意思。

否定式"好不 VP"经常用于反语语境中,用否定形式表示肯定意思,反语说法用多了,其中"不"的意义就逐渐虚化,失去否定作用,"好不"就凝固成一个副词。句法层次重新分析为"[好不[VP]]",表示肯定。例如:

(2)悟净看见了八戒道:"他不知是那里来的个泼物,与我整斗了这两日,何曾言着一个取经的字儿?"又看见行者,道:"这个主子,是他的帮手,好不利害!我不去了。"(明《西游记》第22回)

"不"虚化,否定作用消失,"好不"自成音段,中间不加语音停顿,"不"轻读,随着"不"的虚化,"好不"逐渐凝固为一个复合词(吴竞存等1992:374)。副词"好不"的形成源自"好"这一单音副词的一种语用法,即"引述+讽刺"的反语用法。这是一种语用法在约定俗成之后变为语法的过程(沈家煊1994a)。

3.4.1.2 "也许"

现代汉语副词"也许"原来是两个副词的连用(董秀芳2016[2004]:217-220),"许"是副词,表示估计,义为"可能","也是表示追加的副词,"也许"相当于"也可能",内部层次为"[也[许[VP]]]",例如:

(1)大众说:"不用说,众妖道许由井亭子逃走,也许是地道。"(清《济公全传》第194回)

"也许"在连用过程中词汇化了,成词后从语义上看句子中没有与之所引进的可能性并列的其他可能性,例如:

(2)子翼呆了一呆道:"也许他是血痛,生化汤未尝不对。"(清《二十年目睹之怪现状》第25回)

3.4.1.3 "动辄""随即""早已""早就"

3.4.1.3.1 "动辄"

现代汉语的书面语副词"动辄"原本是副词"动"和"辄"的连用。《说文》:"动,作也。"原本是动词,后引申为副词,表"往往、动不动"义,汉代已有用例,例如:

(1)且兵凶器,虽克所愿,动亦耗病。(《史记·律书》)

《说文》:"辄,车两輢也。"原是名词,本义是车箱两輢如耳垂的部分。后引申为副词"即、遂、就"义。先秦已有用例,例如:

(2) 诸吏卒民,非其部界,而擅入他部界,辄收。(《墨子·号令》)

副词"动"与"辄"连用,约始于汉末,意思是"动不动就",可以修饰名词性成分,"动辄 NP"例如:

(3) 臣等生长汉地,开口仰食,岁时赏赐,动辄亿万。(《后汉书·南匈奴传》)

也可以修饰谓词性成分,"动辄 VP"中的 VP 可以是消极的,例如:

(4) 布性决易,所为无常。顺每谏曰:"将军举动,不肯详思,忽有失得,动辄言误。误事岂可数乎?"(《后汉书·吕布传》)

还可以是积极的或中性的,例如:

(5) 为傅尽忠,动辄规谏;事上勤,与人恭。(《三国志·吴东·是仪传》)

(6) 池边多平沙。沙上鹅鹕鸥鸹鸡鹢鸿鸥动辄成群。(汉《西京杂记》卷1)

约在唐代时,出现了"动辄得咎"的用法,例如:

(7) 跋前踬后,动辄得咎。(唐·韩愈《进学解》)

"动辄得咎"后来凝固为成语,意思是"动不动就受到责备或处分",后世沿用得多,例如:

(8) 今伊川、晦庵二先生,言为世法,行为世师,道非不弘,学非不粹,而动辄得咎,何也?(宋·俞文豹《吹剑外录》)

自此"动辄 VP"中的 VP 大多是消极性的。也正是在唐宋,连用的副词"动"和"辄"在"动辄 VP"结构中词汇化为双音副词"动辄"。词汇化后"动辄"意思基本上没变,基本还是两个连用副词意义的叠加,但使用的褒贬色彩变了,除了零星一些仿古的积极或中性的用法外,"动辄"修饰的 VP 基本都是消极性的、不好的,例如:

(9) 传闻金人掌受纳物者多不逊,求瑕指疵,动辄退易,官吏难逃其责,至于棒殴。(宋·丁特起《靖康纪闻》卷上)

(10) 当时幸而有一天祺居官,故可为之。万一无天祺,则又当如何?便是动辄室碍难行。(宋《朱子语类》卷 63)

明清时期,副词"动辄"的这种倾向越发明显,所修饰的 VP 有的是客观上不好的情况,例如:

(11) 李彪、张善,一为根寻,一为店主,动辄牵连,肯杀人以自累乎?必有别情,监候审夺。(明《二刻拍案惊奇》卷 21)

(12) 那时焦氏将脸皮翻转,动辄便是打骂。(明《醒世恒言》卷 27)

(13) 就使有等稍知自爱的,又苦于众人皆醉,不容一人独醒,得了百姓的心,又不能合上司的式,动辄不是给他加上个"难膺民社",就是给他加上个"不甚相宜",轻轻的就端掉了,依然有始无终,求荣反辱。(清《儿女英雄传》第 1 回)

有的所修饰的 VP 是说话人主观上认为不好的情况,例如:

(14) 小弟最恨而今术士托于郭璞之说,动辄便说:"这地可发鼎甲,可出状元。"(清《儒林外史》第 44 回)

(15) 至于宗族中,只有大爷叔叔哥哥兄弟的称呼;即使房分稍远,也必称"某几大爷""叔叔家的几哥哥、几兄弟",从不曾听得动辄称别号的。(清《儿女英雄传》第 29 回)

(16) 小云道:"那上头的人,动辄嘴里就念诗,你说他是有意,是无意?"(清《二十年目睹之怪现状》第 50 回)

古汉语中副词也常用语修饰名词,"动辄"词汇化后,也可修饰名词,名词大多是表数量的,大多也是说话人主观上认为超出一般的不赞同的情况,例如:

(17) 到了现在声名越大,场面越阔,缠头一掷,动辄万千。(清《孽海花》第 35 回)

3.4.1.3.2 "随即"

副词"随即"原本是副词"随"和"即"的连用。"随"是"随后"之义,"即"是"就"义。例如:

(1) 初煎乳时,上有皮膜,以手随即掠取,著别器中。(北魏《齐民要术》卷 6)

随着汉语文白的演变,"随"不太能单说单用,另外还有双音副词"随后"的竞争,"即"被"便、就"等替代,单说单用也很受限。在汉语双音化的作用下,两个单音连用的副词"随"和"即"就开始融合为一个双音副词,表示"随后就,立刻"之义。"随"和"即"的语义都很完整。例如:

(2) 其婿柱国乙费贵、大将军大利稽佑家赀皆千万,每营给之。敏随即散尽,而帝不之责。(《北史·元敏传》)

(3) 平时明知此事不是,临时却做错了,随即又悔。(宋《朱子语类》卷 18)

(4) "心融",恐是功深力到处,见得道理熟了,故言入于心,随即融化,更无渣滓。(宋《朱子语类》卷 24)

当"随即"词汇化后,还可以再用上一个"就",表明"即"已成为词内成分,例如:

(5) 烦师父回庵去,随即就到。(明《喻世明言》卷 4)

(6) 范老爷那病随即就好了,却不想又有老太太这一变。(清《儒林外史》第 4 回)

3.4.1.3.3 "早已"

《说文》:"早,晨也。"本义是早晨。《字汇》:"早,先也。"可用作时间副词,表

"很早",例如:

(1) 和帝怜章早孤,数加赏赐。(《后汉书·淮阳顷王昞传》)

《尔雅·释诂》:"已,成也。"《玉篇》"已,毕也。"《广韵》:"已,止也。"本义是指"完毕""停止",由此引申为副词用法,表"已经"。例如:

(2) 道之不行,已知之矣。(《论语·微子》)

副词"早"和"已"约在中古出现连用,是两个副词义项的叠加"很早已经"的意思,句法层次应是"[早[已 VP]]",例如:

(3) 圆景早已满,佳人犹未适。(南朝·谢灵运《南楼中望所迟客》)

(4) 王司州与殷中军语,叹云:"己之府奥,早已倾泻而见;殷陈势浩汗,众源未可得测。"(南朝宋·刘义庆《世说新语·赏誉》)

(5) 支道林问孙兴公:"君何如许掾?"孙曰:"高情远致,弟子早已服膺;一吟一咏,许将北面。"(南朝宋·刘义庆《世说新语·品藻》)

汉语两个音节构成一个标准音步。随着汉语双音化,两个单音的副词"早"和"已"逐渐词汇化为一个双音副词"早已","早已 VP"重新分析为"[早已[VP]]",例如:

(6) 后来登甲乙,早已在蓬瀛。(唐·刘禹锡《历阳书事七十韵》)

(7) 师鲁忽举头曰:"早已与公别,安用复来?"(宋·沈括《梦溪笔谈·神奇》)

(8) 张氏母子相扶,一步步捱到驿前。杨都督早已分付驿官伺候,问了来历,请到空房饭食安置。(明《喻世明言》卷8)

(9) 严贡生道:"呸!我早已打算定了,要你瞎忙!二房里高房大厦的,不好住?"(清《儒林外史》第6回)

"早已"词汇化后,与词汇化前连用的意思基本相同,表"很早已经,早就"义,仍是两个连用副词意义的叠加。跨层词汇化演变中,大多数意义要有或多或少的变化,但也有一小部分意义变化较小,比如"早已",这种和汉语双音化的关系较大。

3.4.1.3.4 "早就"

"早就"原本也是两个副词的连用,连用时,在韵律上处于一个音步之中,词汇化后与"早已"意思接近,"就"的意义变得模糊,故此,我们认为"早就"已经成词。《现代汉语词典》(第7版)虽然没有收录"早就",但解释副词"早已":"很早已经;早就",用"早就"解释"早已"。《汉语大词典》收录了"早就",认为是"早已经"之义。张斌(2001)《现代汉语虚词词典》收录了"早就",认为其是副词,意义和用法与"早已"相同,但口语色彩较浓。

"早就"最初出现是在清代,例如:

(1) 又恐你恋着师弟姊妹情肠,不忍分离,倒要长途牵挂,因此早就打定主意,不合你叙别。(清《儿女英雄传》第 22 回)

(2) 今日爷、奶奶家庭小宴,他早就该在此伺候,怎的此时倒从外来呢?(清《儿女英雄传》第 31 回)

(3) 我不能够,我不能够,没有胜三大伯在此,我早就拿竹杆(竿)子,把他豁拢啦。(清《三侠剑》第 1 回)

"早就"前面或后面还可再出现别的状语成分,例如:

(4) 邱成说道:"我用刀早就堵住啦,并没见人出来。"(清《三侠剑》第 1 回)

(5) 自从金头虎喊叫要打鹿的时候,那紫面判官邱锐却早就看上他啦。(清《三侠剑》第 1 回)

"早就"词汇化后,主要是"早"的意思,表示事情已经发生很久了,"就"的意义变得模糊,例如:

(6) 这个人,不用介绍,他们早就认得的。(周立波《山乡巨变》)

3.4.1.4 具有词汇化倾向的"再也""也就"

"再也"有形成副词的词汇化倾向(董秀芳 2016[2004]:217－223)。"再也"最初是两个副词的连用,"再"从频度副词的"又"发展出"无论如何、怎么"的意思,"也"表示相类事件的追加,"再也"连用表示"无论如何也,怎么也",例如:

(1) 日头只在天上照耀,叫他下去,那日头就相似缚下一条绳子,再也不下去。(明《警世通言》卷 40)

词汇化后,"再也"表示"永远"义,例如:

(2) 如今晓得老爹的法了,再也不敢冒犯老爹。(明《喻世明言》卷 19)

此外,董秀芳(2016)还认为"也就"是两个副词的连用,在将来也可能成为一个词,与"就"意思基本相同。例如:

(3) 经济发展了,就业机会自然也就多了。(王朔《浮出海面》)

3.4.2 副词＋介词→副词

由"副词＋介词"跨层词汇化为副词的主要有"聊以""特为"等。

3.4.2.1 "聊以"

《说文》:"聊,耳鸣也。"虚词与本义无关,而是假借字。《玉篇》:"聊,且略之辞"(《古代汉语虚词词典》1999)。"聊"作为副词,表"聊且、姑且、暂且"义,先秦已有用例,例如:

(1) 娈彼诸姬,聊与之谋。(《诗·邶风·泉水》)

例中"聊"是副词,修饰谓语成分"与之谋",其中"谋"是谓语中心动词,"与之"是介宾短语作"谋"的状语。

同理,"以"本是介词,副词"聊"与介词"以"连用时,往往构成"[聊[以(之)VP]]"结构,"聊"和"以"不在同一层次。不过与例(1)中的介词"与"不同的是,"聊+以"连用中介词"以"的宾语"之"经常省略,形成"聊以 VP"形式,表示"姑且用(它)来 VP"例如:

(2)《诗》曰:"优哉游哉,聊以卒岁",知也。(《左传·襄公二十一年》)

(3) 登大坟以远望兮,聊以舒吾忧心。(《楚辞·九章》)

因为介词"以"的宾语经常不出现,介引功能逐渐弱化,无所依托,就逐渐前附"聊",在双音化的作用下,"[聊[以 VP]]"重新分析为"[聊以[VP]]","聊以"就词汇化为一个副词,表示"姑且用来",例如:

(4) 有相识小人贻其餐,肴案甚盛,真长辞焉。仲祖元:"聊以充虚,何苦辞?"(南朝宋·刘义庆《世说新语·方正》)

(5) 余五十之年,忽焉已至,永言身事,慨然多绪,乃为之赋,聊以自慰云。(《隋书·卢思道传》)

(6) 如此者,只是不为己,不求益;只是好名,图好看。亦聊以自诳,如南越王黄屋左纛,聊以自娱尔。(宋《朱子语类》卷8)

现代汉语中,副词"聊以"大多用在书面语体中,大多是沿用一些古代的四字格形式,如"聊以自慰""聊以充饥"等。

3.4.2.2 "特为"

"特+为"最初是副词"特"与介词"为"的连用,介词"为"的宾语经常省略,往往构成"[特[[为(之)]VP]]"结构。其中"特"为副词,表"特地"之义,修饰其后的谓词性成分,介词"为"与其后宾语组成介宾短语作谓语动词 VP 的状语,"特"和"为"不在同一句法层次。"特+为"意思是"特地为(它)……"例如:

(1) 前后郡守招命莫肯至,唯蕃能致焉。字而不名,特为置一榻,去则县之。(《后汉书·陈蕃传》)

(2) 明乃首服,具列支党。表以状闻。权奇之,欲全其名,特为赦明,诛戮其党。(《三国志·吴志·陈表传》)

例(1)(2)中介词"为"的宾语"陈番""之"因在上文出现而省略。

介词"为"的宾语经常不出现,使得其介引功能逐渐弱化,无所依托,在双音化作用下,就前附于其前的副词"特",跨层词汇化为一个双音副词"特为",主要是"特"的语义"特地","为"的语义消失了。例如:

(3) 他人则不可得见,缘与公是亲情,特为致之。(宋《太平广记》卷385)

(4) 今日只是没奈何,特为相浼。(明《三宝太监西洋记》第67回)

(5) 这几位朋友,都是我的相好,今日听见凤四哥到,特为要求教的。(清《儒林外史》第52回)

现代汉语中"特为"主要用于书面语中,例如:

(6) 我因为在办公室里,不好来同你说,所以今天特为约你出来,想和你来谈一谈。(郁达夫《出奔》)

3.4.3 副词+连词→副词

3.4.3.1 "忽而"

现代汉语的副词"忽而"是副词"忽"与连词"而"跨层词汇化形成的(刘红妮2009a)。

《说文》:"忽,忘也。"虚词"忽"与本义无关,而是"颮"的假借字。《说文通训定声》:"忽,假借为颮。"《广雅·释诂》:"颮,疾也。"可用作副词,可表示某种现象或动作出现迅速或情况来得突然,出人意料,如:《列子·汤问》:"凉风忽至,草木成实。"

《说文解字》:"而,须也。"段玉裁注:"须也。象形。引伸假借之为语词,或在发端,或在句中,或在句末。"本义为胡须,在先秦时已经不常用,秦汉以后完全消失了。虚词"而"是假借字,以用作连词最为常见。连词"而"的用法也非常复杂,可连接词、词组表示并列、转折、相承等关系,如:"敏于事而慎于言"(《论语·学而》);用在偏正结构,连接状语和谓语动词,如:"吾尝终日而思也,不如须臾之所学也"(《荀子·劝学》);用在主谓结构,连接主语和谓语,表示设定或强调的意思,如:"人而无信,不知其可也"(《论语·为政》)。

"忽"与"而"最初连用是在"[忽]而[VP]"结构中,其中"忽"是副词,作状语,表示某种现象或动作出现迅速或情况来得突然,出人意料;"而"是连词,用在偏正结构,连接状语和谓语动词。"忽"与"而"不构成直接的句法结构关系,例如:

(1) 荷衣兮蕙带,儵而来兮忽而逝。(《楚辞·九歌》)

(2) 宋忠、贾谊忽而自失,芒乎无色,怅然噤口不能言。(《史记·日者列传》)

例(1)"儵而来"与"忽而逝"对举,例(2)"忽而自失"与"芒乎无色"对举,"忽"和"而"都具有各自的句法功能,属跨层连用。

汉代及六朝的用例,例如:

(3) 还过枳道,见物如仓狗,槷高后披,忽而不见。(《汉书·五行志中之上》)

(4) 石五采而横峰,云千里而承荨,日炯炯而舒光,雨屑屑而稍落,紫茎绕迳始参差,红荷绿水才灼烁。忽而精飞视乱,意徙心移,绮靡菱盖,怅望蕙枝。(南朝梁·江淹《水上神女赋》)

唐代"忽而"的使用频率明显上升,随着"而"用在偏正结构,连接状语和谓语动词的用法逐渐衰落(刘红妮 2019b:130),"而"的连接功能弱化,文白演变下"忽"不太能单说单用,唐代,在高频使用和双音化的作用下,"忽"和"而"逐渐词汇化为一个独立的副词,表示一个凝固的整体义"忽然","忽//而//VP"重新分析为"忽而//VP",句法层次变为:"[[忽而]VP]"。例如:

(5) 遂以其水屈曲遗流,周而复始,因即疾驱,忽而不见。(唐《大唐西域记》卷12)

(6) 心化便无影,目精焉累烦。忽而与霄汉,寥落空南轩。(唐·常建《张天师草堂》)

(7) 皇帝曰:"他有何罪愆,忽而斩之?"(《敦煌变文集》)

副词"忽而"主要有两种句法位置,一种是用于主语后谓语前,如:

(8) 后李君方欲捕金闺,案理旧事,雪崔生之冤,金闺忽而逃去不知所在。(宋《太平广记》卷334)

更多的是用在小句句首,例如:

(9) 准不肯从,忽而心痛不可忍。(宋《太平广记》卷334)

(10) 李远等却不侵搅地方,待奔至,忽而将仓廒放火烧将起来。(明《续英烈传》第23回)

清代,"忽而"单用也主要是这两种用法,例如:

(11) 庞国丈心中不悦,暗想:这包黑子忽而还朝,不知何故,只愿他月月年年不在老夫目前,我便心安。(清《狄青演义》第49回)

(12) 玄珠大怒,披发仗剑踽步而出,书符念咒,请来雷公电母,青天白日之下,忽而天地昏暗,日色无光。(清《八仙得道》第68回)

成词前连词"而"主要是语法语义,又弱化衰落,因此成词后的"忽而"语义上主要是"忽"的语义,表"忽然"之义,表示情况发生得迅速而又出乎意料。"而"成为词内成分,不再具有原本的表连接语法意义和功能。例如:

(13) 此气如何忍受得住?但见他面上忽而现出红光,忽又露出青筋,满脸孔不悦之情,完全流露出来。(清《八仙得道》第75回)

例中前用副词"忽而",后用"忽","忽而"语义上与"忽"相似。

此外，清代副词"忽而"大多同时用在意义相对或相近的动词、形容词等前头，出现"忽而……忽而……"的叠用格式，表示"一会儿……一会儿……"，这种叠用格式出现频率和范围远高于"忽而"单用，例如：

（14）但见他听着，忽而摇头，忽而点头，忽而抬头，忽而低头，那心里大约是惊一番，喜一番，感一番，痛一番，直等他把话听完了，才透过这口气来。（清《儿女英雄传》第 12 回）

3.4.3.2 "时而"

副词"时而"是时间副词"时"和连词"而"的跨层结构词汇化形成的（刘红妮 2009a）。

《说文解字》："时，四时也。从日寺声。"段玉裁注："本春秋冬夏之称，引伸之为凡岁月日刻之用。""时"本为时间名词，义为"季节"。另外还可引申为"时间"等义。因为季节有更替、间隔一定的时间，所以当其用于句首或谓语前可引申虚化为时间副词，表示动作、行为是不定发生、出现的，可译为"有时"，例如：

(1) 如彼大虫，时亦弋获。（《诗·大雅·桑柔》）

这种表示动作、行为是不定发生、出现的时间副词"时"可叠用，例如：

(2) 众人之为礼也，以尊他人也，故时劝时衰。（《韩非子·解老》）

"时……时……"后面通常用单音词，一直沿用到现在，如"时断时续、时快时慢"，构成四字结构，这和汉语的韵律有密切的关系。

副词"时"和连词"而"的跨层结构"时而"中的"而"连接表时义的状语和谓语动词，形成"时而 VP"结构，层次为[[时]而[VP]]。

先秦"时"与"而"的连用中，大多数是名词"时"，与副词"时而"无关，有少量的副词"时"与连词"而"的连用，意思是"有时而 VP"，例如：

清代及以前，"时而 VP"用得较少，"有时而……有时而……"用得相对较多，例如：

（3）二小姐辩论假真，推测成败，忽悲忽喜，或感或伤，有时而两相慰藉，有时而各自愁烦，不是有所思而作娇痴，便是默无言而弄幽悄。（清《平山冷燕》第 14 回）

清代"时而"连用显著增多。究其原因，主要是随着文白演变"时"不太能单说单用，同样的意思白话里要用"有时"，"而"用在偏正结构，连接状语和谓语动词的用法逐渐衰落（刘红妮 2019b：130），在高频使用和双音化的作用下，在谓语前状语位置的"时"和"而"跨层词汇化为一个双音副词"时而"，意思从"有时而发生"自然变为"不定时地重复发生"，"[[时]而[VP]]"重新分析为"[[时而

VP]"。副词"时而"主要用在句中,例如:

(4) 自是三数日辄一来,时而留宿缱绻,家中事就便经纪。(清《聊斋志异》卷2)

(5) 吾闻之地有水怪山妖,时而作雾兴云,是地若此,恐不利人居住。(清《绣云阁》第8回)

(6) 顷见山魈往来,愈聚愈伙,有至高者,有低于至高者,四面窥伺,时而自相舞斗,不胜者哀号震地,骇人闻听。(清《绣云阁》第16回)

"时而"也可用在句首,例如:

(7) 时而恶佃决僧首瘗床下,亦不甚穷诘,但逐去之,其积习然也。(清《聊斋志异》卷7)

(8) 时而李夫人馈送时果名花,佳肴旧酝,或以肩舆相招至署,与稷如论古谈兵,指陈破贼方略。(清《花月痕》第11回)

在此基础上,清代还出现了大量叠用的"时而……时而……"构式,表示"不同的现象或事情在一定时间内交替发生"。例如:

(9) 每一篇文章,再不能从头至尾读完,只读到半篇上,他自己就和鬼说起话来。时而蹙眉,时而喜笑,进而长叹愤怒,一刻之中,便有许多的变态。(清《绿野仙踪》第55回)

3.4.3.3 "俄而/蛾而/俄尔"

现代汉语的副词"俄而"原本是"副词+连词"的跨层结构,层次为"[俄[而]VP]",其中"俄"是表示短暂义的时间副词,用作状语,"而"是连接状语"俄"与谓语中心语VP,二者不在同一句法层次内。"凡状字言时者,与非状字而亦记时者,皆可自为上截而以'而'字承之也。"(《马氏文通》1983[1898]:286-287),例如:

(1) 至乎地之与人则不然,俄而可以为其有矣。(《公羊传·桓公二年》)

先秦汉语中,"俄而"均为两个词的连用(陈宝勤1994),例如:

(2) 乡也,胥靡之人,俄而治天下之大器举在此,岂不贫而富矣哉。(《荀子·儒效》)

(3) 俄而子舆有病,子祀往问之。(《庄子·大宗师》)

(4) 人有鬻矛与楯者,誉其楯之坚,"物莫能陷也",俄而又誉其矛曰:"吾矛之利,物无不陷也。"(《韩非子·难势》)

"俄而"在汉代的用例,例如:

(5) 童子雕虫篆刻。俄而曰:"壮夫不为也。"(汉·扬雄《法言·吾子》)

（6）客曰："更为曲突,远徙其薪,不者恐有火患。"主人不听,俄而其家失火。邻人救之,幸而得息。(《汉书·霍光传》)

"俄而"在中古有不少的用例,《世说新语》中有 11 例,例如：

（7）谢太傅寒雪日内集,与儿女讲论文义,俄而雪骤,公欣然曰："白雪纷纷何所似?"(南朝宋·刘义庆《世说新语·咏雪》)

（8）谢公与人围棋,俄而谢玄淮上信至,看书竟,默然无言,徐向局。(南朝宋·刘义庆《世说新语·雅量》)

（9）相者立视之,曰："犹应出折臂三公。"俄而祜坠马折臂,位果至公。(南朝宋·刘义庆《世说新语·术解》)

《三国志》中有 6 例,例如：

（10）时关羽攻曹公将曹仁,禽于禁于樊。俄而孙权袭杀羽,取荆州。(《三国志·蜀志·先主传》)

（11）亮卒,以琬为尚书令,俄而加行都护,假节,领益州刺史,迁大将军,录尚书事,封安阳亭侯。(《三国志·蜀志·蒋琬传》)

中古以降,这种状中式偏正结构中连接状语和谓语动词的"而"的功能逐渐衰落(刘红妮 2019b:130),随着文白演变,"俄"不能单说单用,加上汉语双音化的作用,副词"俄"和连词"而"就逐渐跨层词汇化为一个双音副词"俄而"。

唐宋时期,"俄而"仍有一定程度的使用,例如：

（12）至忠尝与友人期街中,俄而雪下,人或止之。(唐·刘肃《大唐新语·友悌》)

（13）明日沐浴,衣新衣,端坐合掌。俄而异香满户,子云喜曰："化佛来矣,且迎吾行。"(宋《太平广记》卷 101)

（14）贯既伏诛,其死所忽有物在地,如水银镜,径三四尺,俄而敛缩不见。(宋·陆游《老学庵笔记》卷 3)

明清时期,随着文白的演变,"俄而"的使用频率显著下降,主要用在一些书面、文言的文献中,例如：

（15）宋高宗建炎间,金人寇江左,欲焚毁宫殿。俄而水自樌桶喷出,火不能烧,房酋大惊,乃彻兵而去。(明《警世通言》40 卷)

（16）老尼见言不入,别以他词乱之。俄而鸡鸣四野,日出东方,男子数人,肩舆竟去。(清《绣云阁》第 61 回)

在现代汉语中"俄而"使用更是明显下降,北大 CCL 现代语料库里只有 76 例。

此外,"俄而"又作"蛾而"(《马氏文通》1983[1898]:287),例如:

(17) 始为少使,蛾而大幸。(《汉书·班婕妤传》)师古云:"'蛾'与'俄'通"。

"俄而"亦作"俄尔"(《汉语大词典》1986),例如:

(18) 石季龙在邺,有一马尾有烧状,入其中阳门,出显阳门,东宫皆不得入,走向东北,俄尔不见。(《晋书·五行志下》)

(19) 夜阑就寝,备尽缱绻,俄尔晨鸡报曙,女起告辞。(唐·薛用弱《集异记·李汾》)

其实,六朝时已有"俄尔"的用例,例如:

(20) 妇人去,后置以瓴篱,覆之以盘,俄尔顶虫乃化为犬。(晋·干宝《搜神记》卷14)

(21) 犬运水困乏,致毙于侧。俄尔信纯醒来,见犬已死,遍身毛湿,甚讶其事。(晋·干宝《搜神记》卷20)

唐宋时"俄尔"仍有用例,例如:

(22) 台上忽见一点云起,俄尔之间,重云遍山。(唐《入唐求法巡礼行记》卷3)

(23) 后月余日,有一妖马,髦尾皆有烧状,入中阳门,出显阳门,东首东宫,皆不得入,走向东北,俄尔不见。(宋《太平广记》卷88)

明清及现代渐趋衰落,偶有用例。

3.4.3.4 "已而"[①]

"已而"在现代汉语里有副词的用法,多用于书面语,表"不久;继而"之义(《现代汉语词典》第7版),例如:

(1) 突然雷电大作,已而大雨倾盆。

副词"已而"原本是"副词+连词"跨层结构,其中"已"是表示"不久"义的时间副词,用作状语。"而"是连词,连接时间状语"已"和谓语VP,句法层次为"[[已]而[VP]]"。

《尔雅·释诂》:"已,成也。"《玉篇》:"已,毕也。"《广韵》:"已,止也。"其本义当指行为的"完毕""停止"。由此义引申为副词用法,先秦已有用例。"已"作副词时还有"已经"义,主要是用在动词等前,这种副词"已"和副词"已而"无关。与副词"已而"有的是表"不久"义的副词"已",它经常用于复句的后一分句,表示前

[①] "已而"还有助词用法,表"罢了"义(《现代汉语词典》第7版),通过考察我们发现它是"动词'已'+助词'而'"跨层词汇化而来的。副词"已而"与助词"已而"没有先后衍生的关系。对助词"已而",我们在"从跨层结构到助词"一章进行探讨。在此我们主要探讨副词"已而"。

一分句叙述的情发生不久,便出现后一分句叙述的情况,例如:

(2) 韩王成无军功,项王不使之国,与俱至彭城,废以为侯,已又杀之。(《史记·项羽本纪》)

(3) 庭中始为篱,已为墙,凡再变矣。(明·归有光《项脊轩志》)

另外表"不久"义的副词"已"也经常和连词"而"连用,形成"VP₁,已而VP₂"结构。"已"是言时状字,今皆自为上截,而以"而"字承之(马建忠 1983[1898]:287)。例如:

(4) 使郑、梁一国也,已而别,今愿复得郑而合之梁。(《韩非子·内储说上》)

(5) 少君曰:"此器齐桓公十年陈于柏寝。"已而案其刻,果齐桓公器。(《史记·孝武本纪》)

(6) 初,赵盾在时,梦见叔带持龟要而哭,甚悲,已而笑,拊手且歌。(汉·刘向《说苑·复恩》)

上述"而"后是动词或动词性短语,"而"还可以连接主谓俱全的小句,例如:

(7) 管仲贫困,常欺鲍叔,鲍叔终善遇之,不以为言。已而鲍叔事齐公子小白,管仲事公子纠。(《史记·管晏列传》)

中古以后,副词"已"表"不久"义的用法逐渐衰落,更多的是表"已经"义,一直延续到现代汉语。连词"而"连接状语和谓语的用法也逐渐衰落,加上双音化的作用,两个单音成分副词"已"和"而"就逐渐跨层词汇化为一个新的双音副词"已而",也表示原本的"已"的语义"不久",例如:

(8) 苍颜白发,颓然乎其间者,太守醉也。已而夕阳在山,人影散乱,太守归而宾客从也。(宋·欧阳修《醉翁亭记》)

(9) 存伏兵萧县,已而瑾果与溥俱出迷离,存发伏击之。(《新五代史·梁臣传·霍存》)

3.4.3.5 "既而"①

"既而"是现代汉语里的一个副词,用在全句或下半句的开头,表示上文所说的情况或动作发生之后不久,表"不久;继而"之义。

副词"既而"是由表"不久"义的副词"既"和连词"而"跨层结构词汇化形成的。其中"既"是表"不久"义的时间副词,用作状语。"而"是连词,连接时间状语"既"和谓语VP,句法层次为"[既]而[VP]"。

---

① "既而"在《现代汉语词典》(第7版)里标注为连词,张斌(2001)《现代汉语虚词词典》、侯学超(1998)《现代汉语虚词词典》等均标注为副词。结合历时看,我们认为"既而"与"已而"等一样也是表"不久"义的副词"既"和连词"而"跨层词汇化形成的,演变结果也应是副词,故将其归为副词。

《说文》:"既,小食也。"段注:"引伸之义为尽也、已也。""既"原本是动词,由本义引申为"完、尽、已"之义,例如:

(1) 日有食之,既。(《春秋·桓公三年》)

又由此虚化为副词,其副词义有三:完全、已经、不久。其中只有当"不久"义的副词"既"既可以用在句首主语或谓语之前,后面又可以加连词"而";当"已经"和"完全"义讲的"既"则不能(解惠全1987),例如:

(2) 新筑人仲叔与奚救孙桓子,桓子是以免。既,卫人赏之以邑,辞。(《左传·成公二年》)

(3) 遂寘姜氏于城颍,而誓之曰:"不及黄泉,无相见也!"既而悔之。(《左传·隐公元年》)

马建忠《马氏文通》(1983[1898]:286-287):"凡状字言时者,与非状字而亦记时者,皆可自为上截而以'而'字承之也。左隐元:'既而太叔命西鄙北鄙贰于己。''既'言时,状字也,今为上截,后以'而'字承之。史记管晏列传……又云,既而贵,其妻请去……""所谓'既''已''今''迨''俄'者,皆言时状字也,今皆自为上截,而以'而'字承之。"可见"既而"原本是"副词+连词"的跨层结构。除了"既而"及上文探讨过的"已而""俄而"外,类似的还有古汉语中的"今而、迨而",原本都是时间义副词和连词的连用。

表"不久"义的副词"既"经常和连词"而"连用,形成"VP_1,既而 VP_2"结构,在先秦有大量的用例,再例如:

(4) 郑伯始朝于楚。楚子赐之金,既而悔之,与之盟曰:"无以铸兵!"(《左传·僖公十八年》)

(5) 请京,使居之,谓之京城大叔。……既而大叔命西鄙、北鄙贰於己。(《左传·隐公元年》)

(6) 晋侯许赂中大夫,既而皆背之。(《左传·僖公十五年》)

"既而"在汉代和中古也有较多的连用,例如:

(7) 卫国之法,窃驾君车者罪至刖。既而弥子之母病,人闻,往夜告之,弥子矫驾君车而出。(《史记·老子韩非列传》)

(8) 杜请裴追之,羊去数里住马,既而俱还杜许。(南朝宋·刘义庆《世说新语·方正》)

(9) 初,衍未有子,以正表兄正德为子,既而封为西丰侯。(《魏书·萧正表传》)

和"已而"类似,中古以后,副词"既"表"不久"义的用法逐渐衰落,连词"而"

连接状语和谓语的用法也逐渐衰落,加上双音化的作用,两个单音成分副词"既"和"而"就逐渐跨层词汇化为一个新的双音副词"既而",也表示原本的"既"的语义"不久",例如:

(10) 三思见之,愔先哭甚哀,既而大笑。(唐·刘肃《大唐新语·著述》)

(11) 昉初到寺,毛孔之中,尽能见物。既而弟子进食,食讫,毛孔皆闭如初。(宋《太平广记》卷95)

副词"既而"还可用在主语后谓语前,例如:

(12) 曰:"说话难……未至沦没。"先生既而又曰:"某晓得公说底。盖马首可络,牛鼻可穿,皆是就人看物处说……"(宋《朱子语类》卷62)

明清时期,随着文白演变,作为书面文言副词"既而"一方面使用频率急剧下降,另一方面,和"始而""先是"等关联词搭配使用,和"继而"有一定程度的中和。例如:

(13) 想世宗何等英断,始而曰丰衍,既而曰空凄,尚未有定见如此,况臣下书生臆断乎!(明·沈德符《野获编补遗》卷1)

(14) 只听殿上先是饮酒欢呼之声,既而各散,并未打听出什么消息。(清《七剑十三侠》第130回)

3.4.4 副词+助词→副词

"副词+助词"跨层词汇化为副词的主要是"副词+句中语气助词→副词"一类。其中的语气助词主要用在句中表示停顿的句中语气词。一般而言,古今汉语副词的基本作用就是修饰动词和形容词,修饰谓语,充当状语,当然古代汉语的副词还能修饰名词谓语。古汉语中有一些句中语气词,如"乎""来""个"等,可以用在句中一些副词后表示停顿,二者发生连用,后来发生跨层词汇化,形成一个单一的新副词。

现代汉语的双音副词"确乎、断乎、庶乎",历史上原本是"单音副词+句中表停顿的语气词'乎'"的跨层组合,后来词汇化为双音副词。

此外,现代汉语的副词"真个"也是由副词和句中表停顿的语气助词跨层词汇化形成的。

还有一些双音副词也可和句中语气词"乎""来"跨层连用并成词,变成一个三音副词,如"庶几乎、几几乎、无怪乎、无须乎""何苦来、到头来"等。它们与原本的双音副词用法上有一些细微差异,这主要是受到源结构中句中语气词来源的"来"和"乎"的影响。"来"和"乎"作为句中语气词用法的逐渐衰落,是重新分析发生的主要原因(刘红妮 2019c)。

3.4.4.1 "确乎"

《说文》:"乎,语之余也。"段注:"意不尽,故言乎以永之。""乎"的虚词用法是它的本义。"乎"在古代汉语中经常用作语气词。用作语气词时,除了用句末语气词,还可以作为句中语气词用在句中某些词语后面,表示语气在该处稍作停顿,以着重突出它前面的词语。例如:

(1) 郁陶乎予心。(《书·五子之歌》)

(2) 子曰:"不有祝鮀之妄,而有宋朝之美,难乎免于今之世也。"(《论语·雍也》)

历时上有一些单音副词可以和句中语气词"乎"发生进一步演变,再词汇化为一个新的副词。

"确",本作"塙",《玉篇》:"确,坚固也。"本义为"坚固",为形容词,例如:

(3) 夫乾确然,示人易矣。(《易·系辞下》)

引申为"坚定、坚决"义,例如:

(4) 堂堂孔明,基宇宏邈……初九龙盘,雅志弥确。(晋·袁宏《三国名臣序赞》)

又由形容词语法化为副词,表示态度表态度的坚决、坚定,用在动词前,作状语,例如:

(5) 进拜尚书令,子仪确让。(《新唐书·郭子仪传》)

词义再引申为"的确",例如:

(6) 又搜出明修破衲袄内钗、洱、戒指,叫萧辅汉认过,确是伊女插戴之物。(明《包公案》第1回)

表示停顿的句中语气词"乎"的用法在后世逐渐衰落,现代汉语中已基本消失。再加上双音化的影响,表"的确"义的副词"确"和表示停顿的句中语气词"乎"从跨层连用逐渐词汇化为一个新的副词"确乎",例如:

(7) 实告郎君,妾身确乎不是人类。(清《八仙得道》第 10 回)

(8) 而仙人又确乎都是凡人修炼而成的。(清《八仙得道》第63 回)

值得注意的是,在此之前也有"确+乎"的连用,但大都是形容词"确"和句中语气词"乎"的连用,和副词"确乎"无关。例如:

(9) 乐则行之,忧则违之,确乎其不可拔,潜龙也。(《易·乾》)

这里的"确乎"是"坚而高貌;坚刚貌"之义,陆德明《经典释文》:"郑云:'坚高之貌。'《说文》:'高至。'"

此外,还有的是"确乎"是"把握;持重"之义,也和副词"确乎"无关。例如:

(10) 若能确乎正式,使文明以健,则风清骨峻,篇体光华。(南朝梁·刘勰《文心雕龙·风骨》)

现代汉语中,副词"确乎"仍然使用,《现代汉语词典》(第7版)也有所收录。例如:

(11) 中等经济的人家,确乎是紧起来了。(朱自清《回来杂记》)

(12) 他确乎有一点像一棵树,坚壮,沉默,而又有生气。(老舍《骆驼祥子》)

(13) 这时的梁永生,确乎是正在一面听汇报一面想问题。(郭澄清《大刀记》)

3.4.4.2 "断乎"

"断",《说文》:"截也",本义是截断,折断。例如:

(1) 七月食瓜,八月断壶。(《诗·豳风·七月》)

后来用在动词前,由动词演变为副词,表示事实必定无疑,"一定、必定、绝对"之义,例如:

(2) 宁用终日,断可识也。(《易·系辞下》)

后来,副词"断"后较多地使用否定形式,例如:

(3) 二者断不食肉。(南朝梁·陶弘景《冥通记》卷1)

中古之后,用在句中表示停顿的语气词"乎"的用法逐渐衰落,在此基础上,表"绝对"义的副词"断"和表示停顿的句中语气词"乎"跨层组合,而后约在明代词汇化为一个新的双音副词"断乎",语义上主要是"断"的语义"绝对"。

《现代汉语词典》(第7版)也已经收录了副词"断乎",认为是"绝对"义,多用于否定式。但是汉语史上,副词"断乎"在明代有不少用于肯定式的例子,例如:

(4) 师父,我们的马断乎是那龙吃了,四下里再看不见。(明《西游记》第15回)

(5) 到此处见这样个情节,他必然不忿,断乎要与那妖精比并,管情拿得那妖精,救得我师父。(明《西游记》第30回)

(6) 没有别人,断乎是孙悟空那贼!(明《西游记》第52回)

(7) 那猴子千般伶俐,万样机关,断乎是那厮变作蟹精,来此打探消息。(明《西游记》第60回)

(8) 我曾听得人言,西方路上,有个敬道灭僧之处,断乎此间是也。(明《西游记》第44回)

也有一些用于否定式的例子,例如:

(9) 昔汉之锡魏,魏之锡晋,皆一时之用,断乎不可。(明《两晋秘史》第38回)

(10) 趁早去后门首,寻着他,往西方去罢。若再来犯我境界,断乎不饶!

(明《西游记》第 29 回)

(11) 这边路上将近佛地,断乎无甚妖邪,师父放怀勿虑。(明《西游记》第 24 回)

(12) 老龙道:"家乐儿断乎不敢,可曾有甚生人进来?"(明《西游记》第 60 回)

及至后来,"断乎"后面更多的是用于否定式,一直到现代汉语也是如此,例如:

(13) 湘莲听了,跌脚道:"这事不好,断乎做不得了!"(清《红楼梦》第 66 回)

(14) 我最恨这些东西!若要将他们收监,岂不又被他多活一天去了吗?断乎不行!(清《老残游记》第 5 回)

(15) 这是断乎不行的。(鲁迅《伪自由书·言论自由的界限》)

3.4.4.3 "庶乎"

现代汉语里"庶乎"是一个书面语副词,同"庶几",意思是"或许;大概",表示推测。它原本也是跨层结构,其中"庶"是副词,"乎"是句中表停顿的语气助词①,二者不构成直接的句法结构关系。

《说文》:"庶,屋下众也。"副词"庶"与本义无关,是假借字,先秦已有用例,后沿用于文言中。副词"庶"可表示对某种情况的猜测或估计,"或许""大概"等义,例如:

(1) 君姑修政而亲兄弟之国,庶免于难。(《左传·桓公六年》)

副词"庶"与句中语气词"乎"大约在中古出现连用,例如:

(2) 刘焉睹时方艰,先求后亡之所,庶乎见几而作。(《后汉书·刘焉传论》)

中古之后,用在句中表示停顿的语气词"乎"的用法逐渐衰落,表推测的副词"庶"和句中语气词"乎"逐渐词汇化为一个新的双音副词"庶乎",语义上主要是"庶"的语义,表"或许、大概"的推测义。例如:

(3) 列之问洎严公之对,皆庶乎知战之本也。(唐·柳宗元《非国语上·问战》)

(4) 不塞不流,不止不行。人其人,火其书,庐其居。明先王之道以道之,鳏寡孤独废疾者有养也。其亦庶乎其可也!(唐·韩愈《原道》)

(5) 及夫发谋决策,从容指顾,立定大计,谓千载而一时。功名成就,不居而去,其出处进退,又庶乎英魄灵气,不随异物腐散,而长在乎箕山之侧与颍水之湄。(宋·王安石《祭欧阳文忠公文》)

---

① 古汉语中"庶"和"乎"还有其他一些跨层用法,如"庶"和用于句末的语气助词"乎"的连用:晋其庶乎!吾臣之所争者大。(《左传·襄公二十六年》)子曰:"回也其庶乎!屡空。"(《论语·先进》)"乎"是句末语气词,与"庶"的分离性大,这类连用不会演变成用于句中表"或许、大概"的副词。

(6) 至诚恳恻以求之,其德化之及,庶乎有所观感也。(《元史·虞集传》)

(7) 一概痛绝之,亦庶乎救弊之一端也。(清·黄宗羲《明夷待访录·财计三》)

现代汉语中,因为"庶"和"乎"都是书面、文言词,所以二者跨层形成的"庶乎"也主要是用于仿古或书面语中。

3.4.4.4 "真个"

"真个"在现代汉语中是一个方言副词(《现代汉语词典》第7版)。

《说文》:"真,仙人变形而登天也。"段注:"此真之本义也。……引伸为真诚。"《玉篇》:"真,不虚假也。"表"的确、实在"义的副词用法因此申而来,表强调或确认。例如:

(1) 至于后戎寇真至,幽王击鼓,诸侯兵不至。(《吕氏春秋·疑似》)

"个"(箇、個),《说文》:"箇,竹枚也。""箇"本义是指"竹一枚",数量词。"箇"或作"个",俗又作"個"。六朝以后,可作为代词、助词。"个"用作助词时,除了可用在动词、表少量的量词后,还可用在副词后,起语音停顿及强调的作用,例如:

(2) 故园若有渔舟在,应挂云帆早个回。(唐·罗邺《入关》)

(3) 族类分明连琐玉吉,形容好个似螃蜞。(唐·皮日休《病中有人惠海蟹转寄鲁望》)

唐代,句中语气助词"个"也可用在副词"真"后,形成"真+个+VP"跨层连用,例如:

(4) 侬家真个去,公定随侬否。(唐·王维《酬黎居士淅川作》)

(5) 老翁真个似童儿,汲水埋盆作小池。(唐·韩愈《盆池》)

宋代,"真个"的使用频率上升,在《朱子语类》中就出现148例。随着高频使用、双音化及助词"个"的逐渐衰落,"个"跨层前附于"真",副词"真"和助词"个"逐渐演变为一个双音副词"真个",主要是"真"的语义,表"的确、实在"。大多数"真个"修饰动词性成分,例如:

(6) 圣人不是胡乱说,是他真个有发愤忘食、乐以忘忧处。(宋《朱子语类》卷34)

(7) 如此较牢固,真个是得而不失了。(宋《朱子语类》卷23)

(8) 子房之辟谷,姑以免祸耳,他却真个要做。(宋《朱子语类》卷135)

"真个"后面还可有副词性成分"恁地",说明"真个"已是副词。例如:

(9) 后来子(仔)细看,如大学"诚意"字模样,是真个恁地尽。(宋《朱子语类》

卷60)

"真个"也可修饰形容词性成分,例如:

(10) 如举天下说生姜辣,待我吃得真个辣,方敢信。(宋《朱子语类》卷5)

(11) 每中夜以思,不知手之舞之,足之蹈之也!看得来真个好笑!(宋《朱子语类》卷62)

明清时期,"真个"可修饰动词、形容词性成分,其后还可出现助词"的",例如:

(12) 小兄不远千里而来,得见妹子玉貌,真个是不枉奔波走这遭了。(明《二刻拍案惊奇》卷3)

(13) 你这蛮子,真个惫懒?(明《醒世恒言》卷34)

(14) 白脸儿狼道:"傻狗哇,你真个的把这书子给他送去吗?"(清《儿女英雄传》第4回)

副词"真个"在现代汉语中还偶有使用,例如:

(15) 小米步枪对大敌,斗争真个艰苦。(陈毅《枣园曲》)

3.4.4.5 "何苦来""到头来"

"来"在汉语中是一个多义词。《说文·来部》:"来,周所受瑞麦来麰……天所来也,故为行来之来。"段注:"自天而降之麦谓之来麰,亦单谓之来,因而凡物之至者皆谓之来。"《尔雅·释诂》:"来,至也。"动词"来"的含义是"(由别处而)至"。虚词"来","至"义已虚化,不表实义,有时表示一种趋向,可用作助词和语气词。用作语气词时,其中有一种用法是用于句末,另一种是表示曾经发生过什么事情,或事情已经终结(即后来常说的事态助词用法)。"来"用作语气词时,除了用于句末,还有一种用法是用于句中(包括小句句末),使语气略作停顿,起强调、着重的作用(《古代汉语虚词词典》1999:338)。例如:

(1) 原来纳粟入监的,有几般便宜:好读书、好科举、好中,结末来又有个小小前程结果。(明《警世通言》卷32)

而古汉语中原本已有一个词"结末",有动词和连词用法,为"结束;结果"之义,是连词用法。例如:

(2) 先前颜俊和钱青是一对厮打,以后高赞和尤辰是两对厮打,结末,两家家人,扭做一团厮打。(明《醒世恒言》卷7)

已经词汇化了的"结末"后面可以结合句中语气词"来",形成"结末来"组合,如例(1),如果长期连用,则会进一步形成新的连词"结末来"。

此外,历时上还有一些副词也可结合句中语气词"来"进一步演变,再词汇化为一个新的副词(刘红妮 2019c)。

3.4.4.5.1 "何苦来"

现代汉语中有双音副词"何苦",也有三音副词"何苦来",《现代汉语词典》(第7版)对它们的解释采用互相训释的方法:

"何苦":【副】何必自寻苦恼,用反问的语气表示不值得。也说"何苦来"。

"何苦来":【副】何苦。

从历时上看,副词"何苦来"是副词"何苦"成词后和表示停顿的句中语气词"来"从连用到凝固从而进一步词汇化形成的(刘红妮 2019c)。

首先看副词"何苦"的形成与发展。"何苦"最初是一个动宾式结构,"何"是一个疑问代词,为及物动词"苦"的前置宾语,"苦"表示"苦于"。例如:

(1) 吾以义兵从诸侯诛残贼,使刑余罪人击杀项羽,何苦乃与公挑战!(《史记·高祖本纪》)

(2) 此皆孤所不用,而可得马。何苦而不听其交易?(《三国志·吴志·吴主传》)

后来在长期的连用中,"何"与"苦"这两个分立的单音词逐渐跨层词汇化为一个双音副词"何苦",用反问的语气表示不值得做某事,表示否定其后成分所表示的行为,"苦"原本的"苦于"义弱化。例如:

(3) 踟蹰未死间,何苦怀百忧。(唐·白居易《效陶潜体诗十六首》)

(4) 如此,则人皆只就本州岛军试,又何苦就补试也!(宋《朱子语类》卷109)

(5) 似你有无量神通,何苦打杀许多草寇?(明《西游记》第 57 回)

(6) 我只不懂,这班人既是问心不过,不来此地自然也还有路可走,何苦定要拿性命来尝试?(清《儿女英雄传》第 35 回)

"何苦"从反问到表达一种委婉的规劝,这一推理过程与"何必"等"何 X"类词相同:"不直接否定对方,而是以疑问的方式来表达负面的意见,这是出于礼貌原则的一种话语策略"(董秀芳 2011[2002]:214)。

副词"何苦"成词后,有两种发展。一种是因为谓词性成分 VP 的省缩,"何苦"和句末语气词"呢"等发生"双音副词+句末语气词"的连用,形成"何苦呢"等惯用表达。

当副词"何苦"后面的成分是首次出现的新信息时,通常是完整的"何苦 VP"形式。而当语言的信息调整,VP 已在上文出现成了旧信息,要用"何苦"句表示不值得做某事时,就用指代词"如此""如是""这样"等来代替 VP。例如:

(7) 如货殖传,便说他有讽谏意之类,不知何苦要如此?(宋《朱子语类》

卷 120)

(8) 孙权失惊曰:"母亲有话明说,何苦如此?"(明《三国演义》第 54 回)

指代词往往容易省缩,省略之后,"何苦"就从句中到句尾的位置。如果有的句末有语气词,这样一来句末语气词直接附在副词"何苦"之上。因为副词"何苦"不表示疑问,而主要表示否定,因此句末语气词往往是"呢",形成"何苦呢"的句式。这也和有些副词可以独用有关(陆俭明 1982)。试比较没有省缩 VP 和省缩 VP 的例子。

(9) 你既然那边未曾立定事业,又何苦去招这个累呢。(清《二十年目睹之怪现状》第 81 回)

(10) 将就送了他罢!况且争回来,又不是你的产业,何苦呢!(清《二十年目睹之怪现状》第 85 回)

"双音副词＋句末语气词"的句法组合"何苦呢"往往用在对话中,透露说话人认为上文对方所做的事不值得,不赞同。例如:

(11) 杜氏带恨的撇了两撇,那老和尚是急坏了的,忍不住一泻如注。早已气喘声嘶,不济事了。杜氏冷笑道:"何苦呢!"(明《初刻拍案惊奇》卷 26)

(12) 这一怄,把个长姐儿羞的几乎不曾掉下眼泪来。何小姐笑道:"娘,何苦呢!"便催着他给老爷收衣裳帽子去了。(清《儿女英雄传》第 37 回)

有的"何苦呢"句式还可用于结句,前面是对一件事情的陈述,后面用"何苦呢"表示评价和说话人持否定观点。例如:

(13) 歇了半晌,问道:"他自家骗自家,何苦呢?"(清《二十年目睹之怪现状》第 6 回)

(14) 二爷上学去了,你又该咕嘟着嘴想着,巴不得二爷早一刻儿回来,就有说有笑的了。这会儿又假撇清,何苦呢!我都看见了。(清《红楼梦》第 92 回)

因为"何苦＋呢"是"副词＋语气词"的临时性句法组合,所以这里的语气词除了"呢"外,还有一些句末语气词是"呀""哪""哇"等。例如:

(15) 官人道:"我管你呢。你爱往哪里推,就往哪里推。"旁边一人道:"何苦呀,不是行好呢!叫他推到黄亭上去罢,那里也僻静,也不碍事。"(清《七侠五义》第 79 回)

"何苦"成词之后另一种发展是"何苦"结合句中表示停顿的语气词"来"组成"何苦＋句中语气词'来'",在长期的连用中,"何苦＋来"逐渐凝固,凝固成一个三音节的独立的副词"何苦来","来"由语气词成为词内成分。副词"何苦来"可用于主语后,例如:

(16) 黛玉笑道:"你说你是丫头,我只拿你当嫂子待。"宝玉道:"你何苦来替他招骂名儿。饶这么着,还有人说闲话,还搁的住你来说他。"(清《红楼梦》第 31 回)

(17) 凤姐急的火星直爆,骂道:"真真那一世的对头冤家!你何苦来还来使促狭!从前你妈要想害我,如今又来害妞儿。我和你几辈子的仇呢!"(清《红楼梦》第 84 回)

也可用于句首,例如:

(18) 凤姐听了,气的干咽,要和他分证,想了一想,又忍住了,勉强陪笑道:"何苦来生这么大气,大清早起和我叫喊什么。"(清《红楼梦》第 101 回)

(19) 奶奶不敢惹人家,何苦来拿着我们小软儿出气呢。(清《红楼梦》第 83 回)

(20) 鸳鸯道:"小爷,让我们舒舒服服的喝一杯罢,何苦来又来搅什么。"(清《红楼梦》第 108 回)

副词"何苦来"在句法功能上相当于副词"何苦",这是"何苦"和"何苦来"的相同之处。但是"何苦来"成词后,还形成了自己的特点。单独的副词"何苦"一般不能独用,要带上句末语气词"呢""呀"后才可,并且经常用在句尾。而"何苦来"本身是三音副词,音节的作用以及"来"原本来源于句中表停顿的语气词,因此更多的时候自身就可以在句中单独使用,一般不需要再加句末语气词"呢"等。例如:

(21) 先时连那么样的玻璃缸,玛瑙碗不知弄坏了多少,也没见个大气儿,这会子一把扇子就这么着了。何苦来!要嫌我们就打发我们,再挑好的使。好离好散的,倒不好?(清《红楼梦》第 31 回)

此外,"何苦来"单用时一般多用在对话中,说话人针对前一发话人的话或者行为用"何苦来"开头,表达自己认为这件事不值得的观点,持否定的态度,后面再具体阐述。"何苦来"还具有开启话轮的作用,仅《红楼梦》中就出现了一二十例。例如:

(22) 林黛玉道:"我作践坏了身子,我死,与你何干!"宝玉道:"何苦来,大正月里,死了活了的。"(清《红楼梦》第 20 回)

(23) 老爷听了是舅母给的,才不好说什么,半日还说:"何苦来!虚耗人力,作践绫罗,作这样的东西。"(清《红楼梦》第 27 回)

(24) 林黛玉见他如此,早已哭起来,说道:"何苦来,你摔砸那哑吧物件。有砸他的,不如来砸我。"(清《红楼梦》第 29 回)

"何苦来"成词后还可以再加上一个句末语气词"呢","何苦来呢"相当于"何苦呢",例如:

(25) 这里送到园里,回来园里又送到这里。咱们的人送,咱们的人收,何苦来呢。(清《红楼梦》第 97 回)

(26) 平儿笑道:"奶奶这怎么说! 大五更的,何苦来呢!"(清《红楼梦》第 101 回)

3.4.4.5.2 "到头来"

《现代汉语词典》(第 7 版)收录"到头"和"到头来",标注"到头"是动词,"到了尽头;直到最后"义;"到头来"是副词,"到末了儿;结果(多用于坏的方面)"义。

历时上"到头"原本是动宾短语,先后发展出动词和副词的用法。副词"到头来"就是副词"到头"和句中的语气词"来"再词汇化成词的。只不过现代汉语中副词"到头"的用法没太保留下来(刘红妮 2019c)。

起初"到头"是动宾短语,主要作谓语成分。例如:

(1) 掘井须到流,结交须到头。(唐·贾岛《不欺》)

例中"到流"和"到头"对举,明显是动宾短语。

后来,动宾短语的"到头"词汇化为动词"到头",表"直到最后"的意思。例如:

(2) 死未到头何处觉,病来侵体恐谁争。(《敦煌变文集》)

(3) 送的我伏侍君王不到头,不能勾故国神游。(元《苏子瞻醉写赤壁赋》第 1 折)

当"到头"后出现谓词性成分或小句,"到头"就语法化为副词,表示"最后,结果"。例如:

(4) 觅道不见道,到头还自恼。(唐《六祖坛经·般若第二》)

(5) 到头禾黍属他人,不知何处抛妻子。(唐·张碧《农夫》)

(6) 到头君作鬼,岂令男女贫。(唐·寒山《褴缕》)

(7) 你亦未能断事,到头没多词句。(《敦煌变文集》)

副词"到头"形成后,又发生进一步演变,和句中语气词"来"进一步词汇化为一个三音副词"到头来",二者语义相近。例如:

(8) 可正是今日不知明日事,前人田土后人收,到头来只落得个谁消受。(元《罗李郎》第 1 折)

(9) 可怜桑茂假充了半世妇人,讨了若干便宜,到头来死于赵监生之手。(明《醒世恒言》卷 10)

(10) 比起那个贾公子来,本就独得性情之正,再结了这等一家天亲人眷,到头来,安得不作成个儿女英雄?(清《儿女英雄传》第 34 回)

副词"到头来"形成后,在使用频率和范围上都明显超过了副词"到头"。现代汉语中"到头"主要是动词用法,二者形成一定的分工。

3.4.4.6 "无怪乎""无须乎"

"乎",《说文·兮部》:"语之余也。从兮,象声上越扬之形也。"段注:"意不尽,故言乎以永之。"语气词"乎"可用作句尾和句中语气词。句尾语气词"乎"最早产生于西周时期。唐宋以后,随着"吗、呢"等新的语气词的出现和大量使用,"乎"逐渐衰落。语气词"乎"除了用在句末,还可以用在句中某些词语后面,表示语气在该处稍作停顿,以着重突出它前面的词语(《古代汉语虚词词典》1999)。例如:

(1) 余乃今于是乎见龙。(《庄子·天运》)

历时上有一些副词可以和句中语气助词"乎"词汇化为一个新的副词(刘红妮 2019c)。

3.4.4.6.1 "无怪乎"

《现代汉语词典》(第 7 版):"无怪":【副】表示明白了原因,对下文所说的情况就不觉得奇怪。也说无怪乎。"无怪乎":【副】无怪。

"无怪"原本是状中式偏正短语,"不奇怪,不足为奇"之义,陈述一种客观事实,多用于句中。动词"怪"是句中谓语。例如:

(1) 若圣人诚有所不能,则无怪于不得仙,不得仙亦无妨于为圣人。(晋·葛洪《抱朴子·释滞》)

后来,"无怪"的语义支配对象逐渐成为较长的小句成分,出现在前面,有的后面用"如此"来指代。例如:

(2) 比辱书,以谓时时小有案举,而谤议已纷然矣,足下无怪其如此也。(宋·曾巩《与王介甫第二书》)

之后,"无怪"后面的宾语扩展为谓词性成分,前面一般不再出现主语。这样其前小句陈述已然事实,其后小句表示对此不感到奇怪。通过语用推理,整个句子就容易被理解为因果句,前面已然事实表示原因,"无怪"句阐释结果,表示明白了原因,就对某种现象不感到奇怪,和"怪不得"之义接近。"无怪"也就词汇化为副词,主要功能在于释因,阐释已然事实形成的原因(张谊生 2000c:56),多用于句首。例如:

(3) 伊尹"乐尧舜之道",亦果非乐道乎? 湖湘此等气象,乃其素习,无怪今日之尤甚也!(宋《朱子语类》卷 110)

(4) 原来点了翰林可以打一个大把势,无怪那些人下死劲的去用功了。(清《二十年目睹之怪现狀》第 24 回)

(5) 谁知小娘子坦然上车,一句话也没有,恁般粗心,无怪要上人家的当了?(清《八仙得道》第 18 回)

副词"无怪"形成后,还和句中语气词"乎"再词汇化为一个新的副词"无怪乎",功能和"无怪"相似,主要是释因,即阐释已然事实的形成原因。"无怪乎"因为语气舒缓,似乎用得比"无怪"还要稍为普遍些(刘红妮 2019c)。例如:

(6)(今之学者)以学起名,以名起官……使学不足以起名,名不足以起官,则视弃名如敝帚矣。无怪乎有志者多不肯学。(明·李贽《复焦弱侯书》)

(7) 你出门两个月,刚刚回来,也不曾出过大门,无怪乎你不晓得。(清《官场现形记》第 17 回)

(8) 这种馆地你还要恋着,怕得罪东家,无怪乎被东家看不起!(清《官场现形记》第 27 回)

3.4.4.6.2 "无须乎"

副词"无须"也可以和句中语气词"乎"再词汇化为副词"无须乎"(刘红妮 2019c)。这两个副词在《现代汉语词典》(第 7 版)中都有收录:"无须":【副】不用,不必。也说"无须乎"。"无须乎":【副】无须。

"无须"原本是状中式偏正短语,后来词汇化为副词,表示"不用,不必"之义。例如:

(1) 善候何颜色,如其不悦,无须多陈。(《南史·何承天传》)

(2) 此陛下家事,无须问外人。(《新唐书·李勣传》)

(3) 至我五弟所为之事,无须与你细谈。(清《七侠五义》第 56 回)

"无须"形成后和"乎"结合再形成"无须乎"。不过"无须乎"用得不多,且多用于书面、文言中。例如:

(4) 非为作传,以概其生平,亦非为作论,以较其长短,固无须乎多也。(清·刘体智《异辞录》卷 3)

3.4.4.7 "庶几乎""几几乎"

3.4.4.7.1 "庶几乎"

现代汉语中有双音副词"庶几",也有三音副词"庶几乎",《现代汉语词典》(第 7 版)对它们的解释:

"庶几":〈书〉【副】①但愿,表示希望;②或许;也许可以,表示推测。也说庶几乎或庶乎。

"庶几乎":〈书〉【副】庶几。

"庶几乎"和"庶几"主要是在义项②表推测义上接近。历时上双音副词"庶几"和表停顿的句中语气词"乎"连用形成新的近义副词"庶几乎"。

先看副词"庶几"的形成。单用的动词"庶"和"几"都有"差不多；近似"的意思，在此基础上，二者连用形成动词性并列短语，长期连用后就渐趋凝固成固定结构，当固定短语"庶几"再进一步融合，发生重新分析，就由并列短语词汇化为表示"将近，差不多"的动词，在句中充当谓语。例如：

(1) 颜氏之子，其殆庶几乎？(《易·系辞下》)

高亨《周易今注》："庶几，近也，古成语，犹今语所谓'差不多'，赞扬之辞。"

(2) 王之好乐甚，则齐国其庶几乎！(《孟子·梁惠王下》)

不过这里的"庶几＋乎"并不是后来的副词"庶几乎"，而是动词"庶几"和句末语气词"乎"的连用。

动词"庶几"成词之后，当其后的宾语为动词性成分时，"庶几"就位于动词前状语的位置，这样逐渐语法化为副词。词义也发生变化，由"将近"引申为"或许""也许""大概"之义，表示推测。这种副词"庶几"经常和句末语气词"乎"等搭配使用，形成"庶几……乎"形式。例如：

(3) 于舜之功，二十之一也，庶几免于戾乎！(《左传·文公十八年》)

(4) 吾欲以教之，庶几其果为圣人乎？(《庄子·大宗师》)

副词"庶几"形成之后，还可以结合句法序列上相邻的表示停顿的句中语气词"乎"，逐渐演变为一个新的副词"庶几乎"(刘红妮 2019c)。例如：

(5) 览山川之胜概，考前世之遗迹，庶几乎不负古人者。(金·元好问《送秦中诸人引》)

(6) 像我大哥的功行，庶几乎与地行仙相似。(清《七剑十三侠》第 34 回)

(7) 但凡可以考得官生，赏得荫生的，有了这个分生的，才准进这个学堂，庶几乎同他们那些学生，稍为有点分别。你说好不好？(清《文明小史》第 43 回)

副词"庶几乎"多用在书面文言中，历时语料不是很多，和"庶几"相比，用得较少。

3.4.4.7.2 "几几乎"

《现代汉语词典》(第 7 版)收录了"几几乎"【副】：几乎。没有收录"几几"。其实"几几乎"是"几几"和句中语气词"乎"跨层词汇化的结果(刘红妮 2019c)。

《说文·几部》："几，微也。"本为形容词，后引申为表示"几乎""差不多"的副词，先秦已有用例，后沿用于文言中。例如：

(1) 月几望。(《易·小畜》)

(2) 疾走料虎头，编虎须，几不免虎口哉！(《庄子·盗跖》)

副词"几"重叠后形成一个新的近义副词"几几",也表示"几乎""差不多"的意思,主要用在文言中。例如:

(3) 余年十五六,即学为诗,后以奔走四方,东西南北,驰驱少暇,几几束之高阁。(清·黄遵宪《〈人境庐诗草〉自序》)

(4) 至八国联军之役,神京沦陷,两宫蒙尘,大局之败坏,几几不可收拾。(清《张文襄公事略》第6节)

(5) 孝钦曰:"汝们早不说,几几叫我得罪人了!"乃特旨准谥。(清《春明梦录》)

双音副词"几几"形成后,又和句中语气词"乎"组合发生词汇化演变,形成副词"几几乎"。有的用在文言中,例如:

(6) 近者词臣入直大内,询以"三天"之旧称,盖几几乎不知缘始矣。(清·陈康祺《郎潜纪闻》卷1)

(7) 此是何等事,而欲人君行之? 不几几乎讲容成之术耶? (清·方濬师《蕉轩续录》卷1)

在古白话小说中也大量使用。例如:

(8) 苏州一家甚么人家,上代也是甚么状元宰相,家里秀才举人,几几乎数不过来。(清《二十年目睹之怪现状》第89回)

(9) 你想我从前出洋去的时候,大哥把我糟蹋得何等利害,闹的几几乎回不得中国,到末末了给我一张三等船票,叫我回来。(清《二十年目睹之怪现状》第91回)

现代汉语中一些仿古的书面语中还有所使用。例如:

(10) 在他(孙中山)和他的兄弟没有成人以前,他的家住在一间茅屋里,几几乎仅仅不致挨饿。(宋庆龄《为新中国而奋斗》)

"几几乎"形成之后,在使用范围和频率上都明显超过了"几几",直至基本取代了"几几"。

"双音副词+句中语气词"之所以发生跨层词汇化,主要是因为"来"和"乎"作为句中语气词的用法在汉语历时发展中衰落直至消失。当它们功能衰退之后,原来"双音副词+来/乎"就作为一种遗迹而凝固,又因为它们处于谓语动词前状语的位置,而这正是副词的典型位置,所以就词汇化为一个新的副词。

"双音副词+语气词"演变的结果都是形成和原来的双音副词语义相近的三音副词,如:"何苦/何苦来,到头/到头来,无怪/无怪乎,无须/无须乎,庶几/庶几乎,几几/几几乎"等。《现代汉语词典》(第7版)基本都是将二者对译,但是细究起来,它们之间用法上还是有一些差异的。比如"何苦来"与"何苦"相比,在句中谓语动词前的用法基本相同,但是"何苦来"中"来"原本是句中语气词,作用是使语气略作停顿,起强调作用,所以受到"来"这种语义滞留的影响,加上本身是三音节的缘故,"何苦来"语气舒缓,可以单独成句。而副词"何苦"不能独用,要独用则得加上句末语气词"呢"等。再比如"到头来""无怪乎""无须乎""庶几乎""几几乎"与原本的"到头""无怪""无须""庶几""几几"相比,虽然在句中谓语动词前作状语的用法基本一致,但是成词前"来"和"乎"的句中语气词略作停顿的用法对成词后"到头来""无怪乎""无须乎""几几乎"的用法有一定影响,使得新的三音副词语气上感觉更为舒缓。历时上这样的演变也有不少,如"大古来""断断乎"等但大都没有留存到现代汉语中,究其原因,可能和"大古""断断"等作为副词没有留存下来有关(刘红妮 2019c)。

3.4.4.8 具有词汇化倾向的"非常之"

此外,副词"非常"和助词"之"也有跨层词汇化为新副词"非常之"的倾向,义同"非常"。副词"非常"由短语词汇化为程度副词,表"很,十分"义,例如:

(1) 其端氏城,是刘从谏近年修筑,非常牢固。(唐·李德裕《昭义军事宜状》)

"之"有一种助词的用法,是用于状语和中心语之间,例如:

(2) 宣子出曰:"吾浅之为丈夫也。"(《左传·襄公十九年》)

约在清代,助词"之"出现在副词"非常"和所修饰的形容词性中心语之间,"非常"与"之"出现连用,形成"非常之 A",相当一部分是单音形容词,助词"之"还起到一定的凑足四字格的作用,例如:

(3) 他的生意非常之好,就有人算计要拜他为师,他只不肯教人。(清《二十年目睹之怪现状》第 31 回)

(4) 工夫不大,就听屋中打一个嚏喷,声音非常之粗。(清《三侠剑》第 2 回)

还有一些是双音形容词,"非常之 A",例如:

(5) 老人家也无法可想,只替我写了一封信给两湖章制军,那封信却写得非常之切实,求他再给我一个密保,再委一个报销或解饷的差使云云。(清《二十年目睹之怪现状》第 76 回)

(6) 这么一番说话,就博得那制军和他开了一个明保,那八个字的考语,非常之贴切,是"兼通中外,动合机宜"。(清《二十年目睹之怪现状》第 78 回)

现代汉语中,"非常之 A"依旧使用,例如:

(7) "表弟"跟随着我走了几步,骂了一句非常之难听的话。(梁晓声《表弟》)

还出现了中心语为否定式形容词性短语,如"不好、不合适"等的"非常之

AP",例如:

(8) 小康啊,你要知道我是一个很爱国的人,更何况外语非常之不好,要是出逃国外,肯定天天迷路,别说吃饭,连上厕所都是很困难。(李承鹏《寻人启事》)

此外,"非常之"后面还可以是动词或动词性短语,"非常之 VP",例如:

(9) 大家都愿意帮助福佑度过困难,我非常之感激。(周而复《上海的早晨》)

(10) 尽管许多"工薪阶层"业余晚间"非常之有空",但酒家又不是百货公司"请你常来走走"可以类比的。(《市场报》1994 年)

我们认为随着助词"之"用法的衰落以及"非常之"的经常连用以及用法扩展,"非常之"有词汇化为副词的倾向,语义上基本相当于"非常"。

第四章 从跨层结构到介词

由跨层结构变为介词的主要是"实词+虚词"跨层组合的词汇化。演变路径主要是"动词+介词→介词"这一类,如"关于、对于、基于""鉴于"等,它们最初都是"动词+介词'于'"的跨层结构,最终演变结果都形成介词或与介词相关的兼类词。此外,还有由"虚词+虚词"跨层组合的具有一定词汇化倾向的"之于"。①

4.1 由"实词+虚词"的跨层结构词汇化为介词

4.1.1 动词+介词→介词

从跨层结构到介词的演变来源主要是"实词+虚词"一类,具体说是"动词+介词→介词"一类。

这一类演变比较复杂,有不少词的来源或词性具有争议,学界有不同的观点,有的还被认为可能受到其他语言的影响,大致可以分为以下几类②:

1. 形成的完全是介词:对于、关于、基于
2. 形成的是动-介词兼类词:至于
3. 形成的是介-连词兼类词:鉴于
4. 形成的是连-介词兼类词:由于

其中,第1类词中的"对于""关于"的来源比较有争议,关于它们的成词是否受到其他语言的影响,存在不同的观点,主要有以下几种:

一种是认为介词"对于""关于"的成词受到了英语的影响。王力(1985[1943]:359)在谈到联结成分的欧化时,认为欧化的文章对于联结成分有三种办

---

① 关于先秦中介词"于"和"於"的关系有不同的看法,我们采取郭锡良(1997)等的观点,认为"于"和"於"的区别是时间的先后,而不是语法作用的不同。本书不严格区分"于"和"於"。
② 词性判定标准依据《现代汉语词典》(第7版)和《现代汉语八百词》(1999),后者除了没有收录"基于"外,其他的词性判定和前者一致。

法,其中之一是"以中国动词和联结词合成一体,去抵当英文的联结词,如以'对于'或'关于'和 to 或 for 相当等"。王力(1985[1943]:363,364):"'关于'和'就……说'都是用于范围修饰的,中国本来没有这种说法""'对于'也是用于范围限制的,但是它和'关于'不同"。王力(1985[1943]:364)又指出联结成分的欧化可以有两种情形,其中之一是"中国本来没有这种联结成分,欧化文章里借中国原有的某一些动词来充数,例如'在''当''关于''对于''就……说'等。"贺阳(2004)在王力(1943:359,364)的基础上,也认为"现代汉语的介词'关于'是模仿英语介词用法的产物。英语介词丰富,其中有一些可以表示关联意义,常见的有 about、on、over、to 等。由于汉语特别是白话中没有跟这些英语介词对应的介词,翻译时只得用动词'关'和介词'于'组合成一个新的介词来进行对译。于是这个新兴的介词便产生了。""'对于'的流行跟英语的影响有着密切的关系。在旧白话的语法系统内原本并没有与英语常用介词 for、to 相当的介词,加之五四白话文运动'崇白话而废文言'的口号日益深入人心,文言介词'于'虽有'对于'的意思,但不宜再采用,因而需要新创一个白话的介词来满足翻译的需要"。

一种是认为介词"关于""对于"的形成受到了日语的影响。潘允中(1982:126-127)认为有些词语并非汉语固有,如介词"对于""关于",但认为它们是在"五四"以后,受日语翻译的影响,从汉语的旧有成分"于"而摹借创造出来,用以对译吸收日语的"ニ対シテ""ニ关スハ"的。金昌吉(1996:130)在潘允中(1982:126-127)的基础上,也认为介词"对于""关于"是日语外来词语的摹借。

一种认为介词"关于""对于"的形成是汉语"动词+介词"词汇化的结果。如解惠全(1997:206)、马贝加(2002:316)、董秀芳(2011[2002]:270)、吴福祥(2005)、刘红妮(2010)等都持此种观点。

我们的观点是"关于""对于"介词的用法及流行可能在某种程度上像王力(1985[1943]:359)说的跟英语有一定的关系,但它仍是从汉语自身的"动词+介词"跨层结构词汇化而来的。就像王力(1985[1943]:359,364)也指出"以中国动词和联结词合成一体,去抵当英文的联结词","欧化文章里借中国原有的某一些动词来充数",可见也认为"关于""对于"原本是"动词+介词"。贺阳(2004)也认为"关于"在古汉语中最初是"动词+介词"。正如解惠全(1997:206)说的"'关于'一词用于本文题目('关于虚词复音化的一些问题')的这种用法虽属外来用法,但也是以汉语原有用法为基础的"。此外,我们认为汉语中并非完全没有类似的介词,旁证比如汉语中的"至于",它的介词用法出现得很早,它的来源也是

"动词＋介词",尽管中间有词汇化为动词的阶段。故此,我们认为"关于""对于"从"动词＋介词"变为双音介词属于跨层结构的词汇化。

总之,我们认为尽管可能后期大量的使用流行也受到一定程度的外语影响,但是介词"关于""对于"的来源仍旧是汉语中"动词＋介词"的跨层结构。

第2类词中的"至于",同时还有动词词性。学界对"至于"的词性有不同的观点,如张斌(2001)《现代汉语虚词词典》认为"至于"是连词。侯学超(1998)《现代汉语虚词词典》认为"至于"是副词和连词等等。在此我们依据《现代汉语词典》(第7版)和《现代汉语八百词》(1999)的词性判定,认为"至于"是动词和介词。它是"动词＋介词"的跨层结构先词汇化为动词,词汇化后进一步语法化为介词的(参见董秀芳(2011[2002]:270))。我们认为"至于"从跨层结构到动词这前一阶段的演变是词汇化,此演变已在"从跨层结构到动词"一章中进行了探讨,而"至于"从动词语法化为介词这一阶段的演变是词汇化之后的语法化演变,属于跨层词汇化的再演变,故此不在本章予以讨论,而会在跨层词汇化的再演变研究的后续课题中具体探讨,兹仅举介词用例1例,例如:

(1) 至于守司囹圄,禁制刑罚,人臣擅之,此谓刑劫。(《韩非子·三守》)

第3类词中的"鉴于"是介-连兼类词,"鉴于"则是由"动词＋介词'于'"的跨层结构词汇化为介词,词汇化之后又进一步语法化为连词,我们认为前一演变阶段是词汇化阶段,后一演变阶段为词汇化之后的再演变,故此本章只讨论"鉴于"从跨层结构到介词的词汇化阶段,而将从介词到连词的语法化阶段放到跨层词汇化再演变研究的后续课题中具体探讨。

第4类词中的"由于"是由"动词＋介词'于'"的跨层结构词汇化为连词,词汇化之后又进一步语法化为介词,我们认为前一演变阶段是词汇化阶段,后一演变阶段为词汇化之后的再演变,故此,我们将"由于"的跨层词汇化放到"从跨层结构到连词"一章,从连词又语法化为介词的演变放到跨层词汇化再演变研究的后续课题中具体探讨。兹仅举介词用例1例,例如:

(2) 后来由于各种原因,也没法把心思告诉你了。(民国《古今情海》卷9)

本节主要探讨"对于、关于、基于"及"鉴于"从跨层结构到介词的词汇化演变。

4.1.2 一些典型个案

4.1.2.1 "关于"

"关于"最初是两个词,"关"是动词,"于"是介词。"'关于'……它的初始状态是'关涉到……'"(解惠全1997:206)。"关"和"于"的连用汉代已见(马贝加

2002:316),动词"关"义为"关联、涉及",介词"于(於)"与其后宾语合起来充当"关"的补语。"关"和"于(於)"不在同一个层次上(董秀芳 2011[2002]:271),例如:

(1) 夫中材之人,事关于宦竖,莫不伤气,况慷慨之士乎!(汉《报任少卿书》)

(2) 永对毕,因曰:"臣前幸得条对灾异之效,祸乱所及,言关于圣聪。……"(《汉书·谷永杜邺传》)

动词"关"和介词"于"的连用在很长一段时间内都只是动词性质的跨层结构,例如:

(3) 但大齐仁信之道,关于至诚,睦邻之怀,由于孝德。(南朝陈《梁贞阳侯重与王太尉书》)

(4) 四体妍媸,本无关于妙处;传神写貌,正在阿堵之中。(南朝宋·刘义庆《世说新语》卷 210)

(5) 发白齿落,属乎形骸;至于眼耳,关于神明,那可便与人隔?(南朝宋·刘义庆《世说新语》卷 19)

关于介词"对于"的出现年代,王力(1985[1943]:364)认为是在 20 世纪初期欧化的文章里才有的。太田辰夫(2003[1958]:236)认为:"用'对''对于''关于'表示关连的用法是很新的,找不出清代以前和清代的用例"。马贝加(2002:316)认为二者凝固而成为介词,大约是在 20 世纪初。董秀芳(2011[2002]:270)认为"后来二者发生了词汇化,成为一个介词,引进行为或事物的关系者",没有具体谈及。

我们发现,宋代是"关于"从动词性跨层结构到介词的一个重要过渡阶段。一方面,"关于"仍是"动词+介词"的用法,仍是"关系到……"的意思,例如:

(6) 自天子、大臣至于群下,自掖庭至于四方幽隐,一有得失善恶,关于政理,公无不极意反复,为上力言。(宋《〈范贯之奏议集〉序》)

(7) 其男仁宝,虽因除名,曾受伪官,一昨既鬻凶首,合从俘执,未明死所,乃漏刑书。路歧难限于山河,情爱且关于父子。便议连坐,恐失宽条。(宋《册府元龟》卷 121)

(8) 问:"或考之事为之著,或察之念虑之微。"看来关于事为者,不外乎念虑;而入于念虑者,往往皆是事为。(宋《朱子语类》卷 18)

上述 3 例"关"都是句子的主要谓语动词,"于"还有一定的介词作用,都还只是"动词+介词"的跨层结构。例(7)"关于"和"限于"对举,例(8)"关于"和"入于"对举,也说明了这一点。

另一方面,也有研究认为"关于"在宋代也出现了介词用法,比如解惠全(1997:206)认为是初始状态是"动词+介词"的"关于"在宋代又有了介词用法,例如:

(9) 事无大小,关于祖宗者,未尝不勤身苦体。(宋《请建储副或进用宗室第一状》)

并且指出例(9)与解文的题目("关于虚词复音化的一些问题")的用法很接近。

还有,以上例(9)也见于《汉语大词典》(1986),《汉语大词典》(1986)也认为其是介词,是组成介词结构做定语(现代汉语后面要加"的"),此外,与例(9)类似的还有1例,例如:

(10) 而其闲暇,则收罗天下之俊才,治其战攻守御之策,兼听博采,以周知敌国之虚实,凡事之关于境外者,皆以付之。(宋·苏轼《策略》2)

在北宋史书中也发现有和例(10)类似的用例,例如:

(11) 民之颛蒙,宜有劝教。伏请于《齐民要术》及《四时纂要》《韦氏月录》之中,采其关于田蚕园圃之事,集为一卷,下三司雕木版广印,颁下诸州,流布民间。(宋《册府元龟》卷863)

那么,上述例(9)—例(11)"关于"是否已经完全变为介词了呢?我们认为这些"关于"还不是典型的介词的用法,可按两种理解,正处于从跨层结构到介词演变的两可和过渡阶段,句法上既可按"动词+介词"理解,也可按介词理解;语义上仍有"关系到……"的比较实在的语义,也可理解为比较虚的主要引进关涉的对象的语法意义。但是,"关于"在演变过渡阶段的两种主要的句法位置和用法奠定了后来成词的介词"关于"的两个主要使用特点。

我们在清代小说里发现了不少和现代汉语介词"关于"用法相同的用例①,可以说,清代"关于"已经完全词汇化为介词,由"动词+介词"的跨层结构重新分析为介词,主要是引进关涉的对象,语义上由"关系到X"变为"X"。介词"关于"在使用时,多数需要和它在宋代词汇化过渡阶段的两种句法位置相同,这也显示了跨层词汇化之后介词"关于"与跨层组合之前的结构"动词+介词"在结构功能上的继承关系。

一种是"关于X,VP"句式,"关于"用在全句或小句句首,引进某种行为的关

---

① 清代也有一些"关于"仍是动词性结构(贺阳2004),是"关系到"之义,例如:老哥叫他们不要声张,这主意很是。一来关于统领面子,二来我们同寅也不好看。(清《官场现形记》16回)现代汉语中也有一些用例,例如:真话不一定关于事实,主要的是态度。(朱自清《论老实话》)

系者,组成介词结构做状语,介词"关于"具有介引话题的功用,也是一个典型的话题标记(陈昌来 2002:227),例如:

(12) 知道他并非故意翻自己的陈账,因也大大方方地答道:"关于此人,星君原欲将他移至别球"。(清《八仙得道》第 87 回)

(13) 他本是绝顶聪明的人,关于寻常理论,原可以不问而知,不解而悟。(清《八仙得道》第 46 回)

(14) 本书非专记地府之史书,也没负纪录阴间判决书的责任。关于这件复杂案件的结果,只好略而不记了。(清《八仙得道》第 78 回)

(15) 如夫人所言,关于婚姻之事,除由上头批准之外,同时我们月宫中,有位月下老人……(清《八仙得道》第 85 回)

(16) 临走之时,除了一应公事移交代理的天神之外,关于他本身的私事,一点没有了结。(清《八仙得道》第 86 回)

(17) 现在党中巳和北江的大炮梁,香山隆都的李杞侯艾存,接洽联络。关于这些,党员郑良士十分出力。(清《孽海花》第 34 回)

(18) 关于佛教诸典礼,以腊八粥为最重要,于每年十二月初八日举行。(清《清宫禁二年记》下卷)

(19) 且说包公,一日到赵王府内,拜见潞花王母子,关于陈桥遇李太后之事,并不提及。(清《狄青演义》第 52 回)

清代以后,这种介引话题的"关于"日益流行,可能跟英语的影响有着一定的关系,但从历时来源来看,它仍是以汉语原有用法为基础的。

一种是"关于 X"结构,引进某种事物的关系者,组成介词结构做定语,例如:

(20) 月英心虽发急,但古时女子对于婚姻上头,或关于未婚夫婿的话,照例是金人三缄,不行吐露一些意见的。(清《八仙得道》第 56 回)

(21) 妹子对此凡尘,本来早图摆脱。从前呢,还有几方面的困难。一则是关于伦常天性的问题,是父母单生妹子一人。(清《八仙得道》第 57 回)

现代汉语中,"关于"也主要是这两种用法,例如:

(22) 关于这个朝鲜小姑娘的问题,你们不要着急,要很好照顾她。(魏巍《谁是最可爱的人·在风雪里》)

(23) 无论如何,向父亲告别的时候,小宣应该问一句关于妈的话。(巴金《寒夜》)

4.1.2.2 "对于"

"对于"是现代汉语里的一个常用介词,表示引进对象或事物的关系者(《现

代汉语词典》第 7 版),经常用作话题标记,例如(陈昌来 2002:227):

(1) 对于这些问题大家应该多考虑考虑。

关于介词"对于"的来源和产生年代,上文说过,它和"关于"一样比较有争议。并且因为"对于"的历时语料不像"关于"那样丰富,所以关于它的来源各种观点更为多样。

王力(1985[1943]:359,364)认为"对于"和"关于"是二十世纪初期欧化的文章里联结成分的欧化,"以中国动词和联结词合成一体,去抵当英文的联结词,如以'对于'或'关于'和 to 或 for 相当等"。"中国本来没有这种联结成分,欧化文章里借中国原有的某一些动词来充数,例如'在''当''关于''对于''就……说'等。"尽管如此,从中可以看出他仍认为"对于""关于"原本是"动词和联结词合成一体"的"动词"性的成分,即:"动词+介词。"

贺阳(2004)认为"对于""关于"的流行受到英语的影响,"'对于'的流行跟英语的影响有着密切的关系。在旧白话的语法系统内原本并没有与英语常用介词 for、to 相当的介词,加之五四白话文运动'崇白话而废文言'的口号日益深入人心,文言介词'于'虽有'对于'的意思,但不宜再采用,因而需要新创一个白话的介词来满足翻译的需要"。但是客观事实上,贺阳(2004)却发现在清末小说中发现几例介词"对于"的用例。

潘允中(1982:126-127)、金昌吉(1996:130)则认为介词"对于""关于"并非汉语固有,但认为它们是在"五四"以后,受日语翻译的影响,从汉语的旧有成分"于"而摹借创造出来,用以对译吸收日语的二对"シテ""ニ关スハ"的。

太田辰夫(2003[1958]:236)认为:"用'对''对于''关于'表示关连的用法是很新的,找不出清代以前和清代的用例"。但是目前其他已有研究大都认为清代已有介词"对于"用例。

马贝加(2002:315)"对、于"连用,《诗经》已见用例,认为"对于"成为介词是现代汉语,但没有具体探讨。解惠全(1997:205)认为"对于""关于"等,初始状态都是"动词+于……"但也没有具体探讨。

周芍等(2006)认为介词"对于"的产生在清末,是由引进对待对象的"于"发展而来,因介词"于""强化"而产生的,"对"的意义比"于"具体,"于"借助"对"强化自身因语法化损耗而变得十分抽象的意义,以保存其在引进对待对象上的功能。

聂仁发(2011)也认为介词"对于"最早见于清末。

我们认为"对于"的使用,尤其是作为话题标记的语法可能受到外来语尤其是英语的影响,但也是以汉语原有用法为基础的,它来自"动词'对'(对待义)＋介词'于'"的跨层结构。介词"对于"约在清代末期出现。

"对于"原本是"动词'对'＋介词'于'"的跨层结构,介词"于"和其后宾语组成介宾短语作动词"对"的补语,"动＋于"不构成直接的句法结构关系。"对、于"连用,先秦已有用例,只不过这里的"对"并不是"对待"义。《说文》:"对,应无方也。"徐锴注:"有问则对,非一方也。""对"本义是对答、应答,后又引申为酬答、答谢。正因为"对"的本义涉及两方,所以它后面可以跟介词"于"介引的酬答、答谢的对象宾语,例如:

(2) 王赫斯怒,爰整其旅,以按徂旅,以笃于周祜,以对于天下。(《诗·大雅·皇矣》)

郑玄笺:"对,答也……以答天下乡周之望。"

汉代和魏晋南北朝也有类似的用例,例如:

(3) 夫有勋不赏,俾勤者怠。今遣行谒者杨林,赍单于玺绶车服,以对尔劳。(汉《为袁绍王乌丸版文》)

(4) 其明宣朝化,怀保远迩,肃慎赏罚,以笃汉祜,以对于天下。(《三国志·蜀志·马超传》)

自此很长一段时间,"对于"都是这种"动词＋介词"的跨层组合,用例也不多。但是,这种"动词＋介词"的"对＋于"在语义上和介词"对于"联系较远,并不是介词"对于"的直接来源。

因为历时语料的缺失,到了清代末期,大多数研究认为下面的用例是介词"对于",有位于句中的"对于",例如:

(5) 一连过了二十多天,看看那娶来的新人,非但愈形骄蹇放纵,并且对于那六岁孩子,渐渐露出晚娘的面目来了。(清《二十年目睹之怪现状》第71回)

(6) 一向知道侯总镇是老师的心腹人,向来对于侯总镇也十分另眼。(清《二十年目睹之怪现状》第83回)

(7) 也亏他真有机智,一面对着李大人故意做出多少恋恋不舍的样子,一面对于少大人,竭力巴结。(清《二十年目睹之怪现状》第100回)

(8) 萚如向来对于这种事不愿与闻,想回绝尚秋。(清《孽海花》第11回)

清末也出现了位于句首,类似于话题标记的"对于",例如:

(9) 所以据愚见看来,对于刘永福,我们不必给他捧场,也不忍加以攻击。(清《孽海花》第33回)

(10) 贤弟!你也是主战派中有力的一人,对于目前的事,不能不负些责任。

(清《孽海花》第 27 回)

(11) 我们生为女子,对于人间好女子没有个不想爱护她们,使她们无灾无难,平安终身的。(清《八仙得道》第 47 回)

(12) 公子,对于这一柄枪,老夫曾立过誓,若有使他者,只要人才出众,枪法精熟,愿将小姐匹配。(清《呼家将》第 7 回)

这种用作话题标记的"对于",其语义实际上也是在原有的动词"对"的实在动词义的隐喻引申:从指有具体意义的对待某人某事变为指话题关涉到的某个领域。

那么,这种介词"对于"到底来源于什么呢？受限于语料的缺失,各家众说纷纭。我们认为它来源于"动词'对'+介词'于'"的跨层结构,只不过这里的动词"对"不是上古中古时期的"应答、答谢"义,而是来自于由本义引申而来的表"对待"义的动词"对"。如:

(13) 夫一人奋死可以对十。(《韩非子·初见秦》)

(14) 庭梅对我有怜意,先露枝头一点春。(《隋唐五代燕乐杂言歌辞集》)

(15) 岂敢对圣旨不实？(《近代汉语语法资料汇编·宋代卷》)

现代汉语中"他对我很不错""对事不对人"中的"对"也是表"对待"义的动词。

在清末的小说中,我们发现了表示"对待"义的动词"对"和介词"于"组合的动词性结构"对+于",例如:

(16) 可见出入三界,是神仙常有之事,何以师尊对于东华师伯,又替他这样忧虑呢？(清《八仙得道》第 9 回)

(17) ……说是笑可忘忧,喜能爽神,可见笑与哭对于我人的关系了。(清《八仙得道》第 38 回)

上述两例,"对+于"做句子或小句的主要谓语成分。

(18) 男子的对于女子,好象是个悬师千里、深入敌境的国度一般;女子的对于男子,好象是个坚守险阻、声色不动的国度一般。(清《九尾龟》第 179 回)

(19) 照你这样的说起来,男子的对于女子,是以劳待逸;女子的对于男子,是以逸待劳。(清《九尾龟》第 179 回)

(20) 美人之对于中国,亦极友爱。(清《清宫禁二年记》下卷)

上述 3 例,"对于"所在的结构是"N 的(之)V",其中"对于"也是动词性结构。

我们认为正是在清代,这样的"动词'对'('对待'义)+介词'于'"的跨层结构词汇化为介引事物或对象关系者的介词"对于"。

再回过头来看清末《二十年目睹之怪现状》中的 3 例:例(17)—例(19)"关于"的用例,它们明显地带有"动词'对'('对待'义)+介词'于'"的跨层结构演变而来的痕迹。我们猜测,这可能也是王力(1985[1943]:359,364;2004[1958])认为"对于"是"以中国动词和联结词合成一体,去抵当英文的联结词"的原因。

4.1.2.3 "基于"

"基于"是现代汉语的一个介词,相当于介词"根据",表示以某种事物作为结论的前提或语言行动的基础(《现代汉语词典》第 7 版),经常介引动作行为的根据或前提,例如:

(1) 基于以上理由,我不赞成他的意见。

介词"基于"原本是"动词+介词"的跨层结构。《说文》:"基,墙始也。"段注:"墙始者,本义也,引申之为凡始之称。"本义是"建筑物的根脚",后引申为表起始、根源的动词义。在这个动词义项的基础上,动词"基"和介词"于"出现连用,介词"于"和其后宾语组成介宾短语作动词"基"的补语,"基+于"不构成直接的句法结构关系,形成"基+于 X"结构,例如:

(2) 昔先主文子……有温德以成其名誉,失赵氏之典刑,而去其师保,基于其身,以克复其所。(《国语·晋语》)

"基于其身"是"根源于自身的修养"之义,"基"是句子的主要谓语动词,介词"于"后面的宾语 X 是名词性成分"其身"。

在很长的一段时期内,"基于"用得不多,一直都是"基+于 X"结构,例如:

(3) 国东境有大山,叠岭连嶂,重峦绝巘。爰有伽蓝,基于幽谷,高堂邃宇,疏崖枕峰,重阁层台,背岩面壑。(唐《大唐西域记》卷 11)

(4) 运其阴沴,韬映乾明,晋道中微,基于是矣。(《晋书·后妃下》)

因为"基"是动词,所以"基+于"前面还可以有副词修饰,例如:

(5) 历观前古邦家丧败之由,多基于子弟召祸。(《旧唐书·后妃传序》)

(6) 殊不知元之所以亡者,实基于上下因循,狃于宴安之习,纪纲废弛,风俗偷薄。(《元史》卷 66)

(7) 由此而十万一法,百阵一化,咸基于此。(明《纪效新书·戚继光》)

从例(6)、例(7)可以看出介词"于"后面的宾语还可以扩展为谓词性成分。

清代,一方面,"基于"还有"动词+介词"的用例,例如:

(8) 即于二十四日排炮江边,日向我军轰击。爱珲之失,实基于此。(清《西巡回銮始末》卷 3)

(9) 此功著成,是不战而屈人之兵也。兼并之业,基于此矣。(清《南朝秘史》卷21)

(10) 福基于至诚,祸生于反覆,隗嚣、公孙述故辙可鉴。(清《明史·列传十一》卷上)

另一方面,还出现了类似于介词"基于"的用例,例如:

(11) 夫此公司也,基于贸易之事,卒以二万里外之大国献之,虽曰人事,岂非天哉!(清《鸦片事略》)

例(11)"基于"既可以理解为"根源于X"的"基+于",也可以理解为"由于X,根据X"的介词"基于"。之所以会发生这种两可的重新分析状态,与"基于"所在的句子由单句扩展为连动句有关。未词汇化前,整个句子是"NP 基于 X","基"是主要谓语动词,不易发生词汇化;词汇化后,句子是"NP 基于 X,Y"格局,因为后面的 Y 也是一个谓语句,整个句子是一个广义的连动式,这样连动式的前项"NP 基于 X"就发生降格,成为一个状语成分,修饰后项 Y,整个句子又变为单句,"基于"也就跨层词汇化为介词。也正因此,介词"基于"刚成词之初一般是位于主谓语之间,形成介宾短语做状语修饰谓语动词。

民国,介词"基于"的使用也在发展成熟,例如:

(12) 第三十一条,临时大总统,为执行法律,或基于法律之委任,得发布命令,并得使发布之。(民国《民国演义》第9回)

(13) 第十九条大总统为增进公益,或执行法律,或基于法律之委任,发布命令,并得使发布之。但不得以命令变更法律。(民国《民国演义》第9回)

(14) 且全国人民,对于本问题态度之激昂,尤为贵公使所熟悉。本国政府基于以上原因,为顾全中日邦交起见,自不容率尔答复。(民国《民国演义》第113回)

现代汉语中介词"基于"的用例,例如:

(15) 在同一个原则下,就无产阶级政党在各种条件下执行这个原则的表现说来,则基于条件的不同而不一致。(毛泽东《战争和战略问题》)

(16) 友情的结合,往往是基于一件偶然的事情与遭遇的。(老舍《四世同堂》)

现代汉语中"基于 X"还可以前置于句首,发展出话题标记的用法,例如:

(17) 基于这个思想,他在工作中牢记住三个信条,并以此鞭策自己。(《人民日报》1993年)

(18) 基于对这些问题的准确分析,我们采取了一系列加强宏观调控的措施。(《人民日报》1993年)

此外，现代汉语中还有一些"基于 X"的用例，例如"一切基于理解"，我们认为它仍是类似于历史上"动词＋介词"的跨层结构，和"生命源于运动"一样，还不能认为其已经词汇化为动词。

4.1.2.4 "鉴于"

"鉴于"在现代汉语中是一个介-连兼类词（《现代汉语词典》第 7 版,《现代汉语八百词》1999,张斌《现代汉语虚词词典》2001 等）。它是由"动词＋介词"的跨层结构变为介词，而后又由介词变为连词。

学界对"鉴于"的历史演变有一些为数不多的关注和讨论，如解惠全（1997：205）指出"鉴于"等初始状态都是"动词＋于……"。此外还有史文磊（2019）等。在对"鉴于"成词的年代、演变的动因等方面，已有研究的观点不尽相同。

通过考察，我们认为"鉴于"来自"动词＋介词"的跨层结构，其介词和连词用法大约发轫于清代，真正成熟于现代。它是由"动词＋介词"的跨层结构变为介词，而后又由介词变为连词，这前一阶段是词汇化，后一阶段是其词汇化之后的语法化再演变。可以说一直到现代，"鉴于"才出现了真正严格意义上的介词用法和连词用法。

"鉴于"原本是"动词'鉴'＋介词'于'"的跨层结构。鉴,《说文》："鑑，大盆也，一曰鑑诸，可以取明水于月。"本来是名词，本义是可盛水的大盆，后引申为镜子等意，而后又引申为动词"照察、审辨"义。介词"于"和其后宾语组成介宾短语作动词"鉴"的补语，形成"[鉴[于 NP]]"结构，"鉴"和"于"不构成直接的句法结构关系。因为"鉴"是动词，所以前面可以出现副词修饰，还可以用于否定式，例如：

(1) 殷之未丧师，克配上帝。宜鉴于殷，骏命不易。(《诗·大雅·文王》)

(2) 今齐侯壬不鉴于楚，又不承共王命，以远我一二兄弟之国。(《国语·吴语》)

(3) 王其盍亦鉴于人，无鉴于水。(《国语·吴语》)

(4) 人莫鉴于流水而鉴于止水，唯止能止众止。(《庄子·德充符》)

也有"鉴"前面没有副词修饰的，例如：

(5) 明主者，鉴于外也，而外事不得不成，故苏代非齐王。人主鉴于上也，而居者不适不显，故潘寿言禹情。(《韩非子·外储说右下》)

上述"鉴于 NP"中"鉴"在句子中都是作主要谓语动词。句子或小句中只有"鉴"一个谓语动词，主要用于简单句。

"鉴＋于 NP"的这种跨层组合在中古一直到依然如此，例如：

(6) 人莫鉴于沫雨,而鉴于澄水者,以其休止不荡也。(《淮南子·说山》)

(7) 明旦鉴于镜,此益不忘人。(《三国志·魏志·武帝纪》)

近代汉语中,唐代一直到明代,"鉴于"基本上都是"动词+介词"跨层连用。另外,可能因为"鉴"的本义,"鉴于"多见于史书等书面语。唐代沿袭前代的"鉴于"用例,例如:

(8) 天道微于影响,人事鉴于前图,未有蹈义而福不延,从恶而祸不至也。(《宋书》卷44)

(9) 还具条奏,俾朕昭然鉴于幽远,若亲行焉。(《晋书·礼志下》)

此外,"鉴于"还可以用在具有多个动词的复杂句中,但"鉴于NP"动词短语与其他动词短语之间是并列关系,语义上没有孰轻孰重之分,例如:

(10) 昔在唐、虞,鉴于天道,举其黎献,授彼明哲,虽复质文殊轨,沿革不同,历代因循。(《陈书》卷1)

(11) 陛下思广天聪,亲览国史,垂意精赜,鉴于化源,实天下幸甚。(《旧唐书·李绛传》)

(12) 是以利在永贞,克隆堂基,母仪天下,潜畅阴教。鉴于六列,考之篇籍,祸福无门,盛衰由人,虽休勿休。(《晋书·明穆庚皇后传》)

宋代的用例,例如:

(13) 天之诚神,宜鉴于仁。神之曷依?宜仁之归。(《新唐书·贞符》)

(14) 卿才不减二人,宜鉴于前,副朕所求。(《新唐书·文艺上》)

元代的用例,例如:

(15) 昔唐季孟昌图者,朝疏谏而夕去位,鉴于前代,取乱宜矣。(《宋史·谢泌传》)

明代"鉴于"还是作"动词+介词"理解,例如:

(16) 陛下近则鉴于张让,远则鉴于赵高。早杀此人,朝廷自然清平,中原方可恢复。(明《三国演义》第115回)

(17) 司于我民,鉴于群政,享祀典,悠久无疆,生者施行。(明《野记》卷4)

清代,"鉴于"一方面仍有"动词+介词"的旧用法,例如:

(18) 后有起者,鉴于斯以立国,庶有待乎!(清《宋论》卷15)

(19) 读史者,辄谓宋人于女真、蒙古轻于启衅,然史者,鉴也,诸公读书而不知鉴于往事,殊难辞责。(清·刘体智《异辞录》卷3)

这里的"鉴于"中"鉴"仍作主要谓语动词。

另一方面,"鉴于"在句法和语义上出现了新的变化,开始走上词汇化道路的开端:越来越多地用在具有多个动词的复杂句"鉴于 NP, VP"中,并且与之前如唐代例(9)—(12)不同的是,"鉴于 NP"动词短语与其他动词短语 VP 之间在语义上不再是并列关系,语义上有轻重之分:VP 的行为是以"鉴于 NP"为基础和依据,"鉴于 NP"是 VP 的前提。从 VP 前有"故""乃""亦"等修饰,可以得见。例如:

(20) 朝廷鉴于用人之难,故不得不慎其选欤。(清·朱彭寿《旧典备征》卷 5)

(21) 及戊申诏举人才,鉴于前弊,乃简那桐、徐世昌、梁敦彦、俞廉三、严修等五大臣分期考验。(清《国闻备乘》卷 4)

(22) 公鉴于大势,亦力主其议,遂由江鄂共派陶森甲到沪,与各国领事结东南互保之约,所全实多。(清《张文襄公事略》第 12 节)

后来"鉴于 NP, VP"中 VP 前渐渐脱离了"故""乃""亦"等的修饰,"鉴+于"逐渐演变为介词"鉴于"。例如:

(23) 盖上以宗支入嗣,鉴于宋、明尊崇所生之弊,讳言之也。(清·刘体智《异辞录》卷 2)

(24) 盖浙之大吏及谳狱之侍郎,鉴于松魁,且畏之荣复有言,虽有冤者不敢奏雪也。(清《康雍乾间文字之狱》)

(25) 清自满洲崛起,君临天下,悉主悉臣,鉴于前代之事,满人不求文学,惟重骑射。(清·刘体智《异辞录》卷 446)

(26) 未几,次子复送妇归省,亦于舟次怀妊。鉴于冢妇之难,归挽亲知诉于父,相与合谋,妇将弥月,其夫先密函告其家,设辞迎之归,俟妇产后而后还。(清《栖霞阁野乘》外 6 种)

"鉴于"高频使用在"鉴于 NP, VP"句中,语义上"鉴于 NP"动词短语与 VP 之间不是并列关系,而是"鉴于 NP"是 VP 的前提,这是"鉴于"发生演变的主要诱因。而 VP 前往往是状语的位置,这样"鉴于 NP"和"VP"之间的关系就可能由连动变为状中关系,"鉴于 NP"成为 VP 的状语,"鉴于 NP"从动补关系变为介宾关系,[鉴[于 NP]]就可能重新分析为[鉴于[NP]],"鉴于"就有跨层词汇化为一个表依据的介词的倾向,意思是"考虑到""表示以某种情况为前提加以考虑"的意思。当然,"鉴于"的成词还与介词"于"的句法功能衰落以及双音化有关。主要的机制则是重新分析。重新分析不仅是语法化演变的重要机制,也是词汇化和跨层词汇化演变的重要机制(刘红妮 2019b:233)。"重新分析是指改变了一个句法模式的底层结构但不涉及其表层形式的任何直接或内在的改变"(Harris & Campbell 1995:50),"鉴于"未词汇化前,句法结构层次为:[鉴[于

VP]]，"鉴"和"于"本来不在同一个句法层次内；跨层词汇化之后，句法结构重新分析为：[鉴于[VP]]，"鉴"和"于"之间的边界消失，"鉴于"也由"动词＋介词"的跨层组合融合为新的双音介词。例如：

（27）长房鉴于前事之谈，忙说："弟子求道心诚，不敢自炫小技，偷懒取巧，还是跟随仙长步行下山去罢。"（清《八仙得道》第76回）

（28）二十三日，前敌营务处来部郎鹤，鉴于江东之败，恐孤军虚悬，为敌所乘。（清《西巡回銮始末》卷3）

（29）尔诸臣鉴于前车，精白乃心，匡复王室。（清《弘光朝伪东宫伪后及党祸纪略》卷71）

但是，清代上述用例只能说是"鉴于"还不能说是典型的现代汉语的介词"鉴于"。上述"鉴于"前都还有主语，还带有词汇化演变前的动词性痕迹，有的甚至还可以说既可以理解为"动词'鉴'＋介词'于'"，也可以理解为介词性的"鉴于"。而现代汉语中表依据的介词"鉴于"典型的用法都是"用于句首，后边有停顿"（张斌《现代汉语虚词词典》2001），此外，《现代汉语词典》（第7版）、《现代汉语八百词》（1999）等所举的例子都是单独位于句首。侯学超《现代汉语虚词词典》（1998）所举的介词"鉴于"的用例除了只有现代汉语前期两例是用在主语后，其余例句全部是用于句首。而这两例和清代的用例相仿，我们认为还不是典型的介词"鉴于"的用法，而是仍然带有一定的动词性，是介词"鉴于"典型用法的前期阶段。例如：

（30）大家鉴于过去革命失败的经验，下决心一定要把日本帝国主义打败，并且不容许再有卖国贼，不容许革命再失败。（毛泽东《青年运动的方向》）

（31）当她初到的时候，四叔虽然照例皱过眉，但鉴于向来雇用女工之难，也就并不大反对。（鲁迅《祝福》）

民国时期"鉴于"前还是以出现主语为常，例如：

（32）额勒登保鉴于黄柏山、芭叶山顿兵之失，议主急攻，亲逼栅前，席地坐，令杨遇春督兵囊土立营，且战且筑，诸军继之，攻击七昼夜。（赵尔巽《清史稿·纶布春传》）

（33）李续宜独以持重称，殆鉴于其兄之锐进不终而然耶。（赵尔巽《清史稿·李续宾传》）

（34）故国藩鉴于抢售之弊而主整轮，爰有总栈督销之设，一以保场价，一以保岸价。（赵尔巽《清史稿·食货四》）

只有"鉴于"前摆脱了主语的限制，"鉴"彻底不再具有谓语动词的动作性，

"鉴于"前没有主语出现,用于句首,"鉴于"小句后边有停顿,才可以说是彻底成词。可以说大约一直到现代汉语,介词"鉴于"用于句首的典型用法才出现,才真正成熟,例如:

(35) 鉴于他们的错误,自己更谨慎一些。(毛泽东《增强党的团结,继承党的传统》)

(36) 鉴于党的领导地位,更加需要向党员提出严格的要求。(《现代汉语词典》第 7 版)

(37) 鉴于你的身份,还是别在那儿过夜为好。(《现代汉语八百词》1999 例)

介词"鉴于"词汇化之后,"鉴于 NP"中的 NP 又由名词性成分扩展为谓词性成分 VP,介词"鉴于"又语法化为连词"鉴于"。这是跨层词汇化后的后续再演变,我们在后续研究中具体探讨。在此简单提一下。连词"鉴于"同样大约发轫于清代,真正成熟于现代。例如:

(38) 鉴于群众反映,我们准备开展质量检查。(《现代汉语词典》第 7 版)

4.2 具有一定词汇化倾向的现象

由跨层结构演变为介词的还有一类是正在形成中的介词:"之于"。

"之于"尽管迄今还未被《现代汉语词典》(第 7 版)收录,但内部已经凝固,具有一定的词汇化倾向。它是由"虚词+虚词"的跨层结构词汇化为介词的吗,具体演变路径是"助词+介词→介词"。本节着重探讨有成词倾向的"之于"从跨层结构到介词的词汇化演变。

《现代汉语八百词》(1999)在探讨结构助词"之"时,指出有一些只用"之"不用"的"的格式之一中,包括"之于",还认为"之于"等同于"对于":"……之于(=对于)……",例如:

(1) 进化学说之于中国,输入是颇早的。(鲁迅《二心集》)

(2) 学习之于我们,就像阳光和空气一样重要。(周弘《赏识你的孩子》)

历时上"之于"原本是"助词+介词"的跨层结构,"之"是助词,"于"是介词,二者隶属于不同的语法单位,处于不同的句法层面,后来才词汇化为介词"之于",即:"助词+介词→介词"。

张谊生(2015b)探讨了现代中"X 之于 Y"的结构类型与表达功能时,谈到了"之于"的介词化。根据《现代汉语八百词》(1999)和张谊生(2015b),我们认为"之于"有跨层词汇化为介词的倾向,类似于"对于",主要表示关涉义,同时还有比况义。

"之+于"在先秦时就已出现大量连用,后世也有沿用。例如:

(3) 故君子之于学也,藏焉,修焉,息焉,游焉。(《礼记·学记》)

(4) 民之于仁也,甚于水火。(《论语·卫灵公》)

(5) 不仁之于人也,祸莫大焉,而擅之。(《庄子·渔父》)

(6) 寡人之于国也,尽心焉耳矣。(《孟子·梁惠王上》)

(7) 仁之于父子也,义之于君臣也,礼之于宾主也,知之于贤者也,圣人之于天道也,命也。(《孟子·尽心下》)

对于古汉语中这种类型"X之于Y"的结构关系及其"于""之于"的性质,学界存在不同认识。马建忠(1983[1898]:289)认为"凡与起词有对待之义者,必介'于'字以系于其后,而又参以'之'字者,所以读之也。故'之于'二字,即所以申其对待之义,而用若读之坐动者然"。黎锦熙(1958[1933]:142)就"寡人之于国也,尽心焉耳矣"这种结构论述道:"然'寡人'下冒'尽心',通体实为单词。故今释'于'字为介词,介所向之对象'国'于述语'尽心',则'于国'遂折而降为副词语。'之'为特介,介在主状之间"。吕叔湘(1982[1944、1942]:119)认为这是"组合式词结的极端活用","有时我们把谓语的补词提出,用'之'字和主语合成组合式词语"。王力(2004[1958]:394,1999[1964]:463)认为"有时候,不是在主语谓语之间用'之',而是在主语和'于'字介宾词组之间用'之',这样形成的结构再做句子的主语"。80年代以后,也有很多学者进行过探讨,楚永安(1986:500)认为"'之'是个助词,用于主语和'于……'之间起强调作用","这是个表示主从对待关系的格式",此外还有其他一些相关的单篇论文,如张谊生(2015b)。

关于上述不同观点,我们采取王力(2004[1958],1999[1964])的观点,认为在主语和"于"字介宾词组之间用"之",即"于"是介词,只不过,我们认为这里的"之"是助词,即认为"X之于Y"的结构关系是"主语+之+介词结构",这也是学界比较有代表性的一种观点。

如果"X之于Y"中,"之"是结构助词,"之"功能之一是用在主语和谓语之间,取消句子独立性,"之"后的成分应是谓词性成分才是,但是"于"是介词,为什么介词"于"所形成的介词短语会附于主语之后呢?主要是因为汉语中的介词大都由动词转类而成,部分还保留着动词功能,黎锦熙(1958[1933]:142)指出:"'于'者,对于,本可同于动词而作述语,故得先之以'之'字"。丁声树等(1961:104)也指出:"'对、对于、关于'都是很常用的次动词。次动词也是动词的一种。"也就是说"X之于Y"中的"于Y"类似于动词,仍相当于"主+之+谓"结构。

自先秦一直到清代,"X 之于 Y"基本还都是"主语＋之＋介词结构",例如:

(8) 君之于先王也,世之所明知也。(《战国策·燕策》)

(9) 群鸟之于凤也,群兽之于麟也,形性。(汉《法言》)

(10) 夫寒之于衣,不待轻暖;饥之于食,不待甘旨。(《汉书·食货志上》)

(11) 学者之于善恶,亦要于两夹界处拦截分晓,勿使纤恶间绝善端。(宋《朱子语类》卷 12)

(12) 盖先世贤主,如南宋文帝之于袁后,唐太宗之于长孙后,亦以先亡归陵寝。(明·沈德符《野获编宫闱》)

(13) 鼻之于嗅也,除了吃一口腥鱼汤,他叫作透鲜,其余香臭膻臊,皆所未经的活泼之地。口之于味也,除了包一团酸馅子,他自鸣得意,其余甜咸苦辣,皆未所酱的混沌之天。(清《儿女英雄传》第 37 回)

古代汉语中"X 之于 Y"的结构关系还是"主语＋之＋介词结构",而先秦"主＋之＋谓"结构中的助词"之"在西汉初期已大幅脱落,在东汉末年时显然已不具能产性。中古"主＋之＋谓"的消失,即意味着此时已丧失了上述的句法手段(魏培泉 2003),一直到现代汉语中主语和谓语之间直接联系,也完全不需要在中间加上"之"。随着"主＋之＋谓"结构的衰落,加上"X 之于 Y"长期的连用,X 的脱落多种因素,"之"与"于"的组合逐渐凝固,基本成词了。

张谊生(2015b)指出这一结构中的"于"虽然在结构关系上仍可以分析为后面 Y 的直接成分,但在音步上、用法上早就与前面的"之"合成了一个跨层结构的复合介词,表达特定的关涉功能。根据现代汉语中"X 之于 Y"的分布与功能,尤其是它在整个句子中的关系与作用,"X 之于 Y"可以重新分析为"主语＋介词短语"。

"X 之于 Y"的重新分析和"之于"的跨层词汇化主要还受到 X 的省略直至脱落的影响,形成"之于 Y","之于"可以脱离 X 而直接使用,至此,可以说"之于"已经词汇化为介词了。具体如下:

"X 之于 Y"→"(X)之于 Y"→"之于 Y"

首先是"X 之于 Y"的完整形式,例如(张谊生 2015b):

(14) 潘先生之于国学,是有其家学渊源的,他自幼受到严格的庭训,加上一生的自学不倦,造诣过人。(《读书》41 期)

(15) 江淹之于南浦、李白之于长江,自是醉唱千缕别情。(《人民日报》1993 年)

其次,"X 之于 Y"中的 X 还可以承前省略"(X)之于 Y",标志着"之于"的关涉功能渐趋成熟,正在逐步向介词转化。例如(张谊生 2015b):

(16) 的确,"正大综艺"之于中央电视台,( )之于观众,是一个叫响的节目,

而两位男女搭档作为主持,亦已形成一定风格,在观众中享有一定声誉。(《人民日报》1994 年)

(17) 研究这个问题,之于深圳有其区域的特殊性;()之于全国则像深圳的改革试验一样,具有探索性、超前性。(《1994 年报刊精选》)

一旦介词短语"之于 Y"可以独立使用,而且"之于 Y"之前已无法补出 X,那么,这个"之于"的性质与功能就非常接近于介词"对于"了。可以认为,发展进化到这一步时,"之于"作为一个独立的关涉介词,就已经基本成熟了,例如(张谊生 2015b):

(18) 一夜成名,万众瞩目,灯火阑珊,恍若入梦。之于命运,这往往是一个转折,既可能是精彩人生的起点,也可能是悔之不及的开始。(《宋祖英升任海政文工团团长　美丽转身获祝福》人民网 2013 年 8 月 14 日)

(19) 这一切,在路上的张爱兰,渐渐有些懂了,她发现自己开始真正了解父亲,了解过去,之于当下的真正分量。不为别的,只为那些生命,为他们,最可爱的人。(《女子替父寻志愿军战友　帮更多老战士赴朝祭战友》人民网 2013 年 8 月 1 日)

由于功能相近,"对于""之于"经常对举、并用。例如:

(20) 翁姑对于儿媳,也如父母之于子女,掌握着无上的权威。(苏雪林《棘心》)

与"对于"相比,"之于"的关涉功能要相对弱一些,而且,"之于"除了表关涉外,还经常扩展到表比况,而"对于"一般只重在表关涉(张谊生 2015b)。

第五章　从跨层结构到连词

汉语跨层词汇化演变中演变结果占比较多的词类中,除了副词外,由跨层结构变为连词的也较多。演变为连词的跨层结构来源也分布于实词和虚词的四类跨层组合:"实词+实词""实词+虚词""虚词+实词"和"虚词+虚词",并且四类中又可细分为各个小类。当然,在具体的演变类型和路径方面,演变为连词的和演变为副词的还是有所不同的。本章分别探讨"实词+实词→连词""实词+虚词→连词""虚词+实词→连词""虚词+虚词→连词"的演变。

5.1　由"实词+实词"的跨层结构词汇化为连词

5.1.1　动词+形容词→连词

连词"甚至"是"形容词+动词"的跨层结构词汇化演变形成的[①](刘红妮 2009a,2012)。

已有研究中,袁毓林(2008)从现代汉语共时平面角度考察了"甚至"的四种用法。历时研究方面主要有周静(2004)、方一新、姜兴鲁(2009)、刘红妮(2009a,2012)等。本节对"甚至"四种用法形式 S_1、S_2、S_3、S_4 依据袁毓林(2008),对"甚至"的演变过程主要依据刘红妮(2009a,2012)。

方一新、姜兴鲁(2009)、刘红妮(2009a,2012)等都认为有两个不同来源的"甚至"[②],虽然基本观点并不完全相同,但是,现在学界基本都认为连词"甚至"来源于跨层结构。刘红妮(2009a,2012)认为与连副兼类词"甚至"有关的是"甚

---

① 《现代汉语词典》(第7版)认为"甚至"只有连词一种词性,《现代汉语八百词》(1999)认为"甚至"有连词和副词两种词性。根据"甚至"在实际使用中的功能和用法,我们认为"甚至"有连词和副词两种词性。

② "甚至₂"本是一般句法结构中的并列短语,"甚"和"至"都是"极"义,后来词汇化为用在句末的形容词"甚至",表示"至极、达到极点",不是后来连词兼副词的"甚至"。"甚至₂"在古代的使用一度兴盛,而在现代已濒于消亡。例如:"阮思旷奉大法,敬信甚至。"(南朝宋·刘义庆《世说新语·排调》)

至₁","甚至"从跨层结构先词汇化为连词,再语法化为副词,即:"形容词'甚'＋动词'至'"的跨层结构→连词"甚至"→副词"甚至",经历了两个阶段演变①。

"甚至"最初连用时,用在"NP 甚＋至 NP/VP"这样的句子格局,其中,"甚"是形容词,作谓语,后面有"至 NP/VP"动宾短语做"甚"的补语。"至"是动词,表示达到。"甚"和"至"是"形容词'甚'＋动词'至'"的跨层结构,例如:

(1) 为君吟所寄,难甚至忘筌。(唐·齐己《酬岳阳李主簿卷》)

(2) 独斌意色益恭,俄雪甚至膝。(宋《太平广记》卷 237)

宋代,一种新的比较复杂的"甚至"句大量出现。"NP 甚＋至 VP"中的主语 NP 由比较简短的成分扩展为一个主谓齐全的小句 NP＋VP,"甚"前和"至"后都是复杂谓词性短语或小句,并且"甚"前的主语经常承前省略,这样句子就变为"NP＋VP₁,甚＋至 VP₂"的句子形式。例如:

(3) 若或父母坚不从所谏,甚至怒而挞之流血,可谓劳苦,亦不敢疾怨,愈当起敬起孝。(宋《朱子语类》卷 27)

(4) 其蜎之盛也,流引无数,甚至浮河越岭,逾池渡堑,如履平地。(宋《太平广记》卷 479)

由此"甚＋至"重新分析为连词"甚至",形成了用在并列式谓语最后一项的"甚至"S₂:"NP＋VP₁＋甚至 VP₂"。这也是"甚至"句的代表格式。在这种句子中,"甚至"起到把两个或几个 VP 连接起来,并表示它们之间是一种递进关系的作用(袁毓林 2008)。例如:

(5) 今要去一字两字上讨意思,甚至以日月、爵氏、名字上皆寓褒贬。(宋《朱子语类》卷 83)

(6) 巩与安石友相信,甚至自谓无愧负于古之人。(宋·曾巩《再与欧阳舍人书》)

明代,在"甚至"S₂ 用法的基础上形成 S₃:"S₁'＋甚至 S₂'"。连词"甚至"的功能发生进一步扩展,"甚至"从用在并列式谓语的最后一项到可以放在几个分句(甚至句子)的最后一项,表示递进关系。这种"甚至"的焦点算子功能弱化,连词的功能大大增强了。例如:

(7) 自此以后,常在门首成天价拿银钱买剪截花翠汗巾之类,甚至瓜子儿四五升里进去,分与各房丫鬟并众人吃。(明《金瓶梅》第 23 回)

---

① 我们认为前一阶段是跨层词汇化,后一阶段是语法化,是跨层词汇化之后的再演变。本节着重探讨前一阶段,后一阶段将在后续演变研究中探讨。

(8) 东家取了一条梁,西家就想一根柱,甚至猪棚屋也取些椽子板障来拉一拉,多是零碎取了的。(明《二刻拍案惊奇》卷 26)

(9) 玉英既来,凡有疾病祸患,与玉英言之,无不立解,甚至他人祸福,玉英每先对韩生说过,韩生与人说,立有应验。(明《二刻拍案惊奇》卷 30)

例(7)—例(9)中"甚至"都是用在几个分句(甚至句子)的最后一项,表示递进作用,关联作用更强一些。

大约到了清代,出现了"甚至连"的书面形式,例如:

(10) 他们如果空空洞洞心里没这桩事,便该合我家常锁屑无所不谈,怎么倒一派的冠冕堂皇,甚至连"安骥"两个字都不肯提在话下?这不是他们有心是甚么?(清《儿女英雄传》第 22 回)

明清时期,"甚至"可以放在几个并列的谓词性成分甚至体词性成分的最后一项,用"X_1+甚至 X_2"表示递进关系,反预期的意味加强,连词用法更加成熟。连词"甚至"(S_4:"X_1+甚至 X_2")用法形成。S_4 的用法是由 S_3 演变而来的,即"S_1'+甚至 S_2'→X_1+甚至 X_2"。例如:

(11) 这却合那薛宝钗心里的"通灵宝玉",史湘云手里的"金麒麟",小红口里的相思帕,甚至袭人的"茜香罗",尤二姐的"九龙佩",司棋的"绣春囊",并那椿龄笔下的"蔷"字,茗烟身边的"万儿",迥乎是两桩事。(清《儿女英雄传》第 26 回)

(12) 到后来就不好了,闹起整匣的燕窝,整桶的海参鱼翅,甚至尺头珍玩,打听着甚么贵送起甚么来了。(清《儿女英雄传》第 13 回)

从跨层结构到连词"甚至"(S_2),再到连词"甚至"(S_3),最后到连词"甚至"(S_4)的演变,"甚至"的连词用法越来越成熟,同时,反预期的意味也逐渐加强。

5.1.2 形容词+代词→连词

"甚或"是汉语里的一个书面语词语①。连词"甚或"可能是由"形容词+无定代词"的跨层结构演变而来。

已有研究中,关于"甚或"的历时研究较少,故此仍有进一步研究的必要。

"甚或"出现得较晚,历时语料中也用得不多,在北大 CCL 古代汉语语料库

---

① 《现代汉语词典》(第 7 版)认为"甚或"是连词,解释为"甚至",同时认为"甚至"是连词。而《现代汉语八百词》(1999)认为"甚至"是连词和副词的兼类词。根据实际语料,我们认为"甚或"也有连词和副词两种用法。它和"甚至"类似,也是先从跨层结构词汇化为连词,而后再语法化为副词。本节着重探讨前一阶段跨层词汇化演变,后一阶段将在后续演变研究中探讨。

中粗略统计仅有 90 余例(包括连用未成词的各种情况)。

可以确定是连词的"甚或"在宋代见到 1 例,并且是最基本的用法 S_2:"NP+VP_1+甚或 VP_2",例如:

(1) 记录之语,未必尽得师传之本旨,而更相传写,又多失其本真;甚或辄自删改,杂乱诋牾,几不可读。(宋·黄榦《池州刊朱子语录后序》)

关于"甚或"的语料非常少。我们猜测它可能是"形容词'甚'+无定代词'或'"的跨层结构演变而来,"严重了有的就……"之义。后来因为无定代词"或"的功能衰落,加上"或"后谓词性小句的独立性,所以就前附于"甚"跨层成词,从"VP_1,甚//或 VP_2"重新分析为:从"VP_1,甚或 VP_2"。"甚或"正好处于前后两个小句的中间,后一小句的句首正是连词的典型位置,所以就词汇化为连词,表示更近一层的递进关系,基本相当于"甚至"。成词后的"甚或"主要表示"甚"的"甚至"义,"或"的语义消失了。

明代出现了用在两个小句之间的 S_3:"S_1+甚或 S_2",例如:

(2) 近日格套愈严,前后辈几同师弟,而实情转薄,相倾相轧,甚或嗾人显弹隐刺,以自为速化地。(明·沈德符《野获编·词林》)

清代相对来说"甚或"作为连词使用较多,大多数都是最基本的用法 S_2:"NP+VP_1+甚或 VP_2",例如:

(3) 三件法宝惟丹砂是救人仙丹,如遇有缘之人病在危急或身受重伤,甚或死已三日,但如身体不烂,只消半粒下去,立能还魂祛病,伤痕痊愈。(清《八仙得道》第 35 回)

(4) 那一去而回的人不用说,是到了高山,无路可通。甚或遇到危险之事,中途意怯就此折回,那就没甚稀奇了。(清《八仙得道》第 19 回)

(5) 你自己良心上还是不能不先引咎自责的,何况举动偶乖,杀害过当,甚或伤残正正当当的君子,那么负罪之大更不消说,真是为善不能相抵的事。(清《八仙得道》第 35 回)

"甚或"在现代汉语中发展出连接名词性成分的用法 S_4:"X_1+甚或 X_2",例如:

(6) 几盏灯甚或一盏灯的微光固然不能照彻黑暗,可是它也会给寒夜里一些不眠的人带来一点勇气,一点温暖。(巴金《灯》)

(7) 比如那些不为人知的细枝末节,比如仅仅是一个场景甚或不经意的一瞥,都有可能造成长久的后果。(张炜《羞涩和温柔》)

(8) 平日司空见惯一向无动于衷的风景,乃至树叶的簌响,鸟叶的簌响,鸟

类的呢喃,一朵云的形状,一枝花的姿态,一个音符,甚或万籁俱寂都会使我深受感动,动辄热泪盈眶。(王朔《动物凶猛》)

总之,"甚或"从跨层结构词汇化为连词后,和"甚至"一样,最基本的用法 S_2:"NP＋VP_1＋甚或 VP_2"先形成,而后再依次出现在两个小句之间的 S_3:"S_1'＋甚或 S_2'"和用在连接几个名词性成分的 S_4:"X_1＋甚或 X_2"。

5.1.3 疑问代词＋动词→连词

5.1.3.1 "哪怕"

"哪怕"是现代汉语中一个常用的口语连词,表示假设兼让步,姑且承认某种事实,后边多用"都、也、还"等呼应(《现代汉语词典》第 7 版,《现代汉语八百词》1999)。关于"哪怕"的研究,太田辰夫(2003[1958]:310)列举出明代《金瓶梅词话》和清代《红楼梦》中"哪怕"的例句各一。刘红妮(2010a)详细探讨了"哪怕"的词汇化历程、动因及其词形的演变,认为"哪怕"的词汇化在明代已经完成,其词形则在晚清及以后才定型。"哪怕"是经由非句法跨层结构"哪(代词)＋怕(动词)"词汇化而来的。"哪"原本作"那",在晚清以前"哪怕"都写作"那怕"。

要考察"哪怕"的词汇化,不能不先谈"哪"和"那"的词性和词形。"哪"原本写作"那"。关于疑问词"哪(那)"的词性判定,有两种不同的观点:一种是代词说,认为"哪"只是代词,用在动词前表示反问也是疑问代词的功能,如《现代汉语词典》(第 7 版)、张斌主编《现代汉语虚词词典》(2001)、《王力古汉语字典》(2000)等。另一种观点是代词兼副词说,认为"哪"作代词时有疑问或虚指、任指的功能,而用于反问,表示否定,用在动词前的"哪"是副词,如《现代汉语八百词》(1999)、《古代汉语虚词词典》(1999)等。本书认为"哪"只有一种词性,是疑问代词[①]。

再看词形方面。今字"哪"原本写作"那",《说文》:"那,西夷国。"虚词"那"与本义无关,而是假借字。《玉篇》:"那,何也。""那"作疑问代词,用于动词前表示反问,出现较早,例如:

(1)(晔)谓兄涣曰:"亡母之言,可以行矣。"涣曰:"那可尔!"(《三国志·魏志·刘晔传》)

(2)公曰:"外人论殊不尔?"王曰:"外人那得知!"(南朝宋·刘义庆《世说新

---

① 与"哪(那)"词性判定情况相同的还有一个"何",也有单一代词说和代词兼副词说,相应地对于用在动词前表示反问的"何"也有代词和副词两种观点,我们同样赞同代词说。

语·品藻》)

吕叔湘、江蓝生(1985:247)指出:"有别择作用的疑问代词'哪'也是从若字变来的,但始终保持上声,不像指示代词'那'那样在近代变成去声。'哪'字在以前一直也写作'那',五四时期以后,为了要跟去声的指示代词分别,才提倡写作'哪'。"通过考察语料发现,在清代晚期"哪"替代"那","哪怕"替代"那怕"已有用例。

"那怕"连用在宋以前没有发现。宋代"那怕"出现连用,只发现1例:

(3)天下只有一个道理,紧包在那下,撒破便光明,那怕不通!(宋《朱子语类》卷120)

"那怕"最初出现是一个"非句法结构"(刘红妮2007),即最初只是作为成分序列在句子的线性序列上相邻排列,却不形成直接的句法结构关系。在例(3)中,"那"表示反问,是加在整个句子上的疑问代词。"怕"是动词,和后面的宾语先直接组合。"那"和"怕"两者不在同一句法结构层面。"怕"是及物动词,表示"害怕",在句中作主要成分谓语,其后是谓词性的简单宾语"不通"。"那怕"是非句法结构,表示"那害怕?"的意思,"那"的反问意味非常明显。

明代,是"那怕"成词的发轫期、临界期以及成熟期,"那怕"经历了从未成词到成词两可到成词的词汇化演变。未成词的表示"哪害怕"的"那+怕"的非句法结构,例如:

(4)我们连主仆人夫,算来约有四十多人,那怕这几个乡村和尚。(明《醒世恒言》卷21)

(5)景先道:"儿子媳妇,多是青年,只要儿子调理得身体好了,那怕少了孙子?"(明《二刻拍案惊奇》卷32)

既可作非句法结构理解,又可作成词理解的过渡状态的"那怕",例如:

(6)汪革这厮,来便来;不来时,小人同着都监一条麻绳,扣他颈皮。王法无亲,那怕他走上天去!(明《喻世明言》卷39)

(7)八戒道:"哥哥又弄虚头了。这里麻绳喷水,紧紧的绑着,还比关在殿上被你使解锁法搠开门走哩!"行者道:"不是夸口说,那怕他三股的麻绳喷上了水,就是碗粗的棕缆,也只好当秋风!"(明《西游记》第25回)

上述两例中"那怕"既可以看作是非句法结构的"那+怕",也可以看作是已经成词的表"即使"义的连词"哪怕"。全句既可以看作是表否定的反问句,也可以看作是表示假设、让步的复句。主语既可是句子主语,也可是言者主语,介于可补和不可补之间。"那"和"怕"既可以看作是句子的主要成分,也可以分析成"那怕"只有语法意义,只起语法作用。此种"那怕"后开始出现夸张、不是实在的情况。在这样的语境中,又加之"那怕"所在的句法位置在句首,而句首的独立性成分往往起关联性的作用,语义的变化、后接成分的复杂化、关联功能的句法位置,所以"那怕"就易于向假设连词演变。

已经成词的连词"那怕",例如:

(8) 大圣就趁脚儿跷问他一句道:"这般小小之物,如何扇得八百里火焰?"罗刹酒陶真性,无忌惮,就说出方法道:"……这宝贝变化无穷!那怕他八万里火焰,可一扇而消也。"(明《西游记》第 60 回)

(9) 若遇大江昏迷,屡现此势,倘有乌鹊飞腾,定来歇翅,那怕你上万论千,尽被他一气吞之。(明《西游记》第 50 回)

(10) 那怕蛮奴才到明日把一家子都收拾了,管人吊脚儿事!(明《金瓶梅》第 35 回)

(11) 傻姐姐,那怕汉子成日在你屋里不出门,不想我这心动一动儿。(明《金瓶梅》第 51 回)

上述几例中"那"失去反问的实在义,"怕"也不再表示实在的"害怕"义,失去动词的某些范畴义。"那怕"后是含有比喻夸张意味的非现实事件,越来越倾向于表示假设、让步的非现实情态。这时"那怕"不再能充当句子的主要成分、表示实在的"不害怕",而是表示比较虚的、起连接作用的、表示假设、让步的连词范畴义。主语不能补出来,成为言者主语。[那[怕 VP]]重新分析为[[那怕]VP]。

清代,"那怕"作为假设连词的用法已占统治地位。例如:

(12) 那怕再念三十本《诗经》,也都是掩耳偷铃,哄人而已。(清《红楼梦》第 9 回)

(13) 当着老太太,太太,那怕你吃一坛呢。(清《红楼梦》第 8 回)

一直到晚清及以后,在词形上"哪怕"才逐渐取代"那怕"。例如:

(14) 哪怕你犯了我的讳,倒不要紧。(清《二十年目睹之怪现状》第 30 回)

现代汉语中,"那怕"基本上都写作"哪怕",基本上全是连词的用法。

在"哪怕"词汇化的过程中,句法环境、语用推理、主观化和韵律等起到了重要的作用(参见刘红妮 2010a)。

5.1.3.2 "何如"①

汉语里"何如"有连词的用法,用反问的语气表示不如(《现代汉语词典》第 7

---

① "何如"还有疑问代词的用法,表"怎么样"义,是古汉语中疑问代词作动词宾语前置,疑问代词"何"与动词"如"构成的动宾短语(正常的语序为"如何")词汇化形成的。

版),例如:

(1) 与其向梦里寻诗做,何如向诗中寻梦做呢?(刘大白《旧梦》)

连词"何如"是由表反问的疑问代词"何"与动词"如"跨层词汇化形成的。

先秦两汉及中古时期,"何如"主要是动词"如"和疑问代词"何"组成的动宾短语的用法,"怎么样"之义,用于询问情状、方法、意见或比较等。

约在中古时期,出现了少量的用在全句表反问的疑问代词"何",与动词"如"出现连用,动词"如"的宾语可以是谓词性成分,形成"何如 VP",层次为[何[如 VP]]。并且"何如 VP"前往往还有另一种情况,形成"VP_1,何如 VP_2"结构,表示反问,例如:

(2) 卿若杀身成名,贻之竹素,何如甘彼刍荛,以辱君父?(《北史·卢昶传》)

"何如甘彼刍荛,以辱君父?"意思是"不如甘彼刍荛,以辱君父"。

唐代,出现了较多的"VP_1,何如 VP_2"形式,"何如"小句的意思由表示 VP_2 的情况不如 VP_1 的情况,逐渐变为说话人建议 VP_2,从反问变为一种委婉的建议,具有了新的语义。两个小句中间正好是典型的连词的位置,用在此位置的"何"和"如"逐渐凝固,变为一个双音连词"何如"。[何[如 VP]]重新分析为[[何如]VP],例如:

(3) 师德曰:"此适为我忧也。夫前人唾者,发于怒也。汝今拭之,是逆前人怒也。唾不拭将自干,何如笑而受之?"弟曰:"谨受教。"(唐·刘肃《大唐新语·容恕》)

(4) 一种是修诸善法,何如向佛法里用心求。(《敦煌变文集》)

(5) 泚将梁庭芬入泾州说田希鉴曰:"公比日杀冯河清背叛,今虽归顺,国家必不能久容,公他日不免受祸。何如开门纳朱公,与共成大事。"(《旧唐书·朱泚传》)

宋代之后"何如"仍是用于 VP_1 和 VP_2 两相比较权衡后,说话人认为 VP_2 的情况不如 VP_1 的情况,建议采取 VP_2,用于选择,例如:

(6) 如知其无用,何以更索?恶其厚费,何如勿买?(宋·苏轼《谏买浙灯状》)

(7) 一个僧家要他上万上千,不为难事。只是万千也有尽时,况且动人眼目。何如要了他这镜,这些财富尽跟了我走,岂不是无穷之利?(明《二刻拍案惊奇》卷36)

(8) 在你以为这当中就是他一个转手,化不了多少钱,何如我叫八哥带着你一直去见他叔叔,岂不更为省事?(清《官场现形记》第25回)

选择连词"何如"形成后,还可以和选择连词"与其"等配合使用,这标志着其连词用法的进一步成熟,例如:

(9) 现在算来算去与其我们捐了银子汇上去叫他们去做现成好人,何如我们自己去,也乐得叫他们地方上供应供应。(清《官场现形记》第 34 回)

5.1.3.3 "怎奈"

"怎"是一个疑问代词,义为"怎么"。最早约出现于五代时期,其前身为疑问代词"争"(《古代汉语虚词词典》1999)。例如:

(1) 梧桐更兼细雨,到黄昏点点滴滴,这次第,怎一个、愁字了得!(宋·李清照《声声慢》)

"怎奈"原本是疑问代词"怎"和动词"奈"的连用。起初经常是"怎奈向、怎奈何"连用,例如:

(2) 关河远,怎奈向、此时情绪。(宋·柳永《洞仙歌·仙吕调》)

(3) 怎奈何、欢娱渐随流水。(宋·秦观《八六子·倚危亭》)

一方面"怎"主要表示反问,另一方面随着文白的演变"奈"不太能单说单用,动词"奈"后的谓词性成分具有一定的独立性,在双音化的作用下,明代两个单音成分"怎"和"奈"逐渐靠拢,在"VP_1,怎奈 VP_2"结构中,"怎奈"词汇化为一个表"无奈"义的双音连词,表示转折,例如:

(4) 某虽肯降,怎奈洞中之人未肯心服。(明《三国演义》第 88 回)

(5) 欲要渡江,怎奈连日大西风,上水船寸步难行。(明《警世通言》17 卷)

5.2 由"实词+虚词"的跨层结构词汇化为连词

5.2.1 动词+介词→连词

5.2.1.1 "由于_连"①

关于"由于"的词性问题,20 世纪八、九十年代曾有过很多争论(齐沪扬、张谊生、陈昌来 2002:213 - 215)。时至今日,主要有两种观点:一种如《现代汉语虚词例释》(1982)、侯学超《现代汉语虚词词典》(1998)等认为"由于"是连词;另一种如《现代汉语八百词》(1999)、《现代汉语词典》(第 7 版)、张斌《现代汉语虚词词典》(2001)等认为"由于"有介词和连词两种词性。另外张谊生(2000d:100)、陈昌来(2002:49 - 51)、周刚(2002:15)等也认为"由于"有连词和介词两种词性。

---

① "由于"在现代汉语中是一个"连-介兼类词",据刘红妮(2009a,2022),"由于"整体演变路径为:动词+介词→连词→介词。前一演变阶段"动词+介词→连词"是词汇化阶段,后一演变阶段"连词→介词"是语法化阶段,为词汇化之后的再演变。本节主要探讨"由于"前一阶段的跨层词汇化演变,后一节阶段将在后续研究中探讨。

我们认为"由于"是一个"连-介兼类词"。一是"由于"和"因为"类似,多数是连词,但也有介词用法,"'因为'多数是连词,但也有放在单纯的体词前面的"(太田辰夫 1958:237)。二是"由于"连词用法先产生,介词用法后产生,并且介词用法是在连词用法基础上产生的。"连-介兼类词"有别于指的能够兼做并列连词的介词的"连-介词"(江蓝生 2012)。

历时研究方面,有一些有益的探讨(马贝加 2002:295,李小军 2008,席嘉 2010:302 等),但相对简略。本节主要依据刘红妮(2009a,2022)的观点。

《说文》无"由"字,"由"同"甹",义为"木生条也"(《汉语大字典》1990)。树木生枝条叫"由",因亦泛指萌生,后由"萌生"义又引申为表示"始发、根源"的动词义。

"于""於""乎"是同一个词的三种不同书写形式。介词"于/於"来源于"去到"义的动词"于",甲骨文中就已演变为介词,介绍处所、时间、对象等,汉代以后介词"于"开始衰落,逐渐被"在"等介词所取代(郭锡良 1997)。

连-介兼类词"由于"来源于表"根源"义的动词"由"和介词"于"的跨层连用。二者跨层连用比较确切的年代约在汉代。"由+于"表示"根源于……"之义。例如:

(1) 勇力所生,生于美色;祸难所发,由于勇力。(汉《论衡·言毒》)

(2) 凡天地之间有鬼,非人死精神为之也,皆人思念存想之所致也。致之何由?由于疾病。(汉《论衡·订鬼》)

(3) 纵恣既作,则侮夫之心生矣。此由于不知止足者也。(《后汉书·列女传》)

介词"于"原本只带体词性结构,在春秋战国时期间或也能带谓词性结构作宾语(有带形容词的个别用例)(郭锡良 1997),"于"的这个语法上的变化影响到了"由于"连用,也开始出现少量一些"由于NP"扩展为"由于VP"的例子。例如:

(4) 祸福之起,由于喜怒;喜怒之发,由于腹肠。(汉《论衡·祀义》)

魏晋南北朝时期,"由于"也都还是"动词+介词"的非句法结构的跨层组合,"由"的动词义还很明显,在句中做谓语,"于"介词功能依然存在,宾语以 NP 为常。例如:

(5) 臣闻天下之祸,不由于外,皆兴于内。(《后汉书·傅燮传》)

(6) 山居之民多瘿肿疾,瘿由于饮泉之不流者。今荆南诸山郡东多此疾肿,由于践土之无卤者。(晋《博物志·五方人民》)

介词"于"的宾语还可以是代词"此、兹"等。例如:

(7) 寇攘诛咎,皆由于此。(《后汉书·郭陈列传》)

同时,也出现了少量的"由于 VP",但这里的"由"还是作动词谓语,"由于"仍是"根源于"之义。例如:

(8) 荣纳由于闪揄,孰知辨其萤妍!(《后汉书·文苑列传下》)

《汉语大词典》中还有 1 例:

(9) 子思问于夫子曰:"为人君者,莫不知任贤之逸也;而不能用贤,何故?"子曰:"非不欲也,所以官人失能者,由于不明也。"(《孔丛子·记问》)

不过,《汉语大词典》(1986)认为此例中的"由于"是介词,表示原因或理由。且不说这里的介词词性是否确切,我们认为这里的"由于"仍未成词,仍是"NP 由于 VP","所以官人失能者"即"所以 VP 者"是名词性成分做主语,"所以"还是代词"所"加介词"以"结构,"由"是动词做谓语,"由于"仍是"根源于"之义。

唐代"由于"还未成词,还是"动+介"的非句法跨层结构。一方面,仍有一些"由于 NP","由"从句法上来看仍是动词,主语和"由"之间还可出现副词"盖、亦"等。例如:

(10) 遂奋关中之翼,竟垂垓下之翅,盖尽由于人事,焉有属于天亡!(唐《朝野佥载》卷 6)

另一方面,唐代"由于"后是动词性成分的"由于 VP"用得明显多了起来,VP 扩展到无标记的谓词性成分,也越来越复杂,从简短的谓语动词变为复杂的谓词性短语甚至小句。其中"由于 VP"所在小句中主语是名词性成分的如:

(11) 旧律所难知者,由于六篇篇少故也。(《晋书·刑法志》)

(12) 夫国之兴也,由于九族亲睦,黎庶协和;其衰也,在于骨肉疏绝,百姓离心。(《晋书·段灼传》)

(13) 钱之不用,由于兵乱积久,自致于废,有由而然,汉末是也。(《晋书·孔琳之传》)

"由于 VP"中主语是动词性成分的,例如:

(14) 身危由于势过,而不知去势以求安;祸积起于宠盛,而不知辞宠以招福。(《晋书·陆机传》)

(15) 古者人稠地狭而有储蓄,由于节也;今者土广人稀而患不足,由于奢也。(《晋书·傅咸传》)

因为句法条件的限制,在上述几例"主语+谓语"结构中,"由"仍是句子的主要谓词,"由于"不能作"因为"理解。当然,从中可看出"由于"有渐趋成词的迹象,"于"后面的谓词性成分越来越长、越来越复杂后,为"由于"以后成为连词打下基础。

宋代,"由于"出现也较多。一方面,介词"于"后仍然可以跟名词性成分形成"由于NP","由"作主要谓语,前有副词"皆、必、实、不"等修饰;"于"是介词,跟其后的宾语一起作"由"的补语。例如:

(16) 下面"安人","安百姓",皆由于此。(宋《朱子语类》卷12)

"由于"因句法条件的限制依旧未成词,虽然语义上"由于"似也可作"根源于"和"因为"两解,但"由"仍是句子的主要谓词。

另一方面,介词"于"的宾语继续由名词性成分扩展为谓词性成分,形成"由于VP"结构。例如:

(17) 然守死生于笃信,善道由于好学。(宋《朱子语类》卷35)

(18) 今日人才之坏,皆由于诋排道学。(宋《朱子语类》卷180)

介词"于"后的谓词性宾语还可以扩展为一个完整的小句。例如:

(19) 鼎观懿德之变,固皆成于乙辛,然其始也,由于伶官得入宫帐。(辽《焚椒录·序》)

例(19)中"伶官得入宫帐"是一个完整的小句做介词"于"的宾语。只不过和唐代一样,这一时期的"由于"还是"动词+介词"的跨层组合。

明代,"由于"的用法一方面仍是沿袭以前未成词的用法。例如:

(20) 尾生丧身,夫差亡国,皆由于色,其过也不下于酒。(明《警世通言》卷11)

(21) 宠之以位,位极则残;顺之以恩,恩竭则慢。所以致弊,实由于此。(明《三国演义》第65回)

需注意的是,例(21)"所以 VP$_1$,由于此(VP$_2$)"中,"此"指代的是其前整个独立的句子"宠之以位,位极则残;顺之以恩,恩竭则慢"。尽管"由于"仍可以分析为"根源于",但因为最晚在唐代"所以"已是成熟的因果连词(王力 2004[1958]:402),"所以致弊"和"实由于此"逻辑上也可以理解为具有一种因果关系,"由于"有了融合演变的迹象。

另一方面,还出现了"由于VP"用在"所以 VP$_1$,由于 VP$_2$"这样的例子中。

(22) 所以弄得人倾家荡产,败名失德,丧躯殒命,尽道这娼妓一家是陷入无底之坑,填雪不满之井了。总由于弟少年浮浪没主意的多,有主意的少;娼家习惯风尘,有圈套的多,没圈套的少。(明《初刻拍案惊奇》卷25)

"由于"正是在这样的因果构式中开始发生演变。"由于"原本表示"根源于"之义,而"根源于什么"自然就隐含了"因为什么",前后句之间具有一种天然的结果和原因关系,这也是"由于"能从"根源于"向"因为"演变的语义基础。在具备了一定的语义基础后,句法上前一分句又出现了表示结果的显性连词标志"所以",使得逻辑上的因果关系从隐含到显现,二者又都连接的是完整的小句,在"所以 VP_1,由于 VP_2"这个特定的构式中,促使"由于"从"根源于"义逐渐向"因为"义过渡,跨层结构的"由+于"逐渐向成词的"由于"演变。当然"由于"前还有副词"总"修饰,可见"由于"还未彻底变为连词。

因为"所以 VP_1,由于 VP_2"因果构式表达的是一种因果关系,而因果关系的表达既可以是前果后因,也可以是前因后果,在某种程度上可以互换,但是表结果的"所以"又经常用在后一分句而非前一分句,所以发展到清代中前期,"由于"所在的句子也可以表达为"由于 VP_1,VP_2","由于"分句从用在后一分句发展到用在前一分句,这是一个大的改变。例如:

(23) 这大约总由于他心性过高,境遇过顺,兴会所到,就未免把这轻佻一路误认作风雅。(清《儿女英雄传》第 30 回)

(24) 这大约总由于人心不淳,因之风俗不厚。(清《儿女英雄传》第 40 回)

这几例"由于"分句中后面出现主谓小句,停顿后再出现分句,并且前后分句之间是因果关系,已经可以看作是近似于连词了。例(24)后一分句还有因果连词"因之"。但这几例"由于"前也还有副词"总"修饰,可看出"由于"作为连词的用法还未完全完成,仍带有演变前的痕迹,还不能算作确切的典型的连词用例。

清代中后期"由于"前摆脱了副词"总"等的修饰,形成"由于 VP_1,VP_2","由于"用在前一分句,表原因,可以算作真正的连词。只是"所以"经常不出现,"由于"单用的多。例如:

(25) 至于扇囊,由于节令已届初冬,绍闻道:"明年热天还有用扇时候,我收了就是。"(清《歧路灯》第 97 回)

(26) 孙殿荣有一个表弟叫杨埊,由于七岁父母双亡,家中无依无靠,跟着孙殿荣读书。(清《彭公案》第 187 回)

(27) 国太医诊说,由于心血耗尽,是为心痹。(清《海国春秋》第 40 回)

(28) 嗣后由于得了这封书信,花氏常拿言语点缀双锤将,说:"无理者可以治人。"(清《小五义》第 118 回)

例(28)"由于"用在主语后,例(25)—例(27)"由于"用在小句句首,连词用法成熟。句法上,"由于"具有一定的语篇衔接和关联性功能,而这正是一般连词所具有的功能。语义上,"由于"不再能作"根源于"理解,而只能作"因为"理解,"由"原来作谓语的主要功能丧失,失去了动词的典型特征;"于"也丧失了其作为介词的主要功能,而前附于"由",与其融合为一个独立的词,演变为一个新的连词。

民国时期连词"由于"的用例更加普遍和成熟起来。例如：

(29) 由于赶吃赶喝,天气炎热,他肚子疼起来。(民国《雍正剑侠图》第59回)

还可以用在"由于……而……"句型中。例如：

(30) 其女由于愤怒而成疾,而且病一天天重下去。(民国《古今情海》卷26)

现代汉语中,连词"由于"开始较多地与"所以、因此、因而"等搭配使用,"由于"成为因果构式的一个标记。例如：

(31) 由于她对客人越看越生疏,因此脸上呈现出一种不好意思的样子。(曲波《林海雪原》)

"由于"词汇化演变的动因主要是内部的句法、语义、语音诱因和外部的语用动因。语言内部因素的诱因,句法上主要是句法扩展,介词"于"的宾语从名词性成分到谓词性成分导致"由"和"于"去范畴化、发生并入和附缀化。"由于"句法位置变化以及用在"由于 VP$_1$, VP$_2$"结构中,正好处于连词的典型位置之一。另外还有汉代以后介词"于"的衰落的影响因素。语义上,"由+于"的跨层结构义为"根源于……",和表示原因的词义之间具有一种自然的语义联系,具有演变为表示原因的连词"由于"的语义基础。在此基础上,"由+于"用在"由于 X,(所以)Y"因果构式中,经过语境吸收,"由于"吸收了整个构式的表因果的构式义。语音上,主要是双音化的诱发。此外,语言外部的语用动因,尤其是语用推理也起到了重要的诱发作用。"由于"的词汇化也是语用推理的结果,属于回溯推理中的招请推理(诱使推理),一种基于常识和事理的推理(参见沈家煊 2004)。未成词的非句法跨层结构的"由于"既然总是表示"根源于",根源于什么自然就隐含了原因和结果的关系在内,因为众多原因中的某个原因总会是某件事发生的根源,"由于"就从"根源于"变为表原因的"因为"义。这些都使得"由"和"于"发生重新分析,"于"从而前附于原本的动词"由",经跨层词汇化成为双音词"由于"。

"由于"词汇化最主要的机制是重新分析。重新分析不仅是语法化演变的重要机制,也是词汇化演变的重要机制(刘红妮 2019b:233)。Harris & Campbell (1995:50)认为"重新分析是指改变了一个句法模式的底层结构但不涉及其表层形式的任何直接或内在的改变",其中"底层结构"包括:成分组构、层次结构、语类性质、语法关系以及粘聚性;而"表层形式"包括形态标记和语序(吴福祥 2021)。Hopper & Traugott(1993:40-41)确立出一类最简单也是最常见的重新分析现象——成分之间的融合,即两个词语或者形态标记之间的边界消失。"由于"未词汇化前,句法结构层次为:[由[于VP]],"由"和"于"本来不在同一个句法层次内;跨层词汇化之后,句法结构重新分析为:[由于[VP]],"由"和"于"之间的边界消失,"由于"也由"动词+介词"的跨层融合为新的双音连词。

5.2.1.2 "加以连"①

刘红妮(2011)具体探讨了"加以"的跨层词汇化。"加以"的词汇化是一种"多元词汇化",它最主要的两种用法——连词和形式动词用法之间并没有先后的承继发展关系,而是在不同的结构中经由不同的途径,且是在动词"加"不同的语素义的基础上分别演化而成的。其中语素义对语言演变路径及其结果起着重要的推动作用。

当"加"表"加上"义时,在"VP_1,加以 NP/VP_2,VP_3"结构中演变为连词"加以"。

先秦时,动词"加"和介词"以"出现多种连用(参见刘红妮 2011)。其中一种是"VP_1,加以 NP,VP_2",例如:

(1) 荐黍稷,羞肝肺首心,见间以侠甒,加以郁鬯,以报魄也。(《礼记·祭义》)

到了东汉,"加以"的使用出现了非常明显的特点:"加以"后的成分由名词性成分扩展为谓词性成分,其中大多数还是形式和语义完整、复杂的小句形式。从"VP_1,加以 NP,VP_3"演变为"VP_1,加以 VP_2,VP_3","加以"可以说已接近成词的连词"加以"。《汉书》共 20 例"加以"中,这类"加以"就有 17 例,"加以"后是形容词及其短语的只有 2 例。例如:

(2) 妾夸布服粝食,加以幼稚愚惑,不明义理,幸得免离茅屋之下,备后宫扫除。(《汉书·外戚传下》)

"加以"后为小句的有 15 例。例如:

(3) 朕承至尊之重,不能烛理百姓,娄遭凶咎。加以边竟不安,师旅在外,赋敛转输,元元骚动,穷困亡聊,犯法抵罪。(《汉书·元帝纪》)

(4) 臣愚以为圣主富于春秋,即位以来,未有惩艾之威,加以继嗣未立,大异并见,尤宜诛讨不忠,以遏未然。(《汉书·王商史丹傅喜传》)

(5) 惟君登位,于今十年,灾害并臻,民被饥饿,加以疾疫溺死,关门牡开,失国守备,盗贼党辈。(《汉书·翟方进传》)

---

① "加以"除了连词外,还有形式动词的用法(见第二章)。本节着重探讨连词"加以"的成词。

六朝时期，连词"加以"的使用频率仍然较高，"加以"后面的成分可以是完整的小句，这种用法已发展成熟。如《后汉书》中 11 例，《三国志》中 12 例，在其他文献中也很常见。例如：

(6) 荆、杨稻收俭薄，并、凉二州羌戎叛戾。加以百姓不足，府帑虚匮，自西徂东，杼柚将空。(《后汉书·郭陈列传》)

(7) 及臣所在，既自多马，加以羌胡常以三四月中美草时，驱马来出，隐度今者，可得三千余匹。(《三国志·吴志·是仪胡综传》)

(8) 衣食资须，公私驱役；而望遁迹山林，超然尘滓，千万不遇一尔。加以金玉之费，炉器所须，益非贫士所办。(北齐《颜氏家训》卷 5)

至此，"加以"由"动＋介"的非句法结构的成分序列词汇化为一个连词，用在小句后，表示进一步的原因或条件，这无疑已和现代汉语连词"加以"用法相同。

从唐代开始，连词"加以"虽继续使用，但使用频率和范围不及中古时期。这是因为通过另一条演变途径形成的"加以"的另外一种重要用法——形式动词的"加以"逐渐形成、发展和成熟。连词"加以"在唐代以及其后的用例。例如：

(9) 三世诸佛，从此经生；最妙菩提，从此经出。加以括囊群教，许为众经之要目。(《敦煌变文集》)

(10) 既是如此，又加以应接事物，逐逐于利欲，故本来明德只管昏塞了。(宋《朱子语类》卷 17)

(11) 慕容公修仁义，有霸士之志，加以国富民安，今往从之，高可以立功名，下可以庇宗族，汝何拒焉？(明《两晋秘史》第 95 回)

(12) 本来原有昏愦的病，加以今夜神出鬼没，更叫他不得主意，便也不顾别的了，口口声声只要找林妹妹去。(清《红楼梦》第 97 回)

(13) 王老叔起初还争执是柳木，经几次的鉴定，加以对于杨木匠的信仰，于是断定为洋槐木，然后满意的散去。(老舍《老张的哲学》)

现代，连词"加以"的使用频率呈下降趋势，多用于书面语中。一方面是因为"加以"作为形式动词的用法占了绝对优势，另一方面则是因为在口语中"加以"被后来比较白话的连词"加上"所替代，二者形成文体使用上的分工。

连词"加以"词汇化和语法化的主要机制和动因是去范畴化(decategorization)和介词并入(Preposition Incorporation)。连词"加以"的形成是和"加"的语素义和"以"后面的介词宾语由名词性成分扩展为谓词性成分，从而发生非范畴化密切相关的。只有"加"表示"加上"的语素义，而不能是"增加、施及"等语素义，也只有"以"的介词作用弱化，发生非范畴化，"加"和"以"才能使原本不在同一个层次上的两个词语粘合成一个独立的词语,"加"和"以"分别降级为构词语素。"加以"的成词还和所在的句法结构"VP$_1$,加以 VP$_2$,VP$_3$"密切相关,"加以"所处的位置正是连词的典型位置。此外还与高频使用有关。在上述多种因素作用下,非句法结构"加+以"才演变为连词"加以",即:"加+以"("加"表"加上"义)→连词"加以"。

5.2.2　动词+连词→连词

5.2.2.1　"进而"

"进而"是现代汉语的一个书面语连词(《现代汉语词典》第 7 版、《现代汉语八百词》1999),它是"动词+连词"跨层词汇化形成的(刘红妮 2009a)。

《说文・辵部》:"进,登也。"本义是"向前移动,前进",与"退"相对。例如:

(1) 人亦有言:进退维谷。(《诗・大雅・桑柔》)

《说文・而部》:"而,须也。"本义为胡须。虚词"而"经常用作连词,其中一种用法是可连接词、词组或分句,表示并列、转折或相承等关系。

先秦时期,"进"与"而"就在一起连用。因为连词"而"的多义性,既可表顺接相承,也可表逆接转折,在"进+而"连用中,有的"而"表转折关系,因为连词"进而"没有转折的语义,所以这种连用即使数量较多,却不是连词"进而"的来源,例如:

(2) 亲臣进而故人退,不肖用事而贤良伏,无功贵而劳苦贱,如是则下怨;下怨者,可亡也。(《韩非子・亡征》)

还有一种"进+而"连用中动词"进"做宾语,宾语与谓语动词关系密切,不容易分离,所以这种连用也与连词"进而"无关,例如:

(3) 故丧事有进而无退。(《礼记・檀弓上》)

与连词"进而"有关的是动词"进"与承接连词"而"的"进+而"连用。

一种是"进+而"的组合义"向前就……"。其中"进"是动词,基本都表"往前、向前",与"退"相对,顺承连词"而"连接动词"进"与另一动词性成 VP,结构为"进+而+VP"二者不在同一句法层次。例如:

(4) 望其毂,欲其眼也,进而视之,欲其幬之廉也,无所取之,取诸急也。(《周礼・冬官考工记》)

(5) 士成绮雁行避影,履行遂进而问:"修身若何?"(《庄子・天道》)

另一种是"进+而"的组合义"进一步就……"。"进"从具体的位移动词"往前、向前"义引申指抽象的"进一步"之义,"进"原本的动词义弱化和抽象化。这为"进而"的成词打下基础。这应是"进而"的直接来源,因为它的组合义与连词"进而"表"进一步"的语义之间的联系更为密切。另外,也只有"进"的动作语义弱化,不再具有动词的典型特征,发生去范畴化,才可能与功能衰落的承接连词"而"发生跨层凝固,词汇化为一个词。在"VP_1,进而 VP_2"中,VP_1 和 VP_2 之间语义上存在一种递进关系,这里的"进而"很像连词,但因为其前还有副词"乃",所以"进"还是动词,具有一定的动词特性,表示抽象的"进一步"之义。整个结构仍作"VP_1,进+而+VP_2"分析。例如:

(6) 齐王使使者问赵威后。书未发,威后问使者曰:"岁亦无恙耶?民亦无恙耶?王亦无恙耶?"……乃进而问之曰:"齐有处士曰钟离子,无恙耶?……此率民而出於无用者,何为至今不杀乎?"(《战国策·齐策》)

例(6)"进+而"的组合义是"进一步就……"的意思。"(威后)进而问之"的意思是威后问了第一个问题后,接着进一步问另一个问题。威后不可能是"走上前问",而只有一种理解"接着问"。

汉代到明代,这种表示"进一步就"的"进+而"连用较少,"进"大多是表示具体动作义的"向前"。因为"进"还具有明显的动词义,所以"进+而"一直未成词。

汉魏时期的用例,例如:

(7) 当是时,秦祸北构於胡,南挂於越,宿兵无用之地,进而不得退。(《史记·平津侯主父列传》)

(8) 使日月自行,不系於天,日行一度,月行十三度,当日出时,当进而东旋,何还始西转?(汉《论衡·说日》)

(9) 持重非不行之谓也,进而不可犯耳。(《三国志·魏志·徐胡二王传》)

唐代至明代也是如此,例如:

(10) 常山王以砖叩头,进而言曰。(《北齐书·杨愔传》)

(11) 今不若移近蜀之兵,进而据之,则犹庶几。稍迟,则不及事矣。(宋《朱子语类》卷131)

(12) 师异之。进而与语。(宋《古尊宿语录》卷2)

(13) 安乐王臧自新乐发兵一万人,进而屯荥阳。(明《两晋秘史》第237回)

一直到清代,才出现了和例(6)一样的表示"进一步就……"的"VP_1,进而 VP_2"的用例。随着使用频率的上升,"进+而"逐渐跨层词汇化为连词"进而",表示"在已有的基础上进一步"。"VP_1,进+而+VP_2"重新分析为"VP_1,进而+VP_2"。例如:

(14) 因仰慕大人的清名,特来瞻谒。倘大人不惜阶前盈尺之地,进而教之,

幸甚。(清《儿女英雄传》第18回)

(15) 今不从死而偷生,已为非礼。又欲因主母之死,竟进而代处主母之位,则其逆礼又为何如?(清《小五义》第91回)

(16) 时而蹙眉,时而喜笑,进而长叹愤怒,一刻之中,便有许多的变态。(清《绿野仙踪》第55回)

"进而"的词汇化与"进"与"而"的去范畴化有关。"进"从"向前"引申为"进一步",语义弱化抽象,在"VP₁,进而VP₂"中,VP₁和VP₂之间语义上存在一种递进关系,并且VP₁和VP₂的语义都比"进"的语义实在。"进"就变得可有可无,失去了动词的典型范畴特点,发生去范畴化。同时,汉语史上表承接的连词"而"也逐渐衰落。这样,两个弱化的成分就容易跨层凝固为一个新的双音词。因为"进而"正好位于两个小句之间,VP₁和VP₂之间语义上存在一种递进关系,所以就变为一个连接两个分句的递进连词"进而","进"不再用作动词,"而"也不再作连词,都成为构词语素。

此外,"进而"的词汇化也与结构简化有关(关于"结构简化"参见 Lightfoot 1979, Roberts I & A. Roussou 2003, 冯胜利 2016, 刘丹青 2008a, 刘红妮 2014b)。未成词前,在"VP₁,进+而+VP₂"中,有 VP₁、进、VP₂ 三个主要谓词,是一个多层复句。而成词后,"VP₁,进而+VP₂",只有 VP₁、VP₂ 两个主要谓词,变成简单复句,结构简化。而从"进而+VP₂"而来,则是复杂谓语变成简单谓语,句子结构简化。

语义上"进+而"从表组合语义的"进一步就……"演变为表递进关系的"进而"的语法意义"进一步",衰落的"而"的语义脱落了。"进"原本的"进一步"语义决定了它前面还有一个基础的行为 VP₁,后面有一个递进的行为 VP₂,所以"进而"的"进一步"是指在原有基础上的进一步。

清代,连词"进而"除了连接小句外,还可用在句中连接短语。例如:

(17) 直至甲子,为文明结实之世,可以自立矣。然后由欧洲新文明进而复我三皇五帝旧文明,进于大同之世矣。(清《老残游记》第11回)

自此,"进而"用作句间和句中连词的两种用法一直延续到今。例如:

(18) 张大哥往往是打倒原来的媒人,进而为要到法厅去的夫妇的调停者。(老舍《离婚》)

(19) 我慢慢地从省心进而收心,不作再写小说的打算。(钱锺书《围城》)

5.2.2.2 "因而"

连词"因而"是"动词+连词"的非句法跨层结构词汇化形成的。

"因"是动词,"而"是一个顺接连词,"X,因+而 Y"中的"因"和"而"不在同一个句法层次上。连词"因而"的源头是"因"表示"乘势、顺应、凭借、借机、利用"之义:利用某个时机去做某事自然就隐含了原因和结果的关系在内,因为某个时机的存在是采取相应行动的一个内在原因(董秀芳 2011:267-269)。例如:

(1) 今君有区区之薛,不拊爱子其民,因而贾利之。(《战国策·齐策》)

(2) 韩信已破齐,使人言曰:"齐边楚,权轻,不为假王,恐不能安齐。"汉王欲攻之,留侯曰:"不如因而立之,使自为守。"(《史记·高祖本纪》)

(3) 后陈公子招杀世子,楚因而灭之。(《汉书·五行志》)

动词"因"的词义弱化或次要动词的地位使得和"因"和"而"的内部逐渐紧密,最后凝固成连词"因而"(李小军、唐晓薇 2007),重新分析为"X,因而+Y"。

下面例子中"因"不能再解作义为"乘势"等义的动词,"因而"变成了一个连词,引进结果从句"因而"作为连词的意义继承了它原先所在构式中的意义。例如(董秀芳 2011:267-269):

(4) (丽戎之山)其阴多金,其阳多玉,始皇贪其美名,因而葬焉。(北魏《水经注·渭水三》)

(5) 绍宗麾兵径进,诸将从之,因而大捷。(《北齐书·慕容绍宗传》)

近代汉语中,"因而"使用也比较常见,例如:

(6) 非是我等要去寻他,那厮倒来吹毛求疵,因而正好乘势去拿那厮。(明《水浒传》第 47 回)

5.2.2.3 "从而"

"从而"原本也是"动词+连词"的跨层结构,"从"是动词"跟随"之义,"而"是顺接连词,连接"从"和"而"后另一动词,二者不在同一句法层次,例如:

(1) 大人之忠俭者,从而与之,泰侈者,因而毙之。(《左传·襄公三十年》)

(2) 劳之来之,匡之直之,辅之翼之,使自得之,又从而振德之。(《孟子·滕文公上》)

(3) 天下有不顺者,黄帝从而征之。(《史记·五帝本纪》)

在"从+而+VP"中,"从"处于次要动词的地位,"跟随"动词义减弱,词义虚化,事理上的先后蕴含着一种因果(李小军、唐晓薇 2007)。"X,从+而 Y"重新分析为"X,从而+Y","从"和"而"凝固为一个因果连词"从而"。例如:

(4) 古之守臣有朘人之财,危人之生而又害贤人者,内必弃于其人,外必弃于诸侯,从而后加伐焉,动必克矣。(唐·柳宗元《辩侵伐论》)

(5) (度)笑曰:"不羁之才也。"从而酬之。(《新唐书·列传第一百一》)

(6) 今所以要于圣贤语上精加考究,从而分别轻重,辨明是非,见得粲然有伦,是非不乱,方是所谓"文理密察"是也。(宋《朱子语类》卷113)

"从而"成词后主要用在书面语中,例如:

(7) 士大夫益以为精微可喜,通脱自得,从而浮其津,造其厓,虽学道之士,不免焉。(清·恽敬《香山先生家传》)

(8) 张军长被联军各将领推举为军事的领袖,从而又做了政治的领袖。(巴金《家》)

5.2.2.4 "借以"

"借"是一个动词,《说文》:"借,假也。""借以"原本是"借+以",其中动词"借"做谓语,"假借"的动词义明显。而因为"以"具有多种功能,历时上"借+以"有"动词+介词"和"动词+连词"两种连用。

"借+以"作为"动词+介词"的连用出现较早,介词"以"及其名词性宾语组合成介词短语作"借"的补语,形成"(NP)借+以 NP"结构,"借"和"以"不在同一句法层次,"借"的宾语"之"可以隐没不出现。例如:

(1) 故其可以攻伐借者,以官爵贵之;其不可借以美名者,以外权重之。(《韩非子·孤愤第十一》)

(2) 慕容垂父子,譬如龙虎,非可驯之物,若借以风云,将不可复制,不如早除之。(《资治通鉴·晋纪二十四》)

这样的"借+以"可以说成"借之以",动词"借"的宾语"之"出现。例如:

(3) 公前日不图备,昱等诚不及也。今借之以兵,必有异心。(《三国志·魏志·程昱传》)

(4) 然道长世短,祸福舛错,怵迫之徒,不知所守,荡而积愤,或迷或放。故借之以身,假之以事,先陈处世不遇之难,遂弃彝伦,轻举远游,以极常人罔惑之情。(《晋书·挚虞传》)

宋代,出现了"动词+连词"的"借+以","以"为目的连词,连接的小句为谓词性目的小句,语义上不能作"以"的宾语理解。形成"(NP)借+以 VP",但这里的"借"仍是动词,前面可以有"则""可"等连词或助动词,例如:

(5) 而所谓工夫,则集义是也,非便以此句为集义之训之。至程子则借以言是心之存,而天理流行之妙自见耳,只此一句已足。(宋《朱子语类》卷63)

(6) 鸠之为物,其性专静无比,可借以见夫人之德也。(宋《朱子语类》卷81)

这样的"借+以"也可以说成"借之以",动词"借"的宾语"之"出现。例如:

(7) 因俗有飞来石之语,遂借之以文其陋。(明·沈德符《野获编·礼部》)

(8) 秦王兵败,委身于我,是天借之以复燕柞,此时不可有失也。(明《两晋秘史》第 261 回)

(9) 久闻他们为水军骁骑,今危急来归,若以兵去援,必效死力。且借之以取金陵,此天所以助主帅也。(明《英烈传》第 13 回)

那么连词"借以"的来源是"动词+介词"还是"动词+连词"？我们认为应该是"动词+连词",这主要是二者具有更紧密的语义联系。

当"动词+连词"的"借+以"中,动词"借"的主语不出现是零主语,宾语"之"也省缩不出现,"借以"就出现在"VP$_1$,借以 VP$_2$"结构中。VP$_1$ 和 VP$_2$ 具有一种手段和目的关系,"借"的动词义弱化,和原本的目的连词"以"跨层凝固,变为一个双音目的连词"借以",表示凭借某种事物或手段以达到某一目的。例如:

(10) 此后惟隆庆四年,兼掌吏部大学士高拱,自以意请朝审主笔,盖专为王金一案,借以陷徐华亭。(明・沈德符《野获编・内阁》)

(11) 事之起,适当楚勘初停,郭江夏甫去国之时,言路恬人,借以媚首揆,遂疑江夏为之。(明・沈德符《野获编・刑部》)

(12) 及夏台再镇,则与保吉通连,任其反复,借以煽动戎人,留资富贵。(清《西夏书事》卷 5)

(13) 乃用《大学》内见贤而不能举两节,言人君用人之道,借以抒写其怨望诽谤之私也。(清《康雍乾间文字之狱》)

5.2.3　形容词+连词→连词

由"形容词+连词"的跨层结构词汇化为连词的主要是"甚而"[①]。

已有研究中刘红妮(2009a)等对"甚而"做了一些考察,但相对简略。本节在刘红妮(2009a)前期研究的基础上,对"甚而"的跨层结构词汇化演变进行探讨。

"甚而"和"甚至"类似,都是在宋代成词,成词的句法环境也相同。都是最基本的连词用法:用在并列式谓语的最后一项的 S$_2$:"NP+VP$_1$+甚至/而 VP$_2$"最先形成,而后形成 S$_3$:"S$_1'$+甚至/而 S$_2'$",从用在并列式谓语的最后一项到可以

[①] 《现代汉语词典》(第 7 版)认为"甚而"是连词,同"甚至",而"甚至"标明是连词,"强调突出的事例"(有更进一层的意思)。《现代汉语八百词》(1999)也认为"甚而"基本上同"甚至",但指出用于书面,此外认为"甚至"有副词和连词两种用法。我们采取《八百词》的观点。历时上"甚而"是由"形容词+连词"的跨层结构先词汇化为连词,而后再有副词用法。本节着重探讨其由跨层结构到连词的词汇化演变,将在后续研究汉语跨层词汇化中的再演变研究探讨其从连词到副词的演变。

放在几个分句(甚至句子)的最后一项,表示递进关系。最后形成放在几个并列的谓词性成分甚至体词性成分的最后一项的连词用法 S_4:"X_1+甚至/而 X_2"反预期的意味加强,主观性逐渐增强。

《说文·而部》:"而,须也。"本义为胡须。虚词"而"是假借字。除可作代词和语气词外,经常用作连词,主要有三种用法:可连接词、词组或分句,表示并列、转折或相承等关系;也可用在偏正结构,连接状语和谓语;还可用在主谓结构,连接主语和谓语,表示设定或强调的意思。在"甚而"最初连用时,"而"主要是第一种用法。

先秦时"甚"和"而"出现连用,例如:

(1) 爱人甚而不能利也,憎人甚而不能害也。故先王贵当,贵周。(《管子·枢言》)

(2) 齐中大夫有夷射者,御饮于王,醉甚而出,倚于郎门。(《韩非子·内储说下》)

"甚"和"而"构成"S 甚//而 VP"的形式,其中"甚"是形容词,作谓语,"而"是连词,连接前后两个动词性成分"S 甚"和 VP,表相承或转折关系。"甚"和"而"不构成直接的句法结构关系,是一种非句法的跨层结构。

汉代"S 甚而 VP"的用例,例如:

(3) 知佞厚之兹谓庳,蒙甚而温。(《汉书·五行志》)

(4) 录民数创于恶吏,故相仿效,去尤甚而就少愈者多。(汉·桓宽《盐铁论·未通》)

上述的"甚而"连用,因为"甚"前有显性主语 S,"甚"本身充当谓语,"而"的连词用法还比较强,整体结构较为稳固,不太容易发生演变,不是产生连词"甚而"的直接句法环境。

宋代"VP_1,甚而 VP_2"的"甚而"开始比较多地出现。与"甚至"类似,正是在"VP_1,甚而 VP_2"结构中,位于两个分句之间这一连词典型位置的"甚而"有了重新分析的可能。"甚而"跨层词汇化为连词,其最基本的格式和用法 S_2:"NP+VP_1+甚而 VP_2"最先形成。

例如:

(5) 自吾身所谓大经、大本,以至天下之事事物物,甚而一字半字之义,莫不在所当穷,而未始有不消理会者。(宋《朱子语类》卷64)

(6) 士大夫治小民之狱者,纵小民妄诉,虽虚妄灼然,亦不反坐,甚而听其蓄越,几于搂揽生事矣。(宋·王栐《燕翼诒谋录》卷4)

元代连词"甚而"S_3:"S_1'＋甚而 S_2'"形成,从用在并列式谓语的最后一项到可以放在几个分句(甚至句子)的最后一项,表示递进关系。例如：

(7) 其始惑于汪、黄,其终制于奸桧,恬堕猥懦,坐失事机。甚而赵鼎、张浚相继窜斥,岳飞父子竟死于大功垂成之秋。(《宋史·诸帝本纪》)

(8) 重以迁延岁月而不偿,胥卒并缘之无艺,积日既久,类成白著,至有迁居以避其扰、改业以逃其害者。甚而蔬菜鱼肉,日用所需琐琐之物,贩夫贩妇所资锥刀以营斗升者,亦皆以官价强取之。(《宋史·食货志下》)

明清时期连词"甚而"S_2:"NP＋VP_1＋甚而 VP_2"和 S_3:"S_1'＋甚而 S_2'"的用法普遍起来,明清两种用法都各举 1 例,例如：

(9) 你如何这般不孝,只贪赌博,怪父教诲,甚而打落了父亲门牙,有何理说？(明《初刻拍案惊奇》卷 13)

(10) 尝记《博物志》云："汉刘褒画《云汉图》,见者觉热；又画《北风图》,见者觉寒。"窃疑画本非真,何缘至是？然犹曰人之见为之也。甚而僧繇点睛,雷电破壁；吴道玄画殿内五龙,大雨辄生烟雾。(明《二刻拍案惊奇·序》)

(11) 其生也,或为佯狂,或为迂怪,甚而为幽僻诡异之行；其死也,皆能为妖、为厉、为灾、为祲,上薄乎日星,下彻乎渊泉,以为百姓之害。(清《儒林外史》第 56 回)

(12) 譬如田土司到洞里去,那逆苗又把他留下,要一千两银子取赎。甚而太老爷亲自去宣谕,他又把太老爷留下,要一万银子取赎,这事将何办法？(清《儒林外史》第 43 回)

现代汉语中连词"甚而"S_4:"X_1＋甚而 X_2"的用法形成了,放在几个并列的谓词性成分甚至体词性成分的最后一项,用"X_1＋甚至 X_2"表示递进关系,反预期的意味加强,例如：

(13) 不错,我们还看得见树梢,甚而屋顶,但屋顶旁边却可以航行丈长的大船。(萧乾《流民图》)

(14) 韦迪和珍妮收住了笑容,一人挽着我一只手臂,认真甚而严肃地问我。(梁凤仪《风云变》)

5.2.4 代词＋连词→连词

5.2.4.1 "然而"

现代汉语中表示转折的连词"然而",最初是"谓词性复指代词'然'＋转折连词'而'"的非句法的跨层结构,"然"是谓词性指示代词,复指前文,起承上的作用,

"而"是转折连词,主要是转下的作用①,经常形成"VP₁,然//而 VP₂"结构,例如:

(1) 吾友张也,为难能也,然而未仁。(《论语·子张篇》)

代词"然"指代 VP₁"吾友张也为难能也",连词"而"表转折,引起下文的 VP₂。"然而"连用表转折关系,义为:"如此,但是……"。又例如:

(2) 臣岂不欲吴,然而前知其为人之异也。(《左传·昭公十五年》)

(3) 昔秦法繁于秋荼,而网密于凝脂,然而上下相遁,奸伪萌生。(汉·桓宽《盐铁论·刑德》)

马建忠(1983[1898]:312)指出:"'然'字承上一顿,下文反转而欲作势者,则加'而'字。孟公上:'然而文王犹方百里其,是以难也。'……所引'然而'皆拆读。今人用'然而'则异是。"王力(2004[1958]:392)、陈宝勤(1994)、刘利(2008)等也有过探讨。

代词"然"本为复指成分,使用中其复指的意义和功能逐渐弱化,遂向长期连用的"而"靠拢。加上汉语文白演变和双音化,"然而"又处在独立小句 VP₁ 和 VP₂ 之间,久而久之,"然"和"而"就逐渐跨层词汇化为一个表转折的双音连词"然而"。"VP₁,然//而 VP₂"重新分析为"VP₁,然而//VP₂"。重新分析后句法结构由多重(两层)复句简化为单层复句。例如:

(4) 兵兴已来,人散久矣。始欲导之以德,不欲驱之以刑,然而信有未孚,理有未至。(唐·元稹《戒励风俗德音》)

(5) 吾生长京城,朋从不少,然而未尝识倡优之门,不曾于喧哗纵观,汝信之乎?(唐·元稹《诲侄等书》)

"然而"词汇化之后,"然"作为"如此"的谓词性指代词的意义弱化,而转折连词"而"的转折意义凸显。"然而"在语义上基本等同于转折连词"而"的语义:"然+而"(如此,但是)→"然而"(但是),大致相当于"而"(但是)。

5.2.4.2 "然则"

表示"既然这样,那么……"义的书面语连词"然则"是由表肯定的谓词性代词"然"和连词"则"跨层词汇化形成的。

孔颖达《诗经·国风序》疏:"然者,然上语;则者,则下事,因前启后之事也。"马建忠(1983[1898]:312-313)指出:"'然'字承上一顿,下文由是而另推事理

---

① "然而"连用在古代还有一种用法是表顺接,义为"既然如此,那么……"。王力(2004[1958]:392)指出:"'然而'当'但是'讲,也是古代语法的残留。'然'是'如此','而'在最初的时候,既用于反接('然而'='但是'),又用于正接('然而'='那么')。后来是前者战胜了后者。"表正接或顺接的"然而"不是现代汉语表示转接的连词"然而"的来源。

者,则加'则'字……故'然则'二字亦可拆读。"王力(2004[1958]:393)指出:"'然则'当'那么''由此看来'讲,实际上'然'是'如此','则'是那么,'然则'本来是两个词,即'既然如此,那么……就'的意思。后来由于它们常常结合在一起,就凝固起来,成为一个连词了。"解惠全(1997)等也有过一些简要论述。

"然则"连用在先秦就已出现,常用在"VP$_1$,然+则 VP$_2$"结构中,其中"然"是谓词性代词,复指前一小句 VP$_1$;"则"是顺承连词。"然"承上,"则"承下,"然则"连用犹言"如此,就……""既然这样,那么……"①。例如:

(1)子曰:"书不尽言,言不尽意。"然则圣人之意,其不可见乎?(《易·系辞上》)

(2)是谓四始,诗之至也。然则《关雎》《麟趾》之化,王者之风,故系之周公。(《诗·周南·关雎序》)

(3)上得民心以殖义方,是以作无不济,求无不获,然则能乐。(《国语·周语》)

"然"本为代词,起复指作用,由于它在语义上是羡余成分,"然"逐渐失去了它的意义和功能,逐渐向长期连用的"则"靠拢。加上汉语文白演变和双音化,"然则"连用又处在两个语义和句法上具有一定独立性的小句 VP$_1$ 和 VP$_2$ 之间,久而久之,"VP$_1$,然+则 VP$_2$"重新分析为"VP$_1$,然则+VP$_2$","然"和"则"就逐渐跨层词汇化为一个双音连词"然则"。

跨层词汇化之后,"然则"已成为单一的承接连词,连接句子,主要表示连贯关系。由于"然"是复指前文的复指成分,所以词汇化后,"然"原本表"如此"的承上的意思弱化。主要是"则"的语义,"则"原本表连贯的"那么"的意义凸显。"然则"主要表"那么"。例如:

(4)齐桓举以相国,叔向携手以上。然则非言之难为,听而识之者难遇也。(唐·韩愈《上兵部李四郎书》)

(5)花一败而树随之,根亡故也。然则人之荣枯显晦,成败利钝,皆不足据。(清·李渔《闲情偶寄·种植·草本》)

5.2.4.3 "否则"

连词"否则"是由表否定的谓词性代词"否"和承接连词"则"组成的跨层结构词汇化形成的。

---

① "然则"连用在古代还有一种用法是表转接,表"然而、但是、可是"等义,例如:夫贵为天子,富有天下,是人情之所同欲也。然则从人之欲,则势不能容,物不能赡也。(《荀子·荣辱》)

"否"和"则"先秦时就出现连用,形成"VP$_1$,否//则 VP$_2$",其中谓词性代词"否"是"不"的意思,"在上古,'然''否'是肯定和否定意义相对的一对谓词性代词"(解惠全 1997),一般对上文作假定性否定,而后用顺承连词"则"引出结论,二者不在同一句法层次,"否则"意思是"不如此/如果不这样,就……",常形成"……则……,否则……"正反对举形式,例如:

(1) 诸侯新服,陈新来和,将观于我,我德则睦,否则携贰。(《左传·襄公四年》)

(2) 格则承之庸之,否则威之。(《书·益稷》)

(3) 义则进,否则奉身而退。(《左传·襄公二十六年》)

上述三例中的"否则"所在句子分别义为:"我德则睦,否(我不德)则携贰""格则承之庸之,否(不格)则威之""义则进,否(不义)则奉身而退"。"否"和"则"的意义和功能都很完整。

后来"VP$_1$,否则 VP$_2$"中的 VP$_2$ 还可由动词性成分扩展为主谓俱全的小句,独立性越来越强,例如:

(4) 是汝不明君之惠,见汝之私义也。速已则可矣,否则尔之受罪不久矣。(汉《说苑·臣术》)

"VP$_1$,否则 VP$_2$"中"否则"前后的 VP$_1$ 和 VP$_2$ 在语义上具有一定的独立性,并且具有逻辑上的转折关系,"'否则'出现在'X,否,则 Y'这样的构式中,在语义上是对举正反两种情况,指出在 X 的情况下如何,在非 X 的情况下如何"(董秀芳 2011[2002]:266-267)。汉语演变进程中,表否定的谓词性代词"否"和承接连词"则"逐渐衰落,加之随着汉语文白的演变,在高频连用和汉语双音化的促动下,用在语义上具有转折关系的两个分句 VP$_1$ 和 VP$_2$ 之间典型连词位置的两个单音成分"否"和"则"开始逐渐凝固,跨层词汇化为一个双音转折连词"否则","VP$_1$,否//则 VP$_2$"重新分析为"VP$_1$,否则//VP$_2$"。例如:

(5) 儒林之官,四海渊原,宜皆明于古今,温故知新,通达国体,故谓之博士,否则学者无述焉。(《汉书·成帝纪》)

(6) 凡殖货财产,贵其能施赈也,否则守钱虏耳。(《后汉书·马援传》)

上述两例中,"否则"前的分句 VP$_1$ 中语形上没有"则"与"否则"对举,并且 VP$_1$ 和 VP$_2$ 的主语不是同一主语,而是不同的主语。这些都可说明"否则"已凝固为一个连词。

"否则"刚词汇化伊始,义为"如果不这样(就)",语义上变化不大,仍基本保留了原"否"和"则"的语义。但因为"否"是指代上述情况的反面,所以感觉"否"

的作用大些。后来发展到近代汉语中,"否则"后还常出现"便、就","则"原本的功能和意义完全消失,"否则"义为"如果不这样"这也从另一个侧面证明了"否则"确已成词,并且词汇化程度逐渐加深。例如:

(7) 初学心下恐空闲未得。试验之平日,常常看书,否则便思索义理,其他邪妄不见来;才心下稍空闲,便思量别所在去。这当奈何?(宋《朱子语类》卷114)

(8) 列公,你看人生在世,不过如此。无非是被名利赚,被声色赚,被玩好赚,否则便是被诗书赚,被林泉赚,被佛老赚,自己却又把好胜、好高、好奇一切心去受一切赚,一直赚到。(清《儿女英雄传》第40回)

(9) 我今总得想个法儿,洗清身子才好,否则便是一辈子也无出头之日!(清《官场现形记》第28回)

(10) 自杀是我赞美的,象哥哥这样的自杀,是盲目的自杀,否则便是疯狂的自杀。(清《孽海花》第28回)

到现代汉语中,"否则"的后面有时可以缀上"的话","否则"的词汇化变得更为彻底(董秀芳 2011:266-267),例如:

(11) 你必须来,否则的话,这个会就开不成了。

5.2.4.4 "何况"

连词"何况"是疑问代词"何"与连词"况"跨层词汇化形成的。

"何+况"连用在先秦即已出现,"何"表示整个句子的反问语气,"况"是连词,例如:

(1) 何险巇之嫉妒兮?被以不慈之伪名。彼日月之照明兮,尚黯黮而有瑕。何况一国之事兮,亦多端而胶加。被荷裯之晏晏兮,然潢洋而不可带。(《楚辞·九辩》)

连词"况"所在的句末经常有语气词"乎",所以"何+况"还形成"何+况……乎?"句式,例如:

(2) 是故鞭噬狗,策蹄马,而欲教之,虽伊尹、造父弗能化。欲害之心亡于中,则饥虎可尾,何况狗马之类乎!(《淮南子·原道》)

(3) 昔殷民近迁洛邑,且犹怨望,何况去中土之肥饶,寄不毛之荒极乎?(《后汉书·杨终传》)

在"X,何+况 Y"中"何"表示反问,整个小句是肯定的意思,原本的反问语义弱化。X 和 Y 之间又具有一种逻辑上的递进关系。这样,随着"何"和"况"的长期连用,二者就逐渐跨层凝固,所在结构重新分析为"X,何况+Y","何况"变为一个双音递进连词"何况",表示更进一层的意思。"何况"句反问的语义弱化,而主要凸显递进的意思。另外，原本用在句末的疑问语气词"乎"也随之脱落，句末大多不是问号了。例如：

(4) 云高风苦多，会合难遽因；天上犹有碍，何况地上身。(唐·元稹《酬乐天赴江州路上见寄》)

(5) 闲人犹喜至，何况是陈兄。(唐·白居易《喜陈兄至》)

(6) 圣人已说底话尚未理会得，何况圣人未做底事，如何测度得！(宋《朱子语类》卷35)

(7) 到得进处，有用力悫实紧密者，进得快；有用力慢底，便进得钝。何况不见得这源头道理，便紧密也徒然不济事。何况慢慢地，便全然是空！(宋《朱子语类》卷114)

随着"何况"连词用法的成熟，还出现了"尚且……何况……"搭配使用的用例，整个句子进层的语义更加明显。例如：

(8) 我想我止隔得三年，尚且心情不奈烦，何况你们终身独守，如何过了？(明《初刻拍案惊奇》卷34)

清代，"何况"的用例，例如：

(9) 我也和你一样，我就不似你这样心窄。何况你又多病，还不自己保养。(清《红楼梦》第76回)

此外，"何况"前还可以加上"又、更"等，形成"又何况、更何况"。例如：

(10) 勇猛大将军，饶他是个天、地、人、各仙长，也都是这等帖耳奉承。又何况你这些瘟鬼，敢在我面前摇唇鼓舌，说短道长。(明《三宝太监西洋记》第91回)

(11) 就是我这师傅，不辞年高路远，拖男带女而来，他也是为好。更何况今日我既有了这座祠堂，这里便是我的家了，自我无礼断断不可。(清《儿女英雄传》第25回)

5.2.5 数词+连词→连词

连词"再则"是由"数词+连词"的跨层结构词汇化形成的。

数词"再"和连词"则"的连用起初是不同句法层面上的两个成分，表示"第二次，两次就……"，经常和"一则""三则/而"搭配出现，例如(雷冬平等2013)：

(1) 不贡士，壹则黜爵，再则黜地，三而黜爵地毕矣。(《汉书·武帝纪》卷6)

(2) 酒食之赐，一则为薄，再则为厚。(汉《论衡·恢国》)

"再则"在明末清初词汇化为连词，表示"更近一层或另外列举原因、理由"，例如：

(3) 不晓得甚么仙术，只是募化斋饭充饥。再则不按甚么真方，但只卖些假药，度日济贫而已。(明《醒世姻缘传》第 29 回)

清代连词"再则"开始用得多了起来，例如：

(4) 这种东西，多也无用。再则与者受者，都要心安。(清《儿女英雄传》第 13 回)

(5) 但他们既是这般好出身，为什么做出这等事情来？再则，他们若说明自己的来历，凭我们怎样不忍，也得回来和各位商量一个办法，再定对付之计，这场祸事也不致闹出来了。(清《八仙得道》第 100 回)

"再则"的跨层词汇化主要是与"再"数词功能弱化有关，这主要体现在句法上当"再则"开始脱离"一则……再则……（三则）……"的形式，可以单独使用形成"VP_1，再则 VP_2"时，"再"表示"第二次，两次"的数词功能弱化。还有随着语言的发展，"再"表示"第二次，两次"的本义逐渐不为人们所熟悉。加上语言中还有另一个与原本的"数词＋连词"的"再＋则"功能作用相近的"二则"，它比"再则"形式和语义上更显豁明了，它现在还要用在"一则……二则……（三则）……"结构，这样形成竞争与分工。这样，双音化作用下，单音"再"趋附连词"则"，重新分析为一个新的连词。"再则"词汇化后，"再"不再能做"第二次，两次"理解而只能作"另外有所补充"理解，甚至可形成"一则……二则……再则……"，例如：

(6) 和他相持起来，一则失了天庭体统；二则耽延时日，恐为玉帝所责；再则少君日近帝居，万一我去召他，他却以天子为护符，拒不受传，甚至倚仗帝力，反将我问起罪来，这事更不好办了。(清《八仙得道》第 67 回)

5.3 由"虚词＋实词"的跨层结构词汇化为连词

5.3.1 副词＋代词→连词

连词"惟其"是"副词＋指代词"的跨层结构词汇化形成的(刘红妮 2016)。

"惟其"也作"唯其""维其"。"惟""唯""维"三者本义本不相同。《说文·心部》："惟，凡思也。"《说文·口部》："唯，诺也。"《说文·纟部》："维，车盖维也。"但是因为引申义和用作虚词如语气词、表"仅、只"义的副词等语义和用法上的相通，古籍中"惟""唯""维"多通用。段玉裁《说文解字注》"惟"下注："经传多用为发语之词。《毛诗》皆作维，《论语》皆作唯，古文《尚书》皆作惟，今文《尚书》皆作维。又,鲁《诗》作惟,与毛《诗》作维不同。"王引之《经传释词》:"惟,独也。常语也。或作唯、维。"故此,相应也出现了"惟其""唯其""维其"。"惟""唯""维"三者在语义上除了用作各自本义的和"其"连用语义有所不同外,当用作句首发语词和副词时与"其"连用形成"惟/唯/维其"时语义没有区别。总体上,使用"惟其"最多。以下不做区分,统一以"惟其"称之。

《说文》:"箕,所以簸者也。……其,籀文箕。"虚词"其"也是个假借字,可用作代词、副词、连词、助词,先秦已有用例,最常见的是用作代词。

因为"惟"的多义性,先秦"惟+其"有"动词+代词""句首语气词+代词""副词+代词"多种连用。分别例如:

(1) 官不及私昵,惟其能,爵罔及恶德,惟其贤。(《书·说命中》)
(2) 渐渐之石,维其高矣。山川悠远,维其劳矣。(《诗·小雅·鱼藻之什》)
(3) 莫乐为人君,惟其言而莫之违。(《韩非子·难一》)

连词"惟其"的来源是"副词+代词"的"惟+其"(刘红妮 2016)。副词"惟"单用时经常用在"惟……故……""惟……是故……"和"惟……是以……"因果句中,有的研究认为其中的"惟"是表"因为"的连词,我们认为这是把整个因果句的句式义当成是词语固有的词汇义,这里的"惟"仍是表示"只是"的副词。"惟……故……"是"只是……所以……"的意思。例如:

(4) 惟仁者为能以大事小,是故汤事葛,文王事昆夷。惟智者为能以小事大,故大王事獯鬻,句践事吴。(《孟子·梁惠王下》)

这句的意思是:"只有仁者能以大国的地位侍奉小国,所以商汤曾侍奉葛国,文王曾侍奉混夷。只有聪明的人能以小国的地位侍奉大国,所以周太王曾侍奉獯鬻,勾践曾侍奉吴国。"(许嘉璐 2005)

因为"惟+VP/NP"经常用在因果句中说明原因的小句里,所以"惟其+VP"也有这样的用法,可以是"惟其……是故……"和"惟其……是以……"等各种形式。但还是"只是他……所以……"的意思。其中的"其"指代作用明显。例如:

(5) 右之右之,君子有之。惟其有之,是以似之。(《诗经·小雅·裳裳者华》)

从汉代一直到宋代以前,"惟其"连用基本上沿袭先秦,并且使用频率都不太高。及至宋代,出现一个大的转折:出现了大量"副词'惟'+代词'其'"连用的例子,并且主要是用在"VP_1,惟其……,所以(故)VP_2……"等新的因果关联结构式。"惟其"发生了跨层词汇化,从表"只是他……"义的"惟+其"演变为表"正因为"义的连词"惟其"。例如：

（6）问："先生诗云：'前推更无始，后际那有终！'如何？"曰："惟其终而复始，所以无穷也。"（宋《朱子语类》卷24）

（7）因言乾坤简易，"知险知阻"，而曰："知险阻，便不去了。惟其简易，所以知险阻而不去。"（宋《朱子语类》卷76）

（8）大概是不肯蹈袭前人议论，而务为新奇。惟其好为新奇，而又恐人皆知之也，所以吝惜。（宋《朱子语类》卷139）

"惟其"的跨层词汇化主要有两方面因素：一是原组成成分副词"惟"的句法特点和指代词"其"指代功能的弱化为"惟其"的连用和词汇化打下基础。"惟"经常用在因果句的前一小句，"其"所复指的名词往往在上文已经出现，后面再用"其"作为复指，可有可无，其指称功能进一步虚指化、虚无化，所指对象逐渐模糊甚至彻底消失，发生去范畴化。加之复音化趋势的影响，使得"其"与其前的"惟"重新分析为一个新的独立连词"惟其"。不光是"惟其"，"X其"类词"更其、何其、极其、及其、如其、惟其、尤其、与其"等的跨层词汇化都与其中的"其"指代功能弱化引发去范畴化有关。

另一方面，而"惟其……所以……"关联格式的构式化对"惟其"的词汇化起到了关键的促动作用，语义从"只是他"演变为"正因为"，新语义主要来源于构式义。这样构成了"VP_1，惟其……，所以VP_2"构式，"惟其"后面的内容往往是紧接着前面的话题和内容进行的，紧接着论述相同意思的内容，所以其词义并不是一般表原因的"因为"，而是"正因为"，"正"正说明了"惟其"前后语义内容的紧密联系，表示的是说明性的因果关系。

清代还出现了"惟其……才……"构式，例如：

（9）我道："这么说，姊姊是说有的了？"姊姊道："惟其我有了那没有的凭据，才敢考你。"（清《二十年目睹之怪现状》第25回）

发展到现代汉语，"惟其"表示"正因为"的语义比较古老，加上磨损，从字面上较难看出其真正意义，所以有些语言使用者不太了解其本义，使用时又在"惟其"后面加上表示原因的"因为"，形成"惟其因为"。例如：

（10）饭食很好；惟其因为很好，所以倒引不起大家的感谢。（老舍《蜕》）

还有"正惟其"，因为"惟其"本身是"正因为"，再加上"正"，和"惟其因为"相似。例如：

（11）我不是学教育的，因此不懂一切教育学上的顽意儿。正惟其不懂，所

以想瞎说,这也是人情。(俞平伯《教育论》)

5.3.2 连词+名词→连词

"而后"是汉语里的一个连词(《现代汉语词典》第 7 版)。

"而后"原本是顺承连词"而"和时间名词"后"的跨层组合,形成"VP$_1$ 而+后 VP$_2$"。时间词"后"直接修饰其后动词性成分 VP$_2$,连词"而"连接 VP$_1$ 与"后 VP$_2$","而"与"后"不在同一层次上。"而+后"在秦汉即有较多的连用。例如:

(1) 子贡问君子,子曰:"先行其言,而后从之。"(《论语·为政》)

(2) 既陈而后击之,宋师败绩。(《左传·僖公二十二年》)

(3) 将军文子之丧,既除丧,而后越人来吊。(《礼记·檀弓上》)

(4) 王休甲息众三年,而后复之。(《史记·春申君列传》)

(5) 韩氏先以国从公孙郝,而后委国于甘茂,是韩,公之雠也。(《战国策·韩策》)

原本在秦汉常用的连词"而"在中古急剧衰落,并最终在口语中消失(梅广 2003,魏培泉 2003)。再加上长期连用的"而"和"后"正好处于句法和语义都比较独立的 VP$_1$ 与 VP$_2$ 之间,这样在汉语双音化的促动下,"而"与"后"就跨层词汇化为一个双音顺承连词"而后",表示"然后"之义。"VP$_1$ 而+后 VP$_2$"重新分析为"VP$_1$ 而后+VP$_2$"。例如:

(6) 客初有荐士于丹者,因选举之。而后所举者陷罪,丹坐以免。(《后汉书·王丹传》)

(7) 罗威,字德仁,八岁丧父,事母性至孝,母年七十,天大寒,常以身自温席而后授其处。(晋《搜神记·罗威为母温席》)

近代汉语中"而后"大多用在书面语中,这和文白演变下"而"原本是文言连词有关。例如:

(8) 盖圣贤说出,道理都在里,必学乎此,而后可以有得。(宋《朱子语类》卷 9)

(9) 须见得道理都透了,而后能静。(宋《朱子语类》卷 130)

(10) 盖事外之官,必立于耳目之表,而后可以专弹压;事内之官,必绝于嫌疑之地,而后可以操权衡。(明·沈德符《野获编·科场》)

(11) 人生在世,要做大事、必要明明白白有个真凭实据,叫人不敢来惹我,而后我才能毂惹人。(清《续济公传》第 158 回)

5.3.3 连词十代词→连词

5.3.3.1 连词十代词"其"→连词

5.3.3.1.1 "如其"

"如其"是现代汉语中的一个书面语连词,相当于"如果"。

历时上,"如其"是假设连词"如"和代词"其"的跨层组合,原本的结构为"如+其VP",指代词"其"先和后面的VP直接组合,连词"如"连接"其VP","如"和"其"不构成直接的句法结构关系,是一种非句法结构。其中的"其"都有明确的指代对象,指代作用明显。"如+其"意思是"如果他……"。例如:

(1) 附之以韩魏之家,如其自视欿然,则过人远矣。(《孟子·尽心章句上》)

(2) 今梁王不伏诛,是汉法不行也;如其伏法而太后食不甘味,卧不安席,此忧在陛下也。(《史记·田叔列传》)

(3) 盗贼桀黠,群辈犯法,如其窘急,亡走北出,则不可制,八也。(汉·荀悦《汉纪·孝元皇帝纪》)

后来,随着汉语文白的演变,指代词"其"逐渐衰落,加上"其"所指的对象在上下文中越来越不明确甚至找不出,连词"如"和代词"其"开始跨层凝固,成为一个新的双音连词"如其","如+其VP"重新分析为"如其+VP"。词汇化后,"如其"表"如果"之义,"其"的语义脱落了。例如:

(4) 若其秦也,则袁族其与汉升降乎!如其否也,则同盟永无望矣。(《三国志·魏志·袁绍传》)

(5) 如其不虞,何以待之?(汉《东观汉记·冯衍传》)

(6) 如其不尔,无不生虫。(北魏《齐民要术》卷6)

(7) 若审兵食未尽者,便可勉强固守。如其粮竭兵微,亦宜早悟天命。(《晋书·索琳传》)

(8) 如其不利,沮我军势,兵法所谓以逸待劳,不如勿击。(《梁书·陈庆之列传》)

下面例子中,"如其"已经是一个成熟的连词了,例如:

(9) 礼记云"娶于异姓,附远而厚别",此二义复何所施?如其不然,则明始限之外,尧舜可以婚;理终之后,应韩可以通。(唐《通典·礼二十》)

(10) 霍曰:"辽西去此五千余里,女郎因何共我争房?如其不信,请出门看之。"女郎惊起,出门看之,全非己之舍宅。(《敦煌变文集》)

例(10)中从上下文得知"如其不信"的"其"不可能是指代女郎,而只能是"如果不信"之义。

又例如：

(11) 如其善而莫之违，固是好；如不善而莫之违，不几乎一言而丧邦！（宋《朱子语类》卷21）

(12) 今番追去，必获大胜；如其不然，请斩吾首。（明《三国演义》第18回）

(13) 如其果真，此弊要除。（清《儒林外史》第46回）

因为"其"原本的文言性，所以表假设的连词"如其"主要用在书面语中，口语中用得更多的是"如果"。

5.3.3.1.2 "与其"

"与其"是汉语中的一个选择连词，先秦时期就已成词。关于"与其"的来源和其中"与"的意思，学界有这样几种说法：一种是认为它是"如其"，"与"为"如或"之义（《经传释词》）；一种认为其中的"与"是动词赞许、嘉与之义（《虚字说》）；还有一种认为其中的"与"是表选择的连词"与"，"与其……不如……"同"与……不如……"。至于"其"一般都认为它原本是指代词。

我们认为其中的"与"原本是表选择的连词"与"，"与其"是连词"与"与代词"其"跨层词汇化形成的。"与其"成词后"其"失去了指代的作用，主要是"与"的语义。

选择连词"与"的用例，例如：

(1) 与余以狂疾赏也，不如亡！（《国语·晋语》）

(2) 与为人妻，宁为夫子妾者，十数而未为止也，未尝有闻其唱者也，常和而已矣。（《庄子·德充符》）

"与其"成词后也经常与"不如""宁"等前后呼应，例如：

(3) 与其戍周，不如城之。（《左传·昭公三十二年》）

(4) 与其杀不辜，宁失不经。（《书·大禹谟》）

(5) 与其无义而有名兮，宁穷处而守高。（《楚辞·九辩》）

"与其……孰若……""与其……不如……"复合句中，"与其"用于前一分句，用以提出与后面所述内容的比较对象；"不如"用于后一分句，表示是在两种客观事件中，经过比较之后，在二者之间选择后者。在比较两件事或两种情况的利害得失而表示有所取舍时，"与其"用在舍弃的一面。例如：

(6) 与其有誉于前，孰若无毁于其后；与其有乐于身，孰若无忧于其心。（唐·韩愈《送李愿归盘谷序》）

(7) 有了钱，与其这样化的吃力不讨好，我倒不如拿来孝敬点给叔公了。

(清《二十年目睹之怪现状》第 18 回)

5.3.3.1.3 具有词汇化倾向的"及其"

"及其"在《现代汉语词典》(第 7 版)还未收录,但具有词汇化为连词的倾向(吴竞存等 1992:368-369,董秀芳 2011:284)。

"及"和"其"都是文言词,"及其"原本是"连词+指代词"的跨层结构。其中"及"是连词,表"和、与"之义,"其"是指代词,修饰后面名词性成分 NP,形成"NP_1+及+其 NP_2"结构,意思是"NP_1 和他的 NP_2"。"及"和"其"不在一个层次上。例如:

(1) 武王既丧,管叔及其群弟乃流言于国,曰:"公将不利于孺子。"(《书·金縢》)

发展到现代汉语,"及+其"有跨层词汇化为一个表"和、与"义的双音连词"及其"的趋势,意思是"NP_1 和 NP_2"。"NP_1+及+其 NP_2"重新分析为"NP_1+及其 NP_2","及"和"其"之间不出现较长的停顿,"其"轻读,"其"的指代功能也有淡化之势(吴竞存等 1992:368)。例如:

(2) 成本变动的趋势及其对价格的影响

但是现代汉语中"其"的指代作用仍有保留,还未完全消失。"随着'及其'词汇化程度的加深,其词的性质会越来越明显"(董秀芳 2011:284)。

5.3.3.2 连词+代词"然"→连词

5.3.3.2.1 "虽然"

表"即使"义的连词"虽然"是连词"虽"和代词"然"跨层词汇化形成的。

"虽+然"连用在先秦就已出现。其中"虽"是连词,"虽然"之义,"然"相当于"如此",是一个谓词性的指代词。"虽然"的意思是"虽然如此,即使如此"之义,经常可以作为一个小句使用,"虽然"后一般有逗号断开,形成"……,虽然,VP"结构,例如:

(1) 诸侯之礼,吾未之学也;虽然,吾尝闻之矣。(《孟子·滕文公上》)

(2) 将杀里克,公使谓之曰:"微子则不及此。虽然,子弑二君与一大夫,为子君者不亦难乎?"(《左传·僖公十年》)

(3) 彼节者有间,而刀刃者无厚……,是以十九年而刀刃若新发于硎。虽然,每至于族,吾见其难为,怵然为戒,视为止,行为迟。(《庄子·庖丁解牛》)

(4) 对曰:"臣不任受怨,君亦不任受德。无怨无德,不知所报。"王曰:"虽然,必告不谷。"(《左传·楚归晋知罃》)

(5) 对曰:"吾能老而已,何以语子?"康子曰"虽然,肥愿有闻于主。"(《国

语•鲁语下》）

随着汉语文白的演变,谓词性指代词和文言词"然"逐渐衰落。同时"虽然"不再作为一个独立小句使用,"虽然"后没有逗号断开,而是出现了谓词性成分VP,形成"……,虽然 VP_1，VP_2",因为 VP_1 的独立性,再加上受到汉语双音化的影响,"虽+然"发生重新分析,变为一个双音连词"虽然",其意义与"虽"单用时相同。大约在唐代,"虽然"成为连词。大多用在句首,例如：

(6) 虽然在城市,还得似樵渔。(唐•于鹄《题邻居》)

(7) 虽然得归到乡土,零丁贫贱长辛苦。(唐•崔颢《江畔老人愁》)

(8) 虽然同时将军客,不敢公然子细看。(唐•李商隐《天平公座中呈令狐令公》)

(9) 虽然身畅逸,却念世间人。(唐•拾得《无事闲快活》)

"虽然"成词后,还可以用在主语后,例如：

(10) 慈母虽然不善,儿子非常道心,拯恤孤贫,敬重三宝,行檀布施,日设僧斋,转读大乘,不离昼夜。(《敦煌变文集》)

(11) 栲定罪人生死,虽然不识和尚。(《敦煌变文集》)

(12) 罗汉虽然是小圣,力敌天魔万万重。(《敦煌变文集》)

(13) 能陀虽然天上,一心思忆家中。(《敦煌变文集》)

后来还出现了"虽然如此"的用例,由此可见"虽然"已经凝固为一个词,其中原本表"如此"义的"然"的意义脱落,所以才可以在"虽然"后面再加上"如此"。例如：

(14) 师云："和尚怪某甲不得。"峰云："虽然如此,争奈背后如许多师僧何！"(唐《祖堂集》卷10)

(15) 连州宝华和尚,上堂："看天看地,新罗国里,和南不审,日销万两黄金。虽然如此,犹是少分。"(宋《五灯会元》卷15)

5.3.3.2.2 "纵然"

连词"纵"表示假设和让步,在先秦时已有用例。例如：

(1) 青青子佩,悠悠我思。纵我不往,子宁不来。(《诗•郑风•子衿》)

连词"纵"意思相当于"虽然""即使",语义上近似于连词"虽"。同"虽"可与代词"然"连用并跨层词汇化一样,连词"纵"也可与代词"然"连用,表示"虽然如此"之义。但是与"虽然"不同的是,就笔者目前手头语料所见,它并没有出现像"虽然"单独用作小句的用法,而是一出现就近乎成词。例如：

(2) 纵然披坚执锐,有北面复匈奴之志,又欲罢盐铁、均输,亏边用,损武略,

无忧边之心,于其义未便也。(汉·桓宽《盐铁论·本议》)

唐代,连词"纵然"已经用得比较普遍了。"纵然"意义与"虽"单用时相同。表"虽然、即使"之义,"然"的意义脱落了。例如:

(3)纵然满眼添归思,未把渔竿奈尔何。(唐·罗邺《洛水》)

(4)纵然一夜风吹去,唯在芦花浅水边。(唐·司空曙《江村即事》)

5.3.3.2.3 "要不然"①

史金生(2005)主要探讨"要不"的跨层成词,其中部分涉及"要不然"。

最初的"要不 X"应当分析为"要+不 X","要"表示意愿或假设的连词,"不"是表示否定的副词,它们不处于同一个层次上,不构成直接成分(史金生 2005)。例如:

(1)要放你也在我这里。要不放你也在我这里。(宋《古尊宿语录》卷 6)

"不"后面成分的代词化是"要不然"词汇化的直接诱因。当"不"后面的成分在上文已经出现时,这个旧信息可以用指示代词"然"来代替。例如:

(2)凡诸侯有命,告则书,不然则否。(《左传·隐公十一年》)

(3)若不然,叔父有地而隧焉,余安能知之?(《国语·周语》)

"不然"由词组凝固为一个词,"要不然"在明代出现(史金生 2005)。例如:

(4)伯爵道:"要不然也费手,亏我和你谢爹再三央劝你爹:'你不替他处处儿,教他那里寻头脑去!'"(明《金瓶梅》第 52 回)

"要不然"所在的结构为"X,要不然 Y",其中 Y 句法和语义上具有一定的独立性,而"要不然"又正好处于两个分句之间这一连词的典型位置,所以就容易跨层词汇化为连词,表示"要不"。例如:

(5)官说你得的不止这个,掏着一五一十的要。你没的给他,刑拷起来,也是有的。要不然,你出些甚么给他也罢,难得只叫乡约堵住颡子不言语,别的旁人也不怕他再有闲话。(明《醒世姻缘传》第 34 回)

(6)童奶奶道:"我只说这是堕孽!要把自家的米粮口里挪、肚里攒的,舍些儿给那看看饿杀的人吃,这才叫是积福哩!他这明是姐心狡肚,故意的要洒泼主人家东西哩!你快听我说,好好的替你狄爷寻个好灶上的,补报他那几碗粥,要不然,这叫是'无功受禄',你就那世里也要填还哩!"(明《醒世姻缘传》第 55 回)

(7)我饶了你,乖乖的替你媳妇赔个不是,拉了他家去,我就喜欢了。要不然,你只管出去,我也不敢受你的跪。(清《红楼梦》第 44 回)

---

① 确切地说,"不然"最初是一个否定性的代词短语。

(8) 薛蟠听说,便道:"妈妈说的很是。倒是妹妹想的周到。我也这样想着,只因这些日子为各处发货闹的脑袋都大了。又为柳二哥的事忙了这几日,反倒落了一个空,白张罗了一会子,倒把正经事都误了。要不然定了明儿后儿下帖儿请罢。"薛姨妈道:"由你办去罢。"(清《红楼梦》第 67 回)

5.3.3.3 连词+代词"此"→连词

由"连词+代词'此'"跨层结构词汇化为连词的主要是"故此"。

"故"在先秦就可用作连词,多用在后一分句句首,表示结果或推论,义为"所以、因此",例如:

(1) 吾少也贱,故多能鄙事。(《论语·子罕》)

"故此"原本是连词"故"和指示代词"此"的连用,刚开始"此"还有一定的指代作用,例如:

(2) 故子胥善谋而吴戮之,仲尼善说而匡围之,管夷吾实贤而鲁囚之。故此三大夫岂不贤哉?而三君不明也。(《韩非子·难言》)

后来,在"VP$_1$,故此 VP$_2$"结构中,随着指示代词"此"指代作用的虚化、弱化,"此"逐渐前附于"故",跨层词汇化为双音连词"故此",例如:

(3) 昔者如来于此七日观菩提树,目不暂舍。为报树恩,故此瞻望。(唐《大唐西域记》卷 8)

(4) 吾是汉之李广,知君有难,故此相救。(宋《太平广记》卷 329)

(5) 妖精神通,与孙大圣无二。幽冥之神,能有多少法力,故此不能擒拿。(明《西游记》第 58 回)

5.3.4 连词+动词→连词

5.3.4.1 "以期""以便""以免"等"以 V"类连词

5.3.4.1.1 关于"VP$_1$(,)以 VP$_2$"中"以"的词性

汉语中有"以期、以便、以免、以至、以致、以及"等一批"以 V"类连词。它们都是在"VP$_1$(,)以 VP$_2$(VP$_2$ 为'期/便/免/至/致/及')"结构中跨层词汇化的。

因为"以"的连词用法是由介词用法发展而来的,所以关于"VP$_1$(,)以 VP$_2$"中的"以"的词性是连词还是介词有时会有不同看法。正如何乐士(2004:193)所指出的"在表目的的例句中,'以'一般都可以理解为'(用)来',有的语法书就把这个'以'当成了省略宾语的介词,解释为'用(它)来'。其实'以'所连接的两项表示多种关系,如果把'以'视为介词,解作'用它来',在其他用例中就难以说通了。更何况'以'的宾语一般都是名词,不可能用这么多动词结构作自己的宾

语。"郭锡良(1998)指出"'以'处在两个谓词性结构之间,不是介词的典型语境,意义进一步虚化,由介词语法化为连词,连接的两部分,后一部分表示动作行为的目的。"何乐士(2004:130-209)多次论述"VP_1(,)以 VP_2"中的"以"已是目的连词。何乐士(2004:189-191)指出"'以'只起连接作用,它不是介词,因为它后面不隐含宾语。""'以'只起连接作用,它不是介词,因为它后面不隐含宾语。""至于说如果在[动·以(连词)·B]中的'动'后加上逗号,变成[动,以 B],其中的'以'是否就可视为介词了呢? 增加逗号与否,并不能改变问题的实质,因为作为 A_1 的'动'还是紧挨在'以'前。在这里加逗号往往是由于 A_1 太长或者是行文的气势或节律上的需要。"有鉴于此,我们倾向于"连词说"的观点,认为"VP_1(,)以 VP_2"中的"以"是连词,表目的。

"以 V"类连词中,大都演变为目的和结果连词,如"以期、以便、以免""以至、以致"等。只有"以及"比较特殊,演变为并列连词。这主要是因为"期/便/免/至/致"等动词宾语都由名词性成分扩展为谓词性成分,而后发生跨层词汇化。而"及"的宾语主要一直是名词性成分。当然还有其他一些原因。此外,还有"以至$_2$""以及$_2$"。具体见下文。

5.3.4.1.2 "以期"

"以期"在现代汉语中是一个目的连词(《现代汉语词典》第 7 版)。例如:

(1) 在不断的商讨中,往往得到启发,他就从新设计,以期出奇制胜,有所创造。(老舍《正红旗下》)

"以期"是经由表目的的连词"以"和动词"期"的跨层结构词汇化而来的(刘红妮 2009b)。

《说文解字·已部》释为"以,用也"。据郭锡良(1998)所述,"以"在甲骨文就已出现,最初是动词,本义是"提携、带领",春秋战国时期意义逐渐演变为"用、使用"的抽象义,西周时已虚化为介词,并由此发展出连词用法。春秋战国时期主要用作介词、连词。

《说文·月部》:"期,会也。"如:《国语·周语中》:"火之初见,期于司里。"后引申为"期望"等动词义。在"以期"中的"期"是"期望、希望"之义。

先秦时"以+期"的连用具有多种形式。"以期"成词的源结构为"连词'以'+动词'期'",所在的句法形式为"VP_1(,)以 VP_2"。"以"是表示目的的连词。例如:

(2) 是为耆艾,年先矣,而无经纬本末以期年耆者,是非先也。(《庄子·寓言》)

(3) 齐给便敏而无类,杂能旁魄而无用,析速粹孰而不急,不恤是非,不论曲直,以期胜人为意,是役夫之知也。(《荀子·性恶》)

(4) 轻身而重货,恬祸而广解苟免,不恤是非,然不然之情,以期胜人为意,是下勇也。(《荀子·性恶》)

中古时期,连词"以"+动词"期"在当时佛经和史书中出现较多。"期"后宾语除了名词性的外,还可是谓词性的,有"VP 以期终/全/通/存"等形式。例如:

(5) 是以法华般若,相待以期终,方便实化,冥一以俟尽。(晋《小品般若波罗蜜经》卷1)

还有一些"期"后出现了双音的谓词性成分。例如:

(6) 镐治兵练卒,颇有威望,然不能观衅养锐,以期必胜。(《旧唐书·浑瑊传》)

还有"以期禽获"(《宋书》卷 93)等。中古连词"以"+动词"期"的高频出现和佛经等的使用对"以期"的成词起到了一定的促进作用。

近代是"以期"词汇化的过渡和发展成熟期。唐代"连词+动词"的"以期"在佛教文献中出现较多,并且"期"后面的宾语比较多地为谓词性双音词。例如:

(7) 此则君子行已处心,岂可须臾而忘善哉,何必修教责实以期应报乎。(唐《广弘明集》卷 18)

(8) 克念斯应,能仁之力雄,所以入火不焚以期必效。(唐《代宗朝赠司空大辨正广智三藏和上表制集》卷6)

宋代,"以期"后面几乎都是谓词性成分,但还比较简单,以双音节为主。例如:

(9) 所谓求为可知,只是尽其可知之实;非是要做些事,便要夸张以期人知,这须看语意。(宋《朱子语类》卷 26)

(10) 唐相毕諴,吴乡人,词学器度冠于侪流。擢进士,未遂其志,尝谒一受知朝士者,希为改名,以期亨达。(宋《北梦琐言》卷3)

总之,唐代、宋代,"以期"正处于成词的过渡阶段,这些用例既可理解为[以[期 VP]],也可理解为[以期 VP]。

及至明、清两代,"以期"后面的成分日趋复杂,以小句为常,连词"以期"的用法已趋于成熟,固定下来,基本与现代汉语用法无异。例如:

(11) 尔等功名富贵,全始全终,以期青史垂名不朽。(明《禅真逸史》第 36 回)

(12) 言不能谢,惟自鞭策,以期天负相知,庶以为报耳。(明《王阳明全集·静心录之四》)

(13) 所有此次工程浩大,仍着该督、抚督率在工员弁,无分昼夜,设法防堵,以期早日合龙各等语。(清《官场现形记》第 23 回)

(14) 一枝一朵,悉遵定数而开。或后或先,俱待临期而放。又命催花使者,往来保护,以期含苞吐萼之时,如式呈妍。(清《镜花缘》第 1 回)

(15) 哪知非幻道人在后面押着队伍,以为邺天庆必然杀入官军大寨,将官军杀得马仰人翻,正拟往前助战,以期一战成功。(清《七剑十三侠》第 123 回)

"以期"的词汇化除了有句法、语义、韵律、认知、高频使用等的因素外,还有以下几方面的重要因素(刘红妮 2009b)①:

其一,与"以"的"附缀化(cliticization)"有关。刘丹青(2008b)赞同 Hopper & Traugott(2003:7)"附缀经常充当独立词语法化为词缀的中间环节"的观点,认为"附缀化也是很多跨层组合词汇化的中间环节,如'好不、否则、但是'"。"以"的语义功能原本就很弱。"以"本身是一个比较古老的"文言虚词",多用于书面语(吕叔湘 1999:614),身兼多职,承担着介词、连词等多种功能。在长期的发展中,"以"的语法意义日益增多,而词汇意义日趋泛化、弱化。作为连词的"以"用在复句中原本只是主要起句法上的连接作用,表示目的,语义功能本来就很弱。这为"以"演化打下基础。当"期"后由 NP 扩展为 VP,形成"VP$_1$(,)以 VP$_2$"时,"以"的前后项"VP$_1$"和"期 VP$_2$"本身就可以表示目的关系,"VP$_1$(,)期 VP$_2$"也完全可以说,如:例"入火不焚以期必效"可以说成"入火不焚期必效",只是不大合节律而已。一句话,"以"前后两项意义存在内在的目的关系,使连词"以"的表目的的连接功能降低。韵律方面,我们可以看到,唐、宋两代出现的"以+期+VP"中 VP 基本都是双音节动词,这样整个结构形成四字格。而四字格是汉语中一种独特的表达方式,其基本构成方式都是 2+2(冯胜利 1997:26-33)。未成词前的"以//期"不在一个音步,成词后"以期"进入一个音步,成为一个标准韵律词。"以//期//VP"在韵律作用下音步重组为:以期//VP,从而形成一个复合韵律词,句法结构也因之重新分析为:以期+VP。加之,"VP$_1$(,)以 VP$_2$"结构中"VP$_1$"和"VP$_2$"的独立性,也促使人们在认知上倾向于把"以"和"期"当一个整

---

① "以期、以便、以免、以至、以致"等表目的和结果的"以 V"类词最初都是连词"'以'+动词 V"的非句法跨层结构,都是在"VP$_1$(,)以 VP$_2$"的句法环境中词汇化为连词的,具有相似的演变历程和动因、机制,也都经历了"以"因损耗而附缀化,V 的非范畴化,都有强化机制在起作用,只是因为语素义的不同导致了连词内部的差异。如"以便"和"以免"几乎具有一致的发展演变,但是因为"便、免"语素义的不同,"以便"后倾向于表目的容易实现,而"以免"后则倾向于表目的避免发生。故此,本节对"以期"词汇化的演变动因和机制进行具体探讨,余下的"以便"等则不再重复。

体来理解。而这一切的结果就是"以"几乎完全失去了连接作用,而一旦"以"连这唯一的功能——连接作用也不再能被保持时,"以"就失去了独立存在的价值,只能发生演变。一个在语义、句法上都很弱化的成分就很容易发生附缀化,从而前依附于"期",成为前附缀。"以"发生附缀化后,就为"以"和"期"的跨越边界组合铺平道路,附缀化后的"以"进入词内,成为词内成分,在语音上的表现就是弱化、轻读。而"以+期"正是经常处于句首,同时这样的位置正是典型连词的位置,所以具有篇章连接功能。

其二,与"期"的语素义有关。句法上,当"期"后面是 NP 时,没有什么问题。NP 是"期"所支配的对象,二者的支配关系比较紧密,如下例尽管是四字格,但只能分析为:[以[期乐果]]。例如:

(16) 一常见外道因果俱苦者,计我常故修于苦行以期乐果,所修是邪还招苦果。(唐《大方广佛华严经随疏演义钞》卷 49)

而当"期"后面的宾语由 NP 扩展为 VP 甚至小句时,矛盾就产生了。例如:

(17) 是故大人含光藏晖,以期全备。(宋·张君房《云笈七签·坐忘论》卷 94)

我们知道"一个动词(包括论元)表达一个事件",语义上,"期"的语义内容和后面 VP 重合,所期望的内容正好是后面 VP 所表明的情况,二者具有语义的同一性。VP 所表达的事件过程就是"期"活动、表达的目标。这样"期"在语义上就变得重复。比如例(16)"以期乐果"决不能说成"以乐果",但例(17)"以期全备"可以说成"以全备",只不过在韵律、节奏上不太能接受。虽然 VP 也和"期"语义重合,但当"期"后面的成分越来越复杂时,甚至由动词性成分扩展为完整小句时,语义重心便倾向于后移,整个 VP 因为语义重心和长度不可能被省去或发生其他演变,而"期"只有单独一个动词,在语义上又变得可有可无,所以较句中其他成分更易于发生进一步的演变。另外,当"期"后面的成分越来越复杂时,"期"和后面成分联系也不那么紧密而变得比较松散。这样,"期"前后连接成分的不平衡性和其后小句成分的独立性、完整性也促使人们在认知心理上和语言使用上将"以期"组块成一个整体,而不是单独理解。这些都促使动词"期"发生"非范畴化"(decategorization)(刘正光 2006),失去原动词范畴的典型语义特征,不再和后面的成分发生动词与论元成分的支配关系,而非范畴化的结果则是发生词汇化:"期"成为词内成分。

其三与语法化的强化(reinforcement)机制有关。刘丹青(2001)指出语法化中的强化指在已有的虚词虚语素上再加上同类或相关的虚化要素,使原有虚化单位的句法语义作用得到加强。并把强化现象大致分为四类,其中一类为具体强化,即用更加具体的词项来强化较抽象的语法化程度更高的单位。因为语法化的趋向是虚词的意义越来越抽象空灵,使虚词的信息量逐渐降低,因此到一定阶段便会促使虚词带上更具体实在的成分以使意义更为明确显豁。Lehmann(1995:22)指出当虚化成分过分弱化时,更新和强化是保存语法力量的两种选择。换言之,强化也是抵消语法化损耗的有用机制。众所周知,汉语的"以"也是个高度语法化的虚词(郭锡良 1998)。它从实词开始语法化,经历了语义虚化、句法泛化、语用淡化、语音弱化,由不足语法化(保留部分实义的半虚化)到充分语法化,到过度语法化,直到表义功能趋于零、句法功能似有似无、语音形式走向消失的语法化损耗。这一性质决定了虚词语法化到一定程度总会因损耗而失去作用(刘丹青 2001:72)。"以"可以说是语法化损耗的一个范例。当人们想强调表示目的时,因为"以"具有多种功能,引申出的语义域极其宽泛,所以当说话人真想强调是某种事件所希望的目的时,会觉得"以"的意义太宽泛,所以会选用"以期"这样在"以"的基础上增加词汇性成分组成的复合连词。

总之,我们认为"以期"的词汇化,正是在目的连词"以"发生语法化损耗信息量降低而附缀化、动词"期"发生非范畴化而失去动词的典型特征的基础上,促使虚词"以"带上更具体实在的成分"期",也即用更加具体的词项"期"来强化较抽象的语法化程度更高的单位"以"从而使意义更为明确显豁。

另外,"以期"词汇化过程中的强化机制也正好和汉语的文白演变和双音化趋势并行。口语中,具有浓厚文言色彩的连词"以"单说的频率明显下降,原本能单说的"期"逐渐被"期望""希望"等双音词所替代,及至现代汉语只能作为构词语素,也变得不再能单说、单用。从文白演变和双音化角度来看,两个单说单用受限的成分长期连用也易发生词汇化。

5.3.4.1.3 "以便"

"以便"是现代汉语中一个目的连词(《现代汉语词典》第 7 版),它是"连词+动词"的跨层结构词汇化形成的(刘红妮 2009a)。

《广韵》:"便,顺也,利也,宜也"。"便"原本是形容词,"有利,适宜"之义。当"便"位于动词的句法位置并且其后带上宾语时,便活用作动词,表示"便于"之义。

表目的的连词"以"和动词"便"在先秦出现连用。有的动词"便"后宾语为名词性成分,形成"VP(,)以+便 NP"。例如:

(1)是月也,易关市,来商旅,纳货贿,以便民事。(《礼记•月令》)
(2)重人也者,无令而擅为,亏法以利私,耗国以便家,力能得其君,此所为

重人也。(《韩非子·孤愤》)

有的动词"便"后宾语为谓词性成分,形成"VP$_1$(,)以＋便 VP$_2$"。例如:如:

(3) 管仲以贱为不可以治国,故请高、国之上;以贫为不可以治富,故请三归;以疏为不可以治亲,故处仲父。管仲非贪,以便治也。(《韩非子·难一》)

(4) 秦四世有胜,兵强海内,威行诸侯,非以仁义为之也,以便从事而已。(《荀子·议兵》)

在"VP(,)以＋便 NP"结构中,动词"便"和典型的名词性宾语结合紧密,不易发生演变。而当其宾语扩展为谓词性成分,形成"VP$_1$(,)以＋便 VP$_2$"时,谓词性的 VP$_2$ 不是典型的宾语形式,并且具有一定的独立性,就容易发生演变。"VP$_1$(,)以＋便 VP$_2$"才是"以便"词汇化的源结构。此外,"VP$_1$(,)以＋便 VP$_2$"结构中的"以"主要起连接作用,是连词而非介词(郭锡良 1998,何乐士 2004:130-209)。"以"和"便"之间只是在线形序列上相邻,不形成直接的句法关系,故此时"以便"是"连词＋动词"的非句法跨层结构。

汉代和中古时期"VP$_1$(,)以＋便 VP$_2$"的使用并不高频,发展较为缓慢。例如:

(5) 三国以兵割周郊地以便输,而南器以尊楚,臣以为不然。(《史记·楚世家》)

近代汉语唐宋时期"以便"的使用多了起来,并且"VP$_1$(,)以便 VP$_2$"中"以便"后面跟谓词性成分的比例越来越多,"以便"开始出现成词的迹象。例如:

(6) 先是,定州城西门久闭不行,齐文宣帝时,或请开之,以便行路。(《隋书·高祖纪》)

(7) 甲子岁夏五月自长沙抵醴陵,贵就深僻,以便疏慵,由道林之南步步胜绝。(唐·韩偓《甲子岁夏五月自长沙抵醴陵贵就深僻以便疏慵》)

(8) 造甲者必令长短三等,称其所衣,以便进趋。(《旧唐书·马燧传》)

(9) 初,铎出军,兼郑滑节度使,以便供馈。(《旧唐书·王播传》)

(10) 湖南地气卑湿,公绰以母在京师,不可迎侍,致书宰相,乞分司洛阳,以便奉养,久不许。(《旧唐书·柳公绰传》)

(11) 盖前一简作科斗,后一简作隶书,释之以便读诵。(宋·陆游《老学庵笔记》卷3)

(12) 擎辇者皆倒行,以便观赏。(宋·周密《武林旧事·元夕》)

"便"后宾语由名词性成分逐渐扩展为谓词性成分,这种变化为"以便"的成词打下基础。并且我们发现这些"以便"后面的成分也都是双音词为主,共同组成四字格,因为汉语韵律的影响,一个韵律词就是一个复音词,原本是"以//便VP"极易被理解为"以便//VP",发生重新分析,凝固成词。"VP_1(,)以+便VP_2"重新分析为"VP_1(,)以便+VP_2"。唐宋时期"以便"已经逐渐变为表示目的的连词。

元代,发现的几例中"以便"后几乎全是谓词性成分,如:

(13) 金华张君孟兼、稽考异同,集为章句,以便记诵。(元·陶宗仪《南村辍耕录》卷22)

(14) 因书其记,传其句读,以便披览云。(元·陶宗仪《南村辍耕录》卷12)

(15) 上嘉之,未几,授嵩应奉翰林文字,以便养亲。(元·王鹗《汝南遗事》卷1)

明清时期,"以便"作为目的连词的用法发展成熟。明代,连词"以便"日益发展,"以便"后面基本上还是以双音词为主,例如:

(16) 小弟慕足下尘外高踪,意欲结为兄弟,倘蒙不弃,伏乞见教姓名年岁,以便称呼。(明《初刻拍案惊奇》卷40)

(17) 老父有难,进京辨冤,故乔妆作男,以便行路。(明《二刻拍案惊奇》卷17)

(18) 有烦上下代禀一声,略求宽容几日,以便往回。(明《二刻拍案惊奇》卷1)

(19) 不一年,桂家父母移居胥口,以便耕种,桂生就出学去了。(明《警世通言》卷25)

(20) 臣不幸有犬马之疾,不胜车马驰骤,乞假臣舟楫,以便医药。(明《警世通言》卷1)

(21) 吕相公六十诞辰,家妓无新歌上寿,特求员外一阕,幸即挥毫,以便演习。(明《喻世明言》卷12)

有2例"以便"后是长一些的小句,如:

(22) 足下不知,此皆州守大人主意,叫他写了以便令婿完姻的。(明《初刻拍案惊奇》卷29)

(23) 你便结识了他们,以便就中取事。(明《初刻拍案惊奇》卷34)

这说明明代连词"以便"已经发展,渐趋成熟。

其他文献中的用例,例如:

(24) 凡遇峻危之处,凿山开路,搭造桥阁,以便军行。(明《三国演义》第117回)

(25) 汝为先锋,理合逢山开路,遇水叠桥,专一修理桥梁道路,以便行军。(明《三国演义》第116回)

及至清代,"以便"完全发展成熟,和现代汉语中的用法基本接近。"以便"后为小句的已占了绝大多数,共 11 例,而后是后接双音词的,有 6 例。"以便"作为连词的功能得到发展,已经完全发展成熟。例如:

(26) 先生看一看脉息,可治不可治,以便使家父母放心。(清《红楼梦》第 10 回)

(27) 事已妥,遂择了初三黄道吉日,以便迎娶二姐过门。(清《红楼梦》第 64 回)

"以便"的词汇化和"以期"近似:句法上"便"的宾语由 NP 扩展为 VP 使得"便"发生去范畴化,文白的演变下"便"不再能单说单用。"以"是高度语法化的虚词,语义损耗,前后两个小句原本就表示一种目的关系,"以"可有可无,从而附缀化。在双音化和强化机制的作用下,"以"和"便"跨越原本的句法层次,融合成为一个新的表目的的双音连词。

5.3.4.1.4 "以免"

"以免"是现代汉语中的一个目的连词(《现代汉语词典》第 7 版),它是由"连词'以'+动词'免'"的跨层非句法结构词汇化形成的(刘红妮 2009a)。

《玉篇》:"免,去也,止也,脱也。""免"是动词,本义应为"除去,脱掉"。比如:《礼记·曲礼上》:"临难毋苟免"。在"以+免"连用中的"免"也是"除去,脱掉"之义。"以"是目的连词。

"以免"早在先秦就出现了很多连用的用例。与连词"以免"有关的是其中一种"连词+动词"的连用。有的动词"免"后没有宾语。例如:

(1) 夫岂无辟王,赖前哲以免也。(《左传·成公八年》)

有的动词"免"后带介词"于"及其宾语组成的介宾短语作补语。例如:

(2) 孝弟原悫,軥录疾力,以敦比其事业,而不敢怠傲,是庶人之所以取暖衣饱食,长生久视,以免于刑戮也。(《荀子·荣辱》)

有的动词"免"后是名词性宾语,形成"VP(,)以+免 NP"结构。例如:

(3) 遇盗人,而断指以免身,利也;其遇盗人,害也。(《墨子·大取》)

(4) 君之在晋也,志父为主。请君若大子来,以免志父。(《左传·哀公十七年》)

到了汉代,动词"免"后面的宾语渐渐发生了扩展,除了依旧用名词性成分外,还扩展为由谓词性成分充当,形成"VP_1(,)以+免 VP_2"结构。这是连词"以免"词汇化确切的源结构。例如:

(5) 于是王遂囚伍奢,而召其二子而告以免父死。(《史记·楚世家》)

《三国志》中的用例。例如:

(6) 怒不致乱,以免危亡,不为徒行也。(《三国志·蜀志·刘封传》)

"以免"可以说正处于成词的过渡地带。因为这里的"以免危亡"可以表示"[以[免[危亡]]]",也可以是"[以免[危亡]]"。"以免"可以作未成词的"以免除、杜绝"来理解,也可作已成词的"用在下半句话的开头,表示目的是使下文所说的情况不容易发生"连词来理解。

唐宋时期,"VP$_1$(,)以免 VP$_2$"用得多了起来。"免"的宾语由 NP 扩展为 VP 使得"免"发生去范畴化。随着汉语双音化的发展,原本能单说的"免"变得不再能单说、单用。"以"作为一个古老的文言连词,用法繁多,意义损耗,前后两个小句原本就表示一种目的关系,"以"可有可无。在双音化和强化机制的作用下,"以"和"免"跨越原本的句法层次,融合成为一个新的表目的的双音连词。"VP$_1$(,)以+免 VP$_2$"重新分析为"VP$_1$(,)以免+VP$_2$","以免"逐渐词汇化为目的连词。例如:

(7) 愿迹松子于瀛海,追许由于穷谷,庶保促生,以免尘累。(《梁书·阮孝绪传》)

(8) 虽自蒙昧,粗解告旨,庶望量行,以免咎戾。(《魏书·礼志三》)

(9) 望公观过知仁,以免尤责。(《北齐书·魏收传》)

(10) 百姓乃以上青钱充恶钱纳之,其小恶者或沉之于江湖,以免罪戾。(《旧唐书·食货上》)

宋代"以免"的用例。例如:

(11) 天下同日阅正,尽一月止,使柅奸匿,岁一括实,检制租调,以免劳弊。(《新唐书》卷 50)

(12) 洪果误念,来生王宫,今见杀矣。后世当生民家,以免屠害。(《新五代史》卷 65)

《朱子语类》中出现了"以免"后跟主谓俱全的小句。例如:

(13) 某向为同安簿,许多赋税出入之簿,逐日点对金押,以免吏人作弊。(宋《朱子语类》卷 160)

明代,连词"以免"后面还是以简短谓词性成分为常。例如:

(14) 倘得收吾女为婢妾,吾身杂童仆,终身力作,以免犬报,吾愿毕矣!(明《警世通言》卷 25)

(15) 司马懿谲诈无比,孔明尚不能胜,况我兄弟乎? 不如自缚见之,以免一死。(明《三国演义》第 107 回)

(16) 寻些枯柴,点起烈火,与你这方消除妖患,以免欺凌。(明《西游记》

第 79 回)

清代,"以免"作为连词已经成熟。"以免"后既有双音的谓词,也有复杂的谓词短语、完整的小句。例如:

(17) 恐怕再有人讹他,所以托兄弟替他禀明上头,并在道、县各衙存案,以免后论。(清《官场现形记》第 51 回)

(18) 此刻且先请皇帝沐浴更衣,择一个洁净所在,暂时做了皇宫,禁止一切闲杂人等,不可叫他进来,以免时时惊驾。(清《二十年目睹之怪现状》第 80 回)

(19) 倘若是路过这里,没有什么举动,彼以礼来,我以礼往,也不必得罪他们,但是也得早早请他离开此地,以免地方上百姓见了疑惧。(清《官场现形记》第 55 回)

5.3.4.1.5 "以至""以致"

"以至"和"以致"都可以用来作表示结果关系的连词,不同的是,一个是因程度深而形成的结果,一个是由某原因导致的不好的结果,这和它们的词汇化来源有关。

"以至"与"以致"是结果连词"以"和动词"至/致"跨层结构词汇化形成的。其中的"至"和"致"分别是"到"和"致使"之义,它们与"以期"等"以V"类一样,也是在"VP$_1$,以至/致 VP$_2$"的句法环境中成词的(刘红妮 2009a,2009c)。

"以至"最初是"连词'以'+动词'至'","至"后可跟名词性宾语 NP。"VP$_1$,以+至 NP"中,"至"和 NP 结合紧密,结构稳固,一般不会发生演变。例如:

(1) 之狙也,伐其巧、恃其便,以敖予,以至此殛也!(《庄子·徐无鬼》)

而后,"至"后宾语成分扩展为谓词性成分或小句,形成"VP$_1$,以+至 VP$_2$",是"VP$_1$,以致到 VP$_2$"之义。例如:

(2) 市者以为令与公大夫有言,不相信,以至无奸。(《韩非子·内储说右上》)

在"VP$_1$(,)以+至 VP$_2$"中,VP$_2$ 语义上比"至"实在,句法上又具有一定的独立性,动词"至"逐渐失去了动词的典型特征,发生去范畴化。而 VP$_1$ 和 VP$_2$ 小句之间语义具有因果关系,"以"可有可无。加上在汉语双音化的作用下,"以""至"就逐渐靠拢,逐渐形成一个新的双音词。"以至"正好处于两个分句 VP$_1$ 和 VP$_2$ 之间,这是连词的典型位置,VP$_1$ 和 VP$_2$ 原本就具有一种原因和结果的关系,所以"以至"就变为结果连词。因为原本的"至"是"到"义,所以"以至"表示由于上文所说的动作、情况程度深到一定地步而形成的结果。例如:

(3) 吴娃死,爱弛,怜故太子,欲两王之,犹豫未决,故乱起,以至父子俱死,

为天下笑,岂不痛乎!(《史记·赵世家》)

(4) 臣每察校事,类皆如此,惧群司将遂越职,以至陵迟矣。(《三国志·魏志·卫臻传》)

"以致"和"以至"的成词相似,刚开始是"VP$_1$,以＋致 NP","以"是结果连词,"致"表示"致使"之义。二者不在同一层次。例如:

(5) 百工居肆以成其事,君子学以致其道。(《论语·子张》)

后来"致"后宾语成分扩展为谓词性成分或小句,形成"VP$_1$,以＋致 VP$_2$",是"VP$_1$,以致致使 VP$_2$"之义。例如:

(6) 商王帝辛大恶于民,庶民不忍,欣戴武王,以致戎于商牧。(《国语·周语》)

(7) 越王苦会稽之耻,欲深得民心,以致必死于吴。(《吕氏春秋·顺民》)

"以致"和"以至"的词汇化具有相似的动因和机制,同样的"以致"也变成了一个结果连词。只不过"致"的"致使"义使得"以致"的结果义是不好的结果。例如:

(8) 诸侯恐惧,会盟而谋弱秦,不爱珍器重宝肥美之地,以致天下之士,合从缔交,相与为一。(《史记·秦始皇本纪》)

"以至""以致"成词后,词义有趋于中和的趋势(张谊生 2006)。这是因为"至"原本是"到"义,一种情况或程度到了极致就可能导致某种不如意的结果,而"致"本身就是"导致、致使"之义,所以就更倾向于表示导致不如意的结果。二者语义就趋于中和,所表示的结果都可表示不如意的。

此外,语言中还有一个"以至$_2$"。它和"以至$_1$"意思相似,演变相似,常用于"自 NP$_1$ 以及/至 NP$_2$"格式,表示"自 NP$_1$ 而到 NP$_2$"义。"以至$_2$"一开始也并不是一个词,而是非句法结构,"以"是连词,相当于"而","至"是动词,表"到"之义。例如:

(9) 所谓壹刑者,刑无等级,自卿相、将军以至大夫、庶人,有不从王令、犯国禁、乱上制者,罪死不赦。(《商君书·赏刑》)

NP$_1$ 和 NP$_2$ 之间具有一种时间、范围上的降序延伸以及语义量级的级差。

也有少量的"自 VP$_1$ 以至 VP$_2$"格式。例如:

(10) 自桓叔初封曲沃以至武公灭晋也,凡六十七岁,而卒代晋为诸侯。(《史记·晋世家》)

后来"自 NP$_1$ 以＋至 NP$_2$"重新分析为"自 NP$_1$ 以至＋NP$_2$"。另外,还因为起承接作用的连词"以"的衰落,又有双音化的作用,"以＋至"也跨层成词,形成连词"以至$_2$",表示"直到"之义,主要是"至"的语义,"以"的语义脱落了。

例如：

(11) 自西陵以至江都,五千七百里。(《三国志·吴志·晋纪》)

(12) 但须去致极其知,因批理会得底,推之於理会不得底,自浅以至深,自近以至远。(宋《朱子语类》卷14)

(13) 后来报至中都,自天子以至百官,无不惊骇道奇。(清《红楼梦》第78回)

"以至"成为一个句间连词,《现汉》的释义:以至,表示在时间、数量、程度、范围上的延伸。《八百词》(1999):"以至,连词,直到。一般表示从小到大,从少到多,从浅到深,从低到高,有时也用于相反的方向。前一部分有时可以用'自、从'呼应"。"以至$_2$"所连接的前后两项 NP$_1$ 和 NP$_2$ 之间一定存在一个隐性的语义量级的级差,这主要是由于语义的滞留,原本跨层结构"以+至"中"至"后的 NP$_2$ 与 NP$_1$ 就存在时间、范围等程度的语义级差。

"以至"成词后,有的前一部分已不能加上"自/从"了。例如:

(14) 决不允许有任何不重视以至限制群众批评的现象发生。(《八百词》例)

因为"及"与"至"都表示动词"到"之义,"以及$_2$"与"以至$_2$"又有相同的演变轨迹,所以二者趋于中和,可以互换。只是发展到现代汉语,"以及"主要用于表示联合关系,连词"以及$_2$"的用法几乎消失了,但"以至$_2$"的用法还保留。

5.3.4.1.6 "以及"

"以及"是一个并列连词,经常连接词或短语,它连接的内容前面是主要的(《现代汉语词典》第7版)。这种我们称之为"以及$_1$"。例如:

(1) 院子里种着大丽花、月季、夹竹桃以及其他的花木。

田范芬(2004)指出这种连词"以及"最初是介词"以"和动词"及"的连用。

刘红妮(2009a,2009b)认为连词"以及"是连词"以"和动词"及"连用的非句法跨层结构词汇化形成的。例如:

(2) 且昔者简主不塞晋阳,以及上党,而襄王兼戎取代,以攘诸胡,此愚知之所明也。(《战国策·赵策》)

上例前者认为"以"是介词,"以及上党"相当于"以之及上党","之"代指"且昔者简主不塞晋阳"一事。而后者认为这里的"以"已经由介词语法化为连词了,不是介词而是连词,依据是郭锡良(1998)、何乐士(2004:130-209)多次论述"VP$_1$(,)以 VP$_2$"中的"以"已是目的连词。具体参见前文5.3.4.1.1。

"以及"也是在"VP$_1$(,)以+VP$_2$('及')"的句法环境中成词的,如果带上宾语的话,具体可以说是"VP$_1$ NP$_1$(,)以+及 NP$_2$"。"以及"最初也是"连词+动词"的非句法结构,"以"是目的连词,"及"是表示"至、到"之义的动词,后跟名词性成分作宾语。"以+及"相当于"以至"之义。例如:

(3) 天地养万物,圣人养贤,以及万民,颐之时大矣哉。(《易·上经》)

(4) 老吾老以及人之老,幼吾幼以及人之幼,天下可运于掌。(《孟子·梁惠王上》)

(5) 尝试往之,中国诸夏,蛮夷之国以及禽兽昆虫,皆待此而为治乱。(《管子·小称》)

(6) 管仲又请赏于国以及诸侯,君曰:"诺,行之。"管仲赏于国中,君赏于诸侯。(《管子·匡君大匡》)

我们认为上述用例中"以及"都未成词,都还是"以+及"的跨层结构。

但同时,因为在"VP_1 NP_1(,)以+及 NP_2"中,VP_1 动作性强,而"及"的动作性不强,是比较抽象的"至、到"之义,容易发生去范畴化。原本的"以"连接的两个分句之间具有一种自然的目的关系,"以"就变得可有可无。两个都弱化的连用成分容易发生演变。同时,动词"及"推及的宾语 NP_2 往往与前面提到的 VP_1 的宾语 NP_1 是同一属性的两个并列的事物,在语义上也可以作前一个动词的宾语。这样就易于发生理解上的两解。如例(3)的"万民"完全可以受动词"养"的支配,"圣人养贤,以及万民"既可以理解为"圣人养贤,以推及至万民",也可以理解为"圣人养贤和万民"。这样,"VP_1 NP_1(,)以+及 NP_2"就可能重新分析为"VP_1 NP_1(,)以及+NP_2",再加上汉语双音化的作用,"以"和"及"就逐渐凝固。而"以及"的位置正好处于两个名词性成分 NP_1 和 NP_2 的中间位置,所以就可能变为一个连接词和短语的句间连词。因为"及"本身语义是"至、到"等义,NP_2 是 NP_1 基础上推及、涉及的对象,所以 NP_1 是首要的,而 NP_2 是在此基础上推及的对象,而被推及的部分往往也是第二位的,这也是为什么《现代汉语词典》(第 7 版)等释义认为连接并列的词或词组时"以及"前面往往是主要的。

近代汉语中连词"以及"就逐渐形成。例如:

(7) 唐之韩文公,本朝之欧阳公,以及闽洛诸公,既皆阐明正道以排释氏,而其言之要切。(宋《朱子语类》卷 126)

(8) 定睛一想,想那饮食笑语,以及交合之状、盟誓之言,历历有据,绝非是梦寐之境,肚里又喜又疑。(明《二刻拍案惊奇》卷 37)

明代,还出现了"以及"连接两个谓词性成分的用例。例如:

(9) 乃是积年累岁遇着节令盛时,即便四出剽窃,以及平时略贩子女,伤害性命,罪状山积,难以枚举,从不败露。(明《二刻拍案惊奇》卷 5)

清代,句间连词"以及"渐趋成熟了。例如:

(10)当下陈正公瞒着陈虾子,把行箧中余剩下以及讨回来的银子凑了一千两,封的好好的,交与毛二胡子。(清《儒林外史》第52回)

(11)那邢夫人、王夫人、尤氏、李纨、凤姐、迎春姊妹以及薛姨妈等皆在一处,听如此信至,贾母便唤进赖大来细问端的。(清《红楼梦》第16回)

除此之外,汉语中"以及"还有另一种用法,表示在时间、范围上的延伸(《汉语大词典》),具有一定的递进语义,这种我们称为"以及$_2$"。它原本是表承接的连词"以"和表"至、到"义的动词"及"跨层结构。"以"犹"而","及"犹"到"也(徐萧斧1981)"以及$_2$"经常用于"自……以及"结构中,例如:

(12)今将先明而后祖,自玄王以及主癸莫如汤,自稷以及王季莫如文、武,商、周之蒸也,未尝跻汤与文、武,为不逾也。(《国语·鲁语》)

(13)国中自七尺以及六十,野自六尺以及六十有五,皆征之。(《周礼·地官司徒》)

(14)自古以及今,生民以来者,亦有尝见鬼神之物,闻鬼神之声,则鬼神何谓无乎?(《墨子·明鬼下》)

这种"自NP$_1$(,)以+及NP$_2$",NP$_1$和NP$_2$不是并列关系,而是存在一定时间、范围上的降序或升序序列。与"以至$_2$"类似,"以"的衰落和双音化的作用下,后来"以+及"也跨层成词,形成连词"以及$_2$",表示"直到"之义,主要是"及"的语义,"以"的语义脱落了。例如:

(15)大凡自正心、诚意,以及平天下,则其本领便大。(宋《朱子语类》卷25)

(16)自格物至修身,自浅以及深;自齐家至平天下,自内以及外。(宋《朱子语类》卷15)

这种用法的"以及$_2$"到现代汉语中已经衰落了。

5.3.4.2 "虽说""若是"等"X是"类连词

5.3.4.2.1 "虽说"

"虽说"是现代汉语的一个连词,表"虽然"之义(《现代汉语词典》第7版)。

"虽说"原本是连词"虽"和言说动词"说"的连用,动词"说"和它后面的宾语是直接成分,"虽"和"说"不在同一句法层次。"说"的宾语起初是名词性成分,形成"虽+说NP"结构,例如:

(1)是以维摩默然,如来寂寞,虽说种种诸乘并是方便,开示悟入佛之知见,夫知者知离,见者见微。(《宝藏论·离微体净品》)

(2)故经云,随宜说法,意趣难解,虽说种种诸乘,皆是权接方便助道之法

也,然非究竟解脱涅槃。(《宝藏论·离微体净品》)

有时候"说"的宾语还可前置,例如:

(3) 不弃光阴须努力,此言虽说人不识。(唐·天然《孤寂吟》)

宋代,一方面,"说"的宾语仍可是名词性成分,形成"虽+说 NP,VP",例如:

(4) 或言:东坡虽说佛家语,亦说得好。(宋《朱子语类》卷130)

(5) 若不曾做工夫,虽说十分话,亦了不得。(宋《朱子语类》卷117)

另一方面,"说"的宾语由名词性成分 NP 扩展为谓词性成分 VP,形成"虽说 VP_1,VP_2"结构,VP_1 不再是"说"的具体内容,"说"的言说义逐渐虚化,失去动词的典型特征,发生去范畴化。"说"从行域发展到言域,具有一定的主观化倾向。"虽+说"逐渐凝固为连词"虽说"。例如:

(6) 虽说主静,亦不是弃事物以求静。(宋《朱子语类》卷12)

(7) 虽说意粗了,其文义却不错。(宋《朱子语类》卷52)

(8) 为学者不先存此心,虽说要去理会,东东西西,都自无安着处。(宋《朱子语类》卷140)

"虽+说 VP_1,VP_2"重新分析为"虽说+VP_1,VP_2"与"虽说"发生词汇化的认知原因,和"X说"发生词汇化的认知原因一样,是言说动词"说"的主观化所引起的语义虚化的结果行域发展到知域,又进一步发展到了言域(董秀芳2016:177)。"虽说"成词后,相当于单用的连词"虽","说"的语义消失了。例如:

(9) 今既日视听,理又如何会视听? 虽说不同,又却只是一个。(宋《朱子语类》卷79)

(10) 问:"作事多始锐而终辍,莫是只为血气使?"曰:"虽说要义理之气,然血气亦不可无。"(宋《朱子语类》卷118)

明代的用例,例如:

(11) 老魔听说,虽说不怕,却也心惊,只得硬着胆叫:"兄弟们,莫怕,把我那药酒拿来,等我吃几钟下去,把猴儿药杀了罢!"(明《西游记》第75回)

(12) 沙僧道:"说那里话! 都是大家有益之事,虽说不济,却也放屁添风。"(明《西游记》第83回)

(13) 他是亮里,你是暗里,用一说十,用十说百,那里晓得? 目今虽说同居,到底有个散场。(明《醒世恒言》卷2)

此外,成词的"虽说"和"虽然说"虽然语义相近,但有所不同。"虽然说"一般只能用于分句句首(董秀芳 2016:173),它是"虽然+说"发展而来的。而"虽说"除了能用于分句句首,比如上文的例句,还可以用在分句主语之后。例如:

(14) 孔子虽说推明义理,这般所在,又变例推明占筮之意。(宋《朱子语类》卷66)

(15) 圣人虽说本体如此,及做时,须事事着实。(宋《朱子语类》卷64)

(16) 行者道:"师父虽说有事在你,却不知你不是救他,反是害他。"(明《西游记》第99回)

(17) 谢玉英虽说跟随他终身,到带着一家一火前来,并不费他分毫之事。(明《喻世明言》卷12)

(18) 个不来劝他及早起程。又有同年兄弟六人,时常催促同行。那杨元礼虽说不愿会试,也是不曾中得解元气忿的说话,功名心原是急的。(明《醒世恒言》卷21)

试比较:

(19) 王氏想道:"千闻不如一见。虽说丈夫已死,在几千里之外,不知端的。"(明《警世通言》卷5)

(20) 王氏道:"婶婶说那里话!我丈夫虽说已死,不曾亲见。且待三叔回来,定有个真信。如今逼得我好苦!"(明《警世通言》卷5)

5.3.4.2.2 "若是""要是""既是"

5.3.4.2.2.1 "若是"

"若"和"是"原本是两个分立的单位,"若"是连词,"是"是判断动词(董秀芳 2016:189)。例如:

(1) 汝若是神,速听明教,若是鬼魅,何敢相干?(唐·戴孚《广异记·狄仁杰》)

后来"若是"变为一个句间连词,例如:

(2) 若是三日而不活,则诚死矣。(宋《独醒杂志》卷7)

"若是"的跨层词汇化与判断动词"是"后的宾语由名词性成分扩展为谓词性成分有关。当"是"后是 NP 典型的名词性宾语时,"是"和宾语结合紧密,形成"若+是 NP, VP","是"具有判断动词的典型特征,"若"和"是"不会发生词汇化。而当"是"后宾语由 NP 扩展为非典型的宾语 VP 时,形成"若+是 VP_1, VP_2",VP_1 具有一定的独立性,"是"失去了判断动词的典型特征,前附于"若",在双音化作用下,"若"和"是"就发生词汇化。"若+是 VP_1, VP_2",重新分析为"若是+VP_1, VP_2"。

连词"若是"除了可以出现在小句主语的前面,还可以出现在主语前。例如:
(3) 他若是到归来,也须问我屋里人,如何同去弑君?(宋《朱子语类》卷83)

5.3.4.2.2.2.2 "要是"

"要是"词汇化的路径及其动因、机制与"若是"类似。

"要"和"是"原本是两个分立的单位,"要"是连词,"是"是判断动词。动词"是"的宾语是名词性成分,形成"要+是NP,VP"。例如:

(1) 若要是原嘴脸,恐有小妖开门看见认得,等我变作个水蛇儿过去。(明《西游记》第86回)

(2) 你要是正明公道的人,没的敢说你不是个大的们!(明《醒世姻缘传》第22回)

(3) 要是我,你两个当面锣对面鼓的对不是!(明《金瓶梅》第51回)

后来"要+是"中的动词"是"的宾语由名词性成分扩展为谓词性成分,形成"要+是 VP_1,VP_2"。"是"表判断的意味减弱。宾语扩展后 VP 的独立性,"是"表判断功能弱化,还有双音化的影响,这些都促使"要+是 VP_1,VP_2"重新分析为"要是+VP_1,VP_2"。原本相邻的"要"和"是"逐渐凝固,变为一个双音连词。连词"要是"主要是"要"的语义,表示"如果"之义。例如:

(4) 要是一绣球打着你,就连夜烧退送纸也还道迟了,敢惹你这晦气进门!(明《西游记》第93回)

(5) 罗刹道:"要是断绝火根,只消连扇四十九扇,永远再不发了。"(明《西游记》第61回)

(6) 要是三奶奶没了,他还是个白丁,我也还有三句话说。(明《醒世姻缘传》第47回)

5.3.4.2.2.2.3 "既是"

"既是"是现代汉语中的一个连词,相当于"既然"。(《现代汉语词典》第7版)

"既"和"是"原本是两个分立的单位,"既"是连词,"是"是判断动词。动词"是"的宾语是名词性成分,形成"既+是 NP,VP"。例如:

(1)《春秋》《五经》义相关穿,既是《春秋》,不大《五经》,是不通也。(汉《论衡·程材》)

(2) 六月中早时,耧构作垄,蹉子令破,手散,还劳令平,一同春法。但既是早种,不须耧润。此菜早种,非连雨不生,所以不同春月要求湿下。(北魏《齐民要术》卷3)

(3) 僧云,既是八十老婆,为甚么嫁他三岁儿子。(唐《筠州洞山悟本禅师语录》)

大约到了唐代,"既+是"的连用高频起来,并且动词"是"的宾语由名词性成分扩展为谓词性成分,形成"既+是 VP_1,VP_2"。"是"表判断的意味和功能弱化。与"要是"成词类似,"既+是 VP_1,VP_2"重新分析为"既是+VP_1,VP_2"。"既"和"是"逐渐变为一个双音连词,主要是"既"的语义,表示"既然"之义,"是"的语义脱落了。例如:

(4) 山神曰:"既是你当直,我适来于此庙中,忽觉山石摇动,鸟兽惊忙。"(《敦煌变文集》)

(5) "既是骑马,为什摩(么)不踏镫?"师云:"比来骑马歇足,踏镫何异步行?"(五代《祖堂集》卷15)

(6) 既是六根无用,于佛法中,作摩生行持?(五代《祖堂集》卷14)

宋代,连词"既是"一方面可用于前一分句句首。例如:

(7) 既是人心如此不好,则须绝灭此身,而后道心始明。(宋《朱子语类》卷62)

另一方面,"既是"也可用在主语后。例如:

(8) 我既是明得个明德,见他人为气禀物欲所昏,自家岂不恻然欲有以新之。(宋《朱子语类》卷14)

5.3.4.3 "要不是"①

连词"要不是"与"要是"的词汇化类似,只不过一个是连词"要"和肯定性的判断动词"是"的跨层结构词汇化而来,一个是"要"和判断动词"是"的否定形式"不是"的跨层词汇化形成。

"要不是"原本是连词"要"和动词性成分"不是"两个分立单位的连用,表示"如果不是"之义。"不是"的宾语起初是典型的名词性成分。"要+不是 NP,VP"可以位于主语后,例如:

(1) 狄奶奶,你要不是俺爷的亲戚,可是你老人家半年三个月的住着,干俺甚事?(明《醒世姻缘传》第78回)

"要+不是 NP,VP"也可以位于句首,例如:

(2) 就是昨日华亭的事,也该感激他;要不是他,咱那里寻徐翰林去?(明

---

① 确切地说,"不是"最初与"要"连用时是一个否定性动词短语。另外,近代汉语中还有另一个"要不是",相当于连词"要不然"。例如:和尚说:"瞧病倒行,就怕人家又没请先生,你同了去,到门口不叫进去,那是多么难以为情。"李平说:"他家如同我家一样,要不是,我也不能管。师父只管放心,跟我同去罢。"(清《济公全传》第63回)

《醒世姻缘传》第 8 回)

"要+不是 NP，VP"中"不是"后面的宾语由名词性成分扩展为谓词性成分，"不是"表示否定判断的功能弱化，"要+不是 VP$_1$，VP$_2$"重新分析为"要不是+VP$_1$，VP$_2$"。"要不是"演变为一个连词。例如：

（3）那日要不是嫂子救落着，拿到大街上一顿板子，打不出我这老私窠子屎来哩！（明《醒世姻缘传》第 21 回）

（4）要不是有这点绕弯，晁奶奶可不就轻易的一家给他五十亩地呀？（明《醒世姻缘传》第 46 回）

（5）张金凤道："话虽如此说，要不是姐姐到此，那个救我一家性命？这就不消再讲了。"（清《儿女英雄传》第 8 回）

（6）戴嬷嬷笑向安太太道："奴才姑娘从小儿就不信这些。姑娘只想，要不是有神佛保着，怎么想到我们今日都在这里见着姑娘啊！"（清《儿女英雄传》第 20 回）

（7）怎么这姑娘合我们外外姐姐长的像一个人哪？要不是你两个都在一块儿，我可就分不出你们谁是谁来了。（清《儿女英雄传》第 24 回）

连词"要不是"还可以位于主语后，例如：

（8）我要不是自己敢来接你，我就从京里上任，近着好些路哩。（明《醒世姻缘传》第 84 回）

（9）自然看得美人名花旨酒不容易得，良辰美景尤其不容易得。这话要不是你胸襟眼界里有些真见解，绝说不出来。（清《儿女英雄传》第 32 回）

5.4 由"虚词+虚词"的跨层结构词汇化为连词

5.4.1 副词+副词→连词

5.4.1.1 "再不"

《现汉》(2016)对"再不"的解释是"〈口〉连词，要不然"。然而现实语料中，"再不"在汉语里至少有三种用法①：

一种是《现汉》的用法，"再不$_1$"是连词，表示假设性否定，"不然、否则"的意思，相当于"要不然"，例如：

---

① 本节着重探讨从跨层结构"再不$_0$"到连词"再不$_1$"的演变，而将"再不$_1$"跨层成词后再到连词"再不$_2$"及副词"再不$_3$"的后续演变归入跨层成词后的再演变，在以后研究中再探讨。

(1) 我打算让老吴去一趟,再不让小王也去,俩人好商量。

一种是"再不₂",也是连词,表示选择关系,相当于"要么、或者",例如:

(2) 那是司令员的孙女,腮帮子上永远凸个球,不是糖果就是话梅,再不就是打蛔虫的甜药丸子。(严歌苓《爱犬颗韧》)

一种是"再不₃",实际上是副词,表示建议,例如:

(3) 阿妈笑道:"哟,您跟我这么客气!"他把一只手托着头,胳膊肘子撑着搁板,立定身看看霓喜,向阿妈道:"我早就想烦你打一件绒线背心,又怕你忙不过来。"汤姆生道:"我倒没留心。"她顿了一顿,又道:"再不,请我们二妹给打一件罢?人家手巧,要不了两天工夫。"霓喜把一根毛竹针竖起来抵住嘴唇,扭了扭头道:"我哪成哪?白糟蹋了好绒线!"(张爱玲《连环套》)

连词"再不₁"是由"副词+副词"的跨层结构词汇化而来的,期间还经历了结构省缩。刘红妮(2019a)对"再不"的词汇化进行了探讨。

《说文》:"再,一举而二也。""再"一开始表示体词性的数词"两次;第二次"之义,后语法化为副词等。《说文》:"不,鸟飞上翔不下来也。"虚词"不"是假借字,用作否定副词。和成词的"再不"有关的是用于假设句中的副词"再"和否定副词"不"的连用。因为副词"再"表示的是将要重复或继续的动作,属于非现实句,所以经常用于假设句中,又因为语境吸收,吸收了假设句的假设义,所以副词"再"用在假设句中就表示如果继续下去就会怎样,带上了假设的意味,"再+不"就有"如果不"的意思。这样副词"再"和"不"形成"再+不 VP"结构,"再"和"不"不处于同一个层次上,不构成直接成分,"再不₀"是跨层结构。最初连用约在元代出现。例如:

(4) 今奉大王圣旨,为你三个月不来进奉钱物,本待将你头去,且免今番;若再不见奉,决不肯休。(元《全相平话五种·三国志平话卷中》)

"再+不 VP"中"不"后面成分代词化为谓词性指代词"然"是"再不然"词汇化的重要原因。当"不"后面的成分在上文已经出现时,这个旧信息可以用指示代词"然"来代替(史金生 2005),例如:

(5) 凡诸侯有命,告则书,不然则否。(《左传·隐公十一年》)

和"若不然、要不然"类似,"不"后面成分 VP 代词化为"然"促动了连词"再不然"的词汇化。这种用于假设句的"再+不然"经常在一起连用,又经常用于并列的几项分句或句子之间,所以就发生重新分析,句法层次由"再+不然"重新分析为"再不然",加上语境吸收,逐渐凝固成词,成为起连接作用,表示假设否定的连词性成分"再不然"。明代就出现了表示"否则、不然"之义的假设否定的"再不然",例如:

(6) 你不闻古人云:"教妇初来。"虽然不致乎打他,也须早晚训诲;再不然,去告诉他那老虎婆知道。(明《清平山堂话本·快嘴李翠莲记》)

(7) 老爷道:"这个长虑最是,我和你不如去请教天师,看是何如?再不然之时,又去请教国师,看是何如?"(明《三宝太监西洋记》第 86 回)

随着"再不然"的凝固化和连词化,紧接着又发生了另一种重要的变化:谓词性指代词"然"又进一步发生省缩,使连词"再不然"演变为连词"再不$_1$":"再不然"→"再不$_1$"。这主要是因为代词"然"所指示的内容往往在上文中已经出现,语义功能弱化。语义上的这种不利因素,再加上汉语双音化的强大影响,都使其表层的句法形式在语言使用和语流中的脱落成为可能。这样"再不然"省缩指代词"然"形成一个新的连词形式"再不$_1$",前小句提出一种事实或愿望,后小句用"再不$_1$"进行假设性否定前句所提到的事实或愿望"如果不是这样",后句则得出相关的推论。例如:

(8) 达达,你好生攊打着淫妇,休要住了。再不,你自家拿过灯来照着顽耍。(明《金瓶梅》第 50 回)

(9) 只要好女儿,或十五六、十七八的也罢,该多少财礼,我这里与他。再不,把李大姐房里绣春,倒好模样儿,与他去罢。(明《金瓶梅》第 36 回)

(10) 十分晚了,俺每不去,在爹这房子里睡。再不,叫爹差人送俺每,王妈妈支钱一百文,不在于你。(明《金瓶梅》第 42 回)

这里"再不$_1$"显然是表示假设否定义,语义上相当于假设否定义的"不然、否则"。"再不$_1$"前后小句的语义内容显然并不一致,带有某种程度的对立。

5.4.1.2 "岂但"

连词"岂但"原本是"副词+副词"的跨层结构,"岂"是表示反问的副词,相当于"难道",修饰整个句子;"但"是副词,表示"仅、只"义,和后面的谓语成分是直接成分,"岂"和"但"不在同一句法层次,表示"难道只是、何止"之义,例如:

(1) 今明公位尊任重,责深负大,上当匡正纲纪,下当济安元元,岂但空空无违而已哉!(《后汉书·何敞传》)

(2) 贫之为病也,不为形色粗,或亦神心沮废;岂但交友疏弃,必有家人诮让。(南朝梁·沈约《宋书·颜延之》)

(3) 岂但江曾决,还思雾一披。(唐·杜甫《赠崔十三评事公辅》)

"岂但"所在的小句和前后分句往往存在一种递进的关系,例如:

(4) 太宗深赏之曰:"我将全树借汝,岂但一枝。"(宋《太平广记》卷 221)

(5) 问:"'子罕言利',孔子自不曾说及利,岂但罕言而已?"(宋《朱子语类》卷 36)

例(4)中的"一枝"和"全树",例(5)中的"罕言"与"不曾说及"都存在一种逻辑上的递进关系,"岂但"句不再重在表示反问,而重在语境吸收了句子的递进义。随着文言反问副词"岂"和表示"仅、只"义的"但"的衰落,再加上汉语文白的演变以及双音化的影响,"岂"和"但"开始逐渐凝固,跨层词汇化为一个双音递进连词,表示"不但"。

连词"岂但"成词后,位置也发生了变化,更多的是用在表示递进的复句的上半句里,下半句往往有副词"也、还"等相呼应,或者连词"连、就是、而且、并且",例如:

(6) 既违戒誓,岂但王法,神亦不容也。(宋《太平广记》卷311)

(7) 你不肯实说,岂但纪兄,连众人也都要疑的。(明《醒世姻缘传》第41回)

(8) 甚么喜事！岂但应酬他,而且钱也借去用了。(清《二十年目睹之怪现状》第11回)

(9) 岂但敝国,就是欧、美各国,都没有提油之说。(清《二十年目睹之怪现状》第81回)

(10) 不消嘱咐,既如此商定,岂但不提方才的话,并且连这弹弓也先不好提起。(清《儿女英雄传》第14回)

5.4.2 连词+副词→连词

5.4.2.1 "要不"

"要不"是现代汉语的一个连词兼副词,主要有以下功能(《现代汉语词典》第7版):

【要不】❶ 连 不然;否则:从上海到武汉,可以搭长江轮船,要不坐火车也行。❷ 连 要么:今天的会得去一个人,要么你去,要么我去。❸ 副 难怪;怪不得:要不他生气呢,原来你说着他的痛处了。‖也说要不然。

作为连词,主要有"要不$_1$"("不然;否则"义)、"要不$_2$"("要么"义)两种用法。作为副词,除了现代汉语中副词"要不$_4$"("难怪"义)的用法,史金生(2005)发现"要不"还有一种表示建议的用法"要不$_3$"。我们赞同史金生(2005)的观点。连词"要不$_1$"的形成是"连词+副词→连词"跨层结构词汇化的结果①。

---

① 本节着重探讨从跨层结构到连词"要不$_1$"的词汇化。"要不$_1$"成词之后继续发生演变,又演变为连词"要不$_2$"和副词"要不$_3$",还有一条演变路径是语法化为副词"要不$_4$"(史金生 2005),我们认为"要不$_1$"成词之后的演变是再演变,具体我们会在后续汉语跨层词汇化的再演变研究中探讨。

最初的"要+不"连用的"要不"是跨层结构,所在的"要不 X"应当分析为"要//不 X","要"表示意愿或假设的连词,"不"是表示否定的副词,它们不处于同一个层次上,不构成直接成分。例如:

(1) 要放你也在我这里。要不放你也在我这里。(宋《古尊宿语录》卷 6)

当"不"后成分已在前文出现过时,X 可以用代词"然(是)"替代,形成"要不然(是)",例如:

(2) 伯爵道:"要不然也费手,亏我和你谢爹再三央劝你爹:'你不替他处处儿,教他那里寻头脑去!'"(明《金瓶梅》第 52 回)

(3) 众人道:"亏了这个好人拾了,要不是,那庙里没有屈死的鬼?这卖酒的赔银子罢了,难为这们长胡子都采净了!"(明《醒世姻缘传》第 23 回)

而"不"后成分的代词化或省略是词汇化的直接诱因。"不"后成分"然(是)"的省略使得"不"与前面的"要"构成一个双音节的音步,为"要不"的词汇化提供了条件(史金生 2005)。"连词+副词"的跨层结构"要不"经过重新分析为连词"要不₁",表示对前边话语做假设性的否定,引出否定以后可能出现的结果。例如:

(4) 宝玉笑着挨近袭人坐下,瞧他打结子,问道:"这么长天,你也该歇息歇息,或和他们顽笑,要不,瞧瞧林妹妹去也好。怪热的,打这个那里使?"(清《红楼梦》第 64 回)

(5) 你去吧,要不完不成任务了。(现代)

5.4.2.2 "若非"

连词"若非"原本是假设连词"若"和否定副词"非"的跨层结构,表示"如果不是"的意思。副词"非"在古代可以修饰名词性成分,形成"若+非 NP, VP"。"若"是假设连词,"非"与其后修饰的中心语 NP 是直接成分,"若"和"非"不在同一句法层次,表示"如果不是 NP"之义,例如:

(1) 且夫人主于听学也,若是其言,宜布之官而用其身;若非其言,宜去其身而息其端。(《韩非子·显学》)

(2) 对曰:"非《武》音也。"子曰:"若非《武》音,则何音也?"对曰:"有司失其传也。若非有司失其传,则武王之志荒矣。"(《礼记·东记》)

例(1)"若非"和"若是"对举,例(2)前句用"非武音",后句用"若非武音",可见"若"和"非"还是两个词。又例如:

(3) 若非饮食之客,则布席,席间函丈。(《礼记·曲礼上》)

(4) 若非罪人,则不可劝之以徇。(《韩非子·难一》)

如果前小句是表示肯定的是谓词性成分，则后小句可以用助词"所"使其变为名词性成分，形成"若+非 VP$_1$，VP$_2$"。例如：

（5）子弟犹归器，衣服裘食车马，则必献其上，而后敢服用其次也；若非所献，则不敢以入于宗子之门，不敢以贵富加于父兄宗族。（《礼记·内则》）

当"非"后面修饰的是谓词性成分时，更多的是"若+非 VP$_1$，VP$_2$"结构。例如：

（6）侯曰："虞、虢、焦、滑、霍、扬、韩、魏，皆姬姓也，晋是以大。若非侵小，将何所取？"（《左传·襄公二十九年》）

（7）百姓闻吴河东来，便望风自退，若非积取三吴人情，何以得弭伏如此。（南朝梁《宋书·吴喜》）

（8）若非杀生，岂有死肉？经言买肉与自杀，此罪一等。（清《全梁文》卷5）

（9）夫知有邪正，通有真伪，若非法眼精明，难可辨也。（《宝藏论·广照空有品》）

"若+非 VP$_1$，VP$_2$"中 VP$_1$ 具有一定的独立性，一个单音的"若"和多音节的"非 VP$_1$"也具有结构上的不平衡性，又因文白演变，文言词"若""非"都不太能单说单用，在汉语双音化影响下，"若+非 VP$_1$，VP$_2$"重新分析为"若非+VP$_1$，VP$_2$"，"若非"词汇化为一个双音书面连词。"若非"词汇化过程中没有哪个成分语义弱化、虚化的问题，词汇化后"若"和"非"语义都很完整，仍是"如果不是"之义。例如：

（10）若非群玉山头见，会向瑶台月下逢。（唐·李白《清平调词》之一）

（11）若非侠客怀冤，定被平王捕逐。儿有贫家一惠，敢屈君餐。（《敦煌变文集》）

（12）若非皇帝心如佛，释子争能到此中。（《敦煌变文集》）

（13）动容貌，若非涵养有素，安能便免暴慢！正颜色，非庄敬有素，安能便近信！（宋《朱子语类》卷35）

（14）若非圣人说下许多道理，则此身四支耳目更无安顿处。（宋《朱子语类》卷116）

（15）这番若非提控搭救，险些儿相见不成了。（明《二刻拍案惊奇》卷15）

（16）若非愚兄替你开这一条路，你这路那里去找呢？（清《官场现形记》第26回）

连词"若非"也可以用在主语后，例如：

（17）这个李三若非雷神显灵，险些儿没辨白处了（明《二刻拍案惊奇》卷38

5.4.3 连词+连词→连词

5.4.3.1 "而且"

"而且"在现代汉语中一般用作递进连词,《现代汉语词典》(第7版):"而且,连词,表示进一步,前面往往有'不但、不仅'跟它呼应。"例如:

(1) 热闹的景象引诱他挨近了这人群,而且居然在密层层的人堆中分开一条小道,挤进去了。(巴金《灭亡》)

(2) 我们将不但有一个强大的陆军,而且有一个强大的空军和一个强大的海军。(毛泽东《中国人民站起来了》)

其实,"而且"还可作并列连词,主要用于连接并列形容词,表示几种性质同时存在。例如:

(3) 他脸上黑而且瘦,已经不成样子。(鲁迅《呐喊·孔乙己》)

现代汉语的连词"而且"原本是承接连词"而"和递进连词"且"的连用,"而且"在"VP_1 而且 VP_2"中重新分析,跨层词汇化为递进连词"而且"。自汉代一直到明代出现了一种比较高频的"AP_1 而且 AP_2"的用法,之后"而且"在这种句法环境中演变为并列连词。明代"而且"表递进和并列的两种用法并驾齐驱。及至清代一直到现代汉语"而且"递进连词的用法占了绝对优势。"而且"两种连词用法的发展呈现出一个此起彼伏、你消我长的态势。

"而且"在先秦就出现连用,但用得并不太多。起初是两个单音连词的连用,"而"是连词,表承接,"且"是连词,表递进。"而且"连用主要用于复句后一分句,形成"X,而+且Y",例如:

(4) 故知节用裕民,则必有仁圣贤良之名,而且有富厚丘山之积矣。(《荀子·富国》)

(5) 而或以无礼节用之,则必有贪利纠谲之名,而且有空虚穷乏之实矣。(《荀子·富国》)

(6) 闻南藩乐而欲往兮,至会稽而且止。(《楚辞·七谏》)

(7) 齐、楚信之,必轻王,故王不如无罪景鲤,以视齐于有秦、魏,齐必重楚,而且疑秦、魏于齐。(《战国策·韩策》)

(8) 播越西迁移,号泣而且行。(汉·曹操《薤露行》)

"而且"连用所在的"X,而且Y"句式中X和Y之间具有的逻辑上的递进关系,是整个复句的语义重心。因为"而"主要表承接,起连接作用,语义作用非常弱,而连词"且"虽然也起连接作用,但主要表示递进,其语义作用相对要强一些。

这样,表示承接的"而"与递进的"且"长期连用,逐渐融合发生词汇化,就凝固为一个新的递进连词"而且"。二者词汇化后,"且"的语义作用相对要大一些。"X,而+且 Y"重新分析为"X,而且+Y"。例如:

(9) 人不能搏噬,而且无毛羽,莫克自奉自卫。(唐·柳宗元《封建论》)

(10) 别有善笛女子,短发丽服,貌甚美,而且多媚。(宋《太平广记》卷489)

(11) 吾知此城极其坚固,而且兵多粮广,以力攻之,必不易克,徒伤士卒之命。(明《英烈传》第45回)

清代,递进连词"而且"使用占据了压倒性优势。并且一直到现代汉语都是如此。"而且"可以单用,例如:

(12) 今日幸得我父子相聚,而且官事可完,如释重负。(清《儿女英雄传》第13回)

(13) 今日又见旺儿每每来求亲,早闻得旺儿之子酗酒赌博,而且容颜丑陋,一技不知,自此心中越发懊恼。(清《红楼梦》第72回)

"而且"和"不但"配对使用,形成"不但……而且……",例如:

(14) 今日不但性命无伤,而且姻缘成就,可见这事自有天作主。(清《儿女英雄传》第11回)

(15) 要在初次行经的日期就用药治起来,不但断无今日之患,而且此时已全愈了。(清《红楼梦》第10回)

另一方面,自汉代起,出现了"而且"经常连接两个语义上相关或相近的单音性质形容词的用例,形成四字形式的"AP_1 而且 AP_2"。它应是在先秦时"VP_1 而且 VP_2"的基础上扩展而来。例如:

(16) 曰:川有渎,山有岳。高而且大者,众人所不能逾也。(汉·扬雄《法言义疏一》)

(17) 吾将上下而求索。王逸注:言天地广大,其路曼曼,远而且长,不可卒至,吾方上下左右,以求索贤人,与己合志者也。(汉《楚辞章句》)

魏晋南北朝时期,例如:

(18) 熬胡麻油著,香而且脆。(北魏《齐民要术》卷9)

(19) 夫王者之兵,有征无战,尊而且义,莫敢抗也,故鸣条之役,军不血刃,牧野之师,商人倒戈。(《三国志·蜀志·后主传》)

这样一来,原本是"AP_1 而+且 AP_2",连词"且"修饰后一个形容词 AP_2 表示递进,连词"而"再连接 AP_1 和"且 AP_2"这两部分表示承接。因为 AP_1 和 AP_2 形式上的整齐对称,语义上的相关相连,易于形成一种并列关系,再加上连词

"而"表承接时的可有可无以及高频使用,久而久之,就发生了如下演变:"AP$_1$ 而+且 AP$_2$"→"adj$_1$ 而且+adj$_2$"。"而且"逐渐凝固为一个并列连词。例如:

(20) 峰上松林,谷里树木,直而且长,竹林麻园,不足为逾。(唐《入唐求法巡礼行记》卷2)

(21) 殿中侍御史元本竦体伛身,黑而且瘦,目为"岭南考典"。(唐《朝野佥载》卷4)

(22) 掘得一物,类人手,肥而且润,其色微红。(宋《太平广记》卷24)

(23) 郡守韦公干者,贪而且酷,掠良家子为臧获,如驱犬豕。(宋《太平广记》卷269)

(24) 莫是穷来穷去,做来做去,久而且熟,自能长进到十分否?(宋《朱子语类》卷117)

(25) 吾之朽骨亦藏于此,世世宜遵守之,长而且久。(宋《古尊宿语录》卷30)

宋代,并列连词"而且"还有一些连接动词的四字用例。例如:

(26) 盖遇此二犬,环而且吠,彼遂为噬而死。(宋《太平广记》卷94)

(27) 韦意其异人也,拜而且谢。(宋《太平广记》卷195)

明代,并列连词"而且"的用例也比较常见。例如:

(28) 粮在船中,船必稳重;今观来船,轻而且浮。(明《三国演义》第49回)

(29) 吴懿有一妹,美而且贤。尝闻有相者,相此女后必大贵。(明《三国演义》第77回)

(30) 行者道:"这法儿真是妙而且灵!"(明《西游记》第77回)

清代,连接形容词的"adj$_1$ 而且 adj$_2$"的并列连词"而且"开始衰落,只在少数一些仿古或文言的语料中发现。"而且"主要用作递进连词,用法已经基本和现代相同。

5.4.3.2 "而况"

连词"而况"是由连词"而"和连词"况"跨层连用词汇化形成的。

连词"况"表递进时,可以单独使用,句末常有语气词"乎",形成"况……乎"。例如:

(1) 出其言不善,则千里之外违之,况其迩者乎?(《易·系辞上》)

连词"而"和连词"况"在先秦就出现较多连用,其中"而"是表承接的连词,"况"是表示递进的连词,经常形成"X,而+况 Y 乎"形式。其中 Y 可以是名词性成分,例如:

(2) 有臣不顺,神之所恶也,而况人乎!(《左传·哀公十四年》)

(3) 技经肯綮之未尝,而况大軱乎!(《庄子·养生主》)

(4) 匹夫犹未可动也,而况诸侯乎!(《庄子·人间世》)

还可以是谓词性成分,例如:

(5) 夫礼者,自卑而尊人,虽负贩者必有尊也,而况富贵乎?(《礼记·曲礼上》)

(6) 古者六畜不相为用,小事不用大牲,而况敢用人乎?(《左传·僖公元年》)

(7) 见且由不得亟,而况得而臣之乎?(《孟子·尽心章句上》)

"而+况"连用的固定组合后还可以和句中语气词"于""乎"连用,例如:

(8) 天且弗违,而况于人乎,况于鬼神乎。(《易·乾》)

(9) 执臣之道犹若是,而况乎所以待天乎!(《庄子·山木》)

汉魏六朝的用例,例如:

(10) 但见问而尚羞之,而况乃与为诈以伐吴乎!(汉《春秋繁露·对胶西王》)

(11) 天地四时犹有消息,而况人乎?(南朝宋·刘义庆《世说新语·政事》)

连词"况"具有单一明确的功能,不但起连接两个语言单位的作用,而且起标志两个语言单位具有递进语义关系的作用(陈宝勤 1994),体现两个小句之间主要的语义关系。相对而言"而"是一个具有多种语义关系的连词,表顺承的语义,地位不那么重要,表承接的"而"逐渐衰落。随着"而+况"的高频连用,"而"容易后附于"况",形成一个新的双音递进连词"而况",主要是"况"的语义。例如:

(12) 他人尚相勉,而况我与君?(唐·白居易《赠内》)

(13) 一来勤已多,而况欲久留。(宋·欧阳修《怀嵩楼晚饮》)

(14) 且汝欲造玄极之道,岂同等闲?而况此事亦有时节,躁求焉得?(宋《五灯会元》卷26)

明清时期递进连词"而况"后的分句可以是比较复杂的成分,例如:

(15) 臣以遭遇托身圣明,在倾危涸清之中,尚不敢过差,而况天下平定,上尊下卑,而臣爵位所蒙巍巍不测乎?(明《东汉秘史》第47回)

(16) 此事天霸还不晓得,惟恐告诉他这件事就要决裂了。而况张七父女本领出众,天霸恐非敌手。(清《施公案》第254回)

"而况"在后来逐渐衰落,主要用在一些书面语中,例如:

(17) 我导引你留心政治,但并不以为当即可以钻进实际政治——而况又是不健全不合法的政治运动。(茅盾《创造》)

5.4.3.3 "故而"

连词"故而"是由连词"故"和连词"而"跨层词汇化形成的。

连词"故",多用在下句首,总括上文,并引导出结果或推论,例如:

(1) 求也退,故进之;由也兼人,故退之。(《论语·先进》)

(2) 吾少也贱,故多能鄙事。(《论语·子罕》)

"而"用作连词,用在后一分句时,可以表示顺承,例如:

(3) 君子见几而作,不俟终日。(《易·系辞下》)

连词"故"和连词"而"都是比较古老的连词,但二者连用出现较晚。清代以前,只有零星的几例,"故而"用在"VP_1,故而 VP_2"结构中,是"VP_1,所以就 VP_2"的意思,"故"是"所以"义,"而"是"就"义,例如:

(4) 是故古者贤圣睹天意深,故常象天而为行,不敢失铢分也。故而常独与天厚,得天心也;如不与天心合,不得天心则大凶矣。(汉《太平经》卷117)

(5) 赵良曰:"然则尧舜治天下,皆日日巡行之。故而黄帝阪泉之战,乃巡行不勤之弊乎?"(明《夏商野史》第16回)

到了清代,连词"故"和连词"而"出现了大量的连用。因为"故+而"经常用在"X,故而 Y"句式中,前后小句之间具有明显的因果关系。"故"具有单一明确的标志两个语言单位具有因果语义关系的作用,体现两个小句之间主要的语义关系,相对而言"而"是一个具有多种语义关系的连词,表顺承的语义,地位不那么重要,在高频和双音化的作用下,更容易前附于"故",形成一个新的双音因果连词,用在因果复句的后一小句句首。"VP_1,故而 VP_2"中的"故而"重新分析为一个连词,表"所以"之义,主要是"故"表"因而,所以"的意义,"而"的意义消失了。例如:

(6) 治弟很读过几本翻译的外国书,故而略晓得些外国政治。(清《官场现形记》第54回)

(7) 陶太太同他哥在栈房里,晓得陶子尧在一品香请客,一定要叫局热闹,故而借吃大菜为名,意想拿住破绽,闹他一个不亦乐乎。(清《官场现形记》第10回)

(8) 顾师爷及陆葆安等都不知尚有法通,故而使他独自漏网。(清《侠女奇缘》第59回)

(9) 恰好这个店里因药王庙有夜戏,听戏的将回来,还未睡呢,故而铁头陀进店容易,就住在西小厢房里。(清《侠女奇缘》第56回)

"故而"成词后,还可和"因为"等连词搭配使用,例如:

(10) 原来后边桌上,有三个外国人,两个中国人,因为看到得意之处,故而

在那里拍手。(清《文明小史》第54回)

5.4.3.4 "虽则"

"虽则"是汉语的一个文言书面连词,表"虽然"之义。"虽则"一词作为连词出现得较早,在先秦已有不少用例,例如:

(1) 惟古之谋人,则曰未就予忌;惟今之谋人,姑将以为亲。虽则云然,尚猷询兹黄发,则罔所愆。(《书·秦誓》)

(2) 之子于垣,百堵皆作。虽则劬劳,其究安宅。(《诗·小雅·鸿雁》)

"虽则"多见于《诗经》,经常用在"VP_1,虽则VP_1,VP_2"结构中,形成一种语义上的对比和转折。例如:

(3) 芄兰之支,童子佩觿。虽则佩觿,能不我知。(《诗·卫风·芄兰》)

(4) 出其东门,有女如云。虽则如云,匪我思存。(《诗·郑风·出其东门》)

我们认为"虽则"本来是两个词,连词"虽"表"虽然"义,连词"则"表示顺承关系。"虽+则"表"虽然那么"之义。后来由于它们常常连用,"虽"的语义是主要的,"则"的语义可有可无,所以就凝固起来,从跨层结构演变成为一个连词,表示"虽然"之义。

"虽则"在近代汉语中仍有使用,"虽则"经常在"虽则VP_1,VP_2"结构中出现,例如:

(5) 相欢虽则不多时,相别那能不敛眉。(唐·罗隐《西川与蔡十九同别子超》)

(6) 圣人虽则说是"生知安行",便只是常常恁地不已,所以不可及。(宋《朱子语类》卷79)

(7) 虽则久别,还记得他模样。(明《西游记》第41回)

(8) 父亲,虽则几十年不见,难道儿子就认不得了?(清《儒林外史》第38回)

"虽则"后面的VP_1还可用"如此"替代,形成"虽则如此,VP_2",例如:

(9) 师代云:"虽则如此,有人未许专甲在。"(五代《祖堂集》卷14)

宋之后,连词"虽则"还可和"然、却"等搭配,例如:

(10) 微贱之人,虽则礼所不及,然家有长幼,不欲外人窥之。(宋《太平广记》卷493)

(11) 话说窝小姐自见了那美少年,虽则一时惭愧,却也挑动个情字。(明《警世通言》卷34)

现代汉语中,"虽则"还可用在复句的后一分句中,例如:

(12) 他迷恋着"神秘之街",虽则有时候要住在亭子间。(瞿秋白《乱弹·新

英雄》)

5.4.3.5 "或则"

"或"在古代可作肯定性的无定代词,表示"有人、有的人"之义(现代汉语中已基本消亡)。后来又发展为义为"或许、也许"的副词"或",并进一步演变为表示选择关系,相当于"或者"的连词"或"。这三种用法的"或"都会形成相应的"或……或……"固定格式,分别表示"有的……有的……""有时……有时……""或者……或者……"之义。

理论上连词"或则"的连用及来源可能有三种:代词+连词,副词+连词,连词+连词。从语义联系以及实际语料看,我们认为连词"或则"的直接来源是"连词'或'+连词'则'"。

约在宋代,"或"和"则"出现连用,但其中"或"是代词,"则"是连词,表示"有的则……有的则……"例如:

(1) 俄到其处,而端坐如故。或则叫噪,曾不动摇;或则弯弓发矢,又无中者;或欲环之前进,则亦相顾莫能先焉。(宋《太平广记》卷364)

(2) 自是日曝风吹,僵然沙上。或则寺僧欲以为窣堵波之独柱,或则州吏请支分剖劂,以备众材。(宋《太平广记》卷405)

清代,一方面"或则"仍有"代词+连词"的连用,例如:

(3) 然迹其平生,各行其志:或以诤臣称,或以能臣称,或则以良臣称,其遭际不同,操术亦异,固未可强而并论。(清《张文襄公事略》第15节)

另一方面,连词"或则"也出现并产生了,例如:

(4) 仁圣天子与日青二人日夕消闷,或则饮酒观景,或则叙谈往事。(清《乾隆南巡记》第50回)

(5) 员外快快唤些庄夫,带了家伙,我们大家到庄上,鸣金追赶,或则赶了他去,大家就好安逸了。(清《呼家将》第21回)

(6) 方才为大人打了百板,见他那件浊物,不下有一二尺长,取下来改做敲鼓锤子,或则敲锣,倒也别致。(清《狄公案》第50回)

这几例的"或则"只能作表示选择关系的连词理解,相当于"或者"。

5.4.3.6 "之所以"[①]

现代汉语的连词"之所以"原本是由"之"和"所以"构成的跨层结构。古汉

[①] 严格说来"之+所以"最初连用时,"所以"并不是连词,而是古汉语中的一个固定词组,其中"以"是介词,"所"是宾语代词(吴克存等1992:363,肖奚强等2006)。只不过"所以"后来逐渐虚化为结果连词,加上其他因素,促进了"之所以"的词汇化,故此,我们将"之所以"的词汇化权且归到"助词+连词"一节。

语中"所以"是一个词组,由介词"以"和宾语代词"所"组成。"之"是结构助词,介于前后两个成分之间,既不前附,也不后附(吴竞存等 1992:363-364),例如:

(1) 君子之所以贵玉而贱民者何?(《荀子·法行》)

(2) 强秦之所以不敢加兵于赵者,徒以吾两人在也。(《史记·廉颇蔺相如列传》)

后来,在"之"取消独立性这一功能弱化之后,"所以"又于中古时期开始虚化直至唐五代时期成为表结果的连词(肖奚强等 2006),再加上"S+之+所以 VP"的高频使用,"之+所以"发生组块化、凝固化,继而惯用语化,词汇化为表结果义的连词。"S+之+所以 VP"重新分析为"S+之所以 VP"。例如:

(3) 大人之所以为大人者,缘是它存得那赤子之心。(宋《朱子语类》卷 57)

现代汉语中,结果连词"之所以"经常和"是因为""是为了""是由于"等搭配,用于因果复句的前一分句,暗示后面的分句说明原因(吴竞存等 1992:364),例如:

(4) 她之所以不肯上山来,让我空等了好几天,是因为对此事感到厌倦。(王小波《黄金时代》)

此外,连词"之所以"也可以不出现被介引的成分 S,形成"之所以 VP,……"结构,可见"之"已完全失去其原有的功能,"之所以"已完全词汇化为一个因果连词。例如:

(5) 之所以能够这样做,正是因为他们首先有了大量的这方面的知识。(吴竞存等 1992 例)

在很长一段时间,"之所以"被认为是"凝固格式""固定结构""关联词语"等,后来它作为连词的身份才得到确认,《现代汉语词典》第 6 版、第 7 版已将其收录为连词。

5.4.4 连词+助词→连词

"于是乎"是汉语里的一个承接连词,同"于是"(《现代汉语词典》第 7 版),主要用于书面语。它是"连词'于是'+助词'乎'"跨层词汇化形成的。

《说文》:"乎,语之余也。"段注:"意不尽,故言乎以永之。""乎"在古代用作语气词时,有一种用法是作为句中语气词用在句中某些词语后面,表示语气在该处稍作停顿,以着重突出它前面的词语。"于是+乎"中的"乎"就是句中表示停顿的语气词。例如:

(1) 五年,诸戎来请服,使魏庄子盟之,于是乎始复霸。(《国语·晋语》)

(2) 余乃今于是乎见龙。(《庄子·天运》)

随着"于是"从介宾短语词汇化为连词(王慧兰2006),"于是+乎"经常连用,以及"乎"句中语气词功能的衰落,"于是+乎"逐渐重新分析为"于是乎",变为一个单一的连词。可位于主语后,也可位于句首,例如:

(3) 攒取猫儿从尾食之,肠肚俱尽,仍鸣唤不止。阋于是乎帖然心伏。(唐·张鷟《朝野佥载》)

(4) 既而精义通玄,清风载扇,学已博矣,德已盛矣。于是乎历览山川,徘徊郊邑。(唐《大唐西域记》卷12)

(5) 昔太祖高皇帝鸡鸣而起,昧爽而朝,未尝日而出临,百官于是乎戒惧,故能庶绩又安。(明《姜氏秘史》卷1)

(6) 那魔头虽然凶横,一见了外国人,便吓得屁也不敢放了。于是乎一班人做好做歹,要他点香烛赔礼,还要他烧路头。(清《二十年目睹之怪现状》第77回)

第六章 从跨层结构到助词

助词是汉语中特有的一类词①,跨层结构变为助词的主要是"实词+虚词""虚词+实词""虚词+虚词"这3类跨层组合的词汇化。

已有研究中,曹广顺(1995)对近代汉语助词的研究主要是以各类单音助词为主,孙锡信(1999:190)指出近代汉语中的双音语气词"着哩、着呢"是动态助词"着"和语气词"哩"的复合形式②,近年来有一些学者注意到了一些跨层结构词汇化为助词的现象,比如张谊生(2001)、江蓝生(2004)注意到助词"的话"是由"助词+名词"的跨层结构词汇化而形成的,刘丹青(2007)指出苏州方言中的复合语气词"末哉"也是跨层结构词汇化的产物,刘红妮(2009b)指出助词"则已"是来自"连词+动词"的跨层组合,此外还有其他一些研究。

本章在已有研究基础上,集中探讨汉语中跨层结构词汇化为助词的现象。

6.1 由"实词+虚词"的跨层结构词汇化为助词

6.1.1 动词+助词→助词

"已而"是汉语的一个书面语助词,"罢了"之义③(《现代汉语词典》第7版),它是"动词'已'+助词'而'"的跨层结构词汇化形成的。

"已",《尔雅·释诂》:"已,成也。"《玉篇》:"已,毕也。"《广韵》:"已,止也。"本

---

① 助词的词类划分我们主要依据《现代汉语词典》(第7版),助词是词的12大类之一,不把语气词单列为一类。同时采取传统的标准,将助词分为3个小类:语气助词、结构助词、时态助词,其中的语气助词即语气词。具体参见本书绪论部分相关内容。

② 孙锡信(1999:190)当时将"着哩、着呢"等称为"语气短语词"。《现代汉语词典》(第7版)已经收录了"着哩、着呢",将其认定为助词。还有其他学者也有一些相关的探讨,具体见本章后文论述。

③ 汉语中还有一个副词"已而",是"不久;继而"之义(《现代汉语词典》第7版)。通过考察,我们发现它是"副词'已'+连词'而'"跨层词汇化而来的。而助词"已而"是"动词'已'+连词'而'"跨层结构词汇化产生的,副词"已而"与助词"已而"没有先后衍生的关系。对副词"已而",我们已在"从跨层结构到副词"一章进行了探讨,可以参看。

义是指行为的"完毕""停止"。例如：

(1) 风雨如晦,鸡鸣不已。(《诗·郑风·风雨》)

郑玄笺:"已,止也。"

"而",《说文》:"而,须也。"本义为胡须,虚词"而"是假借字。可作人称代词、连词和语气词。其中,语气助词的"而"中古以后逐渐少用乃至消失了(《古代汉语虚词词典》1999)。"而"作助词时主要是用于句末,表感叹语气,是语气助词。例如：

(2) 俟我于著乎而,充耳以素乎而,尚之以琼华乎而。(《诗·齐风·著》)

(3) 吁！汉帝之德,侯其祎而！(汉《东京赋》)

上述意义的"已"和"而"在先秦出现连用,是"动词＋语气助词"的跨层结构,例如：

(4) 凤兮,凤兮,何德之衰！往者不可谏,来者犹可追。已而,已而,今之从政者殆而。(《论语·微子》)

朱熹集注:"已,止也。而,语助辞。"这里的语助词,即助词中的语气助词。两个"已而"连用,《十三经注疏·论语注疏》:"'已而,已而'者,言世乱已甚,不可复治也。再言之者,伤之深也。"

中古以后,随着语气助词"而"的衰落,再加上"已＋而"经常连用在"已而,VP"句式中,"已"的动词性不强,后一分句 VP 成为语义重心。在这种广义的连动式中,动词"已"和助词"而"就逐渐跨层词汇化为一个新的双音助词"已而",表示"罢了"之义,例如：

(5) 惟天地之无穷兮,哀生人之常勤。往者吾弗及兮,来者吾弗闻,已而,已而。(唐·李翱《拜禹歌》)

(6) 更何人念我,老大伤悲。已而,已而,算此意,只君知。(宋·辛弃疾《婆罗门引·别叔高》)

(7) 师学之传,岂直以诗？诗又不传,学则谁知？后千年无人,已而已而。后千年有人,留以待之。奈何？噫！(宋·无名氏《爱日斋丛抄》)

不过,语气助词"已而"使用频率一直不是很高,并且还带有原来跨层结构的一些使用特点,经常两个"已而"连用,表示感叹的语气更为强烈。

在现代汉语中,助词"已而"不太常用,偶尔用在一些引用或仿古的文言、书面语中。

6.1.2 代词＋助词→助词

"什么的"是现代汉语里的一个三音助词,用在一个成分或并列的几个成分

之后,表示"……之类"的意思(《现代汉语词典》第 7 版),是一个列举助词,例如(张谊生 2002:269):

(1) 有了录音机,随时能听个《血疑》主题歌什么的。(刘心武《公共汽车咏叹调》)

(2)《聊斋》呀,《水浒》呀,《三国演义》什么的,都是民间传说,没什么章法,说谁写的都成。(王朔《修改后发表》)

助词"什么的"是由表示列举义的代词"什么"和表等类助词"的"跨层词汇化形成的。

在唐五代禅宗文献里,"什么"和"甚么"这两种形式同时存在(冯春田 1990),"什么的"也写作"甚么的",对这两种形式,下面我们不做区分。

对于表示列举的助词"什(甚)么的"来源及出现年代,吕叔湘等(1985:165 - 172)认为"什么的"用法"是在'什么'之后加一个表示'连类而及'的'的'字,这是最近才兴起来的用法,不但《红楼梦》里未见,《儿女英雄传》跟《三侠五义》里也都还没有"。太田辰夫(2003[1958]:317 - 318)认为"甚么的"和助词"等"的用法有部分相同,这个词的历史不长,在较早的文献中几乎见不到,是从清代后期开始使用的。原来是由"甚么"和"的"构成的两个词,复合而成一个词。

关于代词"什(甚)么"一词,一般认为来源于"是物(勿)",吕叔湘等(1985:139)认为"自从是物融合成为一个语词之后,是字受物字声母(-m)的影响,才变为音为甚(-m)和什(-p)"而"是物"又是源于"是何物"的。太田辰夫(2003[1958]:122)则认为"'甚么'在唐代较早时写作'是物''是勿''是没'等,'勿''没'是'物'的同音假借字。'是'的语源不明,但可能是由古代的指示代名词转化为表疑问的词。"冯春田(1990)认为按现代汉语来说,一般认为"么"是词尾,"什么"是附加(后附)式词,但从历史发展的角度说,唐五代时"什(甚)么"不是附加式,"什(甚)么(没、摩)"是由"什(甚)"和"没(么)"并列复合而成的,其先本为同义并列复合式,即它不是一开始就是一个词干加后附号的附加式词,而是由并列式经过后来的变化而成的。"什(甚)么"在唐代的用例,最初是表示疑问代词的一般用法,表示疑问,例如:

(3) 师曰:"汝曾作什么来?"(唐《坛经·机缘品》)

在此基础上,疑问代词"什么"发展出了非疑问用法,其中之一便是列举:用在几个并列成分前面,表示列举不尽,这种表列举义的"什么"来源于"什么"的"闹不清楚事物的数目"之义(吕叔湘等 1985:165)。例如:

(4) 三藏正然上马,闻得此言,骂道:"这个泼猴! 救人一命,胜造七级浮屠。

你馱他馱儿便罢了,且讲甚么北斗经南斗经!"(明《西游记》第 33 回)

助词"的"也有表示等类的用法,例如:

(5) 衣裳,裙子,别混晒婚晾的。(清《红楼梦》第 24 回)

表列举的代词"什么"又可以与表等类的助词"的"一起使用,也有的可与"啊"连用,例如:

(6) 明儿就叫"四儿",不必什么蕙香兰气的。(清《红楼梦》第 21 回)

(7) 什么穷啊富的,只要深知那姑娘的脾性儿好,模样儿周正的就好。(清《红楼梦》第 84 回)

太田辰夫(2003[1958]:317-318)认为上述两例"什么"是放在并列的词前面,但后来"什么"放在后面照理也是无妨的,例如:

(8) 忽然鬼啊甚么作起祟来了。(网络语料)

并且他猜测可能放在后面的"什么"和原先用"的"的形式合并,就产生了"啊甚么的"形式,省略"啊",就产生了"甚么的"这种形式。我们认为不管是不是省略了"啊",表列举的"什么"由放在前面发展到放在后面,又和表等类的助词"的"跨层组合,长期连用后在清代后期跨层词汇化为一个新的列举助词。

和"什么的"类似的还有一个"啥的",《现代汉语词典》(第 7 版)里还没有收录,但口语中经常使用,已经可以看作是和"什么的""啥"使用上类似的一个词,相当于"什么",所以有"什么的",也有"啥的",从表达的角度看,"X 啥的"同"X 什么的"基本一致(张谊生 2002)。"啥的"是表示列举的代词"啥"和助词"的"连用跨层词汇化形成的。例如:

(9) 一麻袋的花生板栗啥的还是哗啦啦地倒在了光洁照人的地板砖上。(范稳《李老倌的圣诞节》)

(10) 叔叔给我的车钱,我没舍得花,自己走回来的。我想省点钱下来,到时能买双鞋啥的。(向东《我们这一代人》)

6.2 由"虚词+实词"的跨层结构词汇化为助词

6.2.1 连词+动词→助词

6.2.1.1 "则已"

"连词+动词"跨层词汇化为助词的典型案例是"则已",刘红妮(2009a,2009b)探讨了助词"则已"从"连词+动词"的跨层组合到助词的词汇化。

尽管"则已"在《现代汉语词典》(第 7 版)还没有收录,但其具有后附性和黏

着性,内部理据已经模糊,可以说已经成词,例如:

(1) 不干则已,要干的话,一定想办法以最短的时间、最快的速度,干一个成一个。(《人民日报》1994 年)

(2) 他对新事物不学则已,一学就会。(《人民日报》1995 年)

关于"则已"的性质和归属,楚永安(1986:486)提到"则已"是动词性结构;周刚(2002:20)将"则已"归入连词;张斌主编《现代汉语虚词词典》(2003:694-695)收录"则已"并将其看作语气助词;张谊生(2002:279-280)将"则已"归为限定助词,限定关联性述题。我们采取语气助词的观点。

"则"和"已"在先秦就出现连用,可分为四种不同组合。

一种是"则(连词)+已(副词)","则"是连词,表示顺承关系,"已"是副词,表示"已经"的意思,修饰限制后面的动词或形容词,例如:

(3) 天地则已易矣,四时则已无矣,其在宇中者莫不更始矣,故先王案以此象之也。(《荀子·礼论》)

这一类"则+已"连用,副词"已"与其后谓语中心语结合紧密,"则"和"已"较难跨层成词。

第二种是:"则(连词)+已(动词)",例如:

(4) 可则往,难则已。(《左传·襄公二十九年》)

(5) 既练而出则已,未练而反则期,既练而反则遂之。(《礼记·丧服小记》)

这一类"则已"的"则"是连词,表示顺承或者转折关系,"已"是动词,表示"停止"的意思,"则"与"已"也没有直接的结构关系。并且"则已"无一例外用在句尾,整个句子往往是前后两种相反或相对的情况对举,形成"[X]+[则]+[V],[-X]+[则]+[已]"。"则已"正是在这种句式中才为其进一步成词奠定基础。这种复句两个小句一正一反,一种肯定一种否定,客观地表达两种情况并列,没有孰轻孰重、强调任何一方的意思。但当如果想要对并列的两种情况有所强调有所侧重,特别是想强调肯定的一面时,则势必将表否定的"则已"小句提前,用作复句的前一小句,这样便形成了下面第 3 种"则已"。

第三种是复句前一小句末尾的"则已"。既可以分析成"则(连词)+已(动词)",也可以分析成助词"则已",可以说是近乎成词的"则已"。例如:

(6) 不称瓢为器,则已;已称瓢为器,国必裂矣。(《战国策·秦策》)

(7) 国无事,则已;国有事,臣必闻见王独立於庭也。(《战国策·秦策》)

(8) 死者无知则已,若有知,吾何面目以见仲父于地下。(《管子·小称》)

(9) 不出攻则已,若出攻,非于韩也必魏也。(《战国策·魏策》)

此类"则已"用在复句的前一小句末尾,既可以理解为"连+动",表示"则止"之意,"则"和"已"都有实在的意义,形成"[-X],[则]+[已];[X],……",也可以理解为"[-X]+[则已];[X],……"。"则+已"因为使用的高频,兼及其后附性、黏着性,原来的内部结构的分界逐渐消失,渐趋凝固成词。"则"不再起连词的作用,"已"也失去了动词的功能,二者意义整合产生1+1>2的词汇意义,表示"便罢""就算了",构成"不(无、非)+V+则已"格式,意思是"不怎么做就算了"。前一句退让一步,后一句再将语意推进,着重强调正面,陈述"如果这么做,肯定会有怎样的结果"。

第四种是"则已矣"形式。可分为两种情况,前一例应归为第二类,后一例可归为第三类。"则以矣"是"则""已"连用后再加上语气词"矣"作为全句的煞尾。例如:

(10) 其视下也,亦若是则已矣。(《庄子·逍遥游》)

(11) 使死者无知,则已矣;若其有知,吾何面目以见员也!(《国语·吴语》)

先秦时"则已"已趋于成词,发展到汉代,在西汉的《史记》和东汉的《汉书》中分别出现3例和4例。"则已"的使用频率并不算高,但是其中《史记》中的一例,千百年来广为流传,对"则已"的发展和巩固起到了重要的作用。例如:

(12) 王曰:"此鸟不飞则已,一飞冲天;不鸣则已,一鸣惊人。"(《史记·滑稽列传》)

汉代之后,助词"则已"主要用在书面语中,例如:

(13) 知君死则已,不死会凌云。(唐《全唐诗》卷433)

(14) 今不欲穷理则已,若欲穷理,如何不在读书讲论?(宋《朱子语类》卷124)

(15) 且官人能终身不纳姬侍则已,若纳他人,不如纳李家妹,与我少小相处,两不见笑。(明《喻世明言》第17回)

(16) 这璜大奶奶不听则已,听了,一时怒从心上起。(清《红楼梦》第10回)

助词"则已"词汇化的发生与特定构式密不可分(关于构式的定义,参见Goldberg 1995,彭睿 2007 等)。只有在组合"则(连)+已(动)"的基础上,并且只有在必要构式"[-X]+[则(连)]+[已(动)];[X],……"中"则已"才能成词,具有其后附、黏着的助词功能。还与"则"和"已"的去范畴化有关。"则"是非常古老的文言连词,负载的意义繁多,语义磨损,使得"则"退化掉了连词的一些典型特征。而"已"本身语义抽象,随着文白演变也不再能单说单用,这也使它逐渐丧失了动词的典型特征。这些导致两个语义弱化成分的连用由跨层结构重新分析为一个独立的词,"则"不再起连接作用,"已"也不再表示动词"止"的意思,二者成为词内成分。此外,"则已"成词前后由客观意义变为主观意义,由自由形式变为黏着形式,主观性和主观化的作用举足轻重(关于主观性和主观化,参见Traugott & Dasher 2002,沈家煊 2001 等)。另外"则已"的成词还与固定格式和成语"不飞则已,一飞冲天;不鸣则已,一鸣惊人"的广泛流传有关。固定格式的流传也会对词语的词汇化产生影响。

6.2.1.2 "而已"

"而已"是汉语中的一个助词,相当于"罢了",它是"连词'而'+动词'已'"跨层词汇化的产物(陈宝勤 1994)。

"而已"在先秦就出现连用,词汇化前,一般形成"VP+而+已"结构,"而"作为连词,承接前后两个动词的作用还很明显,"已"也是动词无疑,表示"止"。例如:

(1) 期月而已可也。(《论语·子路》)

随着承接结构中"而"的衰落和"已"语义的虚化,由"止"义虚化为"算了"的虚化义,再加上二者的高频共现,"连词+动词"的跨层结构"而+已"慢慢发生词汇化,既可以分析为"连词+动词"的跨层结构,又可以分析为语气助词"而已"的过渡例子,例如:

(2) 苟得利而已矣。(《荀子·强国》)

而后发生完全词汇化,"而"不再是连词,"已"也不再是动词,"而已"成为一个表示限止的语气词,整个结构变成"VP而已"。例如:

(3) 与吾共定天下者,独卿而已。(宋《资治通鉴·淝水之战》)

6.2.2 助词+名词→助词

"的话"是"助词+名词"的跨层结构词汇化为助词的典型代表。

现代汉语中,目前大致有四个不同性质的"的话"(张谊生 2001)。例如:

(1) 如果你不听医生的话₁,那么,出现问题,甚至进一步恶化就只能怪你自己了。(百度)

(2) 如果你不遵医嘱的话₂,那就不光是眼肌暂时性瘫痪的问题了。(王朔《永失我爱》)

(3) "发了就发了嘛,别不好意思。""哪儿的话₃,发了财还有什么不好意思的——我倒想发,发了我还在这儿坐着吗?"(王朔《玩的就是心跳》)

(4) 部队的话₄,保障准备跟地方是不一样的,平时个人要携带物资也不一样。雪天的话₄,部队的大部分车通行应该问题不大。现在的话₄,到处是结冰,很麻烦,部队征用地方畜力也不容易。(《冰雪灾害访谈节目》部队首长的话₁)

"的话₁"是未成词的"助词+名词"的跨层结构,"的"是助词,附在"医生"上面,再充当名词"话"的定语,"的"和"话"不是直接成分,不在一个层面内;"的话₂"是助词,表示假设关系;"的话₃"是一个语气词,用在"哪儿、哪里"等后面,表示委婉的否定情态,用于纠正对方或者表示礼貌、客气;"的话₄"是一个话题标记。

本节主要探讨典型的助词"的话₂",用在表示假设的分句后面,表示假设语气(《现代汉语词典》第7版)。

已有研究中,太田辰夫(2003[1958]:326)对"的话"的来历作了简略的推测。朱德熙(1983),徐烈炯、刘丹青(1998:243)对"的话"的本质属性作了简略的说明。吴竞存等(1992:353)等只提及了"的话"曾经历了跨层组合的演变过程,但没有具体论述。张谊生(2001)和江蓝生(2004)先后对"的话"的来源和形成过程作了具体探讨,相同的一点是都认为助词"的话"都是由"助词'的'+名词'话'"跨层词汇化形成的。不同的是张谊生(2001)认为助词"的话"("的话₂")是在结构助词"的"+名词"话"("的话₁")的基础上产生的,诱因和机制是语境吸收、语义融合及其相应的分界消失。当"X的话₁"充当假设复句的前分句时,无论前面是否还有假设连词,"X的话"都有可能发生语义偏移和歧解,"的话₂"就是在假设句中形成的。而后"的话₂"再发展虚化出话题标记"的话₄"。即:X的+话→X+的话₂→X+的话₄。江蓝生(2004)则认为"的话"先作话题标记,再有表假设的用法,即:X的+话→X+的话₄→X+的话₂。在探讨跨层非短语结构"的话"的词汇化时,认为话题标记"的话"是在话语层面的两种句法位置上完成词汇化的:一种是"说NP/VP的话"动宾短语中,当修饰语NP/VP是中心语'话'的内容,二者具有同一性时,原短语结构的语义重心前移,"说NP/VP的话"近似于"说NP/VP";另一种是"NP/VP的话"短语摆脱"说……话"框架中动词"说"的制约,前移至句首做话题主语,而后"的话"被重新分析为后附的助词。其词汇化的诱因是'话'的泛化指代性以及由此形成的'话'与修饰语的同一性,而省略和移位是"的话"词汇化的特殊机制。即认为"的话₂"不是在假设分句中形成的,本来是一个话题标记,是因为"话"的指称意义虚化了,具有了一定的指代意义,而"话"和"话语"经常涉及话题,在话语交际中容易引发语用推理,通过语用推理和转喻机制,"的话₂"才得以形成。

看来"的话"演变路径的具体中间环节,可能还需进一步探讨。在张谊生

(2001)和江蓝生(2004)的研究基础上,我们将"的话"跨层词汇化演变的大致阶段归纳如下①：

"X的+话"中"的话"是"助词+名词"的跨层结构,从上下文可以知道是"说X的+话",这里的"话"语义实在,前面还有对应的动词"说",例如：

(5) 潘金莲不听便罢,听了时,忿气满怀无处着,双腮红上更添红。说道："真个由他,我就不信了！今日与你说的话,我若教贼奴才淫妇,与西门庆放了第七个老婆,我不喇嘴说,就把潘字倒过来！"(明《金瓶梅》第 26 回)

(6) 伯爵道："休说五两的话,要我手段,五粮银子要不了你的……"(明《金瓶梅》第 45 回)

后来"话"语义泛化、虚化和弱化,不再表示实在的名词"话"的语义,失去了名词的典型范畴,发生去范畴化。加上汉语双音化的影响等因素,这些都使得"X+的+话"重新分析为"X+的话","的话"变为假设助词,例如：

(7) 差人道："……老实说一句,'打开板壁讲亮话',这事一些半些,几十两银子的话,横竖作不来。没有三百,也要二百两银子,才有商议。"(清《儒林外史》第 14 回)

(8) 要是不见效的话,让您孙子给您送信去。(清《小额》)

"的话"是话题标记,例如：

(9) 于冰道："你今年秋天,恐有美中不足。然亦不过一二年,便都是顺境了。生子的话,就在下月,定产麟儿。"(清《绿野仙踪》第 70 回)

(10) 如今你穷困之至,求他推念先人奉上垂怜。至于凑办厚礼的话,徒费钱而且坏事。(清《绿野仙踪》第 43 回)

此外,晋冀方言中后置原因标记助词"的过"也是由"助词+名词"的跨层结构词汇化形成的(宗守云 2011)。

6.2.3 连词+代词→助词

"与否"未被《现代汉语词典》(第 7 版)收录,《现代汉语虚词例释》(1982)谈到"与否",并将其归入助词一类。"与否"在现代汉语中有词汇化的倾向,刘红妮(2019b:100)探讨了"与否"的演变,它是"连词'与'+表否定的谓词性代词'否'"跨层词汇化形成的。

"与否"本来是"X+与+否","与"是连词,"否"在上古是与表示肯定意义的

---

① 例(5)、例(7)来自张谊生(2001),例(6)、例(8)—(10)来自江蓝生(2004)。

"然"相对的一个表示否定意义的谓词性代词,表示和 X 相反对立的情况,"X＋与＋否"表示"X 和不 X"的意思。例如：

(1) 三十年,春,晋人侵郑,以观其可攻与否。(《左传·僖公三十年》)
(2) 吾得见与否,在此岁也。(《左传·襄公三十年》)

这里的"可攻与否"表示"可攻与不可攻","得见与否"表示"得见与不得见"。表示比较正反两方面情况非常明显。

后来,"X＋与＋否"发生重新分析,演变为"X＋与否"。语音停顿在 X 的后面,"与否"被整体理解为一个单位。"X/与否"中实际强调的是 X,表示正反对比的意味不那么强了。例如：

(3) 有些地方,拜年时更重视吉利与否,而不那么讲求丰盛,如广东潮州人往往相互赠送柑橘,意为大吉。(阴法鲁、许树安《中国古代文化史》)

从上下文可以看出,"拜年时更重视吉利与否"实际强调的是"拜年时更重视吉利",这也从下文"意为大吉"可以看出,下文只了讲到了吉利的一面。

发展到后来,"否"表示否定的意思没有了,并且"X＋与否"中的 X 自身已表示正反两方面的意思,"与否"已演变为助词无疑。变项 X 的变化对"与否"的成词起到了一定的作用。例如：

(4) 我敢冒昧地断言,我国改革开放成败与否,关键在于国有大中型企业。(《人民日报》1993 年)
(5) 供需如均衡,速度不论快慢与否都仍处于安全轨道之内。(新华社新闻报道 2004 年)

例(4)"成败与否","与否"前是意义相反的一对词"成""败",而不是"成功与否"。例(5)"快慢与否","与否"前是意义相反的"快""慢",而不是"快速与否",可见"否"原本表示否定意义的用法已经完全消失,已经成为构词语素,"与否"已经成词。

词汇化后的"与否"具有黏着性,不能脱离构式"X 与否"单独使用。

6.3　由"虚词＋虚词"的跨层结构词汇化为助词

6.3.1　助词＋助词→助词

6.3.1.1　"着哩""着呢"

"着哩""着呢"是现代汉语方言、口语中的一对同义的句尾语气助词,用在形容词谓语后面,表示程度深(《现代汉语词典》第 7 版),它们是"动态助词'着'＋语气助词'哩'"的跨层结构词汇化形成的。

关于"着哩""着呢",前人做过一些研究(孟琮 1962,萧斧 1964,宋玉柱 1989,孙锡信 1999:190-192,罗骥 1998,翟燕 2005 等)。

"着+哩"原本是"动态助词'着'+语气助词'哩'"的跨层结构,动态助词"着"从唐代起就可表示动作状态的持续,"哩"是带有夸张或申辩意味的叙实语气词,唐代原本写作"裏",在宋代以后字形又作"里""俚""裡""哩"(孙锡信 1999:107;190-192)。

据孙锡信(1999:190-192)、翟燕(2005),"着哩"的演变轨迹大致为:V+着+O+哩→V+着+哩→A+着+哩→A+着哩。当语气助词"哩"用在"V着"后面,动词 V 后面带有宾语时,就形成"V+着+O+哩",例如:

(1) 金莲道:"你这欺心的囚根子,不要慌,我洗净眼儿看着你哩。"(明《金瓶梅》第 35 回)

当 V 后面的宾语 O 省略就形成"V+着+哩"结构,例如:

(2) 金莲道:"也罢,你快收拾,咱去来。李瓶儿那里等着哩。(明《金瓶梅》第 29 回)

当句子表达需要强调受事时,还可将宾语提前,这同样会形成"V+着+哩"式。例如:

(3) 盛老爷还在胡同口站着哩。(清《歧路灯》第 104 回)

汉语中动词和形容词有许多相似的形式特征,动态助词"着"一般用在动词后,也可用在形容词后,故此"V+着+哩"中动词扩展为形容词,就形成"A+着+哩",仍是表示客观状态的持续,形容词前可以有时间副词"还""正"等修饰,这是"着哩"发生跨层词汇化的典型环境。例如:

(4) 婆子道:"还饱着哩,不吃罢。"(明《金瓶梅》第 37 回)

随着这种结构使用得越来越多,"着"开始和"哩"跨层融合,形容词 A 前面没有或不能加上"还""正"等时间副词,"着"不再表示状态的持续,而是表示程度,就向语气助词"哩"靠拢,"着+哩"逐渐从两个独立的语法单位走向黏合,变为一个独立的语气助词"着哩",表示一种主观上的强调夸张的语气。重新分析后,整个结构演变为:"A+着哩"。例如:

(5) 这们的大物业,你受用的日子长着哩。(清《醒世姻缘传》第 36 回)

"着哩"之所以发生跨层词汇化的演变,主要是变项从动词 V 到形容词 A 的扩展以及主观语义的影响。

"哩"在清代北京话中被"呢"取代,"着哩"一般作"着呢",例如:

(6) 菩萨降妖捉怪的多着呢。(清《儿女英雄传》第 8 回)

6.3.1.2 "得来"

刘坚等(1992:146-158)指出吴语中有一种特殊的结构助词"得来",如:"时髦得来(时髦得什么似的)","说得来八面玲珑"。助词"得来"是由"助词'得'＋助词'来'"跨层词汇化而来的。

曹广顺(1995:92)指出唐代"得"的多种用法中,出现了"动词＋得＋补语"结构,结构助词"得"充当述补结构的标志,例如:

(1) 驱禽养得熟,和叶摘来新。(唐·白居易《与沈杨二舍人阁老同食》)

结构助词"来"始见于唐代,跟结构助词"得"大体相当。例如:

(2) 瘦马寒来死,羸童饿得痴。(唐·姚合《寄王度居士》)

刘坚等(1992:146-158)指出宋金时期,出现了"得来"连用作结构助词的用法。"得来"是结构助词"得"和"来"的连用,最初可能是为了加强语气或使音节和谐才在"V得"之后又加上"来"的,后来"得来"逐渐凝固成一个双音节的结构助词,即:"V得＋来"→"V得来"。我们认为"得"和"来"两个助词从连用到成词,也经历了一个跨层组合的过程,最初是"V得","得"和前面的动词V先组合,而后"来"与"V得"共现,"得"与"来"原本不在同一句法层次上,后来长期连用,发生跨层词汇化,"[[V得]来]"重新分析为[V[得来]],"得来"词汇化为一个新的助词。例如:

(3) 到气禀处,便有不齐,看其禀得来如何,禀得厚,道理也备。(宋《朱子语类》卷4)

(4) 君瑞心头发怒,忿得来七上八下。(金《董西厢〈仙吕调·乐神会〉》)

清代吴语小说中也有一些用例,例如:

(5) 勤说得来怕人势势。(清《海上花列传》第13回)

6.3.1.3 "来着"

"来着"是现代汉语中的一个口语助词,用在句末,表示曾经发生过什么事情(《现代汉语词典》第7版)。

"来着"的由来还不太清楚,关于它的形成,有多种不同的看法,大体可分为两类:

一类认为"来着"是汉语自身演变的结果,与助词"来"有关,是由"来"产生的。例如太田辰夫(1987[1958]:356)、孙锡信(1999:188-190)、刘坚等(1992:122-127)、曹广顺(1995:120-129)等。

一类则认为是汉语与其他语言接触的结果。例如陈前瑞(2006)认为"来着"的用法可能源于满语过去时的某些用法,祖生利等(2022)认为"来着"是北京官话与满语语言接触的影响。

我们采取前种观点,认为"来着"是汉语自身演变的结果,是助词"来"与助词"着"跨层词汇化的结果。

刘坚等(1992:122-127)、曹广顺(1995:120-129)等指出"来"在近代汉语中是一个常见的助词,用法多样,唐五代时期,表示事态"曾经"的助词"来"产生,口语性较强,例如:

(1) 师问金峰志曰:"作甚么来?"金峰云:"盖房来。"(明《抚州曹山本寂禅师语录,大正藏》卷47)

清代,出现了与"着"结合构成的双音词"来着","来着"产生初期的语义仍是表示与"来"相同的"曾经",例如:

(2) 他必定也帮着说什么来着?(清《红楼梦》第46回)

孙锡信(1999:188-190)认为与助词"来"结合的"着"是语气词。"着"作语气词主要用在句末,例如:

(3) 等我替你老人家讨了这符(副)药来着。(明《金瓶梅》第40回)

例(3)意思是"讨了这符药来吧"。

故此,带有事态助词"来"的句子在句末加上"着",以加强肯定的语气,形成"VP来+着",长期使用后,"来"和"着"逐渐凝固成双音助词"来着",所在结构重新分析为"VP+来着"。

"来"在现代汉语普通话中已经消失,"来着"保留下来,主要表示短时的过去,例如:

(4) (温都大太)走过来跪在地毯上,把狗抱起来,问它和马先生干什么玩来着。(老舍《二马》)

6.3.1.4 "似的/是的"

"似的"是汉语助词中的一个比拟助词(有的也称为比况助词等),主要是用在名词、代词或动词后,表示跟某种事物或情况相似,《现代汉语词典》(第7版)指出"似的"也作"是的"[①]。

"似的"类助词,在近代汉语中相关的有"似的、也似、也似的、是的"等形式,其中在现代汉语普通话中还在使用的主要是"似的",其他的"也似、也似的"等在现代汉语方言中还有使用。本节主要探讨现代汉语中还在使用的"似的"的

[①] 江蓝生(1992)则指出有两个"似的",一个是表示比喻或相似的结构助词"似的"$_1$,例如:花儿似的小脸总是红扑扑的。一个是表示不定判断(或推测)语气的"似的"$_2$,例如:我像在哪儿见过他似的。

来源。

关于"似的"类助词的来源,学界有过很多的探讨,各家的观点也不尽相同,比如江蓝生(1992)、张美兰(2003)、李思明(1998)、张谊生(2002:155-157)、杨永龙(2014)等。此外还有其他一些成果,已有成果存在较多的争议主要在于"似的"与"也似""也似的""是的"等的衍生关系,以及是汉语自身的演变还是受到外来语如阿尔泰语的蒙古语影响(参见杨永龙2014,张美兰2003)①。

抛开"似的"的形成是否受外来语的影响,已有研究大都认为,历时上先是动词"似"语法化为比拟助词"似",例如:

(1) 虎狼似恶公人,扑鲁推拥厅前跪。(元《新校元刊杂剧·魔合罗》)

而后,比拟助词前出现了"也",形成"也似"。"也"已有研究认为是语气助词,"也似"是"语气助词'也'+比拟助词'似'"跨层词汇化形成的,例如:

(2) 俺哥哥山海也似恩未报,怎肯道善与人交。(元《新校元刊杂剧·巷杀妻》)

明代,出现了"也似的","语气助词+比拟助词+结构助词"三个助词跨层组合而成的形式,例如:

(3) 我两个腰子落出也似的痛。(明《金瓶梅》第53回)

明代还出现了"似的","也似的"省去"也"成为"似的",由"助词+助词"跨层词汇化为比拟助词,例如:

(4) 一个热突突的人儿,指头儿似的少了一个,如何不想不疼不提念的?(明《金瓶梅》第73回)

此外,江蓝生(1992)认为"似的"有一个来源是"是的"。从历时发展的角度看"肯定→推测→比拟"也就是由"动词+语气词"演化为比况助词的虚化轨迹(张谊生2002:157)。例如:

(5) 西门庆道:"怪奴才,我平白的怎的哭?"金莲道:"只怕你一时想起甚心上人儿来是的。"(明《金瓶梅》第67回)

(6) 爱姐搽得浓浓的胎儿。又一点小小嘴儿,鬼精灵是的。(明《金瓶梅》第37回)

总之,比拟助词"似的"是跨层词汇化形成的。明代形成后,它在清代和现代汉语中都还使用,例如:

(7) 王乡绅下车,爷儿三个连忙打拱(恭)作揖,如同捧凤凰似的捧了进来,

---

① 下面的论述主要依据上述前人研究,例句大都引自江蓝生(1992)。

在上首第一位坐下。(清《官场现形记》第1回)

(8) 最后显现在他幻觉上的,是燕子似的连翩飞来的九封信。(茅盾《色盲》)

6.3.1.5 "末哉"

刘丹青(2007)指出"末哉"是跨层结构词汇化的产物。"末哉"是晚清以来一些北部吴语表示祈使和意愿的句末语气词,在苏州方言中也还在使用。共时平面看不出"末哉"的来历,"末"是话题标记①,"哉"是表示新情况的句末语气词(相当于"了₂"),两个虚词照例不能直接组合。从历时上看,这个虚词的形成经历了三个阶段:

I. [小句话题+末][是+哉]＞II. [小句][末][是+哉]＞III. [小句][末+哉]

在早期文献中,"末哉"前身是"末是哉"之类跨层次组合,"末"本为话题标记,"是哉(对了)"等为谓语/述题。例如:

(1) 放心,放你大船浪去吃夜饭末是哉。(意:放心,准保你在大船上吃饭就得了。)(《三笑》第5回)

谓词"是"脱落,"末""哉"两个虚词发生重新分析合成一个复合语气词"末哉"。大致如下:

(2) 覅说哉,我去买末哉。(意:别说了,我去买得了。)(清《海上花列传》第22回)

6.3.2 连词+助词→助词

"若夫"是汉语里的一个助词(《现代汉语词典》第7版)②,用在句子的开头,表示发端;表示意思转向另一面。"若夫"的这两种用法,其实正是单用的句首连词"若"和单用的句首助词"夫"的用法的结合,之所以如此,是因为历时上助词"若夫"是连词"若"和助词"夫"连用而跨层词汇化形成的。

连词"若"由"假如、如果"义引申为一种用法,用在句首以引起下文(《古代汉语虚词词典》1999),表示另提一事,类似于转换话题的作用,例如:

(1) 臣之罪大,尽灭桓氏可也。若以先臣之故,而使有后,君之惠也。若臣,则不可以入矣。(《左传·哀公十四年》)

助词"夫"主要作用是用于句首,表发端,也有称为"发语词",例如:

---

① 为便于表述,在此我们将话题标记"末"从词性上处理为助词。
② 有的观点认为"若夫"是连词,如《古代汉语虚词词典》(1999),在此我们依据《现代汉语词典》(第7版)的词性判定,认为其是助词。

(2) 夫兵,犹火;弗戢,将自焚也。(《左传·隐公四年》)

上述用法的"若"和"夫"连用,形成"若夫",用于句首,表示发端和另提一事,是"若"和"夫"语义的融合,尽管二者从连用到成词之间过渡的例子不太明显,但仔细分析二者仍是"连词+助词"的跨层结构词汇化形成的,例如:

(3) 若夫杂物撰德,辩是与非,则非其中爻不备。(《易·系辞下》)

(4) 若夫穷辱之事,死亡之患,臣不敢畏也。(《史记·范雎蔡泽列传》)

(5) 若夫上上人,则举世绝少;非直少也,盖绝无之矣。(明·李贽《复邓石阳书》)

现代汉语中,"若夫"主要用在书面语、文言中,例如:

(6) 但白话的生长,总当以《新青年》主张以后为大关键,因为态度很平正。若夫以前文豪之偶用白话入诗文者,看起来总觉得和运用"僻典"有同等之精神也。(鲁迅《书信集·致胡适》)

第七章 一些非典型的跨层结构词汇化演变

世界上很多事物都存在典型和非典型范畴,也有一些中间和模糊地带。跨层结构及其词汇化也不例外。跨层词汇化研究中也存在一些有纠葛的地方,比如汉语双音虚词演变是词汇化还是语法化(参见刘红妮 2019b:33-39),还有汉语跨层词汇化的范围,有一些特殊的现象和一些容易引起争议的结构是短语还是跨层结构(刘红妮 2019b:57-63)。关于这些,刘红妮(2019b)已经有所探讨。其中,有一些词汇化演变是非典型的跨层结构词汇化现象。其中一类是特殊的"实词+虚词"结构的演变,主要是"动词+助词"结构及其词汇化。关于这类演变还存在一些不同的看法。我们认为它的两个成分动词和助词之间不存在并列、偏正、主谓、动宾、动补等句法结构关系,其中的助词不和前面或后面的成分发生直接联系,不是一般的短语结构。比如"算了""跟着""免得""来得"等两个成分之间显然并没有并列、偏正、主谓、动宾、动补等直接的句法结构关系,它们不是通过句法结构途径成词的,而是一种非句法结构的跨层词汇化(刘红妮 2009a,2019b)。但是,同时它们也不像一般的跨层结构及其词汇化,如"极其""然后""时而""的话"等一样那么典型,所以我们认为它是一种特殊的、非典型的跨层结构词汇化。此外,还有一类是特殊的"虚词+虚词"结构的演变,主要是"副词+助词"结构及其词汇化,如"真个""特地""忽地"等的来源及演变。基于上述同样理由,我们也认为它们原来的两个成分之间也不存在直接的句法结构关系,是一种非典型的跨层结构词汇化。这种非典型的跨层结构都是后一成分是助词。我们基于"助词介于前后两个成分之间,既不前附,也不后附"这一语法体系和理念,认为以"算了""忽地"等为代表的这两类"实词+虚词""虚词+虚词"结构的演变也是一种跨层结构的词汇化演变,正如同前一成分是助词的跨层结构词汇化形成的"的话""之后""之前"等的演变一样。

7.1 一类特殊的"实词+虚词"结构的演变

汉语词汇化中存在一种比较特殊的"动词+助词"结构的词汇化,主要是"X

着/了""X得"之类,关于它的来源是否属于跨层结构,学界存在一定的争议。

现代汉语的助词主要有结构助词、动态助词和语气助词三种,如"的、地、得""着、了、过""吗、啊、呢"等。近代汉语中还有事态助词,如"来、去"等。有研究认为现代汉语中的"着、了、过"应该归入词缀,我们认为它们和严格意义上的词缀"阿、子、们"等还是不同的,在这里采取传统的说法,认为它们应该归入助词。另外,即使认为它们是词缀,但它们的来源仍然是虚词中的助词。比如成词后的"算了"的"了"是词内成分,而它最初的来源"算+了"则应属于"动词+助词"的组合,"了"最初是助词,这是毫无疑问的。

同时,因为对"着、了"的归属界定不同,相应地,对这种"动词+助词"的组合,也就有两种观点:如果从现代汉语共时平面出发,认为"了"是词缀,是后附于动词的,那么,则可能认为它们不是非句法结构的跨层现象。但是,如果从古代汉语历时层面出发,认为"了"是独立的助词,语法上既不前附也不后附,和动词不能构成直接的句法结构关系,那么则认为它们是非句法结构的跨层词汇化现象。我们采取后一种处理方法,认为"动词+助词"的组合应归入跨层词汇化的范围。

在这几种助词中,动态助词与句中动词的位置最邻近,通常紧跟在动词之后。动词和助词的组合,不形成直接的句法结构关系,而是非句法结构。在长期的连用过程中,汉语的有些动词和助词"着、了"就会发生非句法结构的词汇化,跨层形成一个新词。

结构助词中有些处于动词前后引介补语的助词,如"得",也和动词有某种程度的邻近。在与前附的动词连用过程中,这些动词和助词的组合,也不形成直接的句法结构关系,也是非句法结构,有些也会发生非句法结构的跨层词汇化,形成一个新词。

而动词和句末语气助词、事态助词较少发生这种演变,当然这主要和所处位置有关,这两类助词一般不处在动词前后,而是附在整个句子末尾,加之,这两类助词独立性更强,故而较少发生连用及演变。

刘红妮(2019b:63)在讨论汉语跨层词汇化的范围时在"一些容易引起争议的结构"部分曾谈到这类有助词参与构成的一些现象。指出这种现象的归属判定也和一定的语法体系对助词的规定有关。如果有的语法体系认为助词介于前后两个成分之间,既不前附,也不后附(吴竞存等 1992:363),那么比如"X着/了"这类现象就都是宽泛意义的跨层结构现象,"X+助词"之间也不构成"并列、偏正、主谓、动宾、动补"等五种基本的、直接的句法结构关系,那么已经成词的

"接着""算了"等也就是跨层结构词汇化形成的词。而如果有的语法体系不同，认为"着/了"等是依附于动词的，那么有的观点就可能认为"X 着/了"就不是跨层结构。但是这样一来也有问题，如果按照后一种观点，那么这些助词和动词之间应该算哪种句法结构关系呢？动宾、动补显然都不是，动词与助词"着/了"等后面的成分才是动宾和动补关系，而不是与助词是这种关系。同样，关于"X 得"，如果认为助词介于前后两个成分之间，或者认为"得"应与补语组合，如认为"得"是介引几种补语的，本来应该与补语组合，却向前依附成为后附缀，"得"有错位现象，值得强调其附缀属性，"具有显著的附缀性质"（刘丹青 2008b:560），那么"来得""免得"等"X 得"的形成也应属于跨层结构词汇化现象①。而如果认为连接谓中心语和补语的结构助词"得"本应该依附于谓语，那么"X 得"就不能算是跨层，但同样也无法回答和解决它们之间是什么直接的句法结构关系的问题。

我们采取吴竞存等（1992:363）的观点，认为助词介于前后两个成分之间，既不前附，也不后附，所以"X 得""X 着/了"等这种特殊的结构也是一种跨层结构词汇化现象，只不过是一种非典型的现象。

已有研究中，有学者在探讨汉语从虚词到词内成分的词汇化现象时，谈到了"着"从体标记变成了词内成分，形成"X 着"类词，类似的还有"X 了"等。另外还有其他一些个案研究。

7.1.1 动词＋助词→动词

7.1.1.1 "X 了"类动词

7.1.1.1.1 "算了$_{动}$"②

动词"算了"是非句法结构"动词'算'＋助词"跨层词汇化形成的，"算"和"了"之间不存在直接的句法结构关系（刘红妮 2007）。

清代以前"算＋了"都是非句法结构，是一个"动词＋动态助词'了'"的组合，属于"有界"动词加"了"，构成一个事件，表示实在意义动作的完成、实现（关于

---

① 其实"X 的"类的"的话"也是同样，但它不管是分析为"X｜的｜话"（认为助词"的"介于定语和中心语两个成分之间，既不前附，也不后附）还是分析为"X 的｜话"（认为连接定语和中心语的结构助词"的"本应该依附于定语），"的"与"话"都不在同一句法层次，都可认为是跨层结构，故不存在争议。

② 笔者（2007）写作时《现代汉语词典》（第5版）未收录的"算了"，《现代汉语词典》（第7版）已经收录了。"算＋了"词汇化为抽象义动词"算了"后，而后又发生语法化和进一步语法化，由动词演变为具有情态功能的语气助词，又由语气助词演变为话语标记。后者是"算了"跨层词汇化之后的再演变，会在笔者后续研究中展开。本节只探讨"算了"从跨层结构变为动词的词汇化演变。

"有界"和"无界",参看沈家煊1995)。"算+了"在句中做句子的主要谓词,表示实在的句法语义属性。并且"算"是作为及物动词出现,后面可以直接带宾语。

非句法结构的"算了"在元代首次出现。这是在"算"的本义和完成体"了"产生的基础上实现的。"算"这种行为和人们生活密切相关,"算"在汉代的《说文》里就已出现,《说文》:"算,数也。从竹从具。读若筭。""筭"是指算盘,"算"是用算盘计算数目,这也是算的本义。非句法结构"算了"的出现,除了有动词"算"产生作为基础外,还有一个重要的条件是:表完成或实现的动态助词"了"的产生,它是从表示"终了、了结"的动词发展演变而来的。关于完成体"了"的产生年代,有很多不同的说法。有代表性的说法是:王力(1958:353-357)、梅祖麟(1981)等认为是唐代;吴福祥(1998)认为完成体助词"了"的产生确切年代应是在宋代。也就是说,最迟在宋代,完成体"了"已经确切出现。这样就为元代"算+了"首次出现打下基础。

元代出现的"算了",因为完成体的动态助词"了"已经完全成熟,在发现的几例语料中,"算了"都是"动词'算'+动词助词'了'",而不是"算(动词)+了(动词,liǎo)"。"算"和"了"之间不构成直接的句法关系。其中的"算"是"计算数目"的本义;"了"是典型的动态助词,具有体标记功能,表完成、实现。"算"是及物动词,其后可以带宾语。"算+了"的位置是在句中,功能是作全句的谓语中心。例如:

(1) 主人家,俺明日五更头早行也。咱们算了房火钱者。(元《原本老乞大》)

这类"算+了"中"算"用的是本义"计算数目",属于行域范畴。

在《元刊杂剧三十种》中1例这样的"算了"。如:

(2) 贫道自从长安市上,算了那两人君臣之命,回归山中。(元《元刊杂剧三十种·泰华山陈抟高卧》)

这例"算+了"的"算"由本义"计算数目"进一步引申为"推算、推测"。也属于相对来说比较具体的行域范畴。

明代,"算+了"的连用出现较多。并且"算+了"中"算"的语义从本义到引申义,一直在虚化、泛化,有一种新的引申义"算作、看作","算了"从句法语义单位的"行"域经过隐喻演变进入逻辑推理单位的"知"域(参看沈家煊2003)。这为"算+了"成词打下基础。例如:

(3) 你可把他都捻就了筋,单摆在那四十里路上两旁,教那些人不纵鹰犬,拿回城去,算了汝等之功。(明《西游记》第38回)

清代,用在知域表示"算作了"义的"算+了"越来越多,且大多用于反问句中,例如:

(4) 你打谅我怕那个干老子么,我是瞧着干妈的情儿上头才认他作干老子罢咧,他又算了人了!(清《红楼梦》第 111 回)

(5) 真真这林姐儿,说出一句话来,比刀子还尖。你这算了什么。(清《红楼梦》第 8 回)

(6) 这个又算了个什么儿呢。(清《红楼梦》第 67 回)

(7) 谁是你一个衣包里爬出来的,辞他们作什么,他们看你的笑声还看不了呢。你不过是挨一会是一会罢了,难道就算了不成!依我说快走罢。(清《红楼梦》第 77 回)

这里的"算了"都是"算作了"的意思,仍未成词。但是常用于反问句中,在表示否定的句法环境中,使"算了"也带上句式义,它的语义也就由"算了"到"不算了",一件事情不算了也就是作罢,罢了。非句法结构的"算+了"逐渐词汇化为一个凝固的抽象义动词,表示"作罢;不再计较"之义。

成词的"算了",主要作谓语,前面可以有副词"就、也""只好"等限制,例如:

(8) 你若疼他,我就叫人带了他来,你见见,叫他给你磕头就算了。(清《红楼梦》第 97 回)

(9) 这个就算了,别的一概不要,别周费了心。"(清《红楼梦》第 42 回)

有个别动词"算了"前还可以省略主语和"就",例如:

(10) 十三妹想起他那两只手是方才拧尿裤裆的,连忙拦他道:"你那两只手算了罢!"(清《儿女英雄传》第 9 回)

在其他文献中的用例,例如:

(11) 他用大帽子压下来,只得捐点;也只得去劝上十户八户,凑个百十来元钱,交了卷就算了。(清《二十年目睹之怪现状》第 15 回)

(12) 何能再事旁人!也算前世孽案,我不若如此如此,以了自家一身也就算了。(清《续济公传》第 168 回)

(13) 我且急济燃眉,将二人拖了摺在马粪坑里,盖上一些坏烂物件也就算了。(清《续济公传》第 169 回)

7.1.1.1.2 "罢了$_动$"①

"罢了"原本也是"动词'罢'+助词'了'"的非句法结构词汇化以后演变而来的。不同的是"罢了"成词较早。孙锡信(1999:186-188)、太田辰夫(2003

---

① 和"算了"一样,"罢了"在《现代汉语词典》(第 7 版)已有收录,但"罢了"有动词和助词两种词性。"罢了"词汇化为动词后又语法化为助词"罢了",这是跨层词汇化后的再演变,我们在后续研究中具体探讨,本节只探讨动词"罢了"。

[1958]:336-337)、刘红妮(2007)都对"罢了"作过一些探讨。

非句法结构的"罢了",最早连用在宋代,在句中作主要谓词,后带宾语,例如:

(1) 自本朝罢了藩镇,州郡之财已多归於上。(宋《朱子语类》110卷)

元代还未成词。例如:

(2) 如今罢了干戈,绝了征战,扶持俺这唐十宰文武官员。(元《元刊杂剧三十种·尉迟恭三夺槊》)

约在明代,"罢了"成词,清代沿用,例如:

(3) 若打我我也不嗔,只是陪个礼儿就罢了,一生无性。(明《西游记》第1回)

(4) 宝玉喝了半碗,吃了几片笋,又吃了半碗粥就罢了。(清《红楼梦》第58回)

"罢了"演变为动词后,也语法化为助词,例如:

(5) 既不见,自归去罢了。(明《三国演义》第37回)

(6) 我也不过俗中又俗的一个俗人罢了。(清《红楼梦》第32回)

清代,似还可看出"罢了"演变为话语标记的端倪。例如:

(7) 罢了,过去的事,凤哥儿也不必提了。(清《红楼梦》第81回)

当"算了"的语义和句法环境、位置、搭配都和"罢了"比较接近时,在汉语文白的演变中白话色彩的"算了"就可能替换比较文言色彩的"罢了"。

7.1.1.1.3 其他"X了"类词

关于"X了"的词汇化研究,已有成果中,董秀芳(2004:188)曾指出一些"形容词/动词+体标记'了'"可以词汇化并进一步形成话语标记,还有"对了、好了、就是了";"行了",其中,有词汇化的倾向的"对了""好了"是"形容词+助词"词汇化形成的。除了"为了、罢了、得了"之外,还谈到和"行了"类似的有"完了、算了、掰了"等。另外一些比较集中的成果是关于"完了"(李宗江2004,高增霞2004,方环海等2005)等等。

这里的形容词也是谓词性成分,和动词有相关性,也归为"动词+助词"一类。

7.1.1.2 "来得"①

现代汉语中有一个表"(相比之下)显得"之义的动词"来得"。例如:

(1) 海水比淡水重,因此压力也来得大。(《现代汉语词典》第7版)

它原本是"动词'来'+结构助词'得'"的组合,用在"来+得 AP"结构中,

---

① 《现代汉语词典》(第7版)中还有另一个动词"来得",表示"胜任"之义,是一般短语词汇化形成的,不是本节所说的"来得"。另外,"X得"类动词中,除了"来得"之外,还有"觉得、懂得、记得、值得、晓得、省得(xǐng de)"等动词,"得"前动词多为"取得"义动词,它们历时上来源于"动词+补语'得'"的述补结构。

例如:

(2) 那个权官见代者来得恁地急,不能与争,自去了。(宋《朱子语类》卷106)

后来,"来"出现了代动词用法(张伯江2014),再加上"得"的虚化最终导致了"来得"的词汇化,形容词的使用又经常隐含比较的意味,在"来得AP"中的"来得"也带上了比较的意味(李瑞2013)。这样,原本介引补语的补语标记"得"前附于其前动词"来",句法错配导致重新分析为"来得+AP","来得"跨层词汇化为一个单一动词,表示"(相比之下)显得"之义。例如:

(3) 这里多分了一套,那里就少了一套,况且北边地方,又比南边来得冷,认真是一位大善士,是拿人家的赈物来送人情的么?(清《二十年目睹之怪现状》第15回)

(4) 别人的四六骈文未尝不清华绮丽,但是看起来好像总没有你的来得熨贴。(清《九尾龟》第42回)

7.1.1.3 "听取""记取"等

《说文》:"取,捕取。""取"的虚词义是其实词义的引申义。"取"的虚词用法之一是作为助词,用于动词之后。助词"取"唐宋以来表示动词体的语法标记之义,可以表示动作完成体或持续体(刘坚等1992,曹广顺1995)。

"听取"原本是"动词+助词"的组合,例如:

(1) 听取维摩圆满教,不受阿毗罪报身。(《敦煌变文集》)

后来"取"的体标记用法被淘汰了,分别由"了"和"着"来表示,"取"与动词性成分组成的结构有一些就变成了新的双音动词,其后宾语多是意见、反映、汇报等,而不是具体的声音(董秀芳2011[2002]:213-216),例如:

(2) 我们的党、团员、宣传员,先在群众中各找对象个别地宣传一下,听取一些群众的意见。(赵树理《三里湾》)

"记取"也是如此,原本也是"动词+助词"的跨层组合,例如:

(3) 某所以教公多记取前辈语,记得多,自是通贯。(宋《朱子语类》卷98)

后来,随着"取"体标记用法的衰落,"记"和"取"跨层词汇化为一个双音词,其后宾语多是教训、嘱咐等,例如:

(4) 中国有句古话:事不过三。大概是说人应当能记取教训,不会屡屡重复同一个失误罢。(《人民日报》1995年)

7.1.1.4 "有着"等动词

"有着"在《现代汉语词典》第7版已经收录。动词"有着"也是跨层词汇化形成的,演变路径为:动词+助词→动词。

动词"有"表示一种存在,它的后面加体标记"着",估计是从一般动词类推而来的。关于"有着"学界有不少讨论。我们发现明清时期"有着"出现,例如:

(1) 今这个寄儿,他见有着许多金银付在我家,就认义他做了儿子,传我家事。(明《二刻拍案惊奇》卷19)

(2) 远望假山背后,有着许多亭台楼阁,船厅里面便是赌场。(清《乾隆南巡记》第9回)

(3) 和尚写了一封信,交与孙道全,信面上是一个绍兴酒坛子,上面有着七个钉子,这是和尚的花押。(清《济公全传》第161回)

(4) 两边有两位圣贤,骑着两盏兽灯,也有着对联一副,悬于左右。(清《说唐全传》第13回)

除了"有着"外,由"动词+助词"词汇化形成的动词还有"向着、悠着"等(董秀芳2016[2004]:192、198)。

另外,董秀芳(2016[2004]:198)还谈到被《现代汉语词典》(第7版)收录的动词"意味着"和"紧着",指出"意味"本身是名词,但在加上"着"后变为了一个及物动词,"紧"常见的用法是充当形容词,添加上"着"之后词性变为动词。

我们认为"意味着"的形成也是跨层词汇化的产物。按说名词后面是不能加体标记的,"意味"和"着"之间也不存在直接的句法结构关系。严格来说,"意味着"的演变路径是:名词+助词→动词。但是名词"意味"用在谓语位置,名词活用为动词,所以也可以像动词一样加体标记,可看作是一种特殊的"动词+助词→动词",所以也一并放在"动词+助词→动词"讨论。

至于"紧着",严格来说,演变路径是:形容词+助词→动词。鉴于形容词和动词都是谓词性成分,也可看作是一种特殊的"动词+助词→动词",所以也一并放在本节讨论。

此外,还有"跟着""接着",这两个词有动词和副词两种词性(《现代汉语词典》第7版),作动词时充当谓语成分,后面跟名词性宾语,作副词时充当状语修饰动词性谓语。以"接着"为例,例如:

(5) 我接着这个话题讲几句。(动词)

(6) 这本书你看完了我接着看。(副词)

有时也可用于句首,例如:

(7) 这时,车身忽然悸动了一下,接着,车门被人关上了。(铁凝《哦,香雪》)(副词)

我们认为"跟着""接着"是先从"动词'跟/接'+助词'着'"的跨层结构词汇

化为动词,然后"跟/接着 NP"扩展为"跟/接着 VP",在连动结构中语法化为副词。前一阶段是词汇化阶段,后一阶段是语法化阶段。本节着重在前一阶段,后一阶段演变在后续跨层词汇化再演变中具体探讨。

7.1.2 动词+助词→副词

7.1.2.1 "X 来"类副词①

历时上"来"可用作助词,附在一般的动词后。例如:

(1) 留得郊缘真达者,见来宁作独醒人。(唐·李咸用《同友生题僧院杜鹃花》)

"看来"原本是视觉动词"看"和助词"来"的组合,例如:

(2) 亦有思归客,看来尽白头。(唐·项斯《苍梧云气》)

宋代随着"看"语义的虚化,由视觉动词虚化为认知动词,"看来"表示对某事的认识判断(李宗江 2007),例如:

(3) 前辈有此说,看来理或有之。(宋《朱子语类》卷2)

(4) 如河豚诗,当时诸公说道恁地好,据某看来,只似个上门骂人底诗。(宋《朱子语类》卷140)

"看来"不再是"看+来"的组合义,而是有了新的独立语义"根据经验或已知情况作出大概的推断",已词汇化为一个双音副词。

"想来"也是同样。原本也是表"思考"义的实义动词"想"与助词"来"的组合,"想+来"与"想"语义类似。例如:

(5) 前日刘大姐道:"你来,我问你,肯娶我时,我嫁了你罢。"我仔细想来,他有这等好意,怎生辜负了他? 不若娶将他来,则在外面住,岂不美哉。(元《全元曲·杨景贤·马丹阳度脱刘行首》第3折)

后来"想来"表示根据推测,对某一事件的看法,"想来"相当于"由此可见"的意思(李宗江 2007),变为副词。例如:

(6) 薛霸道:"我听得大相国寺菜园廨宇里新来了个僧人,唤做鲁智深,想来必是他。"(明《水浒传》第47回)

"想来、看来、说来"的跨层词汇化与"说、想、看"动词的虚化有关,是"说、想、看"的特殊用法(刘月华 1986)。

---

① "看来""想来"在《现代汉语词典》(第7版)被标为动词,根据它们的用法及李宗江(2007)等,我们将其归为副词。

"说来"在现有工具书中没有收录,但有和"看来""想来"一样的副词用法,有成词倾向。

"说来"原本是言说动词"说"与助词"来"的组合,例如:

(7) 世事莫寻思。待说来、天也应悲。(宋·刘辰翁《促拍丑奴儿》)

所说即所想,所以"说来"表示根据以上所说来推断(李宗江 2007),变为副词。例如:

(8) 我为他蹙蛾眉,减腰围,但得个寄信传音,也省的人废寝忘食。若能勾相会在星前月底,早医可了这染病耽疾。(梅香云)这等说来,想是你看上那秀才了。他有那件儿生的好处,中了姐姐的意来?(元《全元曲·无名氏·王月英元夜留鞋记》第 1 折)

7.1.2.2 "X 着"类副词

此外"X 着"中的副词"花插着""花搭着"中的"着"也是从体标记"着"演变而来的(董秀芳 2016[2004]:192),即演变路径为:"动词+助词→副词"。

另外"X 着"中的"亏着""合着"是从连动结构"V_1 着 V_2"演变来的,尽管《现代汉语词典》还没有收录(董秀芳 2016[2004]:197),但它们也具有副词化倾向。例如:

(1) 亏着消防队来得早。
(2) 合着你们就瞒着我一个人。

7.1.3 动词+助词→介词

由"动词+助词"演变为介词的主要是"X 着/了"类介词,主要有被《现代汉语词典》(第 7 版)收录的"朝着、随着、顺着、为着、沿着、照着""为了"等,其中"X 着"类占了绝大多数。

"着"从体标记发展为介词的词内成分,主要是"着"出现在连动结构"V_1 着 NP VP"的框架中时,"V_1 着"所处的句法位置正是介词可以出现的位置,语义上连动句的语义重心在接近句末位置的 VP,所以"V_1 着"就有可能虚化为介词(董秀芳 2016[2004]:193)。

此外,还有"借着、按着、奔着"等具有词汇化为介词的倾向(参见董秀芳 2016[2004]:194-195)。

"为了"也是同样的词汇化过程,由"动词'为'+助'了'"结构跨层词汇化为介词的。

7.1.4 动词+助词→连词

7.1.4.1 "免得"

"免得"是现代汉语里的一个连词,例如:

(1) 他虽自己也是寅吃卯粮,可是的确知道这个事实,因而不敢不算计每一个钱的用途,免得在三节叫债主子敲碎门环子。(老舍《正红旗下》)

连词"免得"来自"动词'免'+助词'得'"的跨层结构的词汇化(刘红妮 2009a)。其中"免"是动词,"免"本义是"除去、脱掉"。《礼记·曲礼上》:"冠毋免。"郑玄注:"免,去也。"后又引申为多种意义,其中较为常用的是"去除、省去"义,如:《礼记·乐记》:"夫乐者,乐也。人情之所不能免也。"孔颖达疏:"免,犹止退也。"在"免+得"最初连用是"免"即是此义。

而"得"在历时上的使用很复杂。关于"得"以及相关结构,有很多学者进行了研究(王力 1958:304,刘坚等 1992:69,曹广顺 1995:72,吴福祥 2002 等)。据曹广顺(1995),"得"本为动词,义为"获得"。从先秦开始,动词"得"就开始用于带有"取得"义的动词之后,构成连动结构。魏晋南北朝以后,逐渐出现一些没有"取得"义的动词与"得"连用。唐代"得"有四种用法:作补语,"动+得(+宾)"格式表示通过一个动作而获得一个结果;作助词(相当于"了"),"动+得(+宾)"格式表达一种动作完成、实现的状态;作助词(相当于"着"),"动$_1$+得(+动$_2$)"格式表达在动$_1$进行、持续的情况下进行动$_2$;作补语的标志,格式是"动+得+补语"。第一种用法中"得"还有动词义,其他三种格式中"得"已发展成助词了。元代以后,"得"表示完成、持续的用法逐渐衰落,作补语标记成为主要功能。

"免+得"最初连用在唐代。根据"得"的性质及其后成分的不同,可分为两大类不同的情况。

一类是"动词+得+(宾语)"的"V+得+(O)"结构,"免"是动词,"得"是词义高度虚化、表示动作实现或完成的动相补语,其后的宾语可以出现,也可以不出现。"免+得"为"动词+动相补语"结构。可分为两种情况。一种是"V+得",不带宾语,整个结构为"免+得"的"动词+动相补语"结构。例如:

(2) 师云:"莫向这里污人田地。"云:"如何免得?"师云:"如何即不免?"(五代《祖堂集》卷11)

一种是"V+得+O",带宾语,整个结构为"免+得+宾语"的"动词+动相补语+宾语"结构,例如:

(3) 将为无常免得身,也遭白发驱摧老。(《敦煌变文集》)

(4) 僧进云:"如何道得,免得此过?"(五代《祖堂集》13 卷)

一类是"动词+得+补语"的"V+得+C"表状态的述补结构,"免"为动词,"得"为用作补语标记的结构助词,C 为补语。"V 得 C"结构是带"得"的状态补语结构。"免+得"为"动词+补语标记/结构助词"结构。也可分为两种情况。一种是"V+得+C"结构中补语 C 为动词或动词性短语的补语,例如:

(5) 将肉遣狼守,置骨向狗头。自非阿罗汉,焉能免得偷。(唐·裴玄智《书化度藏院壁》)

(6) 艇子愁冲夜,骊驹怕拂晨。如何断岐路,免得见行尘。(唐·吴融《倒次元韵》)

(7) 有人拈问龙花:"作摩生道,则免得操禅师捆?"(五代《祖堂集》卷 16)

(8) 罗汉和尚拈问僧:"当此之时,作摩生免得被他喝出?"(五代《祖堂集》卷 17)

一种是"V+得+C"结构中补语 C 为主谓短语,例如:

(9) 小娘子如今娉了,免得父娘烦恼。(《敦煌变文集》)

(10) 从孝文皇帝亡来,免得塞庭无事,汉家将作,你的的专知抄略边□(疆),今日捉降,若生是?(《敦煌变文集》)

(11) 后有人拈问曹山:"作摩生祇对,免得药山打之?"(五代《祖堂集》卷 4)

宋代"免得"还未成词,"得"还可看作是补语标记和结构助词。"免得"还可分析为"免+得"。例如:

(12) 且从象以下说,免得穿凿。(宋《朱子语类》卷 66)

(13) 如此,庶几人有固志,免得如此奔竞喧哄。(宋《朱子语类》卷 109)

(14) 快须入取,免得孤负平生。(宋《五灯会元》卷 11)

(15) 胜因当时若见,将钉钉却室门,教他一生无出身之路,免得后代儿孙递相仿学。(宋《五灯会元》卷 18)

元代以后,"得"也写作"的","免得"也可写作"免的"。例如:

(16) 怕后人不解,垒座坟台,镌面碑牌,将前事该载,后事安排,免的疑猜,写著道六十岁无儿散家财的刘员外。(元《元刊杂剧三十种·散家财天赐老生儿》)

明代,"免得"在各种文献中得到广泛的应用,经常连用的动词"免"和助词"得"逐渐靠拢,变为一个连词"免得",即:"VP_1,免+得+VP_2"→"VP_1,免得+VP_2"。"得"从补语标记变为词内成分,主要是因为"免得"用在"VP_1,免+得+VP_2"结构中,VP_1 和 VP_2 形式上具有一定的独立性,语义上具有条件和目的的逻辑关系,"免得"正好处于两个分句之间这一典型的连词位置。另外,VP₂语义比"免"实在,"免"和"得"是单音节,在双音化的作用下,就容易成词。

连词"免得"连接前后两个分句,前分句是后分句的条件或前提,后分句是前分句的结果或目的,相当于"以免"。例如:

(17) 故先收拾行装,免得临行慌乱。(明《三国演义》第72回)

(18) 师父说的是,我们且到里边藏下,免得这伙鸟人吵嚷。(明《西游记》第68回)

(19) 大郎可把索来绑缚我三个出去请赏,免得负累了你不好看。(明《水浒传》第3回)

清代,"免得"进一步得到应用,例如:

(20) 我再打一个禀帖销了案,打发这奴才走清秋大路,免得又生出枝叶来。(清《儒林外史》第14回)

(21) 他既连这样机密事都知道了,大约别的瞒他不过,不如打发他去了,免的再说出别的事来。(清《红楼梦》第33回)

(22) 云山庄的那三句话,将我父母早些入土,我也得早一日去了我的事,免得伯父母再为我劳神费力。(清《儿女英雄传》第23回)

7.1.4.2 "省得"

在"免得"连用、成词的过程中,语言中还出现了一个"省得"。它和连词"免得"的成词过程基本一致(刘红妮2009a)。也是唐宋是"动词'省'+助词'着'"的连用,例如:

(1) 生儿不用多,了事一个足,省得分田地,无人横煎蹙。(唐·王梵志《大皮裹大树》)

也是约在明代成词,"VP₁,省+得+VP₂"→"VP₁,省得+VP₂"。连词"省得"连接前后两个分句,表示目的关系,相当于"免得"。例如:

(2) 送到时,你只在门外等候,省得两下碍眼,不好交谈。(明《喻世明言》卷2)

(3) 只是我今日生而无用,到(倒)不如死了干净,省得连累你终身。(明《警世通言》卷31)

(4) 你也承认罢,省得受那痛苦!(明《醒世恒言》卷20)

清代及现代继续沿用,例如:

(5) 你坐下和我们吃了罢,省的回来又闹。(清《红楼梦》第40回)

(6) 这离三月里也快了,拿出来看看,该洗的缝的添的置的,早些收拾停当了,省得临时忙乱。(清《儿女英雄传》第1回)

(7) 我先跟你说好了,省得以后你麻烦我!(老舍《茶馆》)

"省得"成词后,对"免得"造成了比较大的冲击,据杨平(1989)统计,明清几部典型文献中"免得"和"省得"的使用情况如下:《水浒传》12∶7;《金瓶梅》2∶43;《红楼梦》3∶37;《儿女英雄传》16∶17。可以看出"免得"逐渐被"省得"平分天下,甚至占了上风。二者的主要区别在于"省得"比"免得"口语性更强。另外,二者也存在有方言色彩的差异,"省得"较"免得"更多用于北方方言中。

7.2 一类特殊的"虚词+虚词"结构的演变

7.2.1 副词+助词→副词

与 7.1 所探讨的"动词+助词"中的"X 着/了""X 得"一样,汉语词汇化中存在一种比较特殊的"副词+助词"结构的词汇化,"X 的/地"之类,关于它的来源是否属于跨层结构,学界存在一定的争议。

结构助词中有些处于副词后引介状语的助词,如"的、地"等,也和副词有某种程度的邻近。在与所引介的副词连用过程中,这些副词和助词的组合,也不形成直接的句法结构关系,也是非句法结构,有些也会发生非句法结构的跨层词汇化,形成一个新词。

刘红妮(2019b:63)在讨论汉语跨层词汇化的范围时在"一些容易引起争议的结构"部分曾谈到这类有助词参与构成的一些现象。指出这种现象的归属判定也和一定的语法体系对助词的规定有关。如果认为连接状语和中心语的结构助词"的/地"本应该依附于状语,那么可能就会认为"X 的/地"不是跨层结构,但同样无法解决 X 与助词"的/地"之间是什么句法结构关系。X 与"的/地"所引出的中心语是状中式偏正结构关系,而不是与连接它们的助词是偏正关系。对此我们同样赞同吴竞存等(1992:363)的观点,认为助词介于前后两个成分之间,既不前附,也不后附,那么"X 的/地"这类现象就都是宽泛意义的非典型的跨层结构现象,"X+结构助词"之间也不构成"并列、偏正、主谓、动宾、动补"等五种基本的、直接的句法结构关系,那么已经成词的"忽地""特地"等就是跨层词汇化形成的词。

已有研究中,有学者在探讨汉语从虚词到词内成分的词汇化现象时,谈到了引介副词性成分的"地/的"从结构助词变为不可分析的词内成分,形成"X 地/的"类词(董秀芳 2004:178-192)。另外还有其他一些个案研究。

7.2.2 一些典型个案

7.2.2.1 "特地""忽地"等"X地/的"类副词

"特地""忽地""蓦地""怎的""立的""恁地"等副词"X地/的"也是"副词+结构助词"词汇化形成的。董秀芳(2016[2004]:202-204)将其归为"地/的"从结构助词变为不可分析的词内成分,并探讨了这些词的形成。

我们认为"特地""忽地"等这些词的形成也应是跨层结构词汇化的结果,"特/忽"等X与结构助词"地/的"之间也不存在直接的句法结构关系。"地/的"是引进副词性修饰语的功能词(参见董秀芳2016[2004]:202),在"X地/的Y"结构中,只是用在修饰语X和中心语Y之间的结构助词,既不前附,也不后附,与X没有直接的句法结构关系。"X地/的Y"就像"X之后"一样。"之后"是跨层结构词汇化形成的,那么"忽地"等"X地"也是跨层词汇化形成的。只不过是一个是助词前附,一个是助词后附,而后词汇化为双音词的。

这类词比较多,我们仅以"特地"为例探讨这类词,在"特+地+VP"结构中"特地"是"特意地,故意地"之义,是"特+地"的组合义,"地"的作用和语义明显,例如:

(1) 为忆去年梅,凌寒特地来。(唐·戴叔伦《题黄司直园》)

后来随着双音化进程的发展,现代汉语中大多数单音副词性成分的独立性不够,原先一些使用频率较高的"单音副词+地/的"结构就发生了词汇化,变为副词(董秀芳2016[2004]:202-204),义为"表示转为某件事"。例如:

(2) 今天是特地替你饯行的。(李六如《六十年的变迁》)

其他"蓦地"等"X地/的"词也是同样。

7.2.2.2 具有词汇化倾向的"真的"

此外,现代汉语中还有一个"真的",有一定的成词倾向,《现代汉语词典》(第7版)还未收录。董秀芳(2016[2004]:204)指出"真的"做状语是历史规则的遗留,它作为副词的用法也是词汇化的结果,其中的"的"原来也是独立的引进状语的虚词。例如:

(1) 他真的拿不出来吗?(清《官场现形记》第8回)

(2) 我真的不知道。(现代)

我们认为"真的"与"特的"等一样,也是副词"真"与结构助词"的"跨层结构词汇化形成的。

第八章 结　语

8.1　概要

　　本书系统研究了汉语跨层结构的词汇化演变模式和路径,研究了跨层词汇化是怎样演变的。

　　演变路径和模式是关注一个句法怎样演变的过程。是除了演变的动因和机制之外,历史句法学的重要课题,是研究语言演变及规律要回答的重要问题之一。对演变路径和模式的研究,既可以显示人类语言共性的一面,也可揭示出人类语言一定的类型特征。

　　词汇化和语法化是语言演变的两个重要方面。国外近年来的语法化研究揭示出大量具有跨语言有效性的语法化模式和路径(Heine & Kuteva 2002 等),而词汇化研究尽管取得了一定的进展,但词汇化和语法化研究存在着极大的不平衡(Brinton & Traugott 2005:147),关于词汇化模式和路径的研究,也还比较少见。国内词汇化的系统研究自董秀芳(2011[2002])以来,也取得了丰硕的成绩,但关于跨层结构的词汇化模式和路径的系统研究也还未见到。本书从词汇化中比较特殊而重要的一类——跨层结构词汇化入手,在此方面做一尝试。

　　跨层结构的词汇化是从非语言单位变为语言单位的变化,是一种比较特殊的变化。研究本来不在同一句法层次上而只是在线性顺序上相邻的两个成分所形成的跨层结构的词汇化是怎样演变的,这对汉语和世界其他语言的词汇化以及相关的语言演变研究具有独特的意义。

　　本书注重将演变来源、演变历程和演变结果相结合,通过对几百个跨层结构词汇化典型个案的系统研究、归纳和总结,尽可能全面展现整个汉语跨层结构的词汇化模式、路径及其特点。本书在已有研究的基础上,具体研究了由"实+实""实+虚""虚+实""虚+虚"诸多不同来源的跨层结构分别词汇化为名词、动词、副词、介词、连词、助词等不同结果的演变路径和模式,并从中总结出一定的特点和规律。最后还探讨了汉语中比较有特色的一些非典型的跨层结构词汇化的演变。

跨层结构词汇化的演变来源丰富,主要有"实+实""实+虚""虚+实""虚+虚"四类,其中这四类来源又可分为具体的若干小类。跨层结构词汇化的演变结果多样,既可以演变为实词,也可以演变为虚词。演变来源中的实词主要包括名词和动词,其中演变为动词的种类和数量要多一些,而虚词主要是副词、介词、连词、助词等,其中演变为副词和连词的种类和数量要多一些。跨层结构的演变路径和模式种类繁多,同一演变来源的跨层结构可能有不同的演变结果,而同一演变结果则可能有各种不同的来源。

由跨层结构演变为名词的演变路径主要是"虚词+实词→名词"一类,具体又分为若干小类。其中演变来源中的实词一般都是名词,还有少量是动词(有的还经过一个转指的过程),但都隐含着方向、时间,故而跨层词汇化形成的主要是方位名词一类,主要表方位和时间。其中的虚词主要是助词、连词和介词。原本跨层组合中的虚词功能衰落,再加上句法、语义和双音化等因素促使"虚词+实词"跨层词汇化为双音名词。

由跨层结构演变为动词的主要包括"实词+实词→动词""实词+虚词→动词""虚词+实词→动词"这三类,每一类里又有来源不同的各种类型。其中由"实词+虚词"一类演变而来的动词数量最多,"虚词+实词"一类的次之,"实词+实词"的最少。演变来源中的实词主要是动词,有少量的代词和谓词性的形容词,而虚词主要是副词和介词,其中以介词为多。原本跨层组合中的大多数动词自身语义较弱或者不再能单说单用等,虚词又因各种原因功能衰落、弱化,这些都导致一些跨层结构词汇化为动词。此外还有的跨层结构词汇化为动词则与结构省缩有关。

由跨层结构演变为副词的比较多,主要包括"实词+实词→副词""实词+虚词→副词""虚词+实词→副词""虚词+虚词→副词"四类,每类下面又有多种不同的小类,种类繁多。导致跨层结构演变为副词的因素多样,除了句法、语义、语用、语音等多种因素外,其中进入状语的句法位置无疑是重要的一环。

由跨层结构演变为介词的主要包括由"实词+虚词→介词",主要是"动词+介词'于'"一类,还有词汇化倾向的一类,其中的虚词主要是介词,演变结果都形成介词或与介词相关的兼类词。这类演变数量少,但比较复杂,学界对一些词的来源或词性有不同的观点,具体可分为几种不同的情况。

由跨层结构演变为连词的也比较多,主要包括"实词+实词→连词""实词+虚词→连词""虚词+实词→连词""虚词+虚词→连词"四类,每类又分为若干小类,情况各异。导致跨层结构演变为连词的因素多样,除了句法、语义、语用、语音等多种因素外,其中特定的句法构式辖域及相关的语境义、语境吸收是非常重要的一点。

由跨层结构演变为助词的主要包括"实词＋虚词→助词""虚词＋实词→助词""虚词＋虚词→助词"这三类,每一类下面又分不同小类。演变来源完全是两个实词成分的跨层结构词汇化为助词的可能性非常小。

除此之外,汉语中还有一些非典型的跨层结构词汇化演变。一类是特殊的"实词＋虚词"结构的演变,主要是"动词＋助词"一类,可演变为动词、副词、介词、连词等。一类是特殊的"虚词＋虚词"结构的演变,主要是"副词＋助词"一类,演变结果也是副词。

本书重在跨层结构词汇化演变路径和模式的探讨,但是在探讨每章具体个案的演变路径时,我们还是尽可能地简要探讨了其演变的动因和机制,以期发现一些共性和个性特点、规律。总之,从本书系统探讨的跨层结构的若干演变路径来看,本不在同一句法层次的跨层结构之所以能发生词汇化变为一个新词,是与刘红妮(2019b)所探讨的句法特征、语义基础和语音变化等一系列特点,以及跨层词汇化的演变动因、演变机制等密切相关的。具体的演变特点、动因、机制等可以参看刘红妮(2019b)。

演变模式和路径总是联系在一起的,很多时候二者不做区分(吴福祥2005)。路径是具体的,而模式是具有普遍意义的,是从具体路径概括出的。

Hopper & Traugott(1993:7)等基于跨语言的考察认为在很多语言里,语法词或附着词可以进一步演变为屈折词缀,常常会经历一个"形态化"过程,提出一个具有普遍意义的语法化斜坡:实义词＞语法词＞附着词＞屈折词缀。董秀芳(2004:165)指出汉语中功能词进一步语法化的结果是变成词内成分,并探讨了从虚词到词内成分的词汇化,例如"X 是""X 着/了""X 的/地"中的功能性成分"着""着/了""的/地"在词汇化中演变为词内成分。吴福祥(2005)认为汉语的语法词或附着词的后续演变是"词汇化"而非形态化。并从其源头着手,归纳总结出了具有类型学意义上的汉语演变模式:实义词＞语法词/附着词＞词内成分。

具体到汉语跨层结构词汇化的模式,一方面从单个构成成分来看,如果跨层结构中包含一个虚词成分,那么这个虚词成分的语法化演变结果往往是变成词内成分,其演变模式往往是:(实义词＞)语法词/附着词＞词内成分。如果跨层结构中包含一个实词成分,不消说这个实词成分的演变结果也是变成词内成分,其演变模式为:实义词＞词内成分。总的演变模式为:实词/虚词＞词内成分。

另一方面,从两个构成成分整体来看,跨层结构也有其自身的词汇化演变模式。

"今天的词法曾是昨天的句法"(Givón 1971)。结合到汉语实际,很多学者已经看到现代汉语的双音词大多是由古代句法结构的短语"词组凝固化"或"词汇化"而来的(王力 2004[1958],董秀芳 2011[2002]等)。王力《汉语史稿》(2004[1958]:401)中论述从汉语史的动态角度提出"仂语的凝固化"①"仂语在发展过程中凝固起来,成为单词。""汉语复音词的构成,可以分为三大类:(一)连绵字;(二)词根加词头、词尾;(三)仂语的凝固化……至于仂语的凝固化,就是说,仂语在发展过程中凝固起来,成为单词,如上古的'天子',中古的'欢喜'等,在汉语构词法中是主要的。对译外语的新词,也常常经过这条道路:仂语→复合词→复音词。"王力(2004[1958]:397)曾论述:"汉语新词的产生,其重要手段之一,本来就靠仂语的凝固化"。即认为汉语中存在这样一种从"短语→词",从"句法→词法"的词汇化演变模式:短语＞复合词＞复音词。

除了王力《汉语史稿》(2004[1958])所说的演变模式外,我们认为还存在另一种词汇化演变模式,那就是原本不在同一句法层次的跨层结构这种特殊的成分序列在用句法、语义、语用、语音等多种因素的促动下发生重新分析,从非句法结构变为复音词。即汉语中还存在这样一种从"跨层结构→词",从"非句法→词法"的词汇化演变模式:跨层结构＞复合词＞复音词。

8.2 进一步研究的方向

此外,按照演变路径的多寡,汉语跨层词汇化的演变路径可以分为两大模式:单一路径(single path)和多重路径(multiple paths)。所谓单一路径是指沿着单一斜坡或路径演变的语言演变现象。多重路径是指语言演变并不是沿着单一斜坡或路径演变,而是沿着两条或以上不同路径演变的现象。以往研究中,多重路径往往和"多元语法化"联系起来。跨层词汇化中有相当一部分是单一路径的演变,比如"之＋后"从"助词＋名词"的跨层结构词汇化为名词"之后","终＋于"从"动词＋介词"的跨层结构词汇化为副词"终于","以＋便"从"连词＋动词"

---

① 即短语,关于短语、词组和结构等名称的兴替参见刘红妮(2019:44-45)。

的跨层结构词汇化为连词"以便"等等。与此同时,跨层结构词汇化中也存在一些多重路径有关的"多元词汇化"现象,比如动-连兼类词"加以"虽然都是动词"加"和介词"以"的跨层结构形成的,但它们经由不同的词汇化路径,在不同的结构中演变为不同的结果:在"NP 加以 VP"结构中演变为形式动词,在"VP_1,加以 VP_2,VP_3"结构中演变为连词(刘红妮 2009a,2011)。并且除了所在结构不同外,还有"加"语素义不同的因素。再如副-助兼类词"已而"之间也不存在先后衍生关系,副词"已而"是"副词+连词"的跨层结构在"已而 VP"结构中词汇化形成的,而助词"已而"是"动词'已'+助词'而'"的跨层结构在"VP 而已"结构中词汇化而来的。语言演变中会形成多重路径和多元演变,主要有内因和外因。内因主要是语法成分的多功能性和词汇成分的多义性。如果跨层词汇化以后的成分只是单一功能或单义性,只有一种词性,那么跨层词汇化的演变自然是单一路径。但是如果语言成分具有多功能性和多义性,比如有两种或以上的词性,而二者又没有先后衍生关系,那么它的跨层词汇化路径就有可能是多重路径的演变。反之,多重路径的演变一定会带来同一形式但却具有两种或以上功能或意义的语法或词汇成分。外因则是所在结构的不同和成分语义的不同,比如"加以"和"已而"是在不同的结构中,还有"加以"中的"加","已而"中的"已"和"而"具有不同的语义。

但是,跨层结构的词汇化模式和路径非常复杂,除了上面所说的演变路径外,我们发现有一些跨层结构词汇化演变完成之后,还会发生后续再演变,形成新的演变路径。有些非直接成分的跨层结构词汇化为新词后,演变就到了终点,就像本书所探讨的大多数个案。而有些则没有停止演变,还会继续发生别的演变,例如"甚至"先由"形容词+动词"的跨层结构词汇化为连词,而后又演变为副词,"由于"由"动词+介词"的跨层结构词汇化为连词,而后又演变为介词,词汇化和语法化相继发生。还有像我们在绪论中所说的"至于""然后"等。有的跨层结构词汇化后还会发生词形的变化,如"那怕"由"疑问代词+动词"的跨层结构词汇化为连词"那怕"后,词形上又变为"哪怕"等等。这些前人已有所关注,但都比较零散。除了已有研究之外,我们发现跨层结构词汇化之后的再演变还有不少。跨层结构词汇化之后的再演变到底有哪些?动因机制又是什么?这其中牵涉和反映出的词汇化、语法化、构式化等之间错综复杂的关系又是怎样的?这些问题都是我们以后进一步研究的方向,也是我们目前正在着手做的工作。

参考文献

白晓红,1997,先秦汉语助动词系统的形成,《语言研究论丛》(第七辑),北京:语文出版社。
北京大学中文系 1955、1957 级语言班编,1982,《现代汉语虚词例释》,北京:商务印书馆。
北京语言学院语言教学研究所编,1986,《现代汉语频率词典》,北京:北京语言学院出版社。
曹广顺,1995,《近代汉语助词》,北京:语文出版社。
陈宝勤,1994,试论"而后""而已""而况""而且""既而""俄而""然而",《古汉语研究》第 3 期。
陈昌来,2002,《介词与介引功能》,合肥:安徽教育出版社。
陈昌来、张长永,2010,"由来"的词汇化历程及其相关问题,《世界汉语教学》第 2 期。
陈昌来、张长永,2011,"从来"的词汇化历程及其指称化机制,《上海师范大学学报》(哲学社会科学版)第 3 期。
陈前瑞,2006,"来着"补论,《汉语学习》第 1 期。
陈颖、陈一,2010,固化结构"说是"的演化机制及其语用功能,《世界汉语教学》第 4 期。
楚永安,1986,《文言复式虚词》,北京:中国人民大学出版社。
储泽祥,1997,名词的空间义及其对句法功能的影响,《语言研究》第 2 期。
储泽祥、曹跃香,2005,固化的"用来"及其相关的句法格式,《世界汉语教学》第 2 期。
刁晏斌,2004,形式动词"加以"三题,《锦州医学院学报(社会科学版)》第 2 期。
丁声树等,1961,《现代汉语语法讲话》,北京:商务印书馆。
董秀芳,1998,古汉语中介词宾语位置上的零形回指及其演变,《当代语言学》第 4 期。
董秀芳,2003,"X 说"的词汇化,《语言科学》第 2 期。
董秀芳,2004,"是"的进一步语法化:由虚词到词内成分,《当代语言学》第 1 期。
董秀芳,2008a,反问句环境对于语义变化的影响,《东方语言学》第 2 期。
董秀芳,2008b,汉语动转名的无标记性与汉语语法化模式的关联,中国社会科学院语言研究所编《历史语言学研究》第 1 辑,北京:商务印书馆。
董秀芳,2009,汉语的句法演变与词汇化,《中国语文》第 5 期。
董秀芳,2011[2002],《词汇化:汉语双音词的衍生和发展》(修订本),北京:商务印书馆(初版:四川民族出版社,2002)。
董秀芳,2016[2004],《汉语的词库与词法》(第二版),北京:北京大学出版社(初版:北京大学出版社,2004)。
段德森,1980,虚词发展说略,《岳阳师专学报》第 1 期。
樊中元,2016,"说是 X"语篇的语义关系及其特征,《海外华文教育》第 4 期。
方环海、刘继磊,2005,"完了"的虚化与性质,《语言科学》第 4 期。

方经民,2004,现代汉语方位成分的分化和语法化,《世界汉语教学》第2期。
方　梅,2005,认证义谓宾动词的虚化——从谓宾动词到语用标记,《中国语文》第6期。
方　梅,2018a,北京话"这就"的跨层词汇化及其将行义的浮现,《语言学论丛》第2期。
方　梅,2018b,"说是"的话语功能及相关词汇化问题,《中国语言学报》第18期。
方一新、姜兴鲁,2009,"甚至"的词汇化历程,《江南大学学报(人文社会科学版)》第1期。
冯春田,1990,"×么(摩)"类词语的内部结构分析,《东岳论丛》第6期。
冯春田,2005,汉语"从/否"类副词的历史考,《语文研究》第4期。
冯胜利,1997,《汉语的韵律、词法与句法》,北京:北京大学出版社。
冯胜利,2000,"写毛笔"与韵律促发的动词并入,《语言教学与研究》第1期。
冯胜利,2016,汉语历时句法学论稿,上海:上海教育出版社。
高增霞,2004,自然口语中的话语标记"完了",《语文研究》第4期。
龚千炎,1961,论"加以",《中国语文》第2期。
郭　锐,2018[2002],现代汉语词类问题研究(修订本),北京:商务印书馆。
郭锡良,1997,介词"于"的起源和发展,《中国语文》第2期。
郭锡良,1998,介词"以"的起源和发展,《古汉语研究》第1期。
郭锡良,2003,古汉语虚词研究评议,《语言科学》第1期。
郭锡良等主编,1999,《古代汉语》,北京:商务印书馆。
汉语大字典编辑委员会,1990,《汉语大字典》,成都:四川辞书出版社。
何洪峰,2008,先秦介词"以"的悬空及其词汇化,《语言研究》第4期。
何乐士,2004,《左传虚词研究》,北京:商务印书馆。
何乐士,2006,《古代汉语虚词词典》,北京:语文出版社。
何乐士、敖镜浩、王克仲、麦梅翘、王海棻,1985,《古代汉语虚词通释》,北京:北京出版社。
贺　阳,2004,从现代汉语介词中的欧化现象看间接语言接触,《语言文字应用》第4期。
洪　波,2000,论平行虚化,《汉语史研究集刊》第二辑。
侯学超,1998,《现代汉语虚词词典》,北京:北京大学出版社。
江蓝生,1987,八卷本《搜神记》语言的时代,《中国语文》第4期。
江蓝生,1992,助词"似的"的语法意义及其来源,《中国语文》第6期。
江蓝生,2000,《近代汉语探源》,北京:商务印书馆。
江蓝生,2004,跨层非短语结构"的话"的词汇化,《中国语文》第5期。
江蓝生,2007,同谓双小句的省缩与句法创新,《中国语文》第6期。
江蓝生,2012,汉语连-介词的来源及其语法化的路径和类型,《中国语文》第4期。
江蓝生、曹广顺,1997,《唐五代语言词典》,上海:上海教育出版社。
金昌吉,1996,谈动词向介词的虚化,《汉语学习》第2期。
金　颖,2009,副词"无非"的形成和发展,《古汉语研究》第1期。
匡鹏飞,2010,时间副词"从来"的词汇化及相关问题,《古汉语研究》第3期。
蓝　鹰,1994,古汉语复音虚词结构模式分析,《当代电大》第3期。
雷冬平、罗华宜,2013,连词"再则"的形成及其话语标记功能研究,《殷都学刊》第4期。
黎锦熙,1958[1933],《比较文法》,上海:科学出版社。

李　明,2017,《汉语助动词的历史演变研究》,北京:商务印书馆。
李　瑞,2013,"来得"比较义的来源及其词汇化,《世界汉语教学》第 2 期。
李思明,1998,晚唐以来的比拟助词体系,《语言研究》第 2 期。
李小军,2008,跨层结构的词汇化与词典的收词及释义,《辞书研究》第 6 期。
李小军、唐晓薇,2007,因果连词"因而""从而"的词汇化,《淮北煤炭师范学院学报(哲学社会科学版)》第 2 期。
李行健主编,2004,《现代汉语规范词典》(第 3 版),北京:外语教学与研究出版社,语文出版社。
李宗江,2003,句法成分的功能悬空与语法化,吴福祥、洪波主编,《语法化与语法研究(一)》,北京:商务印书馆。
李宗江,2004,说"完了",《汉语学习》第 5 期。
李宗江,2007,说"想来""看来""说来"的虚化和主观化,《汉语史学报》第七辑。
李佐丰,2004,《古代汉语语法学》,北京:商务印书馆。
梁银峰,2009,现代汉语"X 来"式合成词溯源,《语言科学》第 4 期。
林有苗,2008,《语法化与英语复合介词》简介,《当代语言学》第 2 期。
刘丹青,2001,语法化中的更新、强化与叠加,《语言研究》第 2 期。
刘丹青,2002,汉语中的框式介词,《当代语言学》第 4 期。
刘丹青,2007,话题标记走向何处?——兼谈广义历时语法化的三个领域,沈家煊、吴福祥、李宗江主编《语法化与语法研究(三)》,北京:商务印书馆。
刘丹青,2008a,重新分析的无标化解释,《世界汉语教学》第 1 期。
刘丹青,2008b,《语法调查研究手册》,上海:上海教育出版社。
刘丹青,2011,汉语史语法类型特点在现代方言中的存废,《语言教学与研究》第 4 期。
刘红妮,2007,非句法结构"算了"的词汇化与语法化,《语言科学》第 6 期。
刘红妮,2009a,汉语非句法结构的词汇化,上海师范大学博士学位论文。
刘红妮,2009b,"以期"的词汇化及相关问题——兼论"以 V"的词汇化、共性与个性,《语言科学》第 1 期。
刘红妮,2009c,"则已"的词汇化和构式语法化,《古汉语研究》第 2 期。
刘红妮,2010a,"哪怕"的词汇化,《南开语言学刊》第 1 期。
刘红妮,2010b,"终于"的词汇化——兼谈"X 于"词汇化中的介词并入,《阜阳师范学院学报(社会科学版)》第 2 期。
刘红妮,2011,"加以"的多元词汇化与语法化,《语言科学》第 6 期。
刘红妮,2012,"甚至"的词汇化与多种功能的形成,《当代语言学》第 3 期。
刘红妮,2013,结构省缩与词汇化,《语文研究》第 1 期(又收入人大报刊复印资料《语言文字学》2013 年第 6 期)。
刘红妮,2014a,表层结构简化与"按说"的词汇化,《汉语学习》第 2 期。
刘红妮,2014b,结构简化与词汇化,《语言科学》第 5 期。
刘红妮,2016,"惟其"及其相关构式的形成与发展,《汉语学报》第 3 期。
刘红妮,2019a,从假设否定到选择再到建议——"再不"的成词与演变,《语言研究集刊》第 1 期。
刘红妮,2019b,《汉语跨层结构的词汇化研究》,上海:学林出版社。

刘红妮,2019c,"双音副词+句中语气词"进一步词汇化的再演变,《语言科学》第4期。
刘红妮,2021,汉语"X乎"类动词的来源、演变与成因,《对外汉语研究》第1期。
刘红妮,2022,连-介兼类词"由于"的历时演变及其路径——兼谈"由于"与"因为"的异同,《语文研究》第4期。
刘坚、江蓝生、白维国、曹广顺,1992,《近代汉语虚词研究》,北京:语文出版社。
刘　利,2000,《先秦汉语助动词研究》,北京:北京师范大学出版社。
刘　利,2008,"然而"的词汇化过程及其动因,《北京师范大学学报(社会科学版)》第5期。
刘永耕,2005,《马氏文通》对实词虚化的研究,《福建师范大学学报(哲社版)》第1期。
刘月华,1986,对话中"说""想""看"的一种特殊用法,《中国语文》第3期。
刘　云,2010,"之X"的词汇化及其动因,《语言教学与研究》第3期。
刘正光,2006,《语言非范畴化——语言范畴化理论的重要组成部分》,上海:上海外语教育出版社。
陆俭明,1982,现代汉语副词独用刍议,《语言教学与研究》第2期。
罗　骥,1998,现代汉语"着呢"的来源,《汉语史研究集刊》第一辑。
罗耀华、姚文彪,2017,"V+至"结构的词汇化及相关问题研究,《语文研究》第1期。
罗竹风主编,1986,《汉语大词典》,上海:汉语大词典出版社。
吕叔湘,1982[1942、1944],《中国文法要略》,北京:商务印书馆。
吕叔湘主编,1999,《现代汉语八百词》(增订本),北京:商务印书馆。
吕叔湘著,江蓝生补,1985,《近代汉语指代词》,上海:学林出版社。
马贝加,2002,《近代汉语介词》,北京:中华书局。
马建忠,1983[1898],《马氏文通》,北京:商务印书馆。
马庆株,2005[1988],能愿动词的连用,见马庆株著,《汉语动词和动词性结构·一编》,北京:北京大学出版社。
梅　广,2003,迎接一个考证学和语言学结合的汉语语法史研究新局面,何大安主编《古今通塞:汉语的历史与发展》,台北:"中研院"语言学研究所筹备处。
梅祖麟,1981,现代汉语完成貌句式和词尾的来源,《语言研究》创刊号。
孟　琮,1962,谈"着呢",《中国语文》第5期。
聂仁发,2011,"对于"百年来分布变化的定量分析,《汉语学报》第3期。
潘允中,1982,《汉语语法史概要》,河南:中州书画社。
彭　睿,2007,构式语法化的机制和后果——以"从而""以及"和"极其"的演变为例,《汉语学报》第3期。
彭　睿,2011,框架、常项和层次——非结构语法化机制再探,《当代语言学》第4期。
齐沪扬,2014,《现代汉语现实空间的认知研究》,北京:商务印书馆。
齐沪扬、张谊生、陈昌来,2002,《现代汉语虚词研究综述》,合肥:安徽教育出版社。
邵霭吉,2009,现代汉语助词"之"和"之X"方位词,《盐城师范学院学报(人文社会科学版)》第4期。
沈家煊,1994a,"好不"不对称用法的语义和语用解释,《中国语文》第4期。
沈家煊,1994b,语法化研究综观,《外语教学与研究》第4期。
沈家煊,1995,"有界"与"无界",《中国语文》第5期。

沈家煊,2001,语言的"主观性"和"主观化",《外语教学与研究》第 4 期。
沈家煊,2003,复句三域"行、知、言",《中国语文》第 3 期。
沈家煊,2004,语用原则、语用推理和语义演变,《外语教学与研究》第 4 期。
沈家煊,2009,我看汉语的词类,《语言科学》第 1 期。
施春宏、陈艺骞,2022,跨层序列词法化的结构原理及词汇化表现,《世界汉语教学》第 2 期。
石毓智、李讷,1998,汉语发展史上结构助词的兴替——论"的"的语法化历程,《中国社会科学》第 6 期。
史金生,2005,"要不"的语法化——语用机制及相关的形式变化,《解放军外国语学院学报》第 6 期。
史文磊,2019,"鉴""鉴于""有鉴于"异同考辨——兼论跨层结构词汇化问题与词汇史上的"睡美人"现象,《辞书研究》第 5 期。
宋玉柱,1989,谈"着呢"及其分辨,《逻辑与语言学习》第 1 期。
孙锡信,1999,《近代汉语语气词——汉语语气词的历史考察》,北京:语文出版社。
[日]太田辰夫著,蒋绍愚、徐昌华译,2003[1958],《中国语历史文法》。北京:北京大学出版社。
唐贤清,2004,《〈朱子语类〉副词研究》,长沙:湖南人民出版社。
汤廷池,1991,汉语语法的"并入现象",《清华学报(中国台湾)》第 21 卷第 1-2 期。
田范芬,2004,连词"以及"的历史来源,《古汉语研究》第 1 期。
汪维辉,2003,汉语"说类词"的历时演变与共时分布,《中国语文》第 4 期。
王灿龙,2009,一个濒于消亡的主观性标记词——想是,《当代语言学》第 1 期。
王灿龙,2014,"有所 X"式与"无所 X"式及相关问题,《中国语文》第 4 期。
王冬梅,2001,动名互转的认知研究,中国社会科学院博士学位论文。
王慧兰,2007,"于是"的词汇化——兼谈连词词汇化过程中的代词并入现象,沈家煊、吴福祥、李宗江主编,《语法化与语法研究(三)》,北京:商务印书馆。
王克仲,1994,古汉语复合虚词的结构类型,《古汉语研究》增刊。
王　力,1985[1943],《中国现代语法》,北京:商务印书馆。
王　力,1999[1964],《古代汉语》,北京:中华书局。
王　力,2004[1958],《汉语史稿》,北京:中华书局。
王力主编,2000,《王力古汉语字典》,北京:中华书局。
王阳畛,1959,谈"加以"的语法特点,《中国语文》第 6 期。
魏培泉,2003,上古汉语到中古汉语语法的重要发展,何大安主编《古今通塞:汉语的历史与发展》,台北:"中研院"语言学研究所筹备处。
吴福祥,1998,重谈"动+了+宾"格式的来源和完成体助词"了"的产生,《中国语文》第 6 期。
吴福祥,2002,汉语能性述补结构"V 得/不 C"的语法化,《中国语文》第 1 期。
吴福祥,2005,汉语语法化研究的当前课题,《语言科学》第 2 期。
吴福祥,2013,关于语法演变的机制,《古汉语研究》第 3 期。
吴福祥,2021,也谈语法化的机制和动因,《语文研究》第 2 期。
吴福祥主编,2005,《汉语语法化研究》,北京:商务印书馆。
吴竞存、梁伯枢,1992,《现代汉语句法结构与分析》,北京:语文出版社。

吴之翰(即吕叔湘),1965,方位词使用情况的初步考察,《中国语文》第3期。

[日]香坂顺一著,植田均译,李思明校,1992[1987],《〈水浒〉词汇研究(虚词部分)》,北京:文锦出版社。

萧斧,1964,早期白话中的"X着哩",《中国语文》第4期。

肖奚强、王灿龙,2006,"之所以"的词汇化,《中国语文》第6期。

席嘉,2010,《近代汉语连词》,北京:中国社会科学出版社。

解惠全,1987,谈实词虚化,《语言研究论丛》第4辑,天津:南开大学出版社。

解惠全,1988,我国前语法学的一部卓越虚词专著——袁仁林《虚字说》评述,《语言研究论丛》第5辑,天津:南开大学出版社。

解惠全,1997,关于虚词复音化的一些问题,南开大学中文系《语言研究论丛》编委会编,《语言研究论丛》第7辑,北京:语文出版社。

徐烈炯、刘丹青,1998,《话题的结构与功能》,上海:上海教育出版社。

徐时仪,1998,论词组结构功能的虚化,《复旦学报(社会科学版)》第5期。

徐萧斧,1998,古汉语中的"与"和"及",《中国语文》第5期。

许嘉璐,2005,《文白对照十三经》,广州:广东教育出版社。

(东汉)许慎,2013,《说文解字》,北京:中华书局。

(东汉)许慎撰、(清)段玉裁注,1981,《说文解字注》,上海:上海古籍出版社。

杨成虎,2000,袁仁林《虚字说》与语法化研究,《燕山大学学报(哲社版)》第4期。

杨平,1989,"动词+得+宾语"结构的产生和发展,《中国语文》第2期。

杨荣祥,2002,副词词尾源流考察,《语言研究》第3期。

杨荣祥,2005,《近代汉语副词研究》,北京:商务印书馆。

杨树达,1965[1928],《词诠》,北京:商务印书馆。

杨永龙,2014,从语序类型的角度重新审视"X+相似/似/也似"的来源,《中国语文》第4期。

姚振武,1997,"以为"的形成及相关问题,《古汉语研究》第3期。

叶建军,2007,疑问副词"莫非"的来源及其演化——兼论"莫"等疑问副词的来源,《语言科学》第3期。

袁宾,1984,近代汉语"好不"考,《中国语文》第3期。

袁毓林,2008,反预期、递进关系和语用尺度的类型——"甚至"和"反而"的语义功能比较,《当代语言学》第2期。

翟燕,2005,"着哩"的语法化,《语言科学》第6期。

张斌主编,2001,《现代汉语虚词词典》,北京:商务印书馆。

张伯江,2014,从"来"的代动词用法谈汉语句法语义的修辞属性,《当代修辞学》第4期。

张赪,2002,《汉语介词词组词序的历史演变》,北京:北京语言文化大学出版社。

张美兰,2003,从偏正结构的认知基础看近代汉语比拟结构的发展,《对外汉语的跨语言研究——汉语学习与认知语言国际研讨会论文集》,北京:北京语言大学出版社。

张世禄,1987,《古代汉语》,上海:上海教育出版社。

张谊生,2000a,论与汉语副词相关的虚化机制——兼论现代汉语副词的性质、分类与范围,《中国语文》第1期。

张谊生,2000b,试论结构助词"的"和"之"的前置——兼论现代汉语的骈合结构,《汉语学习》第 5 期。

张谊生,2000c,《现代汉语副词研究》,上海:学林出版社。

张谊生,2000d,《现代汉语虚词》,上海:华东师范大学出版社。

张谊生,2001,说"的话",《现代汉语中国语研究》(日)第 2 期。

张谊生,2002,《助词与相关格式》,合肥:安徽教育出版社。

张谊生,2006,"以至"与"以致"——兼论汉语近义虚词的中和倾向,《对外汉语研究》第 1 期。

张谊生,2007,从间接的跨层连用到典型的程度副词——"极其"词汇化和副词化的演化历程和成熟标志,《古汉语研究》第 4 期。

张谊生,2009,介词悬空的方式与后果、动因和作用,《语言科学》第 3 期。

张谊生,2014,从前加到后附:"(有)所"的跨层后缀化研究——兼论"有所"的词汇化及其功能与表达,《汉语学报》第 1 期。

张谊生,2015a,从介词悬空到否定副词——兼论"无以"与"难以"的共现与趋同,《语言教学与研究》第 4 期。

张谊生,2015b,"X 之于 Y"的结构类型与表达功能——兼论"X 之于 Y"的构式化与"之于"的介词化,《语文研究》第 2 期。

张谊生,2019,汉语介词及介词短语再演化的模式、动因与功用,《语言教学与研究》第 5 期。

张振羽,2009,"尤其"的词汇化及相关问题,《语言科学》第 1 期。

中国社会科学院语言研究所词典编辑室编,2016,《现代汉语词典》(第 7 版),北京:商务印书馆。

中国社会科学院语言研究所古代汉语研究室编,1999,《古代汉语虚词词典》,北京:商务印书馆。

周芍、邵敬敏,2006,试探介词"对"的语法化过程,《语文研究》第 1 期。

周刚,2002,《连词与相关问题》,合肥:安徽教育出版社。

周静,2004,"甚至"的篇章衔接功能和语法化历程,《暨南学报(人文科学与社会科学版)》第 5 期。

宗守云,2011,晋冀方言后置原因标记"的过"及其词汇化,《中国语文》第 6 期。

朱德熙,1961,"加以""进行"之类动词的用法,《新闻业务》第 3 期。

朱德熙,1982,《语法讲义》,北京:商务印书馆。

朱德熙,1983,自指和转指——汉语名词化标记"的、者、所、之"的语法功能和语义功能,《方言》第 1 期。

朱德熙,1985,《语法答问》,北京:商务印书馆。

朱冠明,2015,"之"的衰落及其对句法的影响,《语言科学》第 3 期。

祖生利、高云晖,2022,也谈句末时体助词"来着"的来源,《历史语言学研究》第 1 期。

Baker, Mark C. 1988. *Incorporation: a Theory of Grammatical Function Changing*. Chicago: The University of Chicago Press.

Baronian, L. V. 2006. Preposition contraction in Quebec French. In P. Saint-Dizier, eds., *Computational Linguistics Dimensions of the Syntax and Semantics of Prepositions*. Dordrecht: Springer.

Brinton, L. J. and E. C. Traugott. 2005. *Lexicalization and Language Change*. Cambridge: Cambridge University Press.

Bybee, J. L. 2002. Sequentiality as the basis of constituent structure. In T. Givón and B.F. Malle, eds., *The Evolution of Language Out of Prelanguage*. Amsterdam/Philadelphia: John Benjamins, 124–129.

Givón, T. 1971. Historical Syntax and Synchronic Morphology: an Archaeologist's Field Trip. Chicago Linguistic Society 7.

Harris, Alice. C. & Lyle Campbell. 1995. *Historical Syntax in Cross-linguistic Perspective*. Cambridge: Cambridge University Press.

Heine, B. & T. Kuteva. 2002. *World Lexicon of Grammaticalization*. Cambridge: Cambridge University Press.

Hoffman, S. 2005. *Grammaticalization and English Complex Prepositions*: A Corpus-based Study. London: Routledge.

Hopper, P. J. 2002. Hendiadys and auxiliation in English. In Joan Bybee, John Haiman, and Michael Noonan, eds., *Complex Sentences in Grammar and Discourse*: a Festschrift for Sandra Thompso. Amsterdam: Benjamins.

Hopper, P. J. & E. C. Traugott 2003[1993]. *Grammaticalization*. 2nd edition. Cambridge: Cambridge University Press.

Hopper, P. J. & S. A. Thompson. 1984. The discourse basis for lexical categories in universal grammar. Language 60, 703–752.

Kabak, B. & R. Schiering. 2006. The phonology and morphology of function word contractions in German. Journal of *Comparative Germanic Linguistics* 9, 83–96.

Krug, M. 1998. String frequency: A cognitive motivating factor in coalescence. language processing and linguistics change. *Journal of English linguistics* 26, 286–320.

Lehmann, C. 1995[1982]. Thoughts on Grammaticalization. München and Newcastle: Lincom Europa.

Lehmann, C. 2002. New reflections on grammaticalization and lexicalization. In Wischer and Diewald, eds., *New Reflections on Grammaticalization*. Amsterdam/Philadelphia: John Benjamins, 1–18.

Lightfoot, David. 1979. *Principles of diachronic syntax*. Cambridge, UK: Cambridge University Press.

Roberts, Ian & Anna Roussou. 2003. *Syntactic change*: a minimalist approach to grammaticalisation. Cambridge: Cambridge University Press.

Traugott, E. C. & R. B. Dasher. 2002. *Regularity in semantic change*. Cambridge: Cambridge University Press.

Waldmüller, E. S. P. 2008. Contracted preposition-determiner forms in German: *Semantics and pragmatics*.

后　　记

本书主要系统探讨汉语跨层结构词汇化的演变模式和路径问题。

跨层结构的词汇化是由本不在同一个句法层次的两个相邻单位变为一个词的现象，是从非语言单位变为语言单位的变化，是一种比较特殊而重要的变化，是汉语中值得研究的问题之一。

笔者自 2006 年在上海师范大学读博以来，就开始以汉语跨层结构的词汇化为主要研究领域，2009 年博士论文《汉语非句法结构的词汇化》主要是若干个案的考察和一些理论的思考。之后，笔者一直继续思考和探讨着汉语跨层结构词汇化的理论和实践问题，想尽量从整体上对跨层词汇化的特点和规律，演变的动因、机制和路径等做出尽可能全面、系统地探讨。在此基础上，笔者 2019 年出版的《汉语跨层结构的词汇化研究》一书对汉语跨层结构词汇化的性质、范围和种类，句法、语义、语音特点，以及演变动因、机制等进行了相对系统的理论探讨，算是一个阶段性的总结。另一方面，研究语言的演变及规律，要回答的问题有三：演变的动因、演变的机制、演变的路径。之前的《汉语跨层结构的词汇化研究》一书限于篇幅，书中尽管涉及了一些个案的探讨，但没有对演变路径进行系统研究。当时的想法就是演变路径内容较多，可以把演变的路径单独另外成书，在笔者近年来已有研究以及学界已有研究的基础上，尽量把所有的跨层结构囊括进来，探讨汉语跨层结构的词汇化模式和路径到底有哪些，有什么特点和规律。2023 年的这本《汉语跨层结构词汇化模式和路径研究》就是这个想法的具体实现，也是笔者这些年来研究跨层结构词汇化的另一个总结。

在写作上我们遵循有话则长无话则短的原则。有些章节，因为是笔者曾经或正在进行的具体研究，或者是已有研究讨论过，但我们觉得还有探讨的余地，就比较长；有些章节，因为已有较多研究，或者对它研究还不够充分，就相对较短。另外，受全书的篇幅和字数限制，也不能对所有个案全面展开，对有些个案的演变我们做了一定的删减，主要是尽可能全面。

书稿的整理历经了多次删减和修改，加上日常的教学、科研等工作和事务，其中的甘苦自不必言。子曰:"知者不惑,仁者不忧,勇者不惧。"唯有尽力不惑、不忧、不惧,才能在学术和人生的道路上安之若素,处之泰然吧。

科研不仅是一项脑力活,还是一项体力活。在做科研的过程中,前人的成果和精神让我由衷敬佩。向学界的前辈、老师和同仁致敬。

本书的出版得到上海市重点学科(三期)"汉语言文字学"(S30402)的资助以及上海师范大学"比较语言学与汉语国际传播"创新团队的支持,在此表示感谢。

在成书过程中,我一如既往地得到了很多师友的无私帮助和关怀,在此我要衷心感谢这些年来给过我诸多帮助的师友。我也要感谢学林出版社编辑老师的辛勤付出。本书有些章节曾在一些刊物上发表过,一并致谢。

限于本人的时间、精力以及学识等,本书难免存在谬误和疏漏,敬请大家批评指正。

刘红妮
2023 年 5 月于上海师范大学

图书在版编目(CIP)数据

汉语跨层结构词汇化模式和路径研究/刘红妮著
. —上海:学林出版社,2023
ISBN 978-7-5486-1961-1

Ⅰ.①汉… Ⅱ.①刘… Ⅲ.①汉语-词汇-研究
Ⅳ.①H13

中国国家版本馆 CIP 数据核字(2023)第 178395 号

责任编辑　王思媛
封面设计　严克勤

汉语跨层结构词汇化模式和路径研究
刘红妮　著

出　　版	学林出版社
	(201101　上海市闵行区号景路 159 弄 C 座 7F)
发　　行	上海人民出版社发行中心
	(201101　上海市闵行区号景路 159 弄 C 座 7F)
印　　刷	上海商务联西印刷有限公司
开　　本	720×1000　1/16
印　　张	20.25
字　　数	36 万
版　　次	2024 年 5 月第 1 版
印　　次	2024 年 5 月第 1 次印刷
ISBN 978-7-5486-1961-1/H·159	
定　　价	98.00 元